Las
energías
del amor

DONNA EDEN Y DAVID FEINSTEIN

Las energías del amor

Cómo utilizar
la medicina energética
para mantener viva
tu relación sentimental

EDICIONES OBELISCO

Si este libro le ha interesado y desea que le mantengamos informado
de nuestras publicaciones, escríbanos indicándonos qué temas son de su interés (Astrología,
Autoayuda, Ciencias Ocultas, Artes Marciales, Naturismo, Espiritualidad, Tradición…)
y gustosamente le complaceremos.

*Los editores no han comprobado la eficacia ni el resultado de las recetas, productos, fórmulas técnicas,
ejercicios o similares contenidos en este libro. Instan a los lectores a consultar al médico o especialista
de la salud ante cualquier duda que surja. No asumen, por lo tanto, responsabilidad alguna en cuanto
a su utilización ni realizan asesoramiento al respecto.*

Puede consultar nuestro catálogo en www.edicionesobelisco.com

Colección Salud y Vida Natural
Las energías del amor
Donna Eden y David Feinstein

Título original: *The Energies of Love*

1.ª edición: octubre de 2015

Traducción: *Juan Carlos Franco*
Maquetación: *Marta Rovira Pons*
Corrección: *M.ª Ángeles Olivera*
Diseño de cubierta: *Enrique Iborra*
Prólogo: *Jean Houston Ph. D.*
Ilustraciones: *AnnaMaria Paciulli Volpicella*

Edita: Ediciones Obelisco, S. L.
Pere IV, 78 (Edif. Pedro IV) 3.ª planta, 5.ª puerta
08005 Barcelona - España
Tel. 93 309 85 25 - Fax 93 309 85 23
E-mail: info@edicionesobelisco.com

ISBN: 978-84-9111-029-3
Depósito Legal: B-22.501-2015

Printed in Spain

Impreso en España en los talleres gráficos de Romanyà / Valls S. A.
Verdaguer, 1 - 08786 Capellades (Barcelona)

A nuestro nieto, Tiernan Ray Devenyns.
Que las energías del amor
sean la seña de identidad de su generación.

Un día, después de dominar los vientos,
las olas, las mareas y la gravedad,
utilizaremos en nombre de Dios las energías del amor.
Y entonces, por segunda vez en la historia del mundo,
habremos descubierto el fuego.

PIERRE TEILHARD DE CHARDIN

Agradecimientos

Durante estos últimos años, mientras impartimos nuestras clases sobre las energías del amor, Donna se ha aficionado a decir: «¡Doy gracias a Dios por no haber dejado a David cuando debí haberlo hecho!».

Al pensar en nuestros agradecimientos y reconocimientos para este libro, el primer y principal agradecimiento de David es que Donna no le dejó cuando debió haberle dejado, y el de Donna que David volviera, así que valió la pena esperar. Teniendo en cuenta las incertidumbres y las peleas por las que hemos pasado, estamos tan sorprendidos como agradecidos por todas las personas que, tras habernos visto dar clase o trabajar juntos en los últimos años, nos han dicho que nuestra relación es una inspiración que les proporciona esperanza. Sus comentarios nos han ayudado a dar este gran paso y a ser lo suficientemente valientes como para escribir este libro.

Las energías del amor, que, hablando con propiedad, se ha estado gestando durante los treinta y siete años de nuestra relación, debe algo a tantas personas que ni siquiera nos vamos a arriesgar a mencionar nombres. No sólo porque ocuparía muchas páginas, sino también porque inevitablemente dejaríamos sin citar a muchos de los que nos han guiado en algún momento a lo largo del camino. En lugar de hacer eso, vamos a enumerar categorías y cada uno de los implicados sabrá a cuál pertenece. En primer lugar están nuestros padres y familias de origen, quienes nos introdujeron en todo lo que después llegaría. A continuación, nuestras hijas y nuestros parientes son la base sobre la que nos encontramos. Después vienen nuestros amigos más íntimos, desde la niñez hasta este momento. Nuestros amantes y personas con las que

las energías del amor

mantuvimos relaciones sentimentales en el pasado nos proporcionaron la información más personal y profunda sobre lo que funciona... y lo que no. Nuestros profesores, nuestros magníficos profesores, tanto los académicos como los de enseñanzas no oficiales, nos ayudaron a formarnos como lo que ahora somos. Y nuestros terapeutas: somos conscientes de que fuimos unos huesos duros de roer, así que os agradecemos habérnoslo dado todo para poder afrontar nuestros retos. Nuestros clientes y nuestros alumnos nos han enseñado mucho al permitirnos participar en sus proyectos.

La verdadera redacción de estas páginas, el acto de escribir las palabras sobre el papel, la facilitó de muchas maneras el apoyo de nuestro excelente equipo de Innersource y los cientos de profesionales de la medicina energética y la psicología energética que se mueven en su entorno. Nuestro editor de Tarcher/Penguin, así como el fundador de la editorial, su actual jefe y su personal han sido para nosotros unos regalos que pocos autores pueden esperar tener actualmente. Por último, para ciertas secciones específicas del libro hemos pedido consejo a amigos y colegas, y ellos han contribuido de forma generosa y magistral.

Estamos profundamente agradecidos a todos y cada uno de vosotros.

Prólogo

Cuando los conoces por primera vez, parecen una pareja inverosímil. Donna es eufórica, espontánea, intuitiva. David es tranquilamente reflexivo, erudito, y siempre busca sentidos más profundos. Ella es como el champán; él es agua en calma. Ella tiene una naturaleza tropical; él es, sin duda, más del norte. Y, no obstante, con todas sus diferencias, gracias a un enorme esfuerzo y a un intenso cariño, han dado lugar a un matrimonio amable, creativo y ejemplar. Él convierte sus sentimientos e intuiciones en palabras. Ella ve y dirige energías que a él le permiten entrar en un mundo de entendimiento distinto. Juntos, han cubierto el difícil trabajo de las relaciones, y nosotros somos los beneficiados.

Todo esto quiere decir que *Las energías del amor* es el portavoz de una revolución en nuestra forma de concebir las relaciones. Creo que es uno de los libros más importantes de nuestra época, el «Ábrete sésamo» hacia nuevas formas de ser. Basándose en sus muchos años de trabajo con la medicina energética y la psicología energética, los autores no han ofrecido un arte y una ciencia muy originales y eminentemente prácticos para superar la enorme separación que supone la otredad. Dominan el conocimiento vanguardista y el uso de la ciencia emergente que se ocupan de dirigir de manera consciente las energías del cerebro y del corazón, el cuerpo, la mente y el espíritu, un instrumento para la transformación humana y la evolución social. Ofrecen herramientas y técnicas, historias y ejemplos que potencian los procedimientos para elevar las relaciones sentimentales a niveles más altos de energía y armonía. Examinan el hecho de que distintos cerebros poseen energías diferentes, y el modo de conocer las estructuras, fases y estilos del amor y del enamoramiento. Y su tratamiento de la clásica lucha entre el sexo masculino y el femenino es tanto único como deslumbrante. ¡Han descubierto la forma de acabar con esa guerra tan antigua! Dicen:

> Estamos viviendo la que tal vez sea la época más estimulante, y a la vez desafiante, de toda la historia, por tratarse de un viaje inspirado por el amor. Nunca antes la gente se había sentido tan tentada a crear relaciones en las que las fuerzas que tradicionalmente se han considerado masculinas y las que tradicionalmente se han considerado femeninas puedan estar unidas *en el interior de* cada persona y estar *entre* los dos miembros de una pareja para dar lugar a las relaciones más ricas desde el inicio de los tiempos.

Las consecuencias de esto son numerosas y magníficas. Modificar las formas en que nos relacionamos unos con otros, varones con mujeres, es un paso indispensable hacia el descubrimiento de nuevos estilos de conexión interpersonal, de nuevas formas de vivir en común, y del surgimiento de una sociedad global. El movimiento parece comenzar en lo egocéntrico, pasar a lo etnocéntrico y terminar en lo mundocéntrico, un cambio fundamental en la naturaleza de la civilización, lo cual fuerza un avance más allá de la mentalidad tradicional y de instituciones milenarias.

Esencial para esta reforma es la existencia de una verdadera sociedad en las relaciones de pareja, en la que las mujeres se encuentren al lado de los varones en todas las obligaciones sociales. Dado que las mujeres tienden a dar más importancia al proceso que al producto, a entender el poder de *ser*, junto al de *hacer*, a profundizar en lugar de a perseguir objetivos, es inevitable que, como resultado de esta colaboración, las soluciones lineales y secuenciales se conviertan en un conocimiento que nazca de ver las cosas en virtud de sus relaciones, en lugar de como hechos separados de lo demás. La concienciación generada por esta visión tan amplia permite tener esperanzas relativas al perdón y a la curación entre individuos, grupos étnicos y naciones. Esencial para esta concienciación tan madura es el crecimiento, en la esfera moral y ética, encaminado a conseguir la *regla de oro* de las relaciones humanas, sobre la cual Donna Eden y David

Feinstein saben mucho y ofrecen una buena cantidad de información teórica y práctica.

En última instancia, se trata de una nueva forma de educación, de la cual este libro es un texto básico. En los lugares donde nuestro mundo opere con independencia de verdad, y con este tipo de educación, pueden caer los antiguos impedimentos, junto con los tradicionales miedos en que se basaban. Lo que Donna y David ofrecen en su obra son las herramientas y la experiencia tan necesarias, el entendimiento empático y los conocimientos científicos que puedan respaldar una transición de tal magnitud que afecte a todo el sistema. Tenemos que aprender la dinámica de llevarnos bien los unos con los otros, de llegar a amarnos y apreciarnos mutuamente. Ellos nos hacen recordar que, cuando el mundo está intentando fusionarse en una entidad nueva y mayor, para la cual parece que no estamos preparados, la única fuerza preparatoria que es suficientemente potente a nivel emocional para inducirnos a hacer caso a esta llamada se encuentra en las energías del amor.

El amor transforma la manera en que vemos, pensamos, soñamos, actuamos, nos comprometemos con el mundo, ayudamos a otros, e incluso nos trascendemos a nosotros mismos. Es la fuente de gran parte de las labores creativas: las canciones, la poesía, los libros, los sueños, las estupideces humanas y la gloria humana. Nos despierta y nos permite seguir funcionando. Cuando amamos más, respetamos más. Vemos y aceptamos más. Respetamos el dolor, la belleza y el camino que escoge cada uno. Con el amor, nos volvemos más inteligentes y creativos, ya que estamos abiertos a los patrones de inteligencia de toda la red de la vida. Llegamos a vislumbrar las maravillas de la vida en sus infinitas formas, así como las maravillas que hay en nuestro interior. Dicho en términos sencillos, con amor podemos superar nuestras condiciones individuales y evolucionar.

La enseñanza de este libro consiste en permitirnos obtener una resonancia amorosa, descubrir estrategias y formas prácticas de amar que pueden después convertirse en un hábito diario, de una aplicación constante. Esta tal vez sea la enseñanza más importante de todas, la que puede conllevar el mayor bien para la vida que existe sobre este planeta: aprender a confiar en la decisión de amar. Igual que tú, descubrirás que el universo también está vivo y ama: cuando te diriges hacia él, él viene hacia ti. El universo crece gracias a sus conexiones y atracciones: átomos con átomos, moléculas con moléculas, cuerpos con cuerpos, grupos con grupos, países con países, y finalmente el *mundo* entero como amante.

En esta época de renacimiento cultural se nos pide que nos convirtamos en personas deseosas y capaces de afrontar, solucionar y tener éxito en los enormes retos que han surgido. En un momento de transición tan importante en la historia mundial, necesitamos nuevas destrezas y capacidades, además de fomentar las relaciones en las que nuestros egos, en fase de evolución, reciban el apoyo y el entrenamiento que derribe las barreras entre nuestro ego ordinario y nuestro ego extraordinario.

Eso es lo que contiene esta excelente obra. El poder transformador de las energías del amor puede —y de hecho evoca en nosotros— una respuesta divina: la profunda aceptación y el perdón, una comunión y una comunicación profundas, tanto explícitas como implícitas, el éxtasis de eros y los fuegos propios de la unión, una marea viva por tanto dar y recibir que parece extraída del mismo océano de la abundancia, enlazando e impregnando de amor todos los dramas de la vida.

—Doctora Jean Houston
Ashland, Oregón
Mayo de 2014

Introducción
Las energías del amor

El amor es la cumbre de la evolución, el mecanismo de supervivencia
más cautivador de la especie humana.
—DOCTORA SUE JOHNSON[1]

Solemos decir en broma —o medio en broma— que si nosotros podemos hacerlo, entonces cualquier pareja también puede. Aunque los valores básicos de nosotros dos, afortunadamente, se complementan sin grandes esfuerzos, nuestras personalidades, temperamentos y estilos de vida no lo hacen. David se siente a gusto cuando el clima es seco y caluroso, Donna se siente agobiada. Los intereses y la atención de Donna se separan en una docena de direcciones distintas; David puede sentirse molesto cuando su concentración, intensa y aplicada, se aleja de su objetivo debido a alguna de las explosiones de entusiasmo de ella. David organiza su vida en torno a empresas que le hacen sentirse útil y valioso; Donna funciona mejor segundo a segundo. Donna trabaja de manera más eficaz siguiendo un ritmo natural, sin programa y sin prisas; a David se le ha comparado con un tren de mercancías cuando se implica en un proyecto. Donna tiene tendencia a ceder ante la forma de ser de la otra persona, por lo que, aunque David se sienta atraído por ella por su carácter alegre, el estilo más serio de él es el que marca el tono general de la pareja. Ella después siente como si no la vieran ni valorasen; él se pregunta por qué los amigos de ella realzan a la persona con la que él quiere estar, cuando él no suele hacerlo.

---

1. Sue Johnson, *Hold Me Tight: Seven Conversations for a Lifetime of Love,* Nueva York, Little Brown, 2008, 15.

Tras experimentar los elementos básicos de este programa durante más de treinta años, fuimos a Alex's, un restaurante en nuestra ciudad natal de Ashland, Oregón, con la promesa de que no saldríamos de la cafetería hasta que hubiésemos terminado la primera frase de este libro. Acabamos nuestra tempura de gambas y varios vasos de agua con gas; pensamos en una docena de formas de comenzar el libro; nos decidimos por la opción más personal; escribimos la frase de «si nosotros podemos hacerlo»; observamos a una joven pareja besándose en la terraza del restaurante con vistas a la famosa plaza de Ashland; les dimos las gracias por contribuir al espíritu de nuestro proyecto; bromeamos con la directora del restaurante, quien nos dijo que ella había anunciado a su marido que esperaba su primer hijo en la misma mesa donde nosotros estábamos forjando nuestro proyecto; y, finalmente, satisfechos con nuestro festival de escritura de dieciséis palabras, nos marchamos.

La mañana siguiente, David completó lo que faltaba del primer párrafo, escribiendo en las primeras horas del día, tal como suele hacer. Cuando Donna se despertó, él se lo leyó. Le gustó mucho, hasta llegar a la última línea. Ella dijo: «¿Quieres decir que aún piensas eso? Creía que habías superado eso hace veinte años». Su tono causó dolor y desconcierto. David se sintió menospreciado y atacado injustamente. Donna no podía creer que él la acusara de atacarle, cuando habían sido sus sentimientos los afectados. Empezamos la competición de quién había sido más perjudicado, ambos pensando: «¡Vaya comienzo más malo para un libro sobre las energías del amor!».

A medida que aumentaba nuestro desaliento, y después de un breve período de ruptura en que Donna se bañó y David cocinó, Donna dijo: «Si de verdad vamos a hacer este libro y a presentar estas técnicas, veamos si pueden librarnos de ésta». David utilizó una técnica para contrarrestar las energías que pueden disparar su actitud defensiva cuando Donna se siente dolida por algo que él ha hecho. Donna empleó una técnica para contrarrestar su bajón de energía y su incapacidad para pensar cuando David reacciona a la defensiva. Por qué nunca habíamos afrontado este esquema de toda la vida antes de usar estas herramientas es difícil de decir; quizás nos las queríamos guardar para exhibirlas en algún sitio. Los diez minutos de trabajo de rescate no sólo «nos libraron de ésta», sino que nos ayudó a modificar el esquema.

Este libro te enseñará a librarte de esa clase de discusiones con tu pareja, además de procedimientos para transformar vuestras diferencias en puntos fuertes, y vuestras áreas estancadas en oportunidades de renovación. Lo menos habitual de nuestro enfoque es que no se centra sólo en las diferencias psicológicas, los estilos de comunicación y las intenciones positivas. También te enseña a concentrarte directa y eficazmente en tus *energías*, en las *energías* de tu pareja y en cómo interactúan.

¿Qué es esa cosa llamada amor?

Estás leyendo un libro cuyo título incluye dos términos –*amor* y *energías*– que han desconcertado a científicos, filósofos y teólogos desde el inicio de la existencia de esas disciplinas. No somos tan arrogantes como para prometer encontrar solución a las ambigüedades, contradicciones y misterios que, a lo largo de la historia, han rodeado a cada una de esas palabras (en la medida en que nos gustaría), pero intentaremos ofrecerte una idea para poder trabajar con ellas, y para ello será útil leer este libro.

Los filósofos de la Grecia antigua describieron cuatro tipos de amor: *ágape* (amor espiritual, desinteresado, incondicional), *eros* (amor apasionado, duradero, con deseo sensual y anhelo de la persona amada), *philía* (aprecio afectuoso o amistad) y *storgé* (el afecto normal entre familiares, como por ejemplo el que sienten los padres por sus hijos). El Antiguo Testamento enumera las cualidades del amor: «El amor es paciente, el amor es amable. No conlleva envidia, no hace alarde de nada, no es orgullo [...] Siempre protege, confía, espera, persevera» (1 Corintios 13:4-8). El Nuevo Testamento identifica tres fuentes de amor humano (corazón, alma y mente) y recomienda que dirijamos nuestro amor con nuestra voluntad: «Amarás a Dios, tu Señor, con todo tu corazón, con toda tu alma, con toda tu mente y con todas tus fuerzas» (Lucas 10:27). También va más allá de la dimensión humana del amor, identificando el amor con Dios: «Cualquiera que no ame es que no conoce a Dios, porque Dios es amor» (1 Juan 4:8). La idea de dos amores –uno terrenal, otro celestial– puede encontrarse a lo largo de toda la historia escrita.

En cuanto al científico, uno de los principios fundamentales del universo es la tendencia a *establecer vínculos*. Instantes después del Big Bang, las partículas elementales empezaron a formar relaciones estables de una complejidad creciente.[2] Brian Swimme y Mary Tucker señalan que «la atracción entre un protón y un electrón es una de las maneras por las que el universo genera niveles siempre crecientes de complejidad que, después de unos 14 mil millones de años, nos incluye a nosotros».[3] El establecimiento de vínculos a nivel subatómico es necesario para que tu cuerpo exista, y la naturaleza extendió el principio de modo que debes salvar la separación espacial que hay entre tú y otra persona para hacer posible la generación siguiente. Una energía magnética te induce a dar el salto; el amor, en sus numerosos y diversos niveles, desde el terrenal hasta el celestial, convierte ese salto biológico en un hecho claramente humano. Escribiendo en calidad de científico de investigación, y con un laboratorio en la Universidad de Carolina del Norte que investiga las emociones humanas positivas, la psicóloga Barbara Fredrickson afirma que el amor modifica literalmente las estructuras celulares que influyen en la salud física, la vitalidad y, por último, en «si será una relación excelente, o si simplemente os llevaréis bien».[4] Con ánimo provocativo, sugiere que, aunque el amor está compuesto por muchos momentos en que tienen lugar conexiones bioquímicas, emocionales y conductuales, desde el punto de vista del organismo son «fugaces», «no duraderos», tan sólo «eternamente renovables».[5]

Las energías del amor constituyen una fuerza dinámica entre dos personas que trascienden su personalidad, sus creencias y sus historiales. Estas energías surgen desde lo más profundo de nuestro interior, se encuentran y generan una especie de combustible alquímico que nos transforma. Nosotros somos como un contenedor para ellas, se encuentran en nuestro interior; y sin embargo no podemos contener su evolución y sus acciones. A medida que nos desarrollamos, a medida que expandimos nuestro cuerpo, las energías del amor se expanden con nosotros. Éste es un libro sobre las energías del amor, además de sobre los cuerpos humanos donde están y por los que ellas fluyen.

---

2. Brian Thomas Swimme y Mary Evelyn Tucker, *Journey of the Universe*, New Haven, CT, Yale University Press, 2011.

3. Ibíd., 13.

4. Barbara L. Fredrickson, *Love 2.0*: *Creating Happiness and Health in Moments of Connection*, Nueva York: PLUME/Penguin, 2014, 4.

5. Ibíd., 6.

Las energías que hay dentro de nosotros; las energías que hay entre nosotros

Del mismo modo que cada uno de nosotros nace con una estructura física completamente distinta, también nacemos con una «estructura energética» del todo única. Por nuestros cuerpos se mueven impulsos eléctricos. Hay campos eléctricos que rodean nuestros órganos. Estos impulsos y estos campos controlan nuestro crecimiento físico. Esto se demostró científicamente en la década de 1930, cuando Harold Burr, un neuroanatomista de Yale, construyó un equipo que podía medir el campo electromagnético que había en torno a un huevo de salamandra sin fertilizar.[6] Burr se encontró con el extraordinario hallazgo de que el campo electromagnético del huevo tenía la forma de una salamandra *madura*. El eje eléctrico que después se alinearía con el cerebro y la espina dorsal ya estaba presente, como si la huella del adulto estuviera allí, en el campo de energía del huevo. El embrión crecía tomando la forma del campo electromagnético. ¡La propia fisiología tomaba como modelo el campo electromagnético! Burr continuó descubriendo campos electromagnéticos que rodeaban todo tipo de organismos, desde hongos a seres humanos, pasando por plantas y ranas, y pudo distinguir patrones eléctricos que se correspondían con la salud y la enfermedad.

Los campos de energía no sólo dirigen nuestra salud y nuestro crecimiento biológico, sino que también influyen en nuestras relaciones. El corazón y el cerebro están rodeados por un campo electromagnético, y el del corazón —lo cual te puede sorprender al saberlo— tiene una amplitud unas sesenta veces mayor que el del cerebro.[7] El campo electromagnético generado por el corazón puede detectarse en cualquier lugar de la superficie del cuerpo mediante un electrocardiograma, y también se extiende varios

6. Ronald E. Matthews, «Harold Burr's Biofields: Measuring the Electromagnetics of Life», *Subtle Energies and Energy Medicine,* 18, 2 (2007): 55-61.
7. Rollin McCraty, «The Energetic Heart: Bioelectromagnetic Communication within and between People», en Paul J. Rosch and Marko S. Markov (eds.), *Clinical Applications of Bioelectromagnetic Medicine*, Nueva York, Dekker, 2004, 541-562.

metros más allá de nuestro cuerpo, irradiando en todas las direcciones, de modo que puede detectarse con otros instrumentos. Las señales electromagnéticas generadas por el corazón las registran los cerebros de las personas que nos rodean. Si dos personas se encuentran a la distancia habitual para mantener una conversación, las fluctuaciones en la señal del corazón de una se corresponde con las fluctuaciones en las ondas cerebrales de la otra.[8]

Nuestras respuestas fisiológicas no sólo están sincronizadas energéticamente con las de nuestra pareja durante las interacciones íntimas, sino que el campo que irradia nuestro corazón puede transmitir emociones. Investigadores del Instituto HeartMath, de California, han descrito esto en términos medibles: «Los patrones de los latidos rítmicos del corazón cambian significativamente cuando experimentamos emociones. Las emociones problemáticas, como el enfado o la frustración, están asociadas con un patrón incoherente, desordenado y errático, en la actividad rítmica del corazón. En cambio, las emociones placenteras, como el amor o la valoración positiva, están asociadas con un patrón coherente, ordenado y constante, en la actividad rítmica del corazón. [Estos cambios] generan las consiguientes modificaciones en la estructura del campo magnético irradiado por el corazón».[9] Tu corazón contiene información emocional que influye físicamente en tu pareja.

Mientras tanto, incluso con un campo electromagnético más pequeño, el cerebro contiene más o menos cien mil millones de neuronas, y cada una puede estar conectada a nivel electroquímico hasta con otras diez mil. Los impulsos eléctricos del cerebro constituyen un sistema de energía complejo e insondable que subyace a tus hábitos de percibir, pensar y responder a lo que te rodea. Más allá de estas energías eléctricas medibles hay energías más sutiles, incluidas en los meridianos del cuerpo, los chakras y el aura, conceptos conocidos por las tradiciones de sanación a lo largo del tiempo y en el transcurso de las distintas culturas, aunque no estén reconocidos por la

---

8. Ibíd.
9. Rollin McCraty, Raymond Trevor Bradley y Dana Tomasino, «Our Heart Has a Consciousness of Its Own», n.d., http://newearthdaily.com/our-heart-has-a-consciousness-of-its-own/

ciencia occidental porque han escapado (hasta hace poco tiempo)[10] a su capacidad para detectarlos. Si modificas las energías que se desplazan por tu cuerpo, podrás alterar tu estado de ánimo, tu mente y tus relaciones personales.

Cuando David sufría un ataque de ira, los cambios en su sistema eléctrico tenían lugar en su corazón y en su cerebro, y ocurrían modificaciones en el corazón y el cerebro de Donna a modo de respuestas. Nada de empatía, análisis, comprensión ni amor. Recurrimos a sencillas técnicas energéticas.

Normalmente hemos experimentado mucho dolor cuando hemos observado a clientes y amigos —así como a nosotros mismos— luchar sin éxito para mejorar sus relaciones, aprovechando cualquier atisbo de sabiduría y buena voluntad que hubiera a su disposición. En algunas ocasiones, la forma en que la energía se mueve por nuestro cuerpo nos deja atrapados en un esquema fijo de pensamientos y conductas. A menudo, la forma más rápida de librarte de ese patrón consiste en desplazar la energía subyacente, y no en tomar como objetivo los sentimientos, los pensamientos o las conductas.

Las herramientas: algunas antiguas y otras nuevas

Sigmund Freud, Carl Jung y otros pioneros de los enfoques psicodinámicos para la curación de las emociones demostraron cómo las experiencias de nuestra niñez —ecos de los sucesos de nuestro pasado— pueden seguir afectándonos actualmente. Muchas de las terapias que surgieron gracias a su revolucionario trabajo nos han ofrecido caminos para liberarnos de los efectos de los daños o traumas emocionales de la niñez. Esto supuso un salto cuántico en la autoimagen que la humanidad tenía de sí misma: los esquemas psicológicos profundamente arraigados pueden modificarse, y tenemos a nuestra disposición las herramientas para iniciar esa transformación.

Hoy en día nos encontramos en otra fase vital, la que nos permitirá convertir estas ideas en resultados prácticos más rápidos y eficaces que nunca

---

10. Claude Swanson, *Life Force: The Scientific Basis*, 2.ª ed., Tucson, AZ, Poseidia Press, 2009.

antes. Hay disponibles métodos que pueden transformar las energías no sólo del núcleo central de tus pensamientos, estado de ánimo y conducta, sino también de tu salud y tu felicidad. Las disciplinas de la *medicina energética* y la *psicología energética* —nuevas en la cultura occidental, pero basadas en tradiciones curativas y espirituales muy antiguas— están desarrollándose rápidamente tanto en el ámbito más popular como en el profesional. Hemos tomado bastantes cosas de ambas disciplinas para la redacción de este libro.

Hemos dedicado nuestras propias vidas personales y profesionales a hacer progresar estos métodos. Ese compromiso, y las experiencias que han surgido gracias a él, son nuestras principales credenciales para ofrecer este libro a los lectores. Otros datos sobre nosotros que pueden ser relevantes en vistas a tener un marco de referencia para nuestras ideas:

Donna, desde su niñez, ha visto energías rodeando y moviéndose por el cuerpo, con la misma claridad con que el lector ve lo impreso en esta página; y ella ha aprendido que, igual que las palabras impresas, estas energías tienen distintos significados y pueden informar sobre salud y curación. De hecho, ella tiene fama internacional por su capacidad de clarividencia para percibir y trabajar con las energías corporales. La forma en que Donna puede ver las energías que otras personas no ven se ha comparado con el hecho de que los perros pueden oír frecuencias que los seres humanos no podemos. Las energías están ahí y en pleno funcionamiento, pero más allá de lo que pueden percibir la mayoría de las personas. Y lo que resulta más significativo, a pesar de esto, Donna ha enseñado, a decenas de miles de personas de todo el mundo que no ven esta energía, a evaluar y transformar los flujos de energía mediante procedimientos encaminados a mejorar su salud y su vitalidad.

David ha trabajado como psicólogo clínico durante casi cuatro décadas. En los últimos años, su principal interés, gracias a la influencia de Donna, ha pasado a ser la aplicación de métodos energéticos para trabajar los problemas psicológicos. Nuestros seis libros, más numerosos artículos científicos y de divulgación —todo ello en conjunto—, han querido llevar la medicina energética y la psicología energética a los profesionales de la salud y al público en general. Con este historial, nos encontramos aquí juntos para ofrecer al lector este práctico manual cuyo objetivo es optimizar las energías que influyen en sus relaciones.

El contexto: una nueva era para las relaciones de pareja

Aunque tu relación sea una creación única, tuya y de tu pareja, no sólo estáis implicados vosotros dos. Se basa en las costumbres y los modelos que supusieron las relaciones establecidas por tus padres y tus abuelos, y por las generaciones anteriores a ellos, y está siendo moldeada por ciertos cambios en tu cultura que se desarrollan a un ritmo que no podía haberse imaginado hace sólo unas décadas. Estos cambios llegan hasta el modo en que pensamos en nosotros mismos como hombres y como mujeres, y se ven reflejados en cómo nos relacionamos unos con otros.

Lograr el equilibrio

En la mayoría de las sociedades, volviendo la vista atrás, hasta los albores de la historia escrita, los hombres han tenido el control de la propiedad, han acaparado los puestos más importantes del poder político y han ostentado la principal autoridad dentro de la familia y la comunidad. Dentro de esta estructura patriarcal, los varones han dominado a las mujeres no sólo mediante la fuerza, sino, de forma más disimulada, mediante el adoctrinamiento de las masas, con el objetivo de lograr lo que se consideraba oficialmente el orden natural de las cosas.

Las sociedades occidentales modernas, por ejemplo, valoran a las personas, en gran medida, por su capacidad para producir riqueza. Las mujeres, atadas a las tareas de criar a los hijos y de atender la casa, eran, de acuerdo con este criterio, ciudadanos de segunda clase. Se las valoraba menos, y muchas de sus formas naturales de operar en el mundo se restringían, se ridiculizaban, e incluso se condenaban. Laurel Thatcher Ulrich comentó con ironía: «Las mujeres de buen comportamiento raramente pasan a la historia».[11] Sin embargo, estas restricciones se han reducido en las últimas décadas.

---

11. Laurel Thatcher Ulrich, *Well-Behaved Women Seldom Make History*, Nueva York, Knopf, 2007.

Una nueva forma de valorar y un reforzamiento de las mujeres están emergiendo en las sociedades modernas, debidos, en parte, a los rápidos cambios en el estatus económico de las mujeres. En 1970, menos del 6 % de los ingresos de las familias estadounidenses lo aportaban las mujeres. Actualmente suponen más del 40 % y siguen ascendiendo.[12] Más de la mitad de todos los puestos de empleo directivos y profesionales los desempeñan las mujeres, desde un 26 % en el año 1980.[13] De las quince categorías de trabajo que se prevé que tendrán un mayor crecimiento en la década siguiente, trece las ocupan mujeres, en su mayoría.[14]

Hanna Rosin explica que las ventajas inherentes a la biología del varón ya no son importantes: «El pensamiento y la comunicación han llegado a eclipsar a la fuerza física y al carácter enérgico como claves del éxito económico». Dado que «las transformaciones culturales y económicas siempre se refuerzan las unas a las otras [...] la economía global está evolucionando hasta reducir la preferencia histórica por tener hijos varones, en todo el mundo».[15] En la década de 1980, cuando los bancos de esperma posibilitaban a las parejas que deseaban una inseminación artificial elegir el sexo de su hijo, se solía suponer que habría una preferencia universal por los hijos varones. Actualmente se prefieren las hijas, incluso en una proporción de 2 a 1 en algunas clínicas.[16]

Aunque algunas fuertes reacciones violentas aún perjudican los derechos y mejoras de las mujeres, Rosin piensa que «dado el poder de las fuerzas que impulsan la economía, esta maquinación se parece al último suspiro de una época que agoniza».[17] Las mujeres tienen más poder, están creando nuevas formas sociales y estilos de dirección, y ejercen su capacidad para retar a un antiguo orden que nos ha llevado al borde de la extinción. Aunque ese viejo orden se caracteriza por las creencias y valores «masculinos» y patriarcales, esto no significa que «masculino» sea malo y que «femenino»

---

12. Hanna Rosin, «The End of Men», *The Atlantic* 306, n.º 1 (2010): 70.

13. Ibíd., 64

14. Ibíd., 60.

15. Ibíd., 58.

16. Ibíd.

17. Ibíd., 60.

sea bueno. Lo malo es que, de muchas maneras, estamos girando bruscamente para desequilibrarnos más aún.

La supervivencia de la humanidad puede depender de fuerzas personales y culturales que se han ido alzando para contrarrestar esta tendencia hacia la aplicación desenfrenada del principio masculino: mayor dominación de la naturaleza, distribución desigual de la riqueza, poder desmedido por parte de las empresas, secuestro de los principios democráticos, uso de la violencia para poner fin a las disputas, y otras disposiciones de carácter destructivo. Mientras tanto, lo femenino rinde culto a la naturaleza, confía en las emociones, hace caso a la intuición, promueve las relaciones, se preocupa por todos los hijos, conlleva la unión y no la división, y reafirma las habitualmente caóticas expresiones espontáneas del alma. Con independencia de en qué medida equilibrar estas cualidades pueda crear un mundo mejor, los órdenes establecidos no se rinden con facilidad. Esta lucha tiene lugar en un mundo en el que ese ritmo tan apresurado es vertiginoso, las creencias y las tradiciones culturales saltan por encima de límites sociales y nacionales, en una orgía de creatividad y de tensa fertilización cruzada, y nuestra sensación de adónde nos dirigimos como colectividad consiste en una rica complejidad de posibilidades sin precedente y de peligros que pueden ser una amenaza para nuestra vida.

El cambiante paisaje del matrimonio

¿Cómo influyen estas transformaciones en la sociedad, la conducta y la conciencia? Dicho en una sola palabra: *profundamente*. Los historiadores y los sociólogos han identificado tres épocas en la historia de Estados Unidos, en relación con el matrimonio. Desde la fundación del país hasta aproximadamente el año 1850, los afectos y la intimidad emocional fueron cuestiones secundarias ante las necesidades básicas de la supervivencia física, como la comida, la vivienda y la protección. Desde aproximadamente 1850 hasta mediados de la década de 1960, el amor, la intimidad y una vida sexual satisfactoria ganaron importancia dentro del modelo dominante de matrimonio. En la época actual, aunque el amor y tener una relación de pareja funcional aún son, por supuesto, consideraciones esenciales, la capacidad del matrimonio de apoyar la evolución personal de los dos miembros de la pareja ha emergido como dimensión fundamental de la satisfacción en el marco del matrimonio.[18]

Cuando, en el año 1939, a las mujeres se les preguntaba que enumerasen, en orden, dieciocho cualidades que desearan en un futuro marido, el amor quedó en el quinto puesto.[19] El sustento económico aún se consideraba más fuerte que el amor. Durante la década de 1950, los estudios revelaron que el amor iba ascendiendo en la lista, hasta que un sondeo estadounidense del año 2001 mostró que «el 80 % de las mujeres de veintitantos años decían que tener un hombre que pudiese hablar sobre sus propios sentimientos era más importante que otro con quien disfrutaran de un buen nivel de vida».[20] En el núcleo de esta nueva era de relaciones sentimentales –explica el sociólogo Robert Bellah–, el amor se ha convertido, en cierto modo, en «la mutua exploración de unas personalidades infinitamente ricas, complejas y estimulantes».[21]

Aunque esto puede parecer caballeroso, ha incrementado la presión para que cada uno de los miembros del matrimonio lo sea todo para el otro: amantes, padres, familiares, amigos, compañeros de negocios, y ahora evocadores de «las personalidades infinitamente ricas y excitantes». Las expectativas sobre las necesidades que un matrimonio debe cubrir son muy altas, lo cual no tiene precedentes, y muchos matrimonios ni siquiera se acercan a su cumplimiento.[22] Los estudios sobre la satisfacción matrimonial ofrecen un dato irrefutable: la diferencia entre los matrimonios frustrantes (el grupo más numeroso) y los gratificantes (el grupo menos numeroso) está creciendo. Por un lado, el matrimonio *medio* actualmente es más débil, en términos tanto de satisfacción como de probabilidad de divorcio, que nunca antes. La creciente cantidad de exigencias nos hace ser más propensos a una mayor frustración. La falta de satisfacción, incluso en los matrimonios que duran muchos años, se ha convertido en endémica.[23] En el lado opuesto,

---

18. Ibíd., 8.
19. Brizendine, *The Male Brain*, 81. [*Véase* nota sobre la edición en español en el punto 15].
20. Ibíd., 129.
21. Brizendine, *The Female Brain*, xix. [*Véase* nota sobre la edición en español en el punto 15].
22. Ibíd., 137.
23. Ibíd.

en la actualidad, los *mejores* matrimonios tal vez sean más fuertes que nunca antes en toda la historia.[24]

Puesto que al matrimonio se le exige que cubra un número mayor de nuestras necesidades, estas parejas «mejores» son realistas acerca del hecho de dedicar el tiempo y la energía necesarios para que prospere la nueva concepción del matrimonio, y encuentran los medios para lograrlo.[25] En estas páginas aprenderás algunos de los procedimientos más eficaces para utilizar el tiempo y la energía que le has prometido a tu pareja. Por ejemplo, los hallazgos sobre los matrimonios más felices no conllevan que os contempléis y se os caiga la baba todas las horas del día. Los esposos que informan de un compromiso intenso y positivo entre el uno y el otro, al menos una vez por semana, tenían una probabilidad 3,5 veces mayor de ser «muy felices» en su matrimonio que quienes en pocas ocasiones se comprometían intensamente el uno con el otro.[26]

Durante la mayor parte de la historia, los modelos de amor y familia proporcionados por la generación de los padres en raras ocasiones se han puesto en cuestión. Hoy en día son cada vez más *irrelevantes*. Entre nuestros recuerdos personales, y antes de ellos, a lo largo de la historia de la civilización occidental, el marido era el principal responsable de la familia, se esperaba que fuese fuerte y dominante, y que tratase a su mujer y a sus hijos como si fueran posesiones suyas. La manutención de la familia era una labor propia del varón. El papel de la mujer consistía en estar a su lado, aconsejarle y ayudarle en esa labor, y estar dispuesta a darle todo su amor cuando volvía a casa.[27]

Y así fue durante miles de años. Pero en una sola generación todo esto ha cambiado mucho en la cultura occidental. Incluso la función más básica del matrimonio –tener descendencia– debe enfrentarse a la fuerza opuesta de la sobrepoblación, lo cual abre el camino a una mayor valoración cul-

---

24. Ibíd.
25. Ibíd.
26. W. Bradford Wilcox y Jeffrey Dew, *The Date Night Opportunity: What Does Couple Time Tell Us about the Potential Value of Date Nights?*, Charlottesville, VA, National Marriage Project, 2012.
27. Stephen Larsen y Robin Larsen, *The Fashioning of Angels: Partnership as Spiritual Practice*, West Chester, PA, Chrysalis Books, 2000.

tural de los matrimonios entre personas del colectivo LGTB,[28] y de otras relaciones íntimas en las que tener hijos no es el propósito principal. Los matrimonios no se crean con un modelo evidente que guíe cómo deben desarrollarse. Los roles y el poder relativo de los varones y de las mujeres en las relaciones ya no están definidos de antemano. Están apareciendo disposiciones sociales que aceptan procedimientos característicamente femeninos. Ciertas fuerzas en ascenso que han planteado una nueva valoración de la intuición, las emociones, la naturaleza y el bienestar humano, por encima de lo establecido, están revolucionando la sociedad y las relaciones íntimas.

Perturbadores como cualquier otra forma de cambio radical,[29] estos cambios pueden ser, sin embargo, esenciales para la supervivencia de nuestra cultura. Un matrimonio es, en la actualidad más que nunca, un acuerdo creativo que acoge retos extremos y posibilidades imprevistas, igual que los mapas del pasado van perdiendo valor y el propio territorio se encuentra en un proceso de flujo continuo.

Este libro se ha escrito para ayudarte a encontrar el camino correcto entre todos esos peligros y oportunidades. Vivimos en la que tal vez sea la época más estimulante, y a la vez desafiante, de toda la historia, por encontrarnos en un camino inspirado por el amor. Nunca antes la gente se había sentido atraída con tanta fuerza para crear relaciones, en las que las fuerzas que tradicionalmente se han concebido como masculinas, y las que se han concebido como femeninas, pueden integrarse *dentro de* cada persona o *entre* dos personas para formar las relaciones más ricas desde el comienzo de los tiempos.

---

28. Las siglas LGBT son las iniciales del colectivo formado por lesbianas, gays, bisexuales y transexuales. *(N. del T.)*
29. Hemos elegido «radical» muy a propósito para traducir la obra original. Se debe tomar «radical» en el sentido más apropiado del término (adjetivo derivado del sustantivo «raíz»): el que hace referencia a algo que afecta a las raíces o bases de la sociedad; no en el sentido habitual y normalmente peyorativo con que se suele utilizar el término, según el cual sería sinónimo de «extremista». *(N. del T.)*

Un breve resumen de *Las energías del amor*

Las energías del amor muestra cómo tus energías desempeñan una función *evidente* en tu psique y tus relaciones, y ofrece una guía clara y práctica para trabajar con ellas y mejorar tu relación.

Tres aspectos del amor

El libro está organizado en torno a tres temas muy amplios:

- Los factores hereditarios del amor
- Los factores aprendidos del amor
- Los factores del amor creados en común

Cada uno de ellos tiene una dinámica distinta, requerimientos específicos para afrontar con eficacia sus retos y una contrapartida energética. Los aspectos *hereditarios* del amor, por ejemplo, son fijos. Aunque no podemos cambiarlos, podemos influir en cómo se expresan y desarrollar formas de llevarlos a cabo con más destreza. Los aspectos *aprendidos* del amor se adquieren en los primeros años de vida y pueden modificarse para mejorar la capacidad de amar con más intensidad y relacionarse más eficazmente. Los aspectos del amor *creados en común* son una obra maestra, en pleno desarrollo, entre tu pareja y tú. Este libro te enseña a entender mejor y a facilitar el camino por cada uno de ellos.

La parte I, «Los factores hereditarios del amor», te enseña nuevas habilidades para desenvolverte en tu relación, sin intentar cambiar en particular a ninguno de los miembros de la pareja. Los aspectos hereditarios de tu relación dictan que cualquier relación conlleva una fusión entre las energías diferentes de dos cuerpos distintos y dos almas diversas. Este encuentro energético forma la base de todo lo demás que se va a desarrollar. De él emerge el modo en que dos personas sentirán, experimentarán y se portarán la una con la otra. Las energías que influyen en la manera en que tú y tu pareja procesáis la información y manejáis los desacuerdos reciben una atención especial en la parte 1. Proporcionaremos herramientas potentes, procedentes de la medicina energética, para conseguir conectar tus energías con las de tu pareja, y para encontrar el camino correcto en los aspectos en que se compenetran y en los que no lo hacen.

Mientras que la parte 1 te enseña a que todo fluya con la otra parte *tal como tú eres*, la parte 2, «Los factores aprendidos del amor», te enseña a *efectuar cambios* en las respuestas emocionales aprendidas. Tus experiencias con tus padres y otros parientes íntimos dejaron huellas que influyen en tus relaciones posteriores, y, dado que ni la niñez ni los padres de nadie fueron perfectos, estas huellas pueden suponer un límite y todo un reto. Aunque las improntas que configuran nuestras relaciones tienden a evolucionar a medida que maduramos, pueden convertirse en algo rígido en nuestros cerebros, nuestras energías y nuestros patrones de conducta.

De hecho, en muchas personas, estos patrones fundamentales nunca cambian. Basándose en el ámbito de la psicología energética, la parte 2 te enseña a identificar y transformar los aprendizajes profundos que ya no sirven. Te presentaremos los potentes métodos de autoayuda que pueden curar viejas heridas emocionales, literalmente volviendo a reconectar los patrones de rutas neuronales que se han quedado obsoletos y abriendo el camino a unas relaciones más satisfactorias.

La parte 3, «Los factores del amor creados en común», trata sobre el camino de una pareja que va progresando. Tomamos lo que hemos heredado y lo que hemos aprendido, a continuación lo fusionamos, y el resto depende de los dos. La parte 3 comienza mostrando cómo el sexo es «la medicina energética natural de una pareja» (capítulo 8).

El sexo nos llega de forma natural, pero la satisfacción sexual en una relación a largo plazo no es un imperativo biológico, ni tampoco el resultado garantizado de un amor profundo y estable. Las acciones que mantienen nuestra energía sexual activa durante el transcurso de una larga relación tienen lugar tanto fuera como dentro del dormitorio, y están relacionadas con la seguridad natural de que seguimos creciendo como individuos y como pareja.

En realidad, a medida que una relación madura, nos vamos convirtiendo, cada vez más, en «compañeros conscientes» (capítulo 9) que cultivamos el «viaje espiritual» compartido que sabemos que estamos realizando (capítulo 10).

Los individuos descritos en las historias de casos nos han concedido permiso para que contemos sus vidas, aunque a veces hemos alterado sus identidades por completo; o, en algunos casos, los hemos inventado. Aunque hablemos desde el punto de vista del hombre y de la mujer a lo largo del libro, los principios básicos son aplicables a todas las relaciones amorosas en las que hay un compromiso.

Cómo utilizar este libro

Nuestro objetivo con *Las energías del amor* es ofrecer mapas que puedas utilizar para mejorar tu relación en los aspectos del amor hereditarios, aprendidos y creados en común que acabamos de explicar. Desde la explosión de los avances científicos sobre la naturaleza del apego, el desarrollo cerebral y la dinámica interpersonal, hemos intentado:

1. sintetizar lo «mejor de», basándonos en todos estos desarrollos significativos;
2. integrarlos en nuestras propias experiencias y perspectivas personales y profesionales, y
3. presentarlos vinculados a nuestras ideas sobre las influencias fundamentales de las *energías* del amor.

Cada capítulo incluye recuadros con el título de «La dimensión energética», que describen cómo *ve* Donna las energías subyacentes a los principios que estamos describiendo. Mientras tanto, el libro invita al lector a que lo utilices ni más ni menos que a modo de «sustitutivo de un asesor sentimental».

Puedes aproximarte al libro de distintas formas. Puedes leerlo tú solo, leerlo los dos miembros de la pareja de forma simultánea, pero por separado, o leérselo el uno al otro en voz alta y comentarlo a medida que se avanza. Aunque los capítulos están diseñados para leerlos desde el primero hasta el último, si te sientes especialmente atraído por alguna sección, empieza por ella. Después de revisar un borrador del manuscrito, uno de nuestros colegas sugirió que lo publicáramos en forma de tres libros independientes. Aunque creemos que las tres secciones están demasiado relacionadas como para separarse, reconocemos que, igual que el territorio que explora, se trata de una lectura más compleja que muchos libros de autoayuda. La buena noticia es que aquí se ofrece un nuevo enfoque sobre las coreografías invisibles de las energías, hormonas y sustancias neuroquímicas del amor, de un modo que posibilita crear una base más sólida para llevar a tu pareja a nuevas cotas de intimidad. Por otra parte, a tus padres y a todas las generaciones anteriores a ellos les exigían que confiasen principalmente en la intuición o en el azar ciego, cuando se desviaban de lo dictado por la tradición.

Cualquier libro sobre parejas escrito por una pareja refleja su propia relación, además de cualquier cosa que pretenda ofrecer. Nuestra relación no ha sido especialmente fácil. Una terapeuta sentimental con la que trabajamos en cierta ocasión, al intentar calmarnos en un momento terrible, nos dijo que ella creía que nuestra relación es una especie de crisol en el que los retos interpersonales de lo perteneciente al ámbito de lo «colectivo» tienen lugar de forma que podemos tratarlos nosotros mismos y enseñar a otros lo que hemos aprendido. Sea verdad o no, ciertamente hemos experimentado algunos retos bastante grandes. Hemos desarrollado, o adaptado de otros, muchas de las técnicas que ofrecemos aquí parcialmente porque las hemos necesitado. Nosotros hemos sido nuestro propio laboratorio. Y nos hemos sentido agradecidos cuando las ideas y las técnicas que nos han ayudado han sido también valiosas para nuestros clientes y alumnos.

El siglo XXI ha marcado el inicio de un magnífico nuevo mundo para las parejas. Del mismo modo que estos retos no tienen precedentes, están apareciendo, para afrontarlos, herramientas que no podíamos imaginar. Este libro ofrece, de acuerdo con nuestra experiencia, muchas de las mejores herramientas. Terminamos de escribir esta introducción mirándonos el uno al otro y, con las manos entrelazadas y mirándonos a la cara, afirmamos nuestra intención de que todas las personas que lean este libro ganen fuerzas para emprender el camino hacia la consecución de más amor y una relación de pareja más satisfactoria.

Los factores hereditarios del amor

Tú y tu pareja contempláis el mundo con una mirada distinta

Las energías diferentes se atraen

Aunque resulta agradable descubrir que gustamos
a una persona que tiene opiniones parecidas a las nuestras,
es mucho más estimulante descubrir que gustamos
a una persona con opiniones distintas.
—DOCTOR AYALA PINES[1]

A l inicio de nuestra relación, Donna asistió a una clase de hipnosis que él impartía. La sesión de la tarde se dedicaba a las diversas formas en que la gente interpreta la experiencia. Un hipnotizador trabaja de un modo con los individuos que organizan su mundo interior tal y como lo *ven*, y de modo distinto con quienes organizan su mundo según cómo *sienten*. Cuatro tipos se corresponden con las formas básicas de procesamiento de la información: visual, auditiva, kinestésica y razonamiento abstracto.[2]

---

1. Ayala M. Pines, *Falling in Love: Why We Choose the Lovers We Choose*, 2.ª ed., Nueva York, Routledge, 2005, 58.
2. El sistema se basa en las funciones cognitivas identificadas por Carl Jung (y popularizadas en el Indicador de Tipo de Myers-Briggs, (www.myersbriggs.org/my-mbti-personality-type/) como *pensamiento, sentimiento, sensación* e *intuición*, que en distintas combinaciones forman los tipos psicológicos básicos. Los términos que hemos adoptado *–visual, auditivo, kinesté-sico* y *cerebral–* también los usa la programación neurolingüística (PLN) de Richard Bandler y John Grinder, aunque de distinta forma. Hemos aprovechado la información de Virginia Satir, en su trabajo sobre los estilos de comunicación basados en el estrés (reprochador, apaciguador, distractor y computador), tal como ha mostrado en sus talleres y grabaciones.

En el descanso, David quiso pasar un momento en privado con Donna, esperando oír lo impresionada que estaba su nueva conquista con lo bien que había sabido mantener el interés de ese grupo de psicoterapeutas profesionales, que normalmente eran mayores y tenían más experiencia que él. En lugar de eso, Donna dijo: «Bueno, ha sido interesante aprender las características de cada uno de los cuatro tipos, pero yo conozco un método para determinar el estilo de una persona utilizando una sencilla prueba física. Después de todo, cada uno de esos tipos tienen una clase distinta de energía».

Además de la pequeña ofensa para su ego por no haber quedado suficientemente deslumbrada ni siquiera para decir algo sobre su habilidad como profesor, David no lo podía creer. ¿Cómo podría una prueba *física* captar esas diferencias *psicológicas*? Era algo absurdo, y no tuvo ningún reparo en compartir con ella su opinión. Sin hacer ningún comentario ni gesto, Donna de inmediato convirtió su idea en un experimento utilizando a los miembros de la clase durante el descanso. En efecto, quienes David había identificado como visuales obtenían en la prueba un resultado distinto a quienes había identificado como kinestésicos (sentimientos), auditivos (oído) o cerebrales (razonamiento abstracto). En el momento en que la clase se reunió de nuevo, ya había corrido el rumor y era la única cosa sobre la que la gente quería hablar. Así que Donna acabó haciéndose con el control durante lo que quedaba de tarde, enseñando una técnica que ella llama «prueba energética» y mostrando cómo puede aplicarse a fin de determinar el estilo de las personas para procesar la información. Fue una tarde muy estimulante para todos los asistentes, aunque el resto de lo que estaba planificado tuviera que dejarse aparcado. Si David pudiese haber oído a su ángel de la guarda en este momento del comienzo de nuestra relación, le habría dicho: «Acostúmbrate a esto, David».

Esa tarde fue nuestra primera experiencia de la relación entre nuestras disciplinas, y el enfoque de Donna ha resistido el paso de varias décadas. Identificar el modo básico en que una persona se representa internamente el mundo ha demostrado ser muy útil para ayudar a las personas a entenderse a sí mismas, y para ayudar a las parejas a comprenderse mutuamente. Aunque todos incluimos una combinación de las cuatro modalidades, sólo una de ellas predominará durante los momentos de estrés que provoquen una respuesta de supervivencia. Y esto por lo general no requiere encontrarse con una situación que suponga una amenaza para la propia vida. Puesto que los seres humanos hemos dependido, en tan alto grado, de la ayuda mutua en el transcurso de la evolución, cualquier alteración en nuestras relaciones más íntimas se interpreta, en términos biológicos, como una amenaza para nuestra super vivencia. Esos momentos amenazadores pueden encontrarse en el historial de prácticamente todas las relaciones, y en muchas parejas son muy frecuentes. Aunque todos utilizamos las cuatro modalidades, cuando se ve afectado algún vínculo íntimo nos basamos y confiamos en nuestro estilo principal.

Nuestro modo principal de procesamiento de la información en momentos de peligro consiste en algo más que una simple diferencia psicológica entre uno mismo y los demás. Está inscrito en el interior de nuestra *estructura energética* –una forma física y medible–, y nosotros pensamos que se encuentra codificado en nuestros genes. En numerosas ocasiones, Donna ha estado presente cuando alguna de sus clientas estaba dando a luz, o poco después, para proporcionar equilibrio energético a la madre y al bebé, después de tener lugar el parto. Donna, que literalmente ha podido «ver» la energía desde su propia niñez, puede decir a los padres, basándose en el aspecto que presenta la energía del bebé, si tienen a un individuo visual, auditivo, kinestésico o cerebral en sus manos. Ha venido realizando esto durante un período de tiempo suficiente como para contar con la confirmación sustancial de que, en la época en que ese recién nacido llega a la adolescencia, el estilo primario no ha cambiado en relación con su valoración inicial. Por tanto, la principal manera de procesar la información por parte de una persona –una de las diferencias más significativas entre las personas y esencial para que las parejas se entiendan mutuamente– viene dada genéticamente o la determinan las experiencias prenatales.

Ya puedes imaginar cómo ocurre esto. La vida prenatal es en un principio un estado kinestésico. Todo lo que sucede se experimenta en ese mismo momento, y no hay sensación del pasado ni del futuro, ni de lo cercano y lo lejano, ni de lo interior o exterior, y no se dispone de sentidos como la vista o el oído para dar forma al momento. Todo en la vida es un *ahora* unificado e indiferenciado. Si mamá está contenta y las sustancias químicas que nos ayudan son buenas, no puede haber nada mejor. Si mamá está triste o asustada, o si hay escasez de nutrientes, todo nuestro universo consiste en un mal viaje. Después mamá ríe, y de nuevo tenemos un buen viaje. El momento eterno es todo lo que hay.

Hacia la decimosexta semana de gestación, el oído comienza a funcionar y el feto puede oír y responder al ritmo de un sonido. La escucha activa comienza hacia la vigésimo cuarta semana. El latido del corazón, la respiración y el sonido intestinal de la madre forman un «tapiz de sonidos».[3] A la voz de la madre se le presta una atención especial en relación con el «tapiz» porque es muy distinta de los sonidos del entorno amniótico, y su voz establece los primeros patrones de comunicación y vinculación. La experiencia del momento ya no es la única fuente de información. ¡Esto constituye un enorme cambio en la conciencia! El momento está ahora compuesto por una segunda forma de conocimiento. Mamá puede tener una indigestión. El mundo es un mal lugar. Pero mamá también puede estar cantando una canción de cuna. El mundo es un buen lugar. ¿A cuál haces caso? ¿Cómo reconcilias estas dos fuentes de información contradictorias? Bienvenido al mundo de las relaciones interpersonales, pequeño.

El siguiente cambio importante en el procesamiento sensorial del mundo tiene lugar después del nacimiento. Durante el último trimestre de embarazo se ha desarrollado cierta sensibilidad a la luz, cuyo brillo llega a través del abdomen de la madre. El recién nacido puede ver a una distancia de entre veinte y treinta centímetros, si bien al principio todo es bastante borroso. Pero la vista mejora rápidamente y se convierte en la tercera manera de experimentar el entorno, muy distinta de las demás. Aunque no sólo los sentidos físicos nos informan sobre el mundo, estos tres —sentimiento, oído y vista— son los más desarrollados y a los que se da mayor importancia en las sociedades occidentales modernas.

Pronto comenzó a tomar forma una cuarta manera de conocer tu entorno, y consistió en conocerlo mediante los símbolos, y después las palabras, que podían permitirte representarte mentalmente tus experiencias sensoriales, crear abstracciones y manejar ideas para elaborar planes y concebir posibilidades. Para algunas personas, este razonamiento abstracto se convierte en una manera más fiable de entender el mundo que sus sensaciones. Por tanto, los cuatro modos fundamentales de representarse la experiencia se basan en el sentimiento (kinestésico), el sonido (auditivo), la vista (visual) y la lógica

---

3. Para más información sobre el desarrollo prenatal del sentido del oído, visita http://birthpsychology.com/free-article/importance-prenatal-sound-and-music.

(cerebral). El pensamiento visual y el lógico no se encuentran aún en su sitio al nacer, y no obstante las energías que Donna ve en los partos predicen si el bebé, cuando sufra malestar debido a una relación, crecerá programado para apoyarse en un estilo de representación kinestésico, auditivo, visual o cerebral. Esto indica que el modo primario en que una persona procesa la información está determinado por la genética, más que por las experiencias prenatales.

Utilizamos la expresión «estilo energético ante el estrés» para describir el procesamiento sensorial que favorecerás y en el que confiarás instintivamente cuando experimentes una amenaza o estrés, sobre todo en lo que concierne a tu pareja. Este modo sensorial favorito sigue el modelo de *una* de las formas principales en que experimentas el mundo (ver, oír, sentir, pensar), y determina cómo procesas la información cuando te encuentras bajo estrés. Además de influir en cómo das sentido a las cosas durante los momentos estresantes, tu estilo energético ante el estrés es un estado de energía en el que tu cuerpo entra cuando siente malestar. Donna ve que cada estilo se corresponde con un tipo distinto de *energía viviente tangible*.

En correspondencia con nuestra perspectiva energética se encuentran algunos hallazgos de la neurociencia moderna. Describía Dan Siegel, un psiquiatra formado en Harvard, que se encuentra entre los portavoces actuales más importantes de la aplicación de los nuevos avances de las neurociencias a la psicoterapia:

> Los estudios a base de neuroimágenes exploran los procesos metabólicos que consumen energía, en zonas neuronales específicas [...] Estas evaluaciones del «flujo de energía» no son ideas no científicas, propias de legos, sobre el flujo de alguna misteriosa energía presente en el universo. La neurociencia estudia la forma en que el cerebro funciona mediante la activación consumidora de energía de las neuronas. El grado y la localización de esta estimulación y activación del interior del cerebro —este flujo de energía— configura directamente nuestros procesos mentales [...][4]

---

4. Daniel J. Siegel, *The Developing Mind: How Relationships and the Brain Interact to Shape Who We Are*, 2.ª ed., Nueva York, Guilford Press, 2012, 6. [Hay versión en español: *La mente en desarrollo: cómo interactúan las relaciones y el cerebro para modelar nuestro ser*. Desclée de Brouwer, Bilbao, 2007].

En el interior de los circuitos vinculados directamente con el mundo externo y el cuerpo, se generan las representaciones sensoriales [el procesamiento «kinestésico» de nuestro sistema]. Las representaciones perceptuales establecidas por estas entradas sensoriales se procesan y se transforman posteriormente en representaciones más complejas [nuestros estilos «auditivo» y «visual»] [...] Se cree que a partir de la actividad del neocórtex surgen símbolos más complejos y abstractos [nuestro estilo «cerebral»].[5]

De los distintos modos de procesar la información (kinestésico, auditivo, visual, cerebral), instintivamente confiamos en uno más que en los otros, cuando el malestar se introduce en tu relación sentimental.

→ LA DIMENSIÓN ENERGÉTICA ←

Tu biocampo determina tu estilo energético ante el estrés

Esto es lo que Donna ve cuando se concentra en las energías de una persona, incluidos los recién nacidos. Alrededor de la persona hay una zona de energía que muchas tradiciones llaman «el aura». Los científicos que la han detectado utilizando instrumentos eléctricos la denominan «el biocampo».[6] Igual que muchos otros sanadores intuitivos, Donna ve que tiene varias capas, cada una con distintos colores, texturas y otras propiedades.

La capa emocional/mental de tu biocampo

A una de las capas se la llama «capa emocional/mental». Ésta se distingue por cuatro «frecuencias» distintas de energía: una *frecuencia de los sentimientos*, una *frecuencia emocional* (las emociones se definen como sentimientos en interacción con pensamientos) y dos *frecuencias mentales*, una enfocada al exterior y otra, al interior. La frecuencia de los sentimientos se corresponde con el estilo kinestésico de procesamiento de la información; la frecuencia emocional, con el estilo auditivo; la mental enfocada al exterior, con el estilo visual; y la frecuencia mental enfocada al interior, con el estilo cerebral.

---

5. Ibíd., 187.
6. Beverly Rubik, «The Biofield Hypothesis: Its Biophysical Basis and Role in Medicine», *Journal of Alternative and Complementary Medicine* 8, n.º 6 (2002): 703-717.

El orden de estas cuatro frecuencias (desde la más próxima hasta la más alejada del cuerpo) difiere de un individuo a otro. La frecuencia más cercana al cuerpo determina el modo de representación sensorial en el que se basará y confiará visceralmente la persona durante los momentos de malestar. Por tanto, si la frecuencia de los sentimientos es la más próxima a tu cuerpo, instintivamente confiarás en el modo kinestésico al estar bajo estrés; si la frecuencia emocional es la más cercana, entonces bajo estrés dominará el modo auditivo; si la frecuencia mental enfocada al exterior es la más próxima, entonces dominará el modo visual; si la frecuencia mental enfocada al interior es la más próxima, entonces dominará el modo cerebral.

Cómo tu estilo energético ante el estrés deforma a la persona que amas

En una antigua parábola, a un grupo de ciegos se le lleva ante un elefante. Cada uno coloca sus manos en una parte de la enorme criatura y se le pide que identifique qué está tocando. Al que se le da la trompa deduce que es una manguera. El que se encuentra a un lado del elefante cree que se halla ante un muro. Aquel cuyos brazos rodean la pierna considera que se trata de un árbol. El que toca la cola asegura que es una serpiente. Aunque la parábola no tiene en cuenta las aparentes limitaciones olfativas de estos hombres, sirve para ilustrar que si te concentras en sólo una parte de una historia más larga, puedes llegar a conclusiones que son cómicas, en el mejor de los casos, y desastrosas en el peor.

Eso es lo que ocurre cuando te encuentras bajo estrés debido a tu relación. Puesto que estás programado para tratar tus relaciones más íntimas y tu propia supervivencia de forma similar, ese tipo de distorsiones son especialmente intensas cuando el estrés lo causan los problemas con tu pareja (parafraseando la conocida canción: «Siempre desvirtúas a quien amas»). Cuanto más cercana a ti sea la persona, más difícil será mantener con ella la imparcialidad cuando la relación sufre dificultades. Y la forma en que desvirtúas a quien amas tiene mucho que ver con tu estilo energético ante el estrés. Cuando sientes malestar, te representas el mundo de acuerdo con el sesgo propio de la modalidad sensorial que domina cuando te sientes amenazado.

Tu estilo energético ante el estrés no consiste sólo en el *acto* de ver, oír o sentir. En lugar de eso, tu mundo interno está *organizado* de acuerdo con *principios* que se corresponden en mayor medida con la vista, el oído, los sentimientos o la cuarta modalidad, la lógica abstracta. El pensamiento humano es extraordinariamente flexible, y cada uno de nosotros por lo general combina las cuatro modalidades. Pero a nivel visceral tendemos a depender y a dar más importancia a una de ellas, y cuando sentimos malestar en nuestra relación principal, las otras modalidades se desvanecen en el trasfondo. Todo el elefante se convierte en *sólo* un muro, una serpiente, una manguera o un árbol. Deformamos a la persona que amamos de acuerdo con los principios de la modalidad sensorial en la que más confiamos. Las otras tres modalidades tan sólo se bloquean. No se trata de una elección, sino de una respuesta energética fisiológica. Y cuando ocurre esto, no podemos evitar generar distorsiones mentales y después actuar en consecuencia (e inapropiadamente). ¡Es la cosa más natural en estas situaciones!

Energéticamente, te conviertes en un animal distinto durante el estrés causado por tu relación de pareja

Cuando Donna observa con atención a una pareja durante un evento que les genera estrés, ve surgir una de las cuatro modalidades energéticas distintas en cada miembro de la pareja. Esta transformación energética se corresponde con los canales sensoriales visual, kinestésico, cerebral y auditivo que hemos expuesto. Ocurre con bastante frecuencia y es independiente de la inteligencia, la altura o las inclinaciones políticas.

No obstante, la energía que domina en ti durante el estrés causado por los problemas de pareja refleja una diferencia tan notable para quienes ven la energía como lo es el color de tus ojos, la anchura de tus hombros, o si tienes el nudo del ombligo metido hacia dentro o visiblemente hacia fuera.

Deformaciones propias del estilo visual

Sin las otras modalidades para terminar de configurar la imagen, los visuales pierden la perspectiva, que suele ser su punto fuerte. Su decisión interna, o «visión» de la situación, resta importancia a cualquier cosa que ocurra realmente. No sólo sucede que esta *visión túnel* distorsione de manera irresistible la comprensión y reduzca la posibilidad de sentir empatía hacia el otro, sino también que los visuales pueden formarse con rapidez una imagen de cómo deberían ser las cosas, o, más específicamente, de cómo deberías ser *tú* y lo que *tú* deberías hacer. Tienden a aceptar esta perspectiva de un modo sincero. Tú, mientras tanto, te sientes ignorado y consideras el «útil» análisis de tu pareja visual una forma de juzgar y de echar la culpa a alguien. Con la energía que emana hacia el exterior del cuerpo de un individuo visual durante una discusión que genera estrés, tú pasarás a ser el centro de atención, y tu pareja explicará por qué tú eres el responsable y que debes hacer las cosas de otro modo.

⇢ LA DIMENSIÓN ENERGÉTICA ⇠
El estilo visual bajo estrés

Durante los momentos de estrés provocados por las relaciones de pareja, en las personas cuyo estilo energético ante el estrés es *visual*, las energías de su cuerpo tienden a:

- Concentrarse en la cabeza y la parte superior del pecho.
- Después las expulsan de su cuerpo por los ojos y la zona del pecho.
- Parecen construir un túnel hacia la otra persona.

Deformaciones propias del estilo kinestésico

Cuando surgen desacuerdos o descontentos, los kinestésicos están más pendientes del daño que recibe su pareja que de sus propias necesidades. Sean cuales fueren las energías que emanan de su pareja, el cuerpo del kinestésico las absorbe como una esponja. Puesto que una gruesa capa de energía dolorosa se acumula en su corazón y su pecho, los kinestésicos sienten como si estuvieran a punto de explotar o ahogarse. ¡Su impulso irrefrenable consiste en desconectar la fuente de su angustia *calmando a su pareja*! No tienen lucidez mental, porque las energías más importantes han abandonado el cerebro y han acudido al cuerpo. Estas energías se mezclan con la situación de crisis que se está desarrollando, hasta acabar con la separación entre su ego y la otra persona. A partir de esta constelación de fuerzas, sin que su pareja ni ellos mismos se den cuenta de lo que necesitan, los kinestésicos participan en las interacciones que configurarán sus relaciones íntimas.

→ LA DIMENSIÓN ENERGÉTICA ←
El estilo kinestésico bajo estrés

En los momentos de estrés causados por la relación de pareja, en las personas cuyo estilo energético ante el estrés es *kinestésico*, las energías corporales tienden a:

- Hacerse más lentas y pesadas, como el fango.
- Conectar con el mundo externo, y después dirigirse hacia el interior de forma irresistible.
- Concentrarse en el chakra del corazón, en el centro del pecho (los chakras, término procedente del sánscrito, son centros de energía).
- Abandonar las caderas, piernas y pies, lo cual pone en peligro el contacto con el suelo y la estabilidad.

Deformaciones propias del estilo cerebral

Se encuentra silenciada la voz del corazón, y no obstante, en el interior del cerebro se desarrolla una rica coreografía de energía. El razonamiento verbal y la lógica de la parte frontal del cerebro acallan las necesidades primitivas de la parte posterior del cerebro, lo cual proporciona al individuo cerebral una imagen de claridad y de tranquilidad. Esto le parece al cerebral el modelo del pensamiento racional y civilizado. El sistema está cerrado y encapsulado. Esto no sólo hace que las energías del corazón y el abdomen no dispongan de medios para acceder a la conciencia, sino que la energía de su compañero o compañera rebote igual que una banda elástica disparada contra una pared de granito. Las explicaciones, los sentimientos y las súplicas desesperadas de su pareja no alteran a un cerebral, quien en ningún momento intenta despreciar *conscientemente* a la persona amada. Sucede simplemente que las preocupaciones de la pareja no son relevantes, y que se olvidará de ellas cuando entienda el razonamiento de la superior comprensión del cerebral.

→ LA DIMENSIÓN ENERGÉTICA ←

El estilo cerebral bajo estrés

En los momentos de estrés debidos a las relaciones de pareja, en las personas cuyo estilo energético ante el estrés es *cerebral*, sus energías corporales tienden a:

- Dirigirse rápidamente al cerebro.
- Ir desde la parte posterior del cerebro hacia el córtex cerebral, la parte anterior del cerebro, con una fuerza primigenia.
- Acumularse en el lóbulo frontal.
- Estar tan separadas del cuerpo que el corazón y el abdomen influyen poco en la experiencia de esa persona.

Deformaciones propias del estilo auditivo

Las energías del individuo auditivo se concentran en los órganos relacionados con la emoción. El ritmo vibratorio del mundo exterior también se registra de forma emotiva, y, además, resuena en esos órganos. Bajo influencia del estrés, los comentarios de la pareja pueden activar un torrente de emociones internas que no están especialmente relacionadas con las palabras reales ni con el sentido que se les dio. La aguda sensibilidad del individuo auditivo, quien en un estado de tranquilidad se deja llevar por una capacidad exquisita para percibir lo estético, en condiciones de estrés le induce a lanzar rugidos de emociones dolorosas y contradictorias.

Al auditivo todo comienza a chirriarle, el sonido se convierte en algo extraordinariamente personal, y pierde la capacidad de diferenciar entre los sonidos producidos por su pareja y los generados por sus órganos internos. Puede tener lugar un intenso drama de emociones incompatibles, hasta que el auditivo tiene alguna oportunidad de escapar del bombardeo.

→ **LA DIMENSIÓN ENERGÉTICA** ←

El estilo auditivo bajo estrés

En los momentos de problemas de pareja, en las personas cuyo estilo energético ante el estrés es auditivo, las energías del cuerpo tienden a:

- Concentrarse en dos lugares: el plexo solar y toda el área delimitada por las orejas, incluidas estas últimas.
- Pasar posteriormente a los órganos que gobiernan las emociones intensas —como por ejemplo el corazón, el estómago, el hígado, los pulmones, la vesícula biliar, los riñones, el bazo y el páncreas—, así como las glándulas adrenales.
- Convertirse en un dolor agudo.

Averiguar tu estilo energético ante el estrés

¿Te has reconocido ya? Llegados a este punto, puede que sí o que no, pero tu pareja probablemente sí lo haya hecho. Es mucho más difícil reconocer nuestras propias deformaciones que las de nuestra pareja. En especial, cuando nos encontramos en el momento central de un estado estresante generado por nuestra relación, nuestras experiencias internas pueden ser bastante confusas. Otra dificultad para identificar tu propio estilo es que, cuando no estás bajo estrés, combinas las cuatro modalidades, y tal vez incluso hayas cultivado alguno de los otros estilos, hasta el punto de que conscientemente te identifiques con él más que con tu principal modalidad innata de respuesta al estrés. Pero cuando golpea de nuevo el estrés generado por la relación, tu estilo energético ante el estrés vuelve al lugar de la escena para encontrarse contigo y con tu pareja. Esta sección del libro te enseñará qué hacer cuando tu vida te haya conducido a un caos de ese tipo. En la medida en que trabajéis los estilos de respuesta al estrés de tu pareja y el tuyo propio, la dinámica de cada uno se hará más evidente y será más fácil superar vuestras diferencias.

Mediante la prueba que ofrecemos a continuación podrás hacerte al menos una idea general del estilo energético ante tu estrés y el de tu pareja. Una posible limitación es que, cuando te encuentres bajo estrés por tu relación, tu conocimiento de ti mismo se halle cerca de su punto más bajo, por lo que tus experiencias pasadas de cómo eres en esos momentos, así como tus recuerdos de esas experiencias, pueden ser poco fiables. Por eso pedimos que cada uno se evalúe a sí mismo y a su pareja. El debate posterior sobre las diferencias en vuestra forma de ver las cosas puede ser sorprendente y esclarecedor. Debes esperar que sea así. Sed amables el uno con el otro, ya que estáis tratando de reconciliaros. Si descubres que desde el comienzo coincidís bastante, no te desanimes; probablemente os encontraréis temas en los que no estéis de acuerdo, en una fase posterior del programa.

Evaluación del estilo energético ante el estrés[7]

Os damos permiso para fotocopiar esta evaluación para vuestro uso personal. Haz dos copias para ti y dos para tu pareja. En primer lugar, completa todos los apartados según tu forma de ver las cosas; después, según el punto de vista de tu pareja. Rodea la letra de la respuesta que MEJOR describa tus experiencias. Si no puedes decidirte entre dos respuestas, escribe «1/2» al lado de cada una de ellas. La línea inicial, «Cuando tengo una discusión importante con mi pareja», es la misma para cada apartado.

---

7. La evaluación del estilo energético ante el estrés se basa en un cuestionario creado por Dana How, después de asistir a uno de nuestros seminarios. Ha demostrado su utilidad en sus diversas evoluciones a lo largo de los años, en nuestro propio trabajo con parejas. Agradecemos a Dana el hecho de haber permitido que lo usáramos y nos basáramos en su trabajo. En las preguntas también están presentes algunas ideas de Peg Elliott Mayo, que agradecemos sinceramente.

1. **Cuando tengo una discusión importante con mi pareja:**
   a. Puedo concentrarme claramente para explicar con exactitud lo que mi pareja está haciendo mal.
   b. Soy lógico, racional y razonable.
   c. Me siento irritado porque no me escucha.
   d. Mis instintos primarios pueden llegar a tomar el control.

2. **Cuando tengo una discusión importante con mi pareja:**
   a. Mi pareja me dice que no soy capaz de ver mi parte de culpa.
   b. Sé lo que pienso más que sentirlo.
   c. «Escucho» entre líneas.
   d. Los sentimientos son reales, las razones son sospechosas.

3. **Cuando tengo una discusión importante con mi pareja:**
   a. Sé lo que mi pareja debe hacer para resolver el problema.
   b. Deseo escapar hasta que mi pareja se calme.
   c. Escucho mi diálogo interno mejor que la voz de mi pareja.
   d. Me siento aislado cuando mi pareja no muestra sus sentimientos.

4. **Cuando tengo una discusión importante con mi pareja:**
   a. Me irrito más de lo que debería cuando mi pareja no se comporta de acuerdo con mis expectativas.
   b. Mi pareja me acusa de ser demasiado tranquilo, frío y controlado.
   c. Analizo cuidadosamente la conducta de mi pareja y tengo fuertes emociones hacia ella.
   d. Tiendo a evitar el enfrentamiento directo y a tener mucho cuidado de no dañar a mi pareja.

5. **Cuando tengo una discusión importante con mi pareja:**
   a. Tiendo a juzgar y a criticar a mi pareja.
   b. Mi razonamiento lógico es uno de mis principales puntos fuertes.
   c. Aunque mi pareja afirme que no me está menospreciando de ningún modo, siento que sí lo hace.
   d. Intento que mi pareja se sienta bien, pero yo puedo llegar a derrumbarme o explotar.

6. Cuando tengo una discusión importante con mi pareja:

a. Echo la culpa a mi pareja.

b. Me sorprendo. No tenía ni idea de que hubiese un problema.

c. Me puede hacer más daño el tono de voz de mi pareja que sus palabras en sí mismas.

d. Sintonizo mejor con los sentimientos de mi pareja que con los míos propios.

7. Cuando tengo una discusión importante con mi pareja:

a. Mi pareja suele estar equivocada.

b. Me siento ordenado, estructurado y programado.

c. Me juzgo a mí mismo.

d. Pierdo mi propia perspectiva.

8. Cuando tengo una discusión importante con mi pareja:

a. Quiero decirle «¡Mírame!», si mi pareja evita el contacto visual.

b. Las fuertes emociones de mi pareja me inducen a dejar de discutir.

c. Me retiro con dolor y frustración.

d. Suelo dejar de discutir si mi pareja está muy afectada.

9. Cuando tengo una discusión importante con mi pareja:

a. A veces me parece una competición que debo ganar.

b. Mi poder de razonamiento me permite sentirme tranquilo.

c. Soy muy duro conmigo mismo.

d. Me cuesta razonar y encontrar las palabras adecuadas en ese momento.

10. Cuando tengo una discusión importante con mi pareja:

a. «¡No tienes razón!».

b. «¡Yo tengo la razón!».

c. «¡Estoy enfadado contigo por hacerme sentir mal!».

d. «¡No quiero que te sientas mal!».

Aunque la evaluación del estilo energético ante el estrés tal vez carezca de rigor o validez científicos, al menos es sencillo para asignar una puntuación.

Cuenta la cantidad total de veces que hayas elegido a, b, c o d. Cuantas más «aes», significa que te sientes más a ti mismo como una persona visual; cuantas más «bes», cerebral; cuantas más «ces», auditivo; y cuantas más «des», kinestésico. Una vez que tengas tu puntuación, haz de nuevo la prueba desde la perspectiva de tu pareja. Después, si tu pareja también ha hecho la prueba, compara tus puntuaciones con las de tu pareja, en las dos versiones realizadas.

La mayoría de personas tienen una puntuación más elevada en una de las modalidades, algo menor en la segunda y bastante menor en las otras dos. Las dos puntuaciones más elevadas reflejan tus estilos primario y secundario. La primera es innata, *primordial*. Es aquello en lo que confías *instintivamente* durante una amenaza importante. Tu estilo secundario se ha forjado mediante las experiencias y las preferencias, suele valorarse más de forma consciente, y tal vez sea la forma en que te ves a ti mismo. Asimismo, en muchas ocasiones explicará las diferencias entre el modo en que te has puntuado a ti mismo y la manera en que te puntuó tu pareja. Ser consciente de estas diferencias en la percepción es una manera de empezar a superarlas, y de momento por lo menos debería generar debates interesantes.

Cuando danzan dos energías

Una de las ideas más importantes sobre el sexo y la intimidad que procede de las ciencias de la conducta es engañosamente simple. Para que la relación sexual siga siendo buena en una relación estable, no sólo debemos ser capaces de establecer vínculos profundos con nuestra pareja, sino que también debemos conservar nuestras identidades independientes.[8] Debes poder actuar de forma autónoma y mantener tu propia esencia, incluso mientras atiendes a las necesidades, expectativas y deseos de tu pareja. Esta delicada interacción entre el mantenimiento de *vínculos* y la *diferenciación* es el tema subyacente por el que muchos matrimonios tienen éxito o fracasan, y es en gran medida una danza de dos campos de energía, del mismo modo que se trata de una danza de dos personalidades.

---

8. David Schnarch, *Passionate Marriage: Love, Sex, and Intimacy in Emotionally Committed Relationships,* Nueva York, Holt, 1997.

Independientemente de cuánto os améis el uno al otro, si no podéis poner vuestras energías en armonía y acuerdo, vais a tener que recorrer un camino muy difícil. Todas las personas tienen estrategias para modificar la forma de descargar su energía cuando una relación se vuelve tensa. Gritar es muy habitual. También lo son retirarse, llorar o buscarse una relación fuera del matrimonio. Todas funcionan; cada una de ellas genera un cambio en la energía. Pero son algo así como esos medicamentos que sólo suprimen los síntomas. Tal vez te permitan sentirte mejor durante algún tiempo, pero no resuelven nada, y a menudo tienen efectos secundarios mucho peores que el problema original. El modo en que tú y tu pareja mantengáis y vehiculéis las energías que se encuentran entre vosotros, momento a momento, día tras día, mes tras mes, es lo que definirá vuestra relación.

→ LA DIMENSIÓN ENERGÉTICA ←
La fusión de dos campos de energía

Aunque los cuerpos físicos son relativamente fijos y estables, los campos de energía son fluidos y siempre cambiantes. Una relación comienza con el encuentro de dos campos de energía. Con el paso del tiempo, las interacciones entre tu campo de energía y el de tu pareja se hacen, sin duda, más intrincadas y complejas. Algunas partes de vuestros campos de energía pueden unirse; otras pueden repelerse; un campo puede agobiar al otro, o los dos pueden combinarse para formar un nuevo campo en torno a los dos cuerpos, con comodidad y alegría… o con tensión y acritud. *El modo en que interaccionen tu campo de energía y el de tu pareja configura el marco de acción de todos los demás aspectos de tu relación.* Es la fuerza invisible que permite que tengáis intimidad durante algún tiempo, pero que poco después puede interponer una gran tensión entre vosotros dos.

Un sencillo procedimiento para conseguir que las energías de dos personas *dancen* es bailar de verdad. Esto puede ser tan fácil como juntar las manos, con las palmas entrelazadas, y dejándoos fluir libremente crear movimientos que formen un ocho, los dos juntos. Mientras vuestras caderas y cuerpos sigan, estaréis entrelazando vuestras energías. Hacerlo con música que os guste permite que sea más fácil sincronizar vuestros ritmos y lo convierte en una actividad más divertida. Una técnica para *profundizar* vuestra conexión consiste en que cada uno coloque una mano alrededor de la parte posterior del cuello del otro, y la otra mano a un lado de la cintura. Hay que hacer esto estando de pie, mientras os miráis a los ojos. Dejad que se sincronicen vuestras respiraciones. Sentid cómo se conectan vuestras energías.

Cuando vuestros estilos se desincronizan

Siempre que tu campo energético y el de tu pareja se encuentren en disonancia, las partes más primitivas de tu cerebro percibirán una amenaza. Algo va mal en el frente, y te das cuenta de que experimentas el mundo de acuerdo con tu estilo energético ante el estrés: visual, kinestésico, auditivo o cerebral. El propósito de la siguiente explicación sobre esta dinámica desagradable, pero inevitable, no es que tengas menos esperanzas en lo relativo a tu relación, sino precisamente lo contrario. Se trata de mostrarte en qué consiste el problema y permitirte tratar de forma más eficaz los problemas de pareja en su propio núcleo energético.

Puesto que manejas el estrés generado por tu relación de acuerdo con tu propio estilo energético ante el mismo, y tu pareja no lo hace (las personas con el mismo estilo sensorial normalmente no se eligen como pareja), es casi inevitable que os hayáis hecho daño y que vuelva a suceder de nuevo. Sin embargo, hay un cariz positivo en este modelo en apariencia tan absurdo. Debido a las diferencias en vuestros estilos sensoriales —si no rompéis la relación—, seguramente permitiréis un desarrollo mutuo y os abriréis a niveles de experiencia que antes no podíais imaginar. Tal vez eso es lo que pensó la naturaleza al tener la peligrosa idea de que se atraigan dos estilos que van a criticarse mutuamente. Para alcanzar uno de los estados más sublimes, entre los posibles para la especie humana —el amor intenso y permanente—, estáis obligados a expandir vuestras mentes, a conocer un estilo que, sin un contacto íntimo, raramente podríais haber imaginado.

Es necesario que conozcas tan bien ese estilo, hasta llegar al extremo de descubrir, a partir del interior, las enormes diferencias en el modo en que dos personas —tu pareja y tú— podéis experimentar el mismo mundo. Ver a través de los ojos de otro, y oír a través de los oídos de otro, supone profundizar tu conocimiento de la vida, y eso permite ante todo ampliar tu conocimiento y comprensión de cómo y por qué los demás caminan y hablan de la forma en que lo hacen. Dos realidades *son* mejor que una. El contacto íntimo con la realidad de otro también te ayudará a evitar la trampa, tan característicamente humana, de tomarte tu propia realidad demasiado en serio.

No obstante, antes de que nos pongamos en plan cósmico e idealista hablando sobre el Gran Plan, queremos señalar el hecho de que las diferencias en el estilo sensorial son *irreconciliables*. No puedes hacer que tu pareja piense como tú lo haces, que quiera lo que tú quieres, que sienta como tú sientes, ni que perciba como tú percibes. Y las diferencias en cómo os representáis el mundo no son simplemente diferencias psicológicas o simples trucos de percepción. Se basan en energías esenciales que son un reflejo de tu propia biología. Sin embargo, estas diferencias irreconciliables no tienen por qué ser la causa de un divorcio. Los bloques de piedra que colocan entre vosotros dos pueden utilizarse para construir puentes de comunicación. Vuestras diferencias pueden ser la base de una relación fuerte y estimulante. Cuando hayan sanado las heridas que han causado, y se haya restablecido la capacidad de superar los peligros que representan, pueden servir para hacer más intensa la relación entre vuestras almas y para mantener viva la llama que permite que una relación continúe siendo sana y estimulante.

Las diferencias entre vuestros sistemas energéticos y vuestros estilos de afrontar el estrés *no pueden* y *no deben* disimularse, fusionarse o mezclarse. Deben respetarse. Una vez que las conozcáis en profundidad, las valoraréis e incluso las consideraréis un tesoro. Algunas personas llegan a alcanzar este conocimiento mediante malentendidos, discusiones, decepciones y expectativas frustradas. Otros aprenden los principios esenciales leyendo sobre ellos. Ahora te toca elegir.

Puntos fuertes y puntos débiles de los distintos estilos sensoriales

El estilo visual (en la fortuna y en la adversidad)

¿Has tenido alguna vez la experiencia de conocer, de tú a tú, a una persona tan impactante que te sentiste impulsado por una revelación o un plan de acción, nuevo o extraño para ti, pero que de repente te pareció apremiante? Tal vez ya habías escuchado a otras personas expresar ideas similares, pero los argumentos de ésta incluían una energía que entró en tu interior y se apoderó de ti. Te sentiste convencido por una forma distinta de concebir ese tema, porque ese brillante enfoque te permitió dar sentido al mundo de un modo totalmente nuevo. La capacidad de comunicación de esa persona también te atrajo porque era magnética. Si tu amigo se sentía estimulado por una posibilidad, tú te sentías estimulado por ella; si se enfadaba por algo, tú te enfadabas; si se comprometía a hacer algo, tú te veías también comprometido a hacer eso mismo. Su perspectiva se convirtió en tu perspectiva. Estabas siendo testigo de una verdadera fuerza de la naturaleza, presente en la capacidad de persuasión y fuerza de convicción de esa persona. Y te sentiste agradecido por el hecho de que alguien te ayudase a ver la verdad subyacente en un tema importante, pero difícil de captar.

Éste es el estilo sensorial visual en todo su poder. Sin embargo, cuando una persona de esta clase es el compañero de tu vida, especialmente si estáis desincronizados, la dinámica cambia. Toda la energía que se había dedicado a una revelación para la humanidad se concentra ahora, con la precisión de un láser, en una imagen de cómo deberías ser *tú* y en cómo *tú* no estás dando la talla. Muchas personas consideran esto menos apasionante. *Pero no tu pareja.* Tu pareja está deseosa de ayudarte a que «captes la idea». Es el regalo que te hace tu pareja, que consiste en la promesa de sorprendentes mejoras en tu vida y en vuestra relación. Se supone que debes saber valorar cada soplo de aire que tu pareja exhala para poner todos esos tesoros a tu alcance. Mientras tanto, tú te ahogas en el fervor de la pasión que se te echa encima. Tu pareja se exaspera y se pregunta cómo es posible que no seas capaz de captar la sabiduría y la elegancia de las ideas que te ofrece desinteresadamente. Y si sigues sin ver la luz, la pasión de tu pareja se habrá convertido en enfado, crítica y aversión.

El estilo kinestésico (en la fortuna y en la adversidad)

Tu pareja, un individuo del tipo kinestésico, cree en ti. Sabe cómo te sientes. Te entiende por completo. Su voluntad de sacrificarse para ayudarte es sorprendente. Su generosidad es inmensa. Su comprensión es casi telepática. Te valora por quién eres, no te juzga por lo que haces. Es tu esencia, más que tus acciones, lo que parece importante en esta relación. Y gracias a todo esto, logras valorar tu propia esencia de una manera más grande, clara y pura que nunca antes. No lamentáis el pasado ni el futuro; vivís cada momento con una intensidad que os permite vislumbrar la plenitud de la vida. ¿Te parece bien? Pero espera, que hay más.

Las personas que son tan increíblemente abiertas y que dan tanto tienen que pagar un precio. Suelen decir «Sí» cuando la realidad requiere un «¡No!». Su compresión los arrastra en muchas direcciones. Sufren por los demás y se rompen en pedazos. Su gran solidaridad e intensa comprensión son el pegamento emocional que los mantiene en el punto central de ofrecimiento de ayuda de una delicada red de relaciones. Se los menosprecia. Pueden caer en el agotamiento, perder la orientación o sufrir agobios. Hacia sus parejas sienten una compasión tan profunda que les impide decir lo que les resultaría duro escuchar. El kinestésico casi siempre prefiere el perdón al enfrentamiento. A consecuencia de esto, su pareja puede estar operando con una información extremadamente sesgada. Su compañero o compañera puede creer que esa intensa aceptación y ese amor incondicional son un indicio de que todo está bien, de que el otro es feliz y de que no hay necesidad de hacer ningún cambio importante. Como es lógico, por lo general no lo hacen. Pero no es muy agradable encontrarse con alguien que sacrifica su propio ego, que no te recordará tus puntos débiles y a quien se puede convencer fácilmente, por lo menos hasta que todo esto se acumule hasta niveles explosivos, que darán como resultado tremendos arranques de enfado o huidas permanentes. Así que no sólo no estarás creciendo, sino que de algún modo te sentirás solo, a pesar de todo su amor y reafirmación.

El estilo cerebral (en la fortuna y en la adversidad)

Pocas personas son más atentas, más tranquilas, más racionales. Te sientes fascinado por esa mente exquisitamente lógica, capaz de organizar grandes cantidades de información y de acceder a ella de un modo interesante y muy sistemático. No agobiadas por sentimientos extravagantes o excesivos, e insensible a los tuyos, estas personas son tan sólidas como una torre de marfil. Individuos de sólidos principios y buena reputación, no hay emociones caóticas que pongan en peligro su personalidad. De sus buenas dotes para la abstracción surge su capacidad para entender rápidamente las situaciones complejas, ubicarlas en su contexto intelectual adecuado e idear con serenidad soluciones para todos los problemas que conlleven.

→ EL ACERTIJO CEREBRAL/KINESTÉSICO ←

«Los hechos son los hechos:
¡los sentimientos sólo sirven para introducir confusión en el tema!».

—DAVID

«Los sentimientos son los hechos:
¡lo que tú llamas los «hechos» son lo que introduce confusión en el tema!».

—DONNA

Sin embargo, sentir que tu enfado, pena y dolor rebotan en la coraza de tu pareja puede hacerte sentir muy solo. Tal vez te explique los motivos de tus sentimientos, y te revele sin reservas la solución a tus problemas, pero no existirá una estimulante conexión entre dos corazones. Si no estáis de acuerdo, no importa, te convencerás. Y si te desesperas, es igual, madurarás. Lo tienes ante ti, pero no puedes conmoverlo. Y ya sabes que gritar no es eficaz, así que las alternativas que te quedan son entrar en un estado histérico —en vano—, o empezar a volverte insensible, a semejanza de tu educada y anestésica pareja. Es el momento en que uno descubre que lo tranquilo, frío y sosegado puede convertirse en aburrido, seco y adormecedor.

El estilo auditivo (en la fortuna y en la adversidad)

Nadie podrá penetrar en tu vida interior con más habilidad. Los retos que afrontas, las necesidades que tengas y el lugar que ocupas en tu mundo: todo eso lo capta y analiza con precisión este tipo de personas. Te ofrecen palabras e ideas que te ayudan a entenderte mejor a ti mismo y a valorar tus propios problemas. Te sientes comprendido a diversos niveles. Te escuchan mucho más allá de las palabras que pronuncias. Los espacios entre líneas que te habían pasado desapercibidos los completan con sabiduría y poesía. Esta capacidad para percibir a tantos niveles convierte la vida en una forma de arte. Registran y evalúan todos los matices con un exquisito criterio estético. Ya se trate de música, de arte o de la poesía de la vida, te muestran matices de la experiencia que no habías percibido antes.

Sin embargo, detectar tantas dimensiones de experiencia puede convertir la vida en una agobiante cacofonía. No pueden ignorar tres conversaciones simultáneas de mesas cercanas, estando en un restaurante, ya que irrumpen bruscamente y hacen sombra al disfrute de la sopa del día. Si tú eres su pareja, por favor, no te unas al bombardeo cuando el estrés esté presente. Pero incluso aunque no lo hagas, tal vez te trate como si lo hicieras. La intensa habilidad para escuchar entre líneas, si es alimentada por sufrimientos pasados o por una profunda inseguridad, puede aumentar y convertirse en una tremenda capacidad para oír lo que *nunca* se ha dicho, sentido o pensado; y para percibirlo como un reflejo de acusaciones imaginadas, desprecios intencionados o rotundos castigos. Te juzgan no sólo por tus propios defectos, sino también por hacer evidentes los suyos. Tú eres el malo de la película, y no te quejes diciendo que te ha malinterpretado. Para tu pareja, eso sólo demuestra que te preocupas más por defenderte que por entenderla.

→ LOS CUATRO ESTILOS ENERGÉTICOS ANTE EL ESTRÉS ←

Peligros de cada uno en las relaciones interpersonales

ESTILO VISUAL

«Ve» lo que haces mal.
Te observa a ti, en lugar de «verse» a sí mismo.
Proyecta sobre ti su punto de vista.
Ve cómo deberían ser las cosas.
Critica, juzga, culpa.
Te desprecia.
Tiquismiquis.
«¡Mírame cuando hablo contigo!».
Tiene un aspecto poderoso, no vulnerable.

Incansable, debe ganar.
Se enfada fácilmente.
Manifiesta su decepción cuando no cumples sus expectativas.
Se siente superior y no quiere negociar.
ORIENTACIÓN: hacia el futuro.
OJOS: te mira fijamente a los ojos.
Necesita que mantengas el contacto visual para poder confiar en ti.
LEMA: «¡Estás equivocado!».

ESTILO CEREBRAL

Lógico, racional, razonable.

Se comporta como un ordenador; es objetivo.

Demasiado tranquilo, frío y sosegado.

El típico señor Spock.

Se aparta de las emociones.

Se aparta de ti.

No es consciente de que existe un problema.

No tiene ni idea de por qué te desesperas.

Ordenado, programado, estructurado.

No acepta las verdades de otros.

Inaccesible por los sentimientos.

ORIENTACIÓN: se mueve con libertad por el pasado, el presente y el futuro, sin experimentar completamente ninguno de ellos.

OJOS: mira hacia arriba, y a los lados, a izquierda o derecha, como si mirase dentro de su mente.

LEMA: «¡Yo tengo la razón!».

ESTILO AUDITIVO

El sonido de cada uno es muy personal.

Le duele más tu tono de voz que las palabras reales.

«Escucha» entre líneas (percibe lo que otros no pueden). Se comporta como un sónar.

Pueden magnificar conductas ligeramente inapropiadas hasta darles una importancia exagerada.

Con frecuencia y fácilmente se sienten dañados por menosprecios que sólo ellos perciben.

Pueden apartarse, después de sentir que han sido rechazados, cuando en realidad no era así.

Se fijan incluso en lo que no hay.

Absortos en su propio mundo.

Escuchan su propio diálogo interior con más nitidez que tus palabras; en ocasiones hasta llegar a la paranoia.

Interpretan, analizan y critican.

Se juzgan a sí mismos con dureza; son duros con ellos mismos.

Se desesperan cuando no se les escucha.

Se enfadan cuando se sienten frustrados.

ORIENTACIÓN: hacia el pasado.

OJOS: miran hacia abajo y a los lados, te escuchan mientras intentan pensar, sin verse demasiado afectados por tu energía.

LEMA: «¡Estoy enfadado contigo por hacerme sentir mal!».

ESTILO KINESTÉSICO

Compasión excesiva por los demás (sufren por ti).

No suelen compadecerse de sí mismos.

Te consienten a ti y a tus necesidades.

Ayudantes compulsivos.

No son analíticos ni lógicos.

Dificultad para discernir.

Se encuentran tanto en el ahora que parece que las cosas siempre serán como son ahora (generalizan en exceso a partir del presente).

Emocionalmente sugestionables.

Se quedan sin palabras.

Especial dificultad para expresar los sentimientos con palabras.

Deja de creer en lo que dice y cree en lo que tú dices.

Explota o se derrumba.

Mantendrá una relación aunque la situación sea desesperada.

ORIENTACIÓN: hacia el presente.

OJOS: miran directamente hacia abajo… no a modo de evitación, sino en un esfuerzo por evitar los estímulos sensoriales y sentirse bien dentro de sí mismos.

LEMA: «No quiero que sufras ni que te sientas mal».

No es un comportamiento aprendido

Separar estos cuatro estilos energéticos ante el estrés en categorías estrictas tal vez parezca demasiado rígido, pero, por nuestra experiencia, cuando la gente está bajo una cantidad suficiente de estrés, generado por su relación de pareja, suelen convertirse en casos ejemplares de uno de estos cuatro modelos. No se trata de un comportamiento aprendido. Es más bien una consecuencia lógica de nuestro sistema energético. Recordemos cómo Donna puede decir con exactitud a los padres de un recién nacido cuál de los cuatro estilos desarrollará. La característica que compartimos todos, santos y pecadores, es que, bajo una cantidad suficiente de estrés procedente de la relación de pareja, domina una modalidad sensorial y las otras tres desaparecen. Surge el problema del cuento de los ciegos y el elefante. Algunos aspectos significativos de la situación no llegan a detectarse. Lo que *sí* se registra se distorsiona. La conducta que tiene lugar posteriormente carece del buen juicio y de la habitual empatía de esa persona.

Poner la teoría a prueba ante el público

En muestras nocturnas en las que mostramos la influencia del estilo energético ante el estrés, a veces pedimos a una pareja que se ofrezca voluntaria. Hacemos que cada miembro de la misma recuerde un momento en el que la relación se haya puesto difícil, y hacemos la prueba de la energía que Donna ideó en esa clase de hipnosis de hace tantos años, con el objetivo de conocer a qué estilo energético ante el estrés revierte cada uno durante los problemas en la relación. Después hacemos predicciones sobre cómo discuten. Un miembro del público llegó a grabar una de estas muestras, y la descripción que ofrecemos a continuación se basa en fragmentos de esa grabación. Después de poner a prueba la energía de la pareja, determinamos que el marido, Dan, era auditivo, y que la esposa, Annette, era visual. Cuando Donna simplemente dijo: «Los visuales pueden ver muy bien lo que haces mal», Dan empezó a reírse a modo de aprobación, después lo hizo Annette, y a continuación todo el público. Donna entonces intentó explicar en un tono serio que «aunque a veces pueda parecer que ella te echa la culpa de algo, lo único que sucede es que se siente decepcionada porque no ves lo que para ella es obvio». Hubo más risas cuando Dan preguntó, con un tono picaresco: «¿Estabas en el asiento trasero de nuestro vehículo?».

Donna finalmente continuó y describió cómo supo que Annette era visual en cuanto la miró a los ojos. De los ojos de un individuo visual emana poder. Lo sientes cuando te mira uno de ellos. Dado que la modalidad secundaria de Annette es la kinestésica, Donna siguió diciendo, también tiene mucha empatía. Pero cuando el malestar es realmente notable, se convierte en visual, situación en la que quiere que Dan vea las cosas tal como las ve ella.

Los problemas de comunicación de Annette y Dan ilustran cómo interactúan distintos estilos energéticos ante el estrés; en su caso visual y tonal. Cuando Annette «ve» lo que Dan hace mal, se dispone a convencerlo para que lo haga *bien*. Mientras tanto, en cuanto a Dan, como auditivo que es, puede percibir lo que otros no pueden. Ser capaz de hacerlo puede ser una habilidad estupenda. Los mejores terapeutas que conocemos son auditivos o tienen un alto nivel de esa categoría. Pueden oír lo que alguien quiere decir aunque no lo diga. El problema de los auditivos, cuando tienen alguna dificultad en su relación, es que lo que oyen no tiene por qué tener mucho que ver con lo que en realidad se ha dicho. Los auditivos también pueden sufrir una completa disociación. Pueden estar mirando directamente a su pareja sin enterarse de nada.

Reconocer que estas tendencias no son ataques intencionados ni ofensas puede resultar iluminador. Las dinámicas en juego son tan básicas que una vez que entiendes cómo se desarrollan en tu relación de pareja, inmediatamente surge una empatía recién descubierta y una resolución de problemas más eficaz. Sin embargo, en la mayoría de las parejas, las diferencias entre sus estilos sensoriales se menosprecian y se malinterpretan. Dirigiéndose a Annette, Donna insistió: «Debe ser desesperante los momentos en que te encuentras en medio de una discusión, a punto de decir cosas que nunca has dicho. A continuación, ves que se bate en retirada. El diálogo completo puede tener lugar en la cabeza de un auditivo, así que no te escucha en absoluto». Dirigiéndose a Dan, David contraatacó: «Por otro lado, estás tratando con un visual, así que todas las cosas malas que piensas que dice ella pueden ser exactamente lo que quiere decir» (a lo cual siguieron muchas risas). El resto de esa clase se centró en cómo resolver los problemas causados por las diferencias en el estilo energético ante el estrés, y ése es el tema que vamos a tratar en este capítulo y en los dos siguientes.

¿De verdad encaja todo el mundo
en sólo una categoría?

Cuando Donna dijo a Annette que su «modalidad secundaria» es la kinestésica, ¿qué quería decir? Resumiendo la cuestión, todo el mundo utiliza las
cuatro modalidades de representación sensorial, pero una predominará de
forma natural y se impondrá a las otras tres cuando surjan problemas de pareja importantes. Sin embargo, la vida proporciona muchas oportunidades
e incentivos para desarrollar las otras tres modalidades. El hecho de que
nos dejemos llevar por una pareja en quien domina una modalidad que no
conocemos no es la menos frecuente. Distintas culturas y familias también
refuerzan diferentes modalidades. A los hombres kinestésicos se los trata
con dureza en Estados Unidos, pero se los valora en Latinoamérica. Por
ello, la mayoría de los hombres kinestésicos de Estados Unidos desarrolla
otra modalidad a modo de fuerte alternativa secundaria, normalmente visual o cerebral. Estas dos son las menos parecidas a la kinestésica (los sentimientos son más evidentes en la modalidad kinestésica; el pensamiento
abstracto predomina más en las modalidades visual y cerebral), y forman
parte de las cualidades que se esperan de los hombres. Esto se refuerza con
tanta intensidad que la modalidad primaria del hombre (kinestésica) puede
ser difícil de detectar. Mientras tanto, al sur de la frontera, los hombres
kinestésicos se muestran en público con orgullo. Aunque más mujeres que
hombres parecen ser sobre todo kinestésicas, y más hombres que mujeres
parecen ser principalmente cerebrales, tanto hombres como mujeres pueden tener como modalidad principal cualquiera de los cuatro tipos. «Marte
y Venus» parecen caracterizar con precisión algunas diferencias bioquímicas
e influencias culturales importantes, pero en ambos sexos aparecen todos
los estilos energéticos ante el estrés.

Por lo general somos una mezcla de dos o más modalidades. Sin embargo, tu estilo energético ante el estrés está siempre ahí, en primer plano
o de trasfondo. Es tu primer idioma. La mayoría de las personas también
desarrollan con fuerza un idioma energético que es el segundo en prioridad, una segunda forma de procesar la información. En realidad, a veces es
bastante difícil saber cuál es el primario y cuál el secundario, hasta que la

persona tiene problemas de pareja extremos. La elección de esta segunda modalidad a la que damos preferencia parece depender de una combinación de factores personales, culturales y biológicos, y el canal al que demos más importancia modelará de modo significativo tus percepciones, preferencias y conductas. Estas ideas se remontan, como mínimo, a los estilos intelectuales *visual, auditivo* y *orientado al tacto* de William James, y a los estilos *perceptivo, pensativo, sentimental* e *intuitivo* de Carl Jung. Jung creía, y un siglo de observaciones clínicas han tendido a apoyar esta conclusión, que la gente vive la primera parte de su vida de acuerdo con su estilo innato de procesar la información, pero para madurar de verdad debes probar otras formas de conocimiento del mundo, con estilos que parezcan menos naturales. ¿Y qué puede ser menos natural que intentar asimilar el estilo de tu pareja?

Cómo manejan los conflictos las parejas con éxito

Las relaciones de pareja nacen gracias a la atracción, pero se modelan gracias a los conflictos. Todas las parejas discuten en alguna ocasión. Encontrar procedimientos para superar las diferencias en lo que queréis, creéis o valoráis es un reto básico para cualquier pareja que desarrolle su vida en compañía. Y sea lo que fuere lo que va «bien», empieza a parecer que todo va «mal» cuando, para manejar el conflicto, toman el mando ciertas estrategias disfuncionales. Una discusión sin importancia puede desencadenar las críticas más severas hacia tu pareja y aumentar de nivel hasta llegar a comportamientos que pocas personas tendrán el privilegio de recibir durante tu vida. Nuestro ejemplo personal más reciente:

> Pasábamos el fin de semana con nuestra hija, Tanya, y su pareja, Jeff. Un poco antes del mediodía, Donna anuncia: «Estoy hambrienta, metámonos en el automóvil y vayamos a Maria's», un restaurante mexicano que está cerca. David acababa de llegar después de pasar dos horas de calor en el jacuzzi, donde había estado trabajando precisamente en este capítulo (es duro trabajar cerca de otras personas, pero intentamos adaptarnos). Donna le dice que se dé prisa y que se vista. Él lo hace con rapidez, pero dice que no podrá ir hasta

que termine una entrevista de radio que va a tener lugar después del mediodía, y envía un correo electrónico enseñando a un miembro del personal a manejar una situación de emergencia. Donna, con el azúcar en sangre bajo en ese momento, dice con prisa: «Nos están esperando». David, sintiéndose ya estresado, afirma con un volumen un poco elevado como para que pasara desapercibido a los de la habitación contigua: «No me presiones, Donna. Tengo que hacer estas cosas y las estoy haciendo con toda la rapidez que puedo». Donna se siente avergonzada y contesta en voy muy baja: «Acabas de hacer que Tanya y Jeff escuchen que te estoy presionando. ¡No puedo creer que hayas hecho eso!». David responde, con una voz suficientemente alta como para que todos pudieran escucharle claramente: «De acuerdo, Donna, tú no me estás presionando. Nadie me está presionando. ¡Limitaos a ir sin mí! ¡Adiós!».

John Gottman, un psicólogo que ha estudiado el modo en que las parejas solucionan sus problemas, comenta ese tipo de interacciones. Si los miembros de la pareja se limitan a no hacer caso a las emociones negativas, «lo más normal es que en otro momento vuelvan a chocar, pero su confianza mutua se habrá visto perjudicada».[9] Los meticulosos estudios observacionales y de seguimiento de Gottman con miles de parejas han generado las mediciones disponibles con mayor fiabilidad para predecir qué matrimonios tendrán éxito y cuáles no, con un 93,6 % de precisión, con un seguimiento de tres años, en un estudio clásico.[10] Este sustancioso conjunto de datos se corresponde, apoya y sirve de información a nuestro enfoque de trabajo con parejas, y concluimos este capítulo con algunos de sus hallazgos más notables cuando pasamos a tratar la construcción de puentes energéticos entre los miembros de la pareja.

Gottman identificó tres estilos distintos que las parejas con éxito utilizan para manejar los conflictos.[11] Los *validadores*, el primer estilo, son capa-

---

9. John M. Gottman, *The Science of Trust: Emotional Attunement for Couples,* Nueva York, Norton, 2011, 203.

10. Kim T. Buehlman, John M. Gottman y Lynn F. Katz, «How a Couple Views Their Past Predicts Their Future: Predicting Divorce from an Oral History Interview», *Journal of Family Psychology* 5, n.° 3-4 (1992): 295-318.

11. John M. Gottman, *Why Marriages Succeed or Fail,* Nueva York, Simon and Schuster, 1994.

ces de hacer saber a sus parejas, incluso en plena discusión, que consideran que las opiniones y las emociones del otro son válidas, a pesar de los puntos en que disienten. Aunque esto parece que es lo ideal, sorprendentemente se descubrió que otras dos estrategias que las parejas utilizan para resolver las diferencias, que a primera vista puede parecer que no son adecuadas, son también eficaces para unos matrimonios satisfactorios y estables.

Estos otros dos estilos que sorprendieron por tener éxito se llaman «inestables» y «evitativos». Las parejas *inestables* parecen discutir por todo: «¿Quién es el mejor candidato para alcalde?», «¿A quién le toca fregar los platos?», «¿La madre de cuál de los dos es más manipuladora?». Gottman indica que «ese tipo de parejas discute a un nivel muy alto, y pasan un tiempo reconciliándose a un nivel incluso mayor».[12] Sus discusiones son intensas y llenas de fervor, pero, cuando no riñen, también ríen más y tienen un mejor entendimiento que la típica pareja de validadores. El estilo validador puede llegar a deteriorarse y convertirse en un acuerdo falto de pasión, en el que se sacrifican el romanticismo y el individualismo para mantener la armonía. Las parejas inestables, por el contrario, tienden a no reprimir sus pensamientos para evitar los conflictos, y se mantienen apasionadamente comprometidos tanto en los buenos como en los malos momentos.

Las parejas *evitativas*, el tercer estilo, minimizan sus diferencias o les quitan importancia. En lugar de solucionar los conflictos, «reafirman lo que aman y valoran en el matrimonio, acentúan lo positivo y aceptan lo demás [...] Es como si la pareja supiera que sus lazos son tan estrechos que pueden pasar por alto los puntos en que no están de acuerdo».[13] Gottman especula con que la combinación de temperamento, formación y personalidad de una pareja determina cuál de las tres estrategias adoptarán.

Si todos esos estilos tan distintos para solucionar los problemas pueden hacer posible una relación de pareja estable y satisfactoria, ¿qué *es* lo que predice si un matrimonio tendrá éxito o fracasará? Un indicio fiable es la *razón* de interacciones positivas frente a la de negativas. En los matrimonios felices y con éxito –independientemente de que su estilo para solucionar las discusiones se caracterice por la validación, la inestabilidad o la evita-

---

12. Ibíd., 40.
13. Ibíd., 46-47.

ción– esa razón era de al menos 5 a 1. Si la cantidad de tiempo que pasaban interactuando positivamente –tocándose, sonriendo, riendo, diciéndose piropos, apreciándose– no era cinco veces mayor que la cantidad de tiempo que pasaban peleando, juzgándose, criticándose, enfadándose o eludiendo discusiones que ya habían surgido, el matrimonio presentaba cierto riesgo. Si caía por debajo de una interacción positiva por cada negativa, la pareja iba directa al divorcio.

✛ LA DIMENSIÓN ENERGÉTICA ✛

Parejas validadoras

Cuando surge algún punto en el que no están de acuerdo, el conflicto lleva a los miembros de la pareja a replegarse energéticamente durante un momento. Esto les permite volver a concentrarse y ver la fuerza y los recursos de que disponen. De esa fuerza y esos recursos puede surgir una refinada energía hacia el otro miembro de la pareja, incluso durante la interacción conflictiva.

Parejas inestables

Cuando surge algún punto en el que no están de acuerdo, el conflicto hace que el campo de energía que hay en torno a cada miembro de la pareja sea mayor y desafiante, y que dispare en todas las direcciones, incluido el otro miembro de la pareja. Estas energías son agresivas y se enzarzan en una discusión, pero, a medida que se desarrollan, los miembros de la pareja quedan íntimamente conectados mediante formas que pueden convertirse en pasión erótica.

Parejas evitativas

Cuando surge algún punto en el que no están de acuerdo, el conflicto conlleva un agotamiento temporal en el campo de energía y una desconexión energética. De esta desconexión emerge otra fuerza para tranquilizar y reconectar las energías.

Pero, ¿cómo os podéis asegurar de mantener esa razón de 5 a 1? ¿Poniendo una gráfica en la puerta del frigorífico? ¿Agobiando a tu pareja con lo de mantener una razón positiva exigiendo más sonrisas y no tolerando expresiones de frustración? Se puede aprender la capacidad para generar más interacciones positivas y menos interacciones negativas. Cada capítulo de este libro te ofrece algunas pistas y procedimientos concretos para practicar.

Conseguir lo mejor de cada estilo

¿Hay alguna manera de afrontar las diferencias y manejar los conflictos que permita conservar los puntos fuertes de cada uno de los tres estilos que las parejas adoptan espontáneamente? Dado que cada uno tiene ventajas e inconvenientes, ¿es posible:

- reafirmarse el uno al otro de manera activa, mientras tratan temas en los que muestran un importante desacuerdo, como hacen las parejas *validadoras*?
- actuar con un grado de honestidad y una ausencia de censura que les permita comprometerse por completo el uno con el otro, como hacen las parejas *inestables*?
- acentuar lo positivo, aceptarse mutuamente con las diferencias existentes, y contar con el estímulo del poder de los vínculos, incluso en los momentos difíciles, como hacen las parejas *evitativas*?

Creemos que es posible aprender de cada uno de los estilos, a la vez que cada pareja desarrolla el suyo propio. Modificar las estrategias ineficaces en el modo en que tú y tu pareja respondéis al estrés requiere más que buenas intenciones, o incluso una fuerte determinación. Requiere que vosotros:

1. entendáis con exactitud lo que sucede dentro de cada uno;
2. desarrolléis una serie de habilidades para manejar eficazmente los problemas de pareja, y
3. las utilicéis aunque sintáis el deseo de ofrecer una respuesta más impulsiva.

Aunque esto pueda parecer todo un reto, la noticia que os animará por completo es que, después de varias repeticiones, las redes neuronales que dirigen los antiguos patrones cambiarán y reforzarán una nueva estrategia que resulte más gratificante.

Llegamos al capítulo 2

El primero de los pasos propuestos –conocer lo que sucede en tu interior y en el de tu pareja– se ve realzado en gran medida aprendiendo a valorar el estilo energético ante el estrés de tu pareja, el tema de este capítulo. Esto te permitirá tener una idea sobre cómo se siente tu pareja durante los momentos de estrés, además de una perspectiva de cómo te sientes tú mismo. Los capítulos 2 y 3 están elaborados para ayudaros a desarrollar nuevas habilidades y a implementarlas. Si aplicáis los conceptos y herramientas que ofrecemos, podréis detener el funcionamiento de vuestros antiguos esquemas y adoptar otros nuevos, más eficaces, en su lugar.

Armonizar vuestros estilos de procesamiento energético

Convertir vuestras diferencias en puntos fuertes

Una comunicación armoniosa conlleva la relevancia
de la energía y de la información.
—Doctor Daniel J. Siegel[1]

Tenían la mejor de las combinaciones de procesamiento energético; tenían la peor de las combinaciones de procesamiento energético. Así sucede con todas las parejas. La compatibilidad entre vuestros estilos no es lo que hace que triunfe o fracase una relación de pareja, sino el modo en que la desarrolléis a partir de vuestros puntos compatibles y lo que hagáis con vuestras diferencias. Este capítulo ofrece pautas para ambas cosas.

Como el lector pudo ver en el capítulo anterior, durante el estrés producido por problemas de pareja, el estilo energético ante el estrés eclipsa las otras modalidades de procesar la información y se tiende a percibir las intenciones y conductas de la pareja a través de una lente distorsionada. Por ejemplo, un hombre muy educado, de tendencia cerebral, asistió a uno de nuestros seminarios sobre relaciones de pareja con su mujer, que era auditiva. Cuando

---

1. Daniel J. Siegel, *The Developing Mind: How Relationships and the Brain Interact to Shape Who We Are*, 2.ª ed., Nueva York: Guilford Press, 2012, 75. [Hay versión en español: *La mente en desarrollo: cómo interactúan las relaciones y el cerebro para modelar nuestro ser*, Desclée de Brouwer, Bilbao, 2007].

su mujer se sentía molesta con él, él hacía una lista con cada una de las quejas de ella y pacientemente intentaba explicarle por qué los sentimientos de ella no se basaban en razonamientos correctos. Esto tenía un efecto parecido a intentar apagar un fuego con gasolina. El primer impulso de ella era intentar utilizar un objeto pesado para golpearle para recibir una respuesta procedente de los sentimientos, pero cuando superaba su ira, pasaba a la acción más civilizada de pensar cómo iba a abandonarle. «Cada vez que me enseña una de sus malditas listas, me vuelvo loca y cada palabra que pronuncia me pone peor. Me siento como un cable suelto, sin lugar donde enchufarme. Todo el mundo piensa que soy muy feliz de vivir con un hombre tan dulce, pero él no me atiende. Se distancia de mí una y otra vez. Me siento sola, y la probabilidad de cambiarle parece tan lejana que creo que estaría mejor sola».

Cuando tu pareja y tú estáis a punto de entrar en una situación en que «cualquier palabra que pronuncia me pone peor», es porque vuestros sistemas sensoriales básicos han entrado en conflicto. La evaluación del estilo energético ante el estrés (*véase* capítulo anterior) te ofreció una indicación sobre tu sistema sensorial primario, pero la utilidad de los cuestionarios es limitada. Además, usamos algo más que el sistema sensorial primario cuando no estamos bajo estrés, y aquel con el que nos identificamos conscientemente tal vez no sea aquel en que nos basamos durante los problemas de pareja serios. Cuando leas este capítulo, empieza por tus impresiones iniciales, junto con tus hallazgos sobre la evaluación, pero permanece abierto a descubrimientos que amplíen tu comprensión. Recuerda que, aunque tu propia autovaloración pueda ponerse en duda cuando entras en modo de estrés, tu pareja es el mejor experto en el tema de cómo te comportas en esos momentos.

El hombre que hacía listas utilizaba un estilo de afrontamiento cerebral, pero por la información ofrecida no podemos afirmar si era su verdadero estilo energético ante el estrés o si era es un modo secundario que había cultivado y que utilizaba hasta que se sentía más irritado. Supongamos, por ejemplo, que su estilo energético ante el estrés fuera el kinestésico. Puesto que los mensajes sociales que reciben los hombres suelen llevarles a reprimir sus cualidades kinestésicas, es posible que intentase utilizar su sistema cerebral para evitar caer en el otro. Sin embargo, bajo un estrés interpersonal suficientemente fuerte, su indiferencia cerebral se derrumbaría, y se haría evidente y prominente un lío de sentimientos.

Utilizar los puntos fuertes
de tu estilo energético ante el estrés

En el núcleo de tu estilo energético ante el estrés hay una facultad especial con un modo de procesamiento de la información (visual, kinestésico, auditivo o cerebral) que cuenta con puntos fuertes que te ofrecen una ventana especial hacia el mundo, una que no está fácilmente disponible para las personas que no tienen tan desarrollada esa modalidad sensorial. Sin embargo, ante estados de estrés generados por las relaciones hace justo lo contrario: distorsiona tus pensamientos, emociones y percepciones. Recuerda que no se trata de simples diferencias psicológicas en el modo de procesar la información. Tienen lugar en lo más profundo de tu sistema energético. Como ya explicamos en el capítulo 1, creemos que tu estilo energético ante el estrés:

- está determinado genéticamente.
- refleja una de las cuatro configuraciones de respuesta al estrés.
- dirige lo que sucede cuando te encuentras con un problema importante en tu relación, con independencia de que tus energías se concentren más en tus ojos (visual), tu corazón (kinestésico), tu lóbulo frontal (cerebral) o tus oídos (auditivo).

⇥ LA DIMENSIÓN ENERGÉTICA ⇤

Cuando una persona está discutiendo con aquel a quien ama, las energías se distorsionan de formas que reflejan su estilo energético ante el estrés.

Durante una discusión, los *visuales* lanzan las energías de la crítica y de la impaciencia de un modo rápido y potente. Todas las energías de los ojos de la persona visual se enfocan en su pareja. También parece emanar energía del pecho y la cabeza. Su pareja acaba sintiéndose atacada por esta fuerza abrumadora, que parece imponente y amenazante.

Durante una discusión, los *kinestésicos* sienten energía que implosiona en el chakra del corazón, como si varias mangueras contra incendios intentaran introducir energía desde todas las direcciones. La energía a presión en el centro del pecho es caótica y abrumadora, lo que lleva a los kinestésicos a hacer cualquier cosa para detener esa sensación, expulsar la energía aullando, gritando, llorando o gimiendo, si es que esa energía no les ha paralizado por completo. Las energías han abandonado la cabeza, así que la lógica no puede entrar en juego.

Los *cerebrales*, durante una discusión, tienen un aura artificialmente agrandada en torno a su cabeza, donde se ha acumulado la energía. Este biocampo es un sistema cerrado, que no puede fluir con energías externas. El resto del aura se estrecha mucho y se mantiene cerca del cuerpo, también comprimido y encapsulado, sin interactuar con las energías que hay a su alrededor.

Los *auditivos*, durante una discusión, tienden a desconectar replegándose en sí mismos, pero los torbellinos de sus oídos harán que entren energías físicamente dolorosas. La energía forma espirales cerca de sus cabezas. También puede moverse dentro de la zona que hay entre el plexo solar y la cintura, y después desconectar completamente o saltar de manera caótica hacia su pareja, movidos por el enfado y la rabia.

Conocer tu propia modalidad sensorial permite que te prepares para funcionar de forma más competente desde el interior de la misma. Este capítulo proporciona pautas para abrirte paso por tu propia modalidad y para tener una relación más comprometida con la de tu pareja.

Si tu estilo energético ante el estrés es visual

Conoce tus puntos débiles

Si eres visual, tu principal error de percepción es echar la culpa a tu pareja. Distorsionas magnificando lo que tu pareja ha hecho mal. Tus agudas intuiciones y tu persuasivo enfoque —normalmente tus puntos fuertes— se convierten en lastres cuando están distorsionados. Bajo el estrés generado por tu relación no te das cuenta de que se equivocan. De manera instintiva, visualizas cómo debería ser tu compañero o compañera y cómo debería transcurrir la interacción, y le indicas dónde tiene una oportunidad para mejorar. Todo esto puede ocurrir en un instante, y tal vez sólo seas consciente de las oportunidades que *tu pareja* tiene para mejorar.

Aprovecha tus puntos fuertes

MENTALMENTE:
- Recuérdate a ti mismo que la forma en que ves una situación no tiene por qué ser el único punto de vista válido.
- Amplía tu perspectiva asumiendo el punto de vista de tu pareja.

CONDUCTUALMENTE:
- Basándote en tu gran capacidad de realizar una descripción verbal convincente, defiende el punto de vista que tu pareja tiene sobre la situación.
- Pide a tu pareja que confirme o corrija tu descripción verbal.

Esto demostrará tu deseo por respetar la opinión de tu pareja como algo valioso, y por aceptar en tu relación la verdad de tu compañero o compañera en el mismo grado que la tuya propia. Deja que tu pareja experimente tu determinación de *ver* a través de los ojos del amor.

Si tu estilo energético ante el estrés es kinestésico

Conoce tus puntos débiles

Si eres kinestésico, tu principal error de percepción consiste en que tu atención se centra en el sufrimiento de tu pareja y en tu malestar ante él, especialmente si te culpa a ti por su falta de felicidad. Distorsionas creyendo que tu pareja no puede sobrevivir sin tu apoyo y protección. Pierdes tu horizonte en ese intento erróneo por protegerla del malestar, y pierdes tu sentido del ego mientras persigues una conexión de almas a cualquier precio. Tu alto grado de empatía, comprensión y capacidad para establecer vínculos —normalmente tus puntos fuertes— se convierten en un lastre si tu pareja actúa sin saber lo que necesitas. Instintivamente, deseas que tu pareja se sienta bien con cualquier cosa que debas sacrificar al más ligero indicio de dolor o descontento. Mientras tanto, tu sensación de que te están menospreciando contradice tu creencia de que recibes amor en esta relación, y tu desorientación aumenta.

Sin embargo, en cada interacción que lleva hasta este extremo sólo eres consciente de tu compulsión por ayudar a tu pareja y calmar su dolor y su malestar.

Aprovecha tus puntos fuertes

MENTALMENTE:

- En primer lugar, apártate de tu pareja con fuerza. A continuación, podrás ponerte en armonía con tu propio cuerpo y darte a conocer a ti mismo las necesidades que te has negado en esa situación.
- Recuérdate que lo que tu pareja necesita es tu *verdad*, y no un exceso de compasión, a la vez que pones en cuestión tus suposiciones sobre lo desesperada que es la situación para tu pareja.

CONDUCTUALMENTE:

- Aplícate a ti mismo tu punto fuerte de la empatía y ensaya el acto de pedir a tu pareja que entienda tu propia experiencia y que te ayude a conseguir lo que necesitas.
- Una vez hayas practicado, haz saber a tu pareja tus propias necesidades, que nunca has explicitado en la situación conflictiva.

Esto demostrará tu confianza en que tu pareja asuma tu verdad, tu deseo de no ser menospreciado y tu seguridad en que ella podrá soportar por sí misma la falta de acuerdo o la decepción.

Si tu estilo energético ante el estrés es cerebral

Conoce tus puntos débiles

Si eres cerebral, tu principal error perceptual nace de apartarte de las emociones de tu pareja. Distorsionas la realidad en la convicción de que tienes toda la razón, y de que las percepciones, sentimientos y conclusiones de tu pareja son esencialmente irrelevantes.

Tu habilidad para moverte de forma brillante utilizando la lógica abstracta y la razón –por lo general tus mejores puntos fuertes– se convierte en punto débil cuando te aíslas en una fortaleza construida con tus pensamientos y creencias imparciales. Al distanciarte de las discusiones que entabla tu pareja, te distancias de tu propio corazón. Instintivamente, te repliegas en tu interior; desestimas las respuestas irracionales y emocionales de tu pareja, y te entretienes tú mismo en la proverbial cueva del hombre solitario (o, en menos casos, mujer solitaria). Todo esto puede tener lugar en un instante, y tal vez sólo seas consciente de la verdad *superior* de tu posición.

Aprovecha tus puntos fuertes

MENTALMENTE:
- Pon en duda tu creencia de que siempre tienes razón, y de que las percepciones, sentimientos o conclusiones de tu pareja que difieren de las tuyas son simplemente erróneas.
- Quédate a su lado con la mente abierta, a pesar de las preocupantes emociones y los dudosos razonamientos que demuestra tu pareja.

CONDUCTUALMENTE:
- Sal de tu cueva, utiliza tu potente capacidad lógica para plantearte las cuestiones que te ayudarán a construir un puente de empatía, y pregunta a tu pareja sobre el tema por el que estáis discutiendo.
- Resume el punto de vista de tu compañero o compañera, con una lógica y una compresión mayores de lo que él o ella pudo expresar.

Esto demostrará a tu pareja que puedes utilizar tu mente para crear conexiones, entrar en el ámbito de los sentimientos y hacer que la relación de pareja sea tu prioridad.

Si tu estilo energético ante el estrés es auditivo

Conoce tus puntos débiles

Si eres auditivo, tu principal error de percepción es exagerar los aspectos negativos en lo que te han dicho y oír reproches en lo que *no* te han dicho.

Sufres mucho más de lo que estás seguro que otra persona piensa de ti o te ha hecho a ti. Tu principal punto fuerte —estar en perfecta sintonía con los matices y sutilezas de la vida— se convierte en tu punto débil cuando la más ligera disonancia repercute en todo tu cuerpo, lo cual genera trastornos y dolor. Instintivamente, interpretas los tonos y matices de voz para confirmar tus sospechas de que la otra persona no te escucha, valora o ama. Todo esto puede tener lugar en unos segundos, y es posible que sólo estés atento a la faceta de *tu pareja* relacionada con los reproches y los sentimientos negativos hacia ti.

Aprovecha tus puntos fuertes

MENTALMENTE:

- Contempla la posibilidad, en apariencia poco probable, de que estés distorsionando la realidad del punto de vista de tu pareja, y pon en duda tu suposición de que no te escuche o que te desapruebe.
- Utilizando tu sensibilidad estética y tu capacidad para oír las sutilezas de las palabras de tu pareja, concéntrate en escuchar lo positivo, y no lo negativo.

CONDUCTUALMENTE:

- Identifica y expresa en palabras lo que escuchas y consideras aspectos positivos de las palabras y del tono de voz de tu pareja.
- Expresa por escrito la buena voluntad de tu pareja hacia ti.

Esto servirá para demostrar a tu pareja, y a ti mismo, que puedes leer entre líneas información positiva y esperanzadora, y para reafirmar el amor y cuidados de tu pareja.

Para todos

Estas breves pautas describen conductas que concuerdan con los puntos fuertes de cada una de las modalidades sensoriales. Contienen características que pueden ser útiles para cualquier persona que desee que sea posible una comunicación amable y con más armonía. Entre ellas se encuentran:

- Entrevista a tu pareja para construir vías que permitan el entendimiento y resumir la perspectiva de tu pareja con empatía.

- Pide a tu pareja que confirme o corrija tu descripción verbal.
- Solicita a tu pareja que entienda tu forma de ver las cosas y que te ayude a conseguir lo que necesites.
- Expresa las intenciones positivas de las palabras, el tono de voz y las acciones de tu pareja, y expresa con claridad la buena voluntad que muestra hacia ti.

Sintonizar con el estilo energético ante el estrés de tu pareja

En este capítulo estás aprendiendo a armonizar mejor dos estilos energéticos distintos ante el estrés: el tuyo propio y el de tu pareja. Hasta ahora, has reflexionado sobre las formas en que una persona que tiene tu estilo es propensa a caer en tergiversaciones durante el estrés provocado por la relación, y te hemos mostrado procedimientos para utilizar los puntos fuertes de tu estilo con el objetivo de perfeccionarlos y volver a conectar. A continuación volvemos a tratar la modalidad sensorial de tu pareja, ofrecemos una descripción de los posibles peligros que te puedes encontrar y te mostramos cómo avanzar por caminos que permitan esquivar los peligros, a la vez que construyen rutas de acceso prácticas y fiables. De nuevo, puede entrar en juego el sistema secundario de tu compañero o compañera, especialmente antes de que tenga lugar un desbordamiento de emociones estresantes. Así, el miembro de una pareja que revierte a una modalidad sensorial kinestésica, cuando se encuentra bajo un fuerte estrés generado por la relación, podría, por ejemplo, echar la culpa (visual) ante un estrés ligero o moderado. Antes de que nos centremos en cada uno de los estilos energéticos ante el estrés, te invitamos a que aprendas una técnica que te resultará útil siempre que haya una discusión.

Una potente técnica de comunicación para todos los estilos energéticos ante el estrés

Los asesores matrimoniales han desarrollado técnicas estructuradas para enseñar a tener una comunicación con armonía. Tienden a ser más eficaces antes de que la discusión avance hasta el extremo de encontrarte de lleno en tu estilo energético ante el estrés (en el siguiente capítulo presentamos una estrategia para cuando la situación se nos ha ido de las manos); además pueden evitar que pases de ahí. Nuestra favorita en todas las situaciones se llama la técnica «Quieres decir». Es potente, simple, directa y suficientemente flexible como para adaptarse a un gran número de situaciones. A medida que las practiques y obtengas éxitos, se desarrollarán nuevas redes neuronales y vuestros vínculos se harán poco a poco más fuertes.

Hemos utilizado la técnica «Quieres decir» durante los treinta y siete años de nuestra relación, tanto en el plano personal como en el profesional. A modo de digresión, David la aprendió de la famosa terapeuta familiar Virginia Satir, en 1972, antes de que nos conociéramos. Él se encontraba en la facultad del Departamento de Psiquiatría y Ciencias de la Conducta, en la Escuela Universitaria de Medicina Johns Hopkins, investigando sobre salud mental comunitaria, el año en que Virginia llegó al departamento como profesora visitante. Su despacho estaba enfrente del de Virginia, y él estaba deslumbrado por sus habilidades. Se hicieron amigos y colegas. Él solía llevarla en automóvil a los talleres que ella impartía en la costa este, participaba y la veía en acción, y hablaban sobre las prácticas mientras volvían a casa tranquilamente. Él ahora cree que este golpe de buena suerte fue lo que el destino le deparó con el objetivo de conocer y trabajar con Donna, otra virtuosa del arte de inspirar a la gente con técnicas útiles y edificantes que cada uno puede aplicarse a sí mismo, y que también se muestran en un escenario grande.

La técnica «Quieres decir» se aplica a una única afirmación. Si la afirmación tiene varias partes, puedes comenzar con la que te resulte más difícil de entender, o bien limitarte a examinar, en términos generales, los sentimientos de tu pareja. Supongamos que tu pareja, que es visual, te ha dicho:

> — ¡Has convertido los planes de nuestras vacaciones en un desastre! Has invitado a Steve y Delores para que nos acompañen, has pedido una cita médica para que tengamos que volver dos días antes, y acabo de comprobar en Travelocity que el caro complejo turístico donde has reservado habitación tiene una puntuación baja en satisfacción del cliente. ¿Puedo confiar en que hagas alguna cosa bien?

En ese caso debes hacer a tu pareja una pregunta que comience con las palabras «Quieres decir». Por ejemplo:

—¿Quieres decir que te has enfadado conmigo por las decisiones que he tomado sobre lagoTahoe?

En ese momento, la respuesta de tu pareja puede ser:

- «¡Sí!» (1 punto)
- «¡No!» (ningún punto)
- «En parte sí y en parte no» (½ punto)
- «Creo que es así, pero no es eso lo que yo decía» (ningún punto)

Esas son las cuatro opciones. Las reglas de esta técnica son que tu pareja conteste con una y sólo una de estas respuestas, y que los dos no tengáis ningún otro tema de discusión aparte de poneros al corriente sobre información esencial que no tenga carga emocional. Tú seguirás haciendo preguntas del tipo «Quieres decir», hasta llegar a tres puntos (tres respuestas «sí»; de nuevo, «en parte sí y en parte no» recibe medio punto), o hasta que creas que os habéis desviado del tema y pidas a tu pareja:

—¿Podrías decir eso de nuevo con otras palabras, por favor?

Cuando suceda eso, el juego comienza de nuevo. Tu pareja vuelve a hacer la afirmación y tú intentas llegar a tres puntos. En el ejemplo anterior, supón que la respuesta a la primera pregunta fuera: «¡Lo has entendido correctamente!». La interacción podría haber continuado así:

— De acuerdo, así que me lo confirmas. ¿Quieres decir que *tú* deberías haber planificado las vacaciones?

— Deseé que así fuera, pero no es eso lo que yo quería decir.

— ¿Quieres decir que no hice nada bien?

— No, ¡no es eso lo que estoy diciendo!

— ¿Quieres decir que he tomado algunas decisiones que te han llevado a cuestionarte el hecho de que yo vuelva a hacer planes para los dos?

—Sí, eso es exactamente lo que pienso.

—Para hacerte la pregunta siguiente necesito darte un poco de información. Nuestro centro de salud me ha hecho esperar cuatro meses para esa cita con el médico, y reservé ese hotel porque me hicieron una buena oferta, pero no había comprobado antes su puntuación. ¿Crees que hubiera sido mejor cambiar la cita médica y reservar otro hotel?

—Sí, eso habría estado mejor.

Después de conseguir tres síes, resume con una declaración como «puedo entender cómo [un resumen de lo que ocurrió] te haría sentir [nombre del sentimiento]» y pide a tu pareja que te confirme que es consciente de que tú entiendes por completo la declaración *inicial*.[2] Por ejemplo:

—Por tanto, te has enfadado conmigo por mis decisiones al planificar nuestras vacaciones; te habría gustado hacerlo tú; y te gustaría que yo cambiara la cita con mi médico y la reserva del hotel. Basándome en todo esto, puedo entender por qué te has enfadado conmigo. ¿He llegado a captar todo?

Esta pregunta final, «¿He llegado a captar todo?» (o cualquier versión de «¿Hay algo más?») es un elemento importante de la técnica «Quieres decir». Está pensada para garantizar que resuelves cada incidente del modo más completo posible. En las parejas, *lo que no se resuelve, volverá*. O, como dijo Abraham Lincoln, «Nada se soluciona hasta que se soluciona bien».

Si la respuesta es «Sí» y si tu pareja siente que la has entendido totalmente, entonces llega el momento de contestar a la pregunta inicial. Puedes mostrarte de acuerdo (por ejemplo, «¡Tienes razón! He hecho que la planificación de nuestras vacaciones sea caótica»), o hacer educadamente una declaración que resuma los puntos en que disentís. Entonces tu pareja hace la pregunta «Quieres decir» sobre esa declaración.

---

2. La parte final de esta técnica está adaptada del Diálogo Imagen de Harville Hendrix, descrito en su libro *Getting the Love You Want: A Guide for Couples*, rev. ed., Nueva York, Holt, 2008, 268-271.

Si la respuesta es «No», entonces tu compañero o compañera aún no cree que hayas entendido del todo; te ofrece una declaración nueva o revisada para expresar lo que parece que aún no has entendido, y la interacción entra en una nueva ronda.

En esta ocasión, podría ser:

— No. ¡No puedo creer que Steve y Delores vayan a venir con nosotros!

— ¿Quieres decir que Steve y Delores no te caen bien?

— No, son buena gente.

— ¿Quieres decir que no tienes suficiente intimidad con ellos como para querer pasar juntos ese período de tiempo?

— Bueno, me siento próximo a ellos, pero no quiero pasar mis vacaciones con ellos. Por tanto, te daré medio punto en esta pregunta.

— ¿Quieres decir que tú querías que éstas fueran unas vacaciones en que ni las necesidades ni los planes de otras personas nos estorbasen?

— Sí.

— ¿Quieres decir que quieres que evitemos aceptar ese plan?

— Me encantaría que nos evitaras esto, pero sé que ellos ya han reservado sus billetes de avión, así que no me refería a eso. Te daré la otra mitad, así que tienes un total de dos.

— ¿Quieres decir que debería haberte consultado antes de haberles incluido en nuestros planes, y que te has enfadado conmigo por no haber hecho eso?

— ¡Sí!

— Vale, ya son tres. Por tanto, resumiendo, te sientes realmente descontenta con el hecho de que Steve y Delores nos acompañen, querías que esto fuera sólo para nosotros dos, y habrías deseado que al menos te hubiese consultado antes. Puedo entender por qué te has enfadado. ¿He llegado a captar todo?

Una vez que el miembro de la pareja que hizo la declaración inicial se sienta comprendido, finaliza esta fase del intercambio con una declaración de agradecimiento para confirmar el éxito. Habéis logrado un nuevo grado de entendimiento en torno a una situación que podía haberos llevado a un desacuerdo cada vez mayor. La declaración de agradecimiento puede ser general, como «te agradezco que aceptases las instrucciones», o más específico, como «agradezco que tengas un mayor conocimiento del malestar que siento con esos planes». La discusión podría ser algo así:

> — Sí. Me siento comprendido. Pero sigo sin entender por qué invitaste a Steve y Delores. Así que ahora se supone que me contarás qué pensabas durante todo este tiempo y que explicarás tu propio punto de vista. ¿De acuerdo?
> — De hecho, el siguiente paso es que se supone que me des las gracias.
> — Vaya, de acuerdo, está bien. Te agradezco que mostraras tanto interés y atención mientras yo hablaba. Te agradezco que me mirases a los ojos y no me interrumpieras. Te agradezco que parezca que has entendido mis sentimientos.

Aunque esta técnica es como hacer que la conversación transcurra lentamente y examinar cada trozo con una lupa, eso es justo por lo que resulta tan eficaz. Os mantiene a los dos sintonizados. Sólo ahora responderás a la declaración inicial, aclararás tu postura o contarás los sentimientos que notaste durante el intercambio. Esto debe volver a hacerse de nuevo con declaraciones relativamente breves, para que tu pareja pueda aclararse y sintonizar con las preguntas del tipo «Quieres decir».

> — Gracias. Y sí, me gustaría explicar algunas cosas. No invité a Steve y Delores exactamente. Le dije a Delores que íbamos a ir al lago Tahoe en nuestras vacaciones, y le pregunté dónde habían estado cuando fueron allí el año pasado. Enseguida ella me contó lo mucho que habían disfrutado, que estaban buscando una excusa para volver, y que acompañarnos podría ser la oportunidad que buscaban. El día siguiente

84

ella me *anunció* que lo había hablado con Steve, había tomado sus días de vacaciones para coincidir con nuestro viaje, y estaba expectante ante lo bien que lo íbamos a pasar todos. ¿Qué podía decir? Contesté: «¡Eso es estupendo!».

— ¿Quieres decir que no tuviste elección?

— Así fue. Sí.

— ¿Quieres decir que tampoco quieres que vayan?

— La verdad es que no quiero que vayan, pero no es eso lo que dije.

— ¿Quieres decir que te quedaste atrapado en este tema?

— Sí, de verdad quiero que lo entiendas.

— ¿Quieres decir que sabes que metiste la pata?

— No, creo que tú habrías hecho lo mismo. ¡Estaba atrapado!

— ¿Quieres decir que incluso yo podía haber quedado atrapada?

— Sí, querida, ¡incluso tú!

En este momento, tu pareja aún puede tener mucho que decir, como por ejemplo «fue muy doloroso que te dirigieras a mí echándome la culpa, en lugar de concederme el beneficio de la duda», retando al compañero o compañera a que examine en detalle su comportamiento contigo. Aunque es posible que se necesiten varias rondas, la técnica puede convertir los malentendidos diarios en una mejor armonía y una más profunda conexión. Aunque los intercambios pueden volverse un tanto complicados, la posible recompensa es importante, y las reglas en realidad son bastante simples:

1. Afirmación breve.
2. «Sí» a tres preguntas del tipo «Quieres decir».
3. Resumen.
4. Reconocer que los sentimientos iniciales de tu pareja eran razonables basándote en lo que ahora sabes.
5. Comprobar que tu pareja ahora siente que la comprendes.
6. Tu pareja te da las gracias.
7. Ahora puedes hacer una breve declaración sobre tu postura.
8. Tu pareja responde con preguntas del tipo «Quieres decir».
9. Continuar hasta que el asunto esté totalmente resuelto.

La técnica «Quieres decir» os mantiene a tu pareja y a ti en sintonía el uno con el otro, proporciona información inmediata cuando el entendimiento no es bueno, y puede ser reveladora e incluso divertida. Dos personas en la misma situación, incluso parejas —o, hablando con más precisión, especialmente parejas— tal vez presencien cómo tiene lugar el mismo drama, pero viendo escenas del todo distintas, oyendo diálogos diferente y preparándose para distintos finales. La técnica «Quieres decir» os ayudará a tomarlo todo con más calma y a estar en la misma sintonía, de forma que al menos estéis viendo la misma película, aunque vuestras reacciones ante ella sean diferentes.

Si el estilo energético ante el estrés de tu pareja es visual

Recuerda siempre que estás tratando con alguien que confía en una perspectiva interna que no es fácil de cambiar. Ésta proyecta hacia el futuro una imagen de lo que es posible, y esa imagen incluye una fuerza que no sólo impulsa a la pareja a avanzar, sino que choca con cualquier cosa que se interponga en su camino. Además, si esa imagen tiene que ver contigo, se tratará de una perspectiva que normalmente sobrepasará el ámbito de lo posible, y te dirá, tal vez de manera educada o quizás no tanto, que no cumples las expectativas. Aunque es difícil no tomarse esto como algo personal, te puede ayudar el hecho de que te des cuenta de dos cosas. En primer lugar, tu pareja ya es consciente, con lo que se ha llevado una gran decepción, y tú eres humano, a pesar de todas las fantasías que imaginó durante la fase más romántica de la relación. No te lo tomes como algo personal. En segundo lugar, y más importante, recuérdate a ti mismo que tu pareja te necesita *a ti*, no a alguna fantasía sobre quién pudieras ser.

EN LOS BUENOS MOMENTOS

Si tienes una relación íntima con una persona visual, agradece y expresa adecuadamente el modo en que su capacidad visionaria es útil para vuestra relación. Si no estás seguro, observa con atención qué aporta cuando hacéis planes juntos, de qué forma recurres a tu pareja para pedirle opinión y las maneras en que te ofrece consejos muy valiosos. Reflexiona profundamente sobre lo que aporta la modalidad sensorial de tu pareja a tu vida y descríbelo. Haz esto de manera tan completa y persuasiva que, si en otro momento te sientes obligado a hablar sobre cómo es posible que tu pareja esté atrapada en el canal sensorial visual, ya habrás llegado a la conclusión de que reconoces su valor por completo y podrás recurrir a esa explicación.

EN LOS MALOS MOMENTOS

Sitúate en el límite entre saber que tu pareja, que es visual, no puede dejar fácilmente de expresar con entusiasmo su opinión *y* explicar con paciencia que tu perspectiva es digna de tenerse en cuenta. Durante los problemas de pareja:

- Mira directamente a los ojos. Si evitas el contacto visual, a los visuales les parecerás que eres esquivo, mientras que el contacto visual directo permite que te ganes su confianza.
- Mantén cierta distancia física por educación. Los visuales necesitan verte en perspectiva.
- Explica con educación tu propia opinión, aunque sepas que tu pareja, que es visual, no podrá dejar de expresar apasionadamente su punto de vista en situaciones de estrés.
- Deja a tu pareja tiempo para que procese un cambio de perspectiva que tú has solicitado.
- No permitas que te pisotee, puesto que esto sólo servirá para que el visual confirme que tenía la razón.

Utiliza la técnica «Quieres decir», que explicamos antes, para entender y expresar por completo la perspectiva subyacente de tu pareja. Apreciará tu reconocimiento y comprensión. Al haber entrado en una situación en que tu pareja estará cómoda, ya le resultará más fácil escucharte sin juzgarte ni echarte la culpa. En el diálogo de ejemplo que ofrecimos antes, la declaración inicial en la que se culpaba la hacía una persona visual. Si tu pareja es visual, puede serte útil volver atrás y leer otra vez ese diálogo.

Si el estilo energético ante el estrés de tu pareja es kinestésico

Ten siempre en cuenta que estás tratando con alguien que vive en el presente, cuya primera respuesta es dar a tus necesidades, sentimientos y problemas de salud un excesivo grado de importancia, y quien cree en los sentimientos más que en la lógica abstracta o la razón. Una de las cosas de las que David tardó en darse cuenta en nuestros primeros años fue: «Para Donna, los sentimientos son hechos». Eso hacía que su mente se bloqueara. Para David, los hechos son los hechos. Los sentimientos pueden dar algún matiz a los hechos, pero los hechos son los hechos. Para Donna, los hechos en los que hay que confiar son los sentimientos. Ella piensa que los hechos normales son aquello a lo que David recurre cuando él no tiene idea alguna sobre las realidades emocionales e interpersonales que hay en juego, pero aún intenta defenderse.

EN LOS BUENOS MOMENTOS

Si tienes una relación de pareja con una persona kinestésica, agradece y expresa con palabras el modo en que contribuye a la relación su facilidad para captar los sentimientos, su profundo sentido de la comprensión y su sintonía con el eterno presente. Si no estás seguro, observa cómo el espíritu de tu compañero o compañera te induce a vivir el aquí y ahora, conduce la relación al encuentro con la armonía emocional y es capaz de aceptar y ayudar a tus sentimientos cuando el momento es propicio. Reflexiona sobre lo que la modalidad sensorial de tu pareja aporta a tu vida y descríbelo. Haz esto de manera tan completa y persuasiva que, si en otra ocasión te ves obligado a explicar cómo tu pareja se encuentra atrapada en el canal sensorial kinestésico, ya habrás expresado que eres complemente consciente de su valor.

EN LOS MALOS MOMENTOS

Reconoce la inteligencia que trasciende de las palabras de tu pareja, que es kinestésica. Busca la armonía con los sentimientos sin dejarte distraer por el lenguaje. Durante los momentos en que haya problemas en la relación:

- Reduce la presión. Los kinestésicos no pueden pensar con claridad, ni funcionar adecuadamente, cuando se les acusa de algo, se les apresura para que den una respuesta o se les agobia con las palabras, necesidades o verdades de otra persona.
- Recuerda que tu pareja vive en el presente y que confía en sus sentimientos más que en tu lógica.

- Concédele bastante tiempo para solucionar los temas. Los kinestésicos necesitan digerir y metabolizar las preguntas y las peticiones. Sin tiempo, es más probable que se centren en tus necesidades, y no en su propia verdad interior.
- Fíjate en cualquier indicio de que sufren demasiado por ti, o de una incapacidad para comunicar otra cosa distinta a estar de acuerdo contigo o dejarse llevar por las emociones.
- Un rápido «sí» tal vez no sea adecuado, aunque tu pareja no lo sepa. Los compromisos tomados cuando están sometidos a estrés pueden después obsesionar a los kinestésicos.

Utiliza la técnica «Quieres decir» para concentrarte en la comunicación no verbal e identificar asuntos no explicitados. Esta técnica puede también revelar si tu pareja kinestésica da a tus necesidades, sentimientos o problemas de salud una importancia excesiva. La conversación podría ser algo así (los ejemplos que ilustran los estilos sensoriales kinestésico, cerebral y auditivo que ofrecemos a continuación son fragmentos de conversaciones inventadas, de carácter informal, que ilustran con mayor profundidad los principios básicos para utilizar la técnica):

MIEMBRO DE LA PAREJA QUE ES KINESTÉSICO:
—Por supuesto, puedes ir a ver el partido de fútbol con Larry y Ed. ¡Creo que lo pasaréis muy bien!
RESPUESTA:
—Pareces decepcionada.
—Tal vez un poco, pero quiero que hagas lo que deseas.
—¿Quieres decir que de verdad no tienes ningún problema en que te deje sola? Es nuestro décimo aniversario.
—Bueno, mira, pasaste todo el día conmigo cuando fue nuestro cuarto aniversario. Eso me sigue pesando.
—¿Quieres decir con tus palabras irónicas que te enfadarás si voy?
—Intentaré no estarlo. Sé que te encantará ver el partido con Larry y Ed. ¡No hay problema!
—¿Quieres decir que deseas que, por ser nuestro aniversario, para mí sea más importante estar contigo que ver el partido?

—Bueno, es cierto que pasó por mi mente, pero [ahora llorando] de verdad quiero que hagas lo que desees.

—¡Me siento aliviado de que quieras que me vaya a ver el partido! ¡Gracias! ¡Adiós, cariño, me voy. ¡Feliz aniversario!

Conversación del tipo «Quieres decir», con un individuo kinestésico, número 2:

AL MIEMBRO DE LA PAREJA QUE ES KINESTÉSICO:

—Sé que no quieres responderme y veo que te tiembla el labio inferior. ¿Con tu silencio quieres decir que pasan por tu mente muchos sentimientos, pero no sabes qué decir?

RESPUESTA:

—Sí.

—¿Quieres decir que te gustaría encontrar las palabras exactas, pero que ahora no te vienen a la mente?

—Sí.

—¿Quieres decir que te sentiste dolida sólo por decirte que no eres tan guapa como Mary?

—¡Ay!

—¡Gracias, lo he entendido!

Aunque los dos ejemplos son parodias, el primero ejemplifica cómo los kinestésicos ponen las necesidades y deseos de sus parejas por delante de las suyas propias, y el segundo muestra cómo las palabras son mucho más fuertes cuando hay en juego un complicado rango de sentimientos. El kinestésico puede parecer disperso o dudoso, cuando la verdad es que se mueve por un medio interno más complejo que su pareja.

Si el estilo energético de tu pareja es cerebral

Ten siempre en cuenta que estás tratando con alguien que, cuando se encuentra bajo condiciones de estrés, va a procesar la situación mediante la razón y la lógica, sin importarle en qué medida tú desees una respuesta que surja de los sentimientos. Confían en la lógica y en las abstracciones; sospechan de las emociones. Mientras que el visual se mueve pensando en el futuro, el kinestésico en el presente y el auditivo en el pasado, el cerebral puede pasar fácilmente de uno a otro sin tener que vivir, no obstante, en ninguno de ellos. Ésa es la ventaja y el inconveniente de funcionar en un mundo de símbolos y abstracciones. Hay cierto atractivo en el hecho de ser capaz de moverse en cualquier situación sin verse entorpecido por las emociones. Dentro de su mundo aislado, tienen el control de los símbolos, por lo que, en sus mentes, ellos *siempre* logran tener razón. Cuando Donna dice, desesperada, durante una discusión: «¿Prefieres llevar la razón o que nos llevemos bien?», la respuesta inmediata de David, con la que ha aprendido a no llevar la voz cantante, es: «Bueno, eso es evidente».

EN LOS BUENOS MOMENTOS

Si tienes una relación con una persona cerebral, agradece y expresa con palabras las formas en que esa estabilidad y el uso de la lógica y la razón son útiles para la relación. Si no estás seguro, observa atentamente cómo te beneficia la calma, educación y habilidad para la organización de tu pareja. Reflexiona en profundidad sobre lo que la modalidad sensorial de tu pareja aporta a tu vida y descríbelo. Haz esto de modo tan completo y persuasivo que, si en alguna ocasión te ves obligado a explicar cómo tu pareja ha quedado atrapada en la modalidad cerebral de procesamiento de la información, ya habrás expresado que reconoces totalmente su valor.

EN LOS MALOS MOMENTOS

Ten en cuenta que la ausencia de contacto emocional de tu pareja, que es cerebral, es un estilo de afrontamiento, y no una forma de rechazo o un modo premeditado de distanciamiento.

Durante los problemas de pareja:

- Los cerebrales aplican la razón y la lógica a situaciones que exigen delicadeza y empatía. A un problema emocional no esperes una respuesta sentimental.
- Acepta que, en condiciones de estrés, independientemente de en qué medida quieras una respuesta sentimental, lo más probable es que aporten razones.

- Levantar la voz no te permitirá conseguir lo que deseas. Lo más normal es que una expresión emocional progresivamente mayor hará que un compañero o compañera cerebral, al encontrarse en condiciones de estrés, se distancie incluso más.

Controla tu propio enfado utilizando ejercicios energéticos (páginas 116-132) para mantenerte concentrado. Puedes, por ejemplo, usar tus puntos de liberación del estrés (página 128) y respirar profundamente mientras prosigue la discusión. Si de todas formas te desesperas, invita a tu pareja a que realice contigo uno de los ejercicios. La expresión emocional estructurada es menos amenazante para tu pareja, que es cerebral, que los siempre indisciplinados sentimientos o que las explosiones espontáneas.

Utiliza la técnica «Quieres decir» para acceder a la lógica de tu pareja y para que la exprese de forma más completa. Tu pareja agradecerá que la valores y la entiendas. Una vez hayas conectado con tu pareja en una situación en la que se siente cómoda, ya será más fácil entrar en el mundo de las emociones, cosa que también agradecerá si se hace con tacto y sin juzgar a nadie.

Una conversación del tipo «Quieres decir»:

A UN COMPAÑERO O COMPAÑERA CEREBRAL:

— Me siento molesto. Ya sabes lo alta que ha sido mi última evaluación de rendimiento. Mi jefe me ha dicho hoy que la compañía ha decidido no subir los sueldos.

RESPUESTA:

— Así que no conseguiste el aumento después de todo. Venga, no deberías contar con algo hasta que no lo tengas asegurado.

— ¿Quieres decir que no debo sentirme mal por no lograr el aumento porque no he perdido nada, ya que no lo tenía?

— Sí, así es.

— ¿Quieres decir que no te importa que no vaya a ganar más dinero?

— No, en realidad no lo necesitábamos.

— ¿Quieres decir que, al no conseguir el aumento, tampoco nos va a traer ningún bien preocuparnos por él?

— Sí. No tiene sentido mezclar los sentimientos con estas cosas.

—¿Quieres decir que te preocupa mi decepción y que no quieres que me sienta mal?

—Sí, supongo que era algo así.

—Gracias. Creo que debe de ser la cosa más emocionalmente apropiada que me has dicho en la vida.

Los cerebrales simplemente no suelen tener un rápido acceso a sus sentimientos, o incluso a su amor y a su empatía, y ayudarles educadamente a que sean conscientes de sus sentimientos internos supone un regalo para ellos. No obstante, hay que fijarse en que eso de «no deberías contar con algo…» pudo haberse recibido como un comentario displicente y motivo de alejamiento, además del comienzo de una espiral descendente. Siempre que te mantengas concentrado y evites interpretar como un rechazo que tu pareja recurra a la lógica, en lugar de a la empatía, descubrirás que tu pareja en realidad es capaz de mantenerse alejada de la respuesta de estrés y dentro de tu ámbito. De hecho, los cerebrales suelen ser bastante educados. Tú sabes esto siempre que los dos no os encontréis en situación de estrés, y vale la pena recordarlo cuando sí lo estáis.

Si el estilo energético ante el estrés de tu pareja es auditivo

Ten siempre en cuenta que estás tratando con alguien que, cuando se encuentra en situación de estrés, no escucha tus palabras con precisión, sino que está captando las «vibraciones», tanto las tuyas como las de un drama personal interno. No esperes una respuesta neutral y empática. El mundo de los sonidos no es casual. Es profundamente íntimo e impactante, y cualquier cosa que no se considere amistosa, lo más probable es que se tome por hostil. Tu pareja es vulnerable al hecho de sentirse bombardeada por cualquier energía, producto del estrés, que puedas estar lanzando fuera de ti, a tomárselo como algo personal y a no perdonar ni aquello con lo que has querido herirle hace un momento, ni lo ocurrido en el pasado. Puede exagerar pequeños detalles en tu comportamiento hasta que tengan un significado vital. Los auditivos se comprometen íntimamente con la vida, hasta el mínimo matiz. Esta facilidad con las sutilezas, así como la capacidad de escuchar entre líneas (percibir lo que nadie más hace), puede generar una realidad sesgada, al encontrarse bajo estrés, que también tiende a distorsionar el pasado. Dado que las deformaciones basadas en el estrés pueden quedar profundamente codificadas, los auditivos son en especial propensos a comportarse de acuerdo con su pasado.

EN LOS BUENOS MOMENTOS

Si tienes relación con un auditivo, agradece y expresa las formas en que la relación es facilitada por esta capacidad para escuchar entre líneas, conocer el sentido profundo de lo que quieres decir e introducirte en las dimensiones creativas de la vida. Si no estás seguro, observa atentamente cómo tu pareja es capaz de entrar en tu mundo interior, expresar para ti sutilezas que tú no habías captado y llevarte a ámbitos de valoración sensorial y estética que de otra forma te pasarían desapercibidos. Reflexiona en profundidad sobre las contribuciones de la modalidad sensorial de tu pareja a tu vida y descríbelas. Haz esto de manera tan completa y persuasiva que, si en otro momento te ves obligado a explicar cómo tu pareja ha quedado atrapada en el canal sensorial auditivo, tú ya habrás expresado que reconoces por completo su valor.

EN LOS MALOS MOMENTOS

Demuestra que has escuchado lo que se está diciendo. Escucha bien y reconoce las palabras de tu compañero o compañera. Durante los problemas de pareja:

- Acepta el hecho de que no será fácil convencer a tu pareja, que es auditiva, de que las sospechas sobre ti son falsas. No te molestes ni en intentarlo cuando tu pareja esté estresada.
- No esperes una respuesta neutral y empática durante una situación conflictiva. Tu pareja no escucha tus palabras exactas, sino tu tono de voz y/o los recuerdos del pasado.
- La falta de reconocimiento es dolorosa para cualquiera, pero aún más para un auditivo. Repite lo que dijimos para comprobar que escuchaste las palabras exactas, así como el tono de voz.
- Ten en cuenta que tu pareja, al ser auditiva, está inmersa en un mar de emociones sobre lo que ocurre ahora o lo que ha sucedido

en el pasado, y los pequeños detalles adoptan un significado importantísimo. Tendrá un gran valor que escuches con paciencia.

Utiliza la técnica «Quieres decir» para demostrar que has escuchado adecuadamente a tu compañero o compañera, y, al ser auditivo, para ayudarle a identificar las conjeturas que se está inventado, es decir «escuchar entre líneas».

A UN COMPAÑERO O COMPAÑERA DE MODALIDAD AUDITIVA:
— Lo siento, pero llego tarde. Justo cuando estaba a punto de salir, me llegó un correo electrónico urgente alertándome de una emergencia que había que resolver inmediatamente.
RESPUESTA:
— ¡Estoy cansada de eso! Para ti, tus malditos correos son más importantes que yo.
— ¿Quieres decir que crees que estoy diciendo que tú no me importas?
— ¡Bueno, es evidente que no es eso lo que digo!
— ¿Quieres decir que el hecho de que me retengan en el trabajo te hace pensar que tus sentimientos no me importan?
— Por supuesto, eso es lo que quiero decir.
— ¿Quieres decir que no hay otra interpretación que la de que no me importas?
— ¡Ninguna! Cualquier otra no es más que una excusa.
— ¿Quieres decir que no importa lo que yo diga? Que tú sabes que yo no te aprecio y todo eso.
— Tan lejos no llegaría. Pero no puedo imaginar qué podrías decir para cambiar mis sentimientos. ¿Qué tienes en mente?
— En primer lugar, ¿sientes que te entiendo totalmente? Que me doy cuenta de lo cansada que estás de que me retengan en el trabajo y de actuar como si no fueras tan importante como mis correos electrónicos.
— ¡Creo que es obvio que eso es lo que siento!
— De acuerdo, sólo quería asegurarme. Lo que quiero que sepas es que yo nunca deseo hacerte daño, pero también tengo un trabajo muy exigente que requiere que haga algunas cosas de

acuerdo con su programación y no según la mía. ¿Puedes hacerme algunas preguntas del tipo «Quieres decir» sobre eso?

—¿Quieres decir que tu trabajo es tan importante para ti que estás dispuesto a mentir sobre lo poco que te importo?

—¡No! Te estoy contando mi verdad.

—¿Quieres decir que crees que no tienes elección, que tienes que hacer lo que te exija tu trabajo?

—Sí, hay que elegir entre eso o que los dos estemos en la calle. Somos realmente afortunados de que yo tenga este trabajo con la mala situación económica actual.

—¿Quieres decir que no estás pensando *sólo* en ti mismo?

—Sí, eso es lo que quiero decir.

—¿Quieres decir que intentas llegar puntual, pero que a veces simplemente no puedes?

—Sí, lo intento con todas mis fuerzas.

—Lo haces, ¿verdad? A veces me olvido de eso.

Escuchar y entender completamente el sentido de lo que dice tu pareja, de modalidad auditiva, hace más probable que pueda aceptar tu versión de la historia. Por eso, animar a utilizar preguntas del tipo «Quieres decir» para comprobar si tus palabras y acciones se escuchan e interpretan adecuadamente permite recuperar la armonía y una nueva forma de empatía. Cuando tu pareja auditiva vuelva al punto medio, tú recibirás el regalo de conocer tus sutiles profundidades y de adentrarte en las dimensiones estéticas de la vida.

Otras herramientas para manteneros en armonía

Nos gustaría poder decir que, si sigues las instrucciones anteriores, nunca llegarás a un callejón sin salida ni tendrás un malentendido con tu pareja. Pero ni la vida ni el amor funcionan así. De los cientos de técnicas de autoayuda que se han inventado para las parejas, las que ofrecemos a continuación nos han funcionado a nosotros y a nuestros clientes. Como grupo, estas técnicas tratan una serie de temas que son importantes para mantener una energía positiva en cualquier relación de pareja.

A continuación ofrecemos uno de los procedimientos favoritos de David para volver a hallar el equilibrio rápidamente. Cuando te encuentres en un callejón sin salida, concentrarte en tu interior durante un momento es una estrategia excelente. El redescubrimiento del poder curativo de la meditación, tal como se utilizaba en las antiguas disciplinas espirituales y de sanación, se considera un avance en el cuidado de la salud física y mental en nuestra época,[3] por muy buenas razones, que incluyen una fisiología más relajada, una mejor capacidad para afrontar el estrés, un mayor poder de concentración, una menor vulnerabilidad a una serie de problemas, desde la ansiedad hasta las enfermedades cardíacas, así como más espontaneidad, creatividad, paz mental y felicidad. Aunque este libro no enseña una meditación diaria profunda y comprometida, puedes utilizar los métodos de meditación básicos para modificar tus energías mediante procedimientos muy beneficiosos.

Cuando evocas emociones como el amor, el agradecimiento, el cuidado y la compasión, tu corazón produce ritmos consistentes que hacen que tu cerebro resuene con ellos. De acuerdo con los científicos que han investigado las funciones del corazón, éste es capaz de aprender y de tomar decisiones independientes del cerebro.

De hecho, ciertos experimentos han mostrado que «las señales que el corazón envía continuamente al cerebro influyen en el funcionamiento de los centros superiores del cerebro involucrados en la percepción, la cognición y el procesamiento emocional».[4] Tu corazón tiene su propio «cerebro» y su propio «sistema nervioso», y el *cerebro de tu cabeza* obedece sumisamente a los mensajes enviados desde el *cerebro de tu corazón*.[5]

Cuando llevas tu conciencia al «espacio propio del corazón», tus percepciones tienden a la compasión y el cuidado, lo opuesto al centro de

3. Roger Walsh y Shauna I. Shapiro, «The Meeting of Meditative Disciplines and Western Psychology: A Mutually Enriching Dialogue», *American Psychologist* 61, n.° 3 (2006): 227-239.
4. Rollin McCraty, Raymond Trevor Bradley y Dana Tomasino, «Our Heart Has a Consciousness of Its Own», n.d., http://newearthdaily.com/our-heart-has-a-consciousness-of-its-own/.
5. Doc Childre y Howard Martin, *The HeartMath Solution*, Nueva York, HarperOne, 2000, 10.

atención que se invoca durante las emociones desbordantes. Como dice con términos sencillos la poesía mística de Rumi: «El camino hacia el cielo está en tu corazón». Una sencilla técnica que te induce a concentrarte en el corazón puede ser especialmente valiosa en los problemas de pareja.

Las instrucciones de tres pasos para la práctica contienen nueve sencillas palabras: *Siente la respiración. Relaja el abdomen. Abre el corazón.*[6] Alberga la intención de abrir tu corazón a los sentimientos de tu compañero o compañera. A continuación, deja que todo se desvanezca, excepto las nueve palabras: *Siente la respiración. Relaja el abdomen. Abre el corazón.* Pronuncia la primera palabra de cada frase de tres mientras inspiras profundamente, y la última mientras espiras profundamente.

- Con «Siente la respiración», tu mente se concentra en la respiración.
- Con «Relaja el abdomen», todo tu cuerpo se relaja.
- Con «Abre el corazón», de la zona de tu pecho emana un carácter expansivo.

Repite esta secuencia de tres respiraciones tres veces, por lo menos. Vuelve a lo que estabas haciendo. Tal vez se haya convertido en una situación por completo distinta. Las energías propias de la situación tal vez ya se hayan transformado.

Comienzo suave

Uno de los descubrimientos más prácticos de John Gottman es que la manera en que se presenta un tema delicado tiene una fuerte influencia en si llevará a la pareja al camino hacia la resolución o al desbordamiento emocional. El grado en que se acusa, se culpa, se critica o se demuestra un tono de voz negativo y unas expresiones faciales que también transmiten negatividad, en la primera fase de una conversación, le permitía predecir el resultado de la conversación con un 96 % de precisión.[7]

---

6. De las clases de Stephen Levine a las que asistió David a comienzos de la década de 1980.

7. John M. Gottman y Joan DeClaire, *The Relationship Cure: A 5 Step Guide to Strengthening Your Marriage, Family, and Friendships,* Nueva York, Crown, 2001, 70.

⤙ LA DIMENSIÓN ENERGÉTICA ⤚

Siente la respiración

Dado que, después de la atención, llega la energía, hay un cambio inmediato y la energía se desplaza desde tu cerebro hacia tus pulmones. La energía se hace más rítmica y consistente cuando tu atención se centra en el movimiento de tu respiración.

Relaja el abdomen

Cuando el centro de atención se desplaza hacia el abdomen, la energía se suaviza, literalmente. Se hace menos densa y más fluida, y sale fuera de los límites de tu abdomen. Las energías de esta zona también se alinean con las de tu pecho.

Abre el corazón

Incluso en personas que parece que tengan «corazones cerrados», o armaduras que protegen sus pechos, Donna ve la energía literalmente abierta, y se vuelven más receptivos durante esta parte de la meditación. Parece una especie de gran puerta francesa, en la parte anterior del pecho, y que se abre hacia fuera. Se expande y se extiende mucho más allá del cuerpo cuando el corazón, el abdomen y la respiración entran en resonancia.

Un estilo de comunicación habitual que distinguía a los matrimonios felices y duraderos de las relaciones fracasadas era lo que él llama «el comienzo suave». Si vas a proponer o sacar a relucir un punto en el que no estéis de acuerdo, te encuentras en un momento decisivo. Presentar el tema de una manera suave o brusca depende de ti.

Sin embargo, es más fácil llevar la conversación con un comienzo suave si no has estado acumulando sentimientos negativos, pero llega un momento en que finalmente salen cuando explotas. Las investigaciones confirman esto. Aunque es más probable que las mujeres sean las que quieren discutir los problemas, las parejas con más éxito suelen tratar los conflictos en cuanto aparecen, en lugar de dejar que crezcan.[8] Esto conlleva que aún no hayan

---

8. John M. Gottman, *The Science of Trust: Emotional Attunement for Couples*, Nueva York, Norton, 2011, 24.

aumentado tanto con el paso del tiempo como para haberse convertido en un problema y que se disponga de tiempo suficiente como para formular un inicio suave. Ofrecemos a continuación las pautas de Gottman para hacer posible un comienzo suave y para presentar las quejas de una forma constructiva,[9] junto con algunos inicios más bruscos y más habituales, así como el procedimiento con el que se podría haber efectuado una aproximación más constructiva a esas situaciones:

1. **Comienza con una reflexión positiva, y no negativa, sobre vuestra relación.** Comienzo brusco: «¿Cuándo fue la última vez que dejaste tiempo para que nos divirtiéramos y estuviéramos juntos en nuestros viajes de trabajo? ¡Todo es trabajo, trabajo, trabajo y más trabajo! Si por ti fuera, nunca nos divertiríamos juntos». Comienzo suave: «Recuerdo el primer concierto al que fuimos: Crosby, Stills y Nash. Cantamos en el automóvil, durante todo el camino de vuelta a casa. Vamos a buscar un concierto en el que los dos nos podamos divertir cuando estemos en San Francisco la próxima semana. ¿Verdad que sería divertido?

2. **Expresa valoración y agradecimiento.** Comienzo brusco: «Nunca me ayudas en las tareas de casa». Comienzo suave: «Agradezco que hayas recogido todas las herramientas de jardinería, ahora que el otoño está a punto de terminar. ¿Me ayudarías este fin de semana a mover los muebles del salón para hacer sitio para mi nuevo escritorio?».

3. **Comienza con «Yo», en lugar de «Tú».** Comienzo brusco: «Siempre encuentras algo más importante que estar con los niños. ¡Pero si ni siquiera les conoces!». Comienzo suave: «Me he puesto triste esta mañana, cuando Janie te ha pedido que la ayudaras con las matemáticas y tú tenías que marcharte a trabajar. ¿Te ha dolido tener que hacerlo?».

4. **No acumules quejas.** Comienzo brusco: «Ya nunca te acercas a mí. No hemos tenido sexo durante meses, y seguramente ni te habrás dado cuenta». Comienzo suave: «Echo de menos nuestros mo-

---

9. Gottman and DeClaire, *The Relationship Cure*, 71-73.

mentos íntimos. Sé que hemos estado tan ocupados que estábamos agotados en los momentos en que apenas podíamos abrazarnos, pero podemos dar más importancia al tiempo que pasamos juntos».

5. **Declara tus sentimientos y necesidades sin atacar ni echar la culpa al otro.** Comienzo brusco: «No puedo creer que te hayas olvidado del cumpleaños de Jimmy. ¡Eres la persona más egoísta que conozco!». Comienzo suave: «Estoy enfadado y decepcionado por el hecho de que te hayas olvidado del cumpleaños de Jimmy. ¿Podrías contarme qué te ha ocurrido?».

6. **Describe la historia desde la perspectiva en que tú la ves, no como la verdad absoluta.** Comienzo brusco: «No creas que soy tonta. Reconócelo: estás aburrido de mí». Comienzo suave: «Últimamente me siento sola, y temo que estés aburrido de mí. Has mirado tu reloj tres veces desde que hemos empezado a hablar».

7. **Concéntrate en conductas concretas, no en juicios globales.** Comienzo brusco: «Eres la persona más desordenada que he tenido la desgracia de conocer». Comienzo suave: «Sé que es una lata tener que ordenar el baño después de ducharte, pero colgar la toalla en su sitio y poner tu ropa en la cesta de la ropa sucia serviría para quitarme trabajo».

→ LA DIMENSIÓN ENERGÉTICA ←

Un comienzo brusco
hace que las energías del receptor se replieguen en el interior de su cuerpo, que desconecte y que esté preparado para contestar de manera agresiva. Las energías del emisor tienen exactamente el aspecto del nombre que hemos dado a este tipo de comienzo: bruscas. Son rápidas y violentas.

Un comienzo suave
incita a una energía de curiosidad, responsabilidad y receptividad. Donna cree que estas energías tienen características de continuidad y compromiso, a medida que se desplazan hacia la pareja. Las energías del emisor se emiten de forma lenta y suave, con colores que a Donna le recuerdan la fe y la esperanza.

Tomar la decisión consciente de utilizar un comienzo suave cuando realizamos una petición o expresamos un sentimiento problemático establece el rumbo de la interacción. El modo con que se recibe esa comunicación inicial, incluso si es suave, es evidente que también genera una energía que va a influir en todo lo que sucederá a continuación. La contrapartida de un comienzo suave es una escucha imparcial.

ESCUCHA IMPARCIAL

La técnica «Quieres decir» es como un juego de ruedines[10] para la escucha imparcial. Te permite mantener en buena sintonía para asimilar los sentimientos, experiencias y sentidos transmitidos por tu pareja antes de que entres en acción. Te ofrece un procedimiento estructurado para una resolución de problemas que tenga éxito, y permite que lo primero sea realmente lo primero. Antes de intentar convencer a tu pareja para que acepte tu perspectiva sobre algo, debes ser capaz de enunciar la opinión de tu pareja de forma que se sienta satisfecha. Hay un poder enorme implícito en el hecho de escuchar con el corazón abierto, dar a entender con tus ojos y tu expresión facial que te encuentras totalmente presente y atento, y ofrecer en algunas ocasiones estímulos verbales que no resulten molestos, con afirmaciones como: «sí», «te escucho», «vaya», «sigue, sigue», «ya veo por qué te sentiste así», y «eso debe ser duro».

Cuando tu pareja tenga la palabra durante una discusión, la escucha imparcial debe ser tu prioridad. Recibir de forma imparcial las palabras de tu

---

10. Nos tememos que esta explicación parezca antigua a las generaciones más jóvenes, o que simplemente no sepan a qué se refiere, pero era un tema bien conocido para los nacidos en las décadas de 1950, 1960, 1970 y 1980. Los ruedines son las ruedas pequeñas que se colocaban a ambos lados de la rueda trasera de una bicicleta, cuando un niño dejaba de montar en triciclo y comenzaba a montar en bicicleta. Esos ruedines proporcionaban una mayor estabilidad a la bicicleta, ya que el niño, de momento, no se tenía que mantener en equilibrio sólo con sus dos ruedas. Normalmente, cuando se iba acostumbrando al mayor tamaño de la bicicleta con respecto al triciclo, y se daba cuenta de que mantenía mejor el equilibrio, se le retiraba un ruedín y se le dejaba otro, con la idea de que, si sentía caerse, desplazara el peso hacia el lado del ruedín aún colocado. Cuando ya lograba montar sin su ayuda, se le retiraba también ése y la bicicleta quedaba con sus dos ruedas originales. *(N. del T.)*

pareja es algo extremadamente reafirmante, aunque tal vez sea difícil si rezuma enfado, crítica o culpa. Antes de que tú mismo empieces a desbordarte, recuérdate a ti mismo que el enfado de tu pareja es (en la mayoría de los casos) una medida de tu inversión en la relación, un reflejo de lo que importa. Una queja es un intento por establecer conexión y, aunque sea un mal momento, se trata sólo de un instante en una relación que incluye muchos puntos fuertes y que ha visto, y que casi con toda seguridad verá, muchos momentos más brillantes. Tu tarea, precisamente en ese momento, es asimilar con precisión los sentimientos de tu pareja, y ofrecer pruebas verbales y no verbales de que la entiendes. Es en especial importante (y desafiante) recordarte a ti mismo que tu labor consiste en *no* modificar los sentimientos de tu pareja, arreglar la situación ni añadirla a la lista de cosas pendientes.

Igual que el comienzo suave, una escucha activa y en sintonía con el emisor es una decisión que tienes a tu disposición y que puede tener un efecto transformador en el rumbo del intercambio. Es también un procedimiento sencillo y directo de «atender a» —en lugar de «alejarse de» o «en contra de»— los intentos de tu pareja por establecer comunicación. Gottman descubrió que las parejas recién casadas, que seguían unidas en un estudio de seguimiento de seis años, atendían a los requerimientos del otro por establecer comunicación en un promedio del 88 % de las veces, mientras que quienes se habían divorciado seis años después atendían a los requerimientos del otro en un promedio de sólo el 33 % de las veces.[11]

CULTIVAR LA GRATITUD

Expresar agradecimiento no sirve sólo para tener un comienzo suave. A pesar de la alta tensión que tal vez (o tal vez no) marque tu relación, tu pareja te ha elegido para construir una vida juntos. Esto te sitúa en una posición exclusiva como fuente primaria de afirmación e «imitación». La identidad propia de tu pareja se ve influida por lo que tú reflejes. Una verdadera valoración es increíblemente reforzante, y lo que se refuerza tiende a repetirse. En un sentido muy real, «lo que ves es lo que obtienes».

———————

11. Ibíd., 30.

Cuanto más valores las cualidades positivas de tu pareja y más expreses esa valoración, mayor probabilidad de expresarse tendrán esas cualidades. Sin embargo, la mayoría de la gente empieza a subestimar lo que tienen a su disposición en todo momento. La tendencia a analizar lo que se debe arreglar, en lugar de lo que está bien, puede también dificultar el hecho de tener una actitud positiva. Valorar positivamente de forma habitual es algo extremadamente reafirmante para tu pareja, y también te mantiene centrado en lo que tú valoras de verdad en el flujo diario de vuestra vida en común.

UN BOMBARDEO DE APRECIOS

Aunque expresar gratitud y aprecio tiene mucho valor en cualquier momento, si lo hacéis de modo estructurado, cumplir esta necesidad vital de decir y escuchar lo que es positivo mejorará el bienestar de vuestras vidas. Lo podéis hacer a modo de «bombardeo», diciendo a tu pareja tres declaraciones de la forma «yo valoro…», o bien podéis ir alternando, y uno hace una declaración y después el otro. Recibe la valoración positiva con un «gracias» o con otro reconocimiento positivo. Ahora mismo dejamos de escribir y grabamos lo que vamos a decir:

> DAVID: Donna, aunque fue difícil de aceptar el otro día, cuando me dijiste que estabas enfadada conmigo porque yo quería despedir a Lina, ahora me doy cuenta de que lo olvidé rápidamente porque pensé en las miles de ocasiones en que me has apoyado en mis decisiones. De verdad que *valoro* eso.
>
> DONNA: Gracias, David. Yo valoro cómo te vuelves hacia mí después de discutir conmigo y lo amable que eres cuando lo haces.
>
> DAVID: Gracias, Donna. Yo valoro la forma en que, incluso cuando tienes problemas con algo, gozas de momentos de total alegría. Ayer estabas muy tensa al intentar prepararte para salir a dar nuestra conferencia, y después dijiste de repente: «Mira esos zapatos azules. ¡Me hacen sentirme muy contenta!». Cosas como ésa acaban con la tensión y hacen que mi vida sea mucho más alegre.

DONNA: Gracias, David. Aunque eres el tipo de persona que se repliega en sí mismo, valoro de verdad cómo a menudo eres capaz de expresar mis sentimientos con palabras, cuando yo no puedo.

DAVID: ¡Yo no podría haberlo dicho mejor, Donna! Gracias. Donna, valoro la forma en que me invitas a ayudarte a nombrar cosas, cuando escribes una carta complicada o tratas de expresar un concepto difícil. Me resulta muy reafirmante y me permite sacar una parte de mí que me gusta mucho».

DONNA: Gracias. David, valoro lo bien que haces eso por mí. Tienes un gran corazón y eres capaz de estar ahí al lado, para mí.

DAVID: Gracias…

Os invitamos a que probéis a dejar ciertos períodos de tiempo para dedicarlo en exclusiva a efectuar «bombardeos» como éste. Convertir las valoraciones estructuradas en una práctica habitual os permitirá entrenar para manteneros en sintonía hacia lo que realmente valoráis el uno del otro, de una forma que contribuya a que florezca el amor que hay entre vosotros dos. Una nota sobre el protocolo: aunque no hay ninguna regla que impida utilizar la misma declaración más de una vez, y algunas cualidades o actos merecen ser reconocidos muchas veces, considerarás un tanto embarazoso que lo mejor que se te ocurra, semana tras semana, es: «Valoro la raqueta de tenis que me regalaste en Navidad hace tres años». Estar en sintonía mutua durante toda la semana, de forma que os deis cuenta de lo valioso de vuestra valoración, puede elevar rápidamente la calidad de la energía que fluye entre vosotros.

UN SÁNDWICH DE APRECIOS

Otro uso muy valioso del poder de las valoraciones positivas es lo que, en el ámbito de la terapia matrimonial, se ha llegado a llamar el «sándwich de aprecios». En realidad, es un enfoque estructurado para los comienzos suaves. Sirve para centrar tranquilamente tu atención en un problema que debe solucionarse, haciendo un sándwich en el que tu preocupación se sitúa entre dos valoraciones positivas. Cuando quieras sacar a relucir un tema que puede ser espinoso, anuncia a tu pareja que te gustaría ofrecer un sándwich de aprecios. Esto se convierte en una forma de indicar a tu pareja que piensas entrar suavemente en un terreno difícil y que esperas que sea receptiva.

1. A partir de esta invitación, pasa inmediatamente al sándwich de aprecios o acuerda un momento para hacerlo.
2. Comienza expresando una declaración sincera que refleje algo que genuinamente valores en tu pareja, con la estructura «yo valoro...».
3. Tu pareja escucha con atención y contesta con un «gracias».
4. Tú después expones el tema que te preocupa, o bien haces una petición mediante una declaración que contenga unas palabras cuidadosamente seleccionadas y que comience con «Tengo dificultad para...» o «Me gustaría que tú...».
5. De nuevo, tu pareja escucha atentamente y termina con un «gracias».
6. Tú completas el «sándwich» con otra declaración que empiece con «Valoro...».
7. Esto se recibe con otro «gracias».

→ LA DIMENSIÓN ENERGÉTICA ←
Expresar gratitud

Cuanto más afirmes tu verdadera valoración positiva, más activarás los *circuitos radiantes* de tu cuerpo: las energías del placer, la alegría, el asombro, la maravilla y la generosidad. Debido al estrés que hay en nuestras vidas, este sistema energético ha estado adormecido en muchas personas, pero al ejercitarlo se recupera. Por tanto, expresar gratitud no sólo os sirve como pareja, sino que os permitirá construir en vuestro interior unos músculos más fuertes para la alegría.

8. La primera respuesta de tu pareja sirve para aclarar la afirmación «Tengo problemas con...», utilizando el formato «Quieres decir», y prosigue hasta recibir respuestas con «sí» a tres preguntas.

Una vez haya captado y entendido por completo tu problema o petición, di a tu pareja que valoras que comprendiese lo que querías decir. A partir de ese momento, cualquier discusión posterior sobre el tema tendrá lugar sobre unos fundamentos más sólidos.

¡Dime lo que quieres oír!

A veces, las valoraciones positivas que surgen de un ejercicio estructurado fracasan. Simplemente, lo que sucede es que no puedes encontrar las palabras exactas, la perspectiva o la pasión para cumplir lo que tu pareja necesita con tus palabras de aprecio. En lugar de eso, puedes pedir a tu pareja que practiquéis un *juego* que consiste en intercambiar vuestras personalidades, que tu compañero o compañera ocupe tu lugar y que pronuncie las valoraciones que le gustaría oírte decir. Suele ser asombroso lo bien que puede hacerlo; además, decir con sinceridad lo que echa de menos escuchar de tu boca puede mejorar tu sentido de la empatía y ser muy instructivo para ti. De hecho, ésta es una técnica muy poderosa en muchas situaciones. Si tu pareja no te da la respuesta que tú esperas, limitarte a fingir que tú eres tu pareja, y decir tu propio nombre y lo que te gustaría escuchar puede a veces ofrecer pistas a tu cónyuge para darte exactamente lo que quieres. Normalmente, el problema no es que tu pareja no quiera decirte lo que quieres escuchar, sino que no tiene ni idea de en qué consiste. Esto suele tener su origen en vuestras modalidades sensoriales, y en otras diferencias, en un grado mucho mayor que cualquier falta de sensibilidad o de cariño. Si habéis incorporado la técnica como una parte más de vuestro repertorio mutuo, puede ser una herramienta muy poderosa.

En nuestra propia relación, lo más probable es que sea Donna quien crea que las respuestas recibidas no están a la altura de las circunstancias. En esos momentos, tal vez diga a David lo que le gustaría escuchar, como, por ejemplo (habla Donna): «Donna, valoro mucho todo lo que te preocupas por las peticiones que recibimos los dos. A veces descubro que te has ocupado de cuestiones incluso sin que yo supiera nada sobre ellas. Y las manejas con precisión, incluso cuando no sabemos adaptarnos a ellas. En realidad, proteges mi tiempo y mi espacio de esa forma. Es un regalo muy cariñoso que me das a mí». David, a menudo ajeno a todo este tema, quizá sólo pueda ofrecer una tímida respuesta, como: «¡Vaya, lo que has dicho!». Mientras escribíamos esta última frase, con David riéndose de sí mismo, Donna comentó: «¡Pero me encanta la mirada de reconocimiento y empatía que hay en tu cara!». Y con mayor frecuencia, cuando David se da cuenta de la verdad de las palabras de Donna, es probable que lo diga a su vez con sus propias palabras, de una forma que nos gusta a los dos. Como mínimo, la apertura de Donna le induce a instalarse en un nuevo nivel dentro de la relación, y Donna no tiene que acumular resentimiento por la falta de sensibilidad de David.

ELEVAR LA FRECUENCIA

Otra técnica que hemos utilizado en nuestra propia relación, durante más de treinta años, es pronunciar la expresión «elevémosla» para invitarnos mutuamente a elevar la discusión a una «frecuencia mayor» de energía. Igual que el sándwich de aprecio, es una técnica sencilla que puede mejorar rápidamente las energías existentes entre tú y tu pareja. En cualquier momento, puedes interpretar de manera positiva las circunstancias de tu vida, o de otra más negativa. Todos tendemos a hacer lo que nos sirve para autorrealizarnos. Elevar la frecuencia quiere decir que las percepciones positivas se convierten en la lente a través de la cual se observan los hechos. Efectúas las interpretaciones más favorables que te resulten posibles en esa situación, sin importar lo complicadas que puedan parecer en ese momento. Cuando uno de nosotros ve al otro cayendo por la espiral descendente generada por las tensiones de la vida diaria, el otro dirá suavemente y con tacto: «Elevemos el nivel de energía de esto». Ya sabemos que, cuando el otro ofrece esta invitación, nos encontramos en un momento decisivo.

A menudo, esa sencilla expresión que sirve de recordatorio puede producir un cambio, desde estar inmersos en la desdicha emocional propia del momento a ser conscientes de que nuestra interpretación de la situación nos lleva a deprimirnos tanto como la situación en sí misma. El simple hecho de recordar que se trata de un momento fugaz y situarlo en el contexto de todo lo que ocurre adecuadamente será suficiente para elevarnos desde el camino de «baja frecuencia» hasta la alta frecuencia. Hablad sobre esta idea y ponedla en práctica. Si no puedes conseguirlo, si tu negatividad es demasiado fuerte como para que puedas elevar la frecuencia, utiliza uno o más de los ejercicios energéticos del capítulo siguiente, y después vuelve a probar. Otra advertencia más. Ten cuidado y no utilices esto como una forma de criticar o de echar la culpa: «Por favor, ¿te importaría SUBIR LA FRECUENCIA, maldita sea?». Tal como nos ha sucedido a nosotros en numerosas ocasiones, un amable y cariñoso «Elevemos la frecuencia, David» puede ser un estupendo regalo. Si lo combinamos con ofrecernos a dar una descarga espinal (página 132) conseguiremos uno de los mejores momentos para una pareja.

Cómo detener una discusión al instante

El momento más delicado en la comunicación de una pareja suele ser el punto en que tú (o tu pareja) te encuentras totalmente desbordado debido al enfado, y estás seguro de que tienes la razón y de que tu pareja se equivoca. Cuando entramos en nuestra modalidad energética de respuesta al estrés, lo primero que perdemos es nuestra capacidad para responder a la situación de forma creativa, y lo siguiente es la sensación de que es posible un camino más elevado. Si eres tú quien se está desbordando, existe un proceso de dos pasos que puedes hacer en ese momento y que puede volver a poneros en sintonía y en buena conexión de inmediato.

El primer paso consiste en una técnica energética; el segundo sirve para volver a concentrar tu mente. Respira profundamente en cuanto puedas. Coloca una mano sobre tu abdomen, justo debajo del ombligo. Pon la base de la palma de la otra mano por encima de la nariz, entre tus cejas, con los dedos mirando hacia arriba y apoyados suavemente lo más alto posible, de camino hacia la parte más alta de tu cabeza. Respira profundamente de nuevo y pregúntate a ti mismo para descubrir el miedo subyacente a tu enfado o tus reproches. Esta postura tiene varias ventajas. En primer lugar, cambia tu centro de atención, que estaba en la falta de armonía y ahora va hacia tu cuerpo. También conecta energéticamente tres chakras: el segundo chakra, debajo del ombligo, es el de la creatividad; el sexto chakra, entre tus cejas, es el de la percepción más elevada (conocido como el «tercer ojo» en la práctica del yoga); y el séptimo chakra es el de los propósitos elevados. La postura se llama conexión de tres chakras. La mano colocada sobre la cabeza también estimula puntos reflejos que evitan que la sangre salga de tu cerebro para intervenir en la respuesta de lucha/huida/inmovilidad. Por tanto, interrumpes inmediatamente la respuesta de estrés, y al mismo tiempo añades creatividad a tus facultades de percepciones y de objetivos más elevados.

Pero no debes detenerte aquí. Ahora que has cambiado tu centro de atención, que se encontraba en la falta de acuerdo y en este momento está en tu cuerpo, y que has dispuesto las energías de tu cuerpo en un estado más favorable, ya puedes hacerte una pregunta esencial: «¿Qué es ese miedo dentro de mí que me genera este enfado o deseo de culpar a alguien?». Gay y Kathlyn Hendricks —que han enseñado a parejas el tema del «amor consciente»[12] desde comienzos de la década de 1980, y que se encuentran entre las parejas que se dedican a enseñar a otras parejas que más admiramos— señalan que, bajo el enfado y los reproches, suele encontrarse el miedo. Puedes tener miedo de que tu pareja esté haciendo algo que dificulte tu vida, de que te eche la culpa o de que te critique, de que nunca cambie una conducta que te cuesta tolerar, de que pierda interés en ti o de que vaya a abandonarte. Una de las técnicas favoritas de Gay y Kathlyn, que ayuda a las parejas a pasar inmediatamente de las discusiones a una buena comunicación, consiste en pedirles que se coloquen por debajo de su enfado, que encuentren el miedo que lo genera, y que lo expresen. Por ejemplo: «Todas las noches te quedas embelesado viendo la televisión, y todas las noches me enfado por ello. En el fondo, me temo que te estés aburriendo de mí». Decir de qué tienes miedo te conecta con tu pareja a un nivel más vulnerable y os aleja de la posibilidad de enfrentamiento. Hacer la postura energética en primer lugar aumenta la probabilidad de que, dentro del miedo subyacente, estés en sintonía con la autocompasión. A su vez, atraerás la compasión de tu compañero o compañera. Pruébalo. ¡Funciona!

---

12. Gay Hendricks y Kathlyn Hendricks, *Conscious Loving: The Journey to Co-Commitment*, Nueva York, Bantam, 1990.

Cultiva pensamientos positivos
sobre tu pareja y vuestra relación

El pensamiento y la energía se influyen mutuamente. Tus pensamientos siguen a tus energías, pero tus energías también siguen a tus pensamientos. Haz una lista con diez cualidades que valores mucho en tu pareja o de vuestra relación. Llévala contigo. Como mínimo una vez, durante la jornada laboral o en otro momento en que no estéis juntos, detente, consulta la lista, elige una de las cualidades y sumérgete conscientemente en ella durante quince segundos, mientras haces la conexión de tres chakras, o solamente colocando ambas manos sobre el chakra del corazón. Saboréala. Disfrútala por completo. Imagina que respiras, y que con ello introduces el pensamiento positivo en todas las células de tu cuerpo.

⤳ LA DIMENSIÓN ENERGÉTICA ⤶
Pensamiento positivo

Cuando te encuentras inmerso en un pensamiento positivo, la energía de tu aura se agranda, se expande, adopta un aspecto de aureola alrededor de tu cabeza y tiende a conectar con las energías naturales del entorno. Mientras tanto, las energías de tu corazón y tu cabeza se sincronizan mucho mejor. Cuando tienes pensamientos positivos de forma repetida, esta energía se convierte en algo más habitual, más fácil de acceder a ella, y está presente durante más tiempo.

La conexión física estimula las energías del amor

Preocuparte por el contacto físico permite que las energías del amor sigan fluyendo entre vosotros. Un sencillo abrazo, de manera consciente, puede iniciar un cambio cuando vuestras energías estén desincronizadas. Las parejas, incluso en las relaciones muy estrechas, tienden a tocarse cada vez menos conforme pasa el tiempo, y cuando cada uno se siente separado del otro, lo primero que se pierde son los abrazos y otras formas de contacto que indican cariño. En la mayoría de las parejas, aunque los abrazos parezcan forzados al principio, normalmente se convertirán en algo genuino cuando hayan pasado cuatro o cinco segundos en esa posición. Relajarse en un abrazo con todo el cuerpo, incluso durante seis segundos, aumenta la serotonina, lo que os hará sentir más cercanos y menos irritables, tensos o tristes.[13] Una cosa que nosotros hemos hecho bien es que, incluso en los momentos más difíciles, nos hemos abrazado. A veces sólo nos agarramos el uno al otro, mientras desaparecen las molestias. Los abrazos diarios que se sienten con el corazón son un procedimiento sorprendentemente simple de facilitar y mantener la proximidad (a menos que exista tanto desprecio en la relación como para que los abrazos no sean la forma de comenzar a reconstruir todo de nuevo).

Un momento en especial bueno para darse abrazos es cuando nos separamos o nos reunimos. La parte de nosotros que desea tener vínculos tiende a estar más activa durante las despedidas y las reuniones, por lo que en esos momentos somos, a un nivel profundo, más vulnerables y más abiertos al poder de un contacto físico como un abrazo consciente con todo el cuerpo.

Un abrazo fuerte cada noche puede dar acceso y disolver las energías de miedo, ansiedad, vergüenza, tristeza o resentimiento que puedan haber quedado del transcurso del día. Incluso sin hablar sobre los sentimientos, tu cuerpo aprenderá rápidamente que en este refugio seguro tus puntos débiles pueden mitigarse con sólo disfrutar de un abrazo que permita conectar los corazones.[14] Tu relación será tu puerto seguro, en medio de la tormenta.

Entrada rápida al cielo

En uno de los ejercicios favoritos que Donna enseña en una clase de medicina energética, te pones de pie, abres los brazos hacia el cielo (se hace mejor

---

13. Patricia Love y Steven Stosny, *How to Improve Your Marriage without Talking about It,* Nueva York, Random House, 2007.
14. Ibid.

en el exterior, pero se puede visualizar el cielo por encima de ti, independientemente de donde estés) y sientes que las energías llegan a tus manos, brazos y cuerpo (*véase* figura 2-1). Aunque no puedas sentirlas lo suficiente, ahí están, llegando hacia ti mientras mantengas esta postura receptiva. Cuando las energías se junten, es probable que sientas al menos un hormigueo en tus manos. Sea lo que fuere lo que notes, puedes estar seguro de que el cielo responde cuando te muestras abierto. Como hijo tanto de la Tierra como del cielo, recibes espontáneamente energía curativa, e incluso información y guía cuando adoptas esta postura. Toma toda la que quieras. Es también una excelente técnica para utilizar cuando no sabes qué otra cosa hacer.

Cuando estés listo para continuar, une estas energías con las manos y llévalas hacia el centro del pecho, un vórtice conocido como «entrada rápida al paraíso». Las energías y guías de sanación que has reunido entran en tu cuerpo de inmediato. Respíralas.

Esta técnica puede adaptarse para mejorar vuestra relación. Comenzad mirándoos a la cara y, en la posición de apertura, mirad al cielo (*véase* figura 2-1). Cuando lleves las manos hacia el corazón, establece contacto visual con tu pareja. Siente las energías que has reunido, no sólo entrando en tu interior, sino también construyendo un puente entre vosotros para conectaros. Respira el puente para que entre en tu interior. Dejad que os conecte y enriquezca a los dos. Esta sencilla práctica puede ser una estupenda manera de abrir y cerrar cualquier encuentro importante entre vosotros dos.

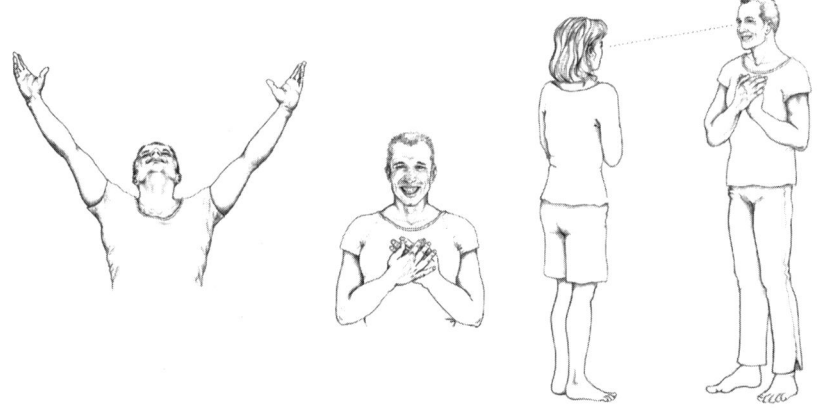

FIGURA 2-1 *Entrada rápida al paraíso*

Llegamos al capítulo 3

Conocer tu propio estilo energético ante el estrés y el de tu pareja puede manteneros en sintonía de formas que permiten evitar muchos problemas. Cuando surge una falta de acuerdo cargada emocionalmente, ¿qué hacéis vosotros? Muchas parejas se sienten sin recursos cuando se ven arrastradas a una dinámica muy fea. Y vuelve a suceder otra vez. ¿Hay algún procedimiento para convertir los conflictos en oportunidades para una mejor comprensión y el cariño que llega a continuación? El capítulo 3 presenta un proceso, paso por paso, para afrontar los problemas de modo constructivo. Nosotros lo llamamos «el pacto».

Cuando vuestras energías chocan
Un pacto para dejar las cosas claras

El uso puede cambiar prácticamente la huella de la naturaleza.
—WILLIAM SHAKESPEARE, *HAMLET*

Una intensa relación amorosa es un vínculo, una alianza colaborativa. Este vínculo conlleva una amistad y una unión que pone en juego lo mejor de cada uno de vosotros. Cuando una relación así se rompe o está en peligro, os veis arrastrados a vuestro estilo energético ante el estrés y podéis sufrir miedo, odio o rechazo. Mantener una alianza colaborativa, según David Schnarch, autor de *Intimacy and Desire*, requiere que trabajéis juntos para beneficiaros mutuamente «incluso cuando esto sea difícil, genere ansiedad o sea doloroso».[1] Más que analizar lo que estuvo mal, requiere fuerza de voluntad para lograr una armonía entre los dos al servicio de la relación, incluso cuando todo tu ser te impulse a atacar o a retirarte. Aunque un matrimonio con éxito puede medirse en años, la alianza colaborativa conlleva momentos buenos y malos, que pueden «ganarse o perderse en una fracción de segundo».[2] Incluso en una buena relación, los

---

1. David Schnarch, *Intimacy and Desire: Awaken the Passion in Your Relationship,* Nueva York, Beaufort, 2011, 268.
2. Ibíd.

miembros de la pareja no pueden mantener un estado de perfecta colaboración en todo momento. Sin embargo, cuanto más tiempo puedas mantener ese estado, mejor irá tu relación. Las prácticas positivas pueden «cambiar prácticamente la huella de la naturaleza».

El capítulo 2 concluía prometiéndote un pacto que pueda ayudarte a afrontar los conflictos surgidos en las relaciones de forma constructiva y creativa. Este pacto podrá servir como medio para reparar vuestra alianza colaborativa cuando se interrumpa. Tiene cuatro partes, y cada una toma su nombre de la acción que requiere:

1. Parar
2. Darse golpecitos
3. Sintonizar
4. Resolver

No debemos olvidar que hay que empezar enmarcando mentalmente el primer y más esquivo paso: ¡para!

Parte I del pacto: parar

Puede ocurrir mientras estáis viendo la televisión, describiendo un bonito acontecimiento que tuvo lugar a lo largo de ese día, compartiendo una cena a la luz de las velas o, en la gran tradición de las discusiones matrimoniales, hablando de dinero, de sexo o de cómo criar a los hijos. La adrenalina aumenta en el torrente sanguíneo, el latido del corazón se acelera y la capacidad de asimilar y procesar información disminuye drásticamente. Pierdes la empatía, la compasión, la creatividad y el sentido del humor. Aumenta tu actitud defensiva. Tu canal sensorial principal toma el control de la situación y las modalidades sensoriales refugio, que por lo general lo equilibran, se desconectan. John Gottman indica irónicamente que, cuando tiene lugar ese tipo de «desbordamiento», las parejas tal vez se pregunten qué pudo ver uno en el otro en primer lugar. Te sientes abrumado por tus propias reacciones y sorprendido por las de tu pareja. «Entras en una "sobrecarga de sistemas", agobiado por la angustia y el malestar. Es posible que te vuelvas muy agresivo, defensivo o retraído. Una vez que sientes que has perdido el control, la discusión constructiva es imposible».[3]

No obstante, impedir que tenga lugar una discusión, aunque sepas que la situación ha tomado un curso marcadamente descendente, tal vez también parezca imposible. Tu pareja acaba de atacar vuestro sagrado vínculo y no se toma la molestia de disculparse en ese mismo momento y ponerse a arreglar lo que ha hecho. Te ha insultado, te ha echado la culpa de algo o te ha despreciado; las hormonas de la lucha, la huida o la inmovilidad fluyen por tus arterias; te sientes atrapado en tu estilo energético ante el estrés; y un impulso acelerado ha cobrado vida propia. Puede parecer terrible, pero es irresistible. Detenerse en ese momento suele ser la parte más difícil del pacto, que comienza con el acuerdo de *detenerse* en el instante en que te des cuenta de que va aumentando la sensación de defensa o de odio hacia tu pareja:

> Si *yo* me doy cuenta de que se está fraguando una situación de conflicto, me *detendré* inmediatamente y sugeriré que efectuemos una técnica acordada de antemano para desviar nuestras energías.
> Si *tú* haces esta sugerencia, yo interrumpiré inmediatamente la conversación y me uniré a ti para llevar a cabo la técnica que me indiques.

Esto es muy difícil de hacer porque todas las fibras de tu cuerpo están implicadas en un conflicto que crecerá rápidamente. Los consejeros matrimoniales saben que es esencial evitar que la gente vuelva a caer en los enfrentamientos destructivos y perjudiciales que llevaron a la pareja a visitar por primera vez su consulta.[4] El hecho de no poder evitarlo no sólo erosiona la esperanza en la relación y la confianza en el terapeuta, sino que además crea las rutas neuronales de la amenaza y la desconfianza. Un terapeuta de parejas eficaz intervendrá aportando a la sesión una estructura que no permita que la pareja entre en caída libre, sino que en lugar de eso los dirija por un camino constructivo. El objetivo del pacto es proporcionar ese tipo

---

3. John M. Gottman, *Why Marriages Succeed or Fail*, Nueva York, Simon and Schuster, 1994, 110.
4. William Doherty, *Bad Couples Therapy: How to Avoid Doing It*. 2006. Curso en Internet. https://www.psychotherapynetworker.org/store

de estructura precisamente en los momentos en que es más probable que la química cerebral de la amenaza y la desconfianza quede establecida con mayor profundidad. Está pensado para que se aplique durante una interacción que está dando un giro perjudicial y llevarla por un camino constructivo. Aunque requiere más determinación para implementarla que si un terapeuta o monitor matrimonial estuviera en la habitación para decírtelo, ese pacto es mucho más barato. También se puede recurrir a él las veinticuatro horas del día, los siete días de la semana.

Sin embargo, para que el pacto funcione, debes concederle el poder que darías a un terapeuta. Si un terapeuta al que estás pagando una tarifa elevada interrumpe vuestra discusión y os recomienda que, en lugar de eso, pongáis en práctica alguna técnica de relajación, lo más probable es que obedezcáis. El pacto os ofrece precisamente este tipo de enseñanza, y su éxito se basa en un acuerdo blindado (tomado por los dos en un momento de calma) que implementaréis para alejaros de la tormenta en el momento en que parezca que se aproxima. No podréis crear ese pacto durante la tormenta, y será más difícil de poner en práctica si habéis esperado hasta encontraros en plena batalla, si bien puede ser eficaz incluso en mitad de una batalla; lo que sucede es que es más difícil de poner en acción.

La primera parte, *parar*, es, en teoría, la más fácil —solamente tenéis que pisar el freno—, y no obstante, paradójicamente, es la más difícil de iniciar. A medida que aumente la intensidad de las emociones negativas, os encontraréis atrapados entre el deseo de que el altercado termine y las palabras más desagradables y provocativas, de todo vuestro repertorio, que pueden salir por vuestra boca. Es difícil detenerse cuando, venciendo al rival, podemos ganar honestamente el partido. Pisar el freno a pesar de que la bioquímica nos impulse a seguir adelante es, sin embargo, la maniobra habitual que debes efectuar para que el pacto resulte eficaz. Sin embargo, a diferencia de las técnicas de comunicación que suelen ser poco útiles durante el punto álgido de las discusiones de pareja, el pacto ofrece una estructura fiable para modificar la agenda y pasar de buscar *pelea* a cambiar la *energía* (parte 2 del pacto). Las parejas pueden practicar y ser capaces de pasarse a una técnica energética que permita desinflar el globo que las mantenía en una espiral de carácter negativo. Cambiar la energía se convierte en un logro compartido que, en sí mismo, sirve para dar fuerza y crear vínculos.

Parte 2 del pacto: darse golpecitos

Gottman recomienda que las pausas que las parejas siguen al afrontar el desbordamiento emocional duren al menos veinte minutos, porque ése es el tiempo necesario para que se degraden la adrenalina y otras sustancias químicas del estrés que se liberaron en el torrente sanguíneo. En realidad, la mayoría de las personas de su investigación *creían* que se habían calmado totalmente después de una pelea, aunque su frecuencia cardíaca era todavía un 10% superior a la que tenían en reposo, lo cual las mantenía preparadas para una reactivación más rápida. Para que el descanso cumpla su propósito,

1. no debe ser una excusa para evitar el tema,
2. debe haber un plan específico para volver a la discusión,
3. no debe ser un momento para limitarse a practicar tus argumentos, o para aliviar la sensación de haber sido traicionado,
4. el descanso debe servir para relajarse.

Sin embargo, esto no es fácil de cumplir en los momentos de intensos conflictos interpersonales. Tranquilizarte cuando tus emociones están a flor de piel requiere que nades en contra de una fuerte corriente interna. Las técnicas energéticas calman la corriente para que el descanso cumpla su papel.

Presentar sencillas técnicas energéticas puede, de hecho, reducir el período de vuelta a la calma de veinte minutos que Gottman prescribe porque ayudan al cuerpo a procesar el estrés de forma más eficaz.

De los cientos de técnicas de medicina energética que hemos utilizado en nuestro trabajo, algunas parecen universalmente válidas y tan flexibles que pueden servir a muchos propósitos. De ellas, hemos elegido ocho que son fáciles de aprender. Se han enseñado en muchos sitios y son en especial útiles para volver a centrarse después de un momento explosivo en vuestra relación. Cuando vuestras energías estén desorganizadas y vuestras mentes en modo de defensa, podréis recuperar la estabilidad del cuerpo y la mente con algunas, o todas, las sencillas técnicas que ofrecemos a continuación. Comienzan de forma muy simple, con unos golpecitos sobre tu cuerpo.

El primer paso del pacto es ¡PARAR!

El segundo paso es empezar inmediatamente a DARSE GOLPECITOS.

→ LA DIMENSIÓN ENERGÉTICA ←

Lucha o huida

Tú sabes qué aspecto físico tiene el estado de lucha o huida. A la gente se le pone la cara roja (lucha) o se les va el color de la cara (huida), respiran con más intensidad, sus pupilas se dilatan y todos los sistemas están listos para entrar en acción. Energéticamente, el campo del aura y los chakras se ponen tensos como un músculo contraído, lo cual te moviliza para ponerte en modo de emergencia. Las energías no están disponibles para un intercambio íntimo.

Ejercicios energéticos

Cuando haces un ejercicio energético, como por ejemplo los que describimos a continuación, la intensidad de la energía concentrada en los meridianos comienza a disiparse instantáneamente. La energía empieza a ralentizarse y a fluir de forma más suave. Vuelven las energías que han salido del cerebro para manejar la emergencia con una respuesta física, por lo que puedes pensar con más claridad. Todos los sistemas se calman.

Del mismo modo que el pacto incluye un acuerdo para detener la discusión en cuanto cualquiera de los dos se dé cuenta de que uno está afectado emocionalmente, el segundo acuerdo consiste en que de inmediato os deis golpecitos en cuatro series de puntos de vuestra cara y vuestro torso. Si podéis lograr que esto se convierta en una respuesta automática, de inmediato empezará a equilibrar las energías de vuestro cuerpo. Habréis memorizado estos puntos después de sólo unos cuantos ensayos, con lo que seréis capaces de hacerlo pensando poco. Para equilibrar y estabilizar aún más las energías de vuestro cuerpo, podéis después realizar algunas —o todas— técnicas adicionales que ofrecemos aquí. Esto permitirá que os equilibréis energéticamente, lo cual calmará vuestro cuerpo, y refrescará y permitirá volver a centrar vuestra mente. Las técnicas para equilibrarse son:

1. Los cuatro golpecitos
2. La explosión/cremallera/enganche
3. El tirón de hombro cruzado
4. El estiramiento de la coronilla

5. La sujeción de cabeza liberadora del estrés
6. La postura de Wayne Cook
7. Conectar el cielo con la tierra
8. La marcha cruzada

Suele ser una batalla perdida intentar uno mismo mantener el equilibrio en medio de una discusión que va subiendo de tono, pero puedes ponerte a hacer tú mismo movimientos físicos que calmarán y sintonizarán vuestras energías. A continuación, vuestra mente hará lo mismo, recuperaréis vuestra capacidad de afrontamiento y será posible volver a conectar los dos de forma creativa. A continuación ofrecemos instrucciones para llevar a cabo cada una de estas ocho técnicas.

Los cuatro golpecitos

Ciertos puntos de vuestro cuerpo, al ser golpeados con los dedos, afectan a vuestro campo energético de forma predecible, envían impulsos electroquímicos a regiones específicas del cerebro y liberan neurotransmisores. Al golpear con los dedos las siguientes series de puntos (*véase* figura 3-1), podréis activar una serie de respuestas internas que os permitirán conseguir la recuperación cuando estéis estresados o simplemente cansados. También podéis golpear estos puntos en cualquier momento en que necesitéis un empujón de energía. Los cuatro golpecitos incluyen:

PUNTOS DEL MERIDIANO DEL ESTÓMAGO

Encima de los pómulos, inmediatamente debajo de cada ojo, están los puntos de acupuntura del meridiano del estómago.

PUNTOS DEL MERIDIANO DEL RIÑÓN

Coloca los dedos en la clavícula y muévelos hacia el centro, hasta llegar a las esquinas de las clavículas situadas debajo de la garganta. Desplaza los dedos hasta colocarlos debajo del hueso. La mayoría de las personas tienen allí un hueco. Estos puntos situados debajo de las protuberancias de las clavículas son el lugar propio de los «puntos K-27» emparejados, los puntos de acupuntura que ocupan el vigésimo séptimo lugar del meridiano del riñón.

PUNTO DEL TIMO

El punto del centro del esternón estimula el timo. Darle golpecitos no sólo ayuda a equilibrar vuestras energías, sino también a mejorar vuestro sistema inmunitario, que resultará perjudicado por el estrés generado por las relaciones de pareja.

PUNTOS DEL BAZO

En los puntos situados una costilla por debajo de la «línea del sujetador» (usa tu imaginación, amigo), e inmediatamente debajo de los pezones, están los puntos reflejos neurolinfáticos del meridiano del bazo.

Da golpecitos con los dedos en cada punto, firmemente, durante el tiempo que se tarda en realizar una inspiración y una espiración profundas, pero nunca con tanta fuerza como para correr el riesgo de hacerte un hematoma. No te preocupes en exceso por encontrar la localización precisa de cada punto. Si utilizas varios dedos para golpear en los alrededores de la zona descrita, te asegurarás de estar golpeando en el punto correcto.

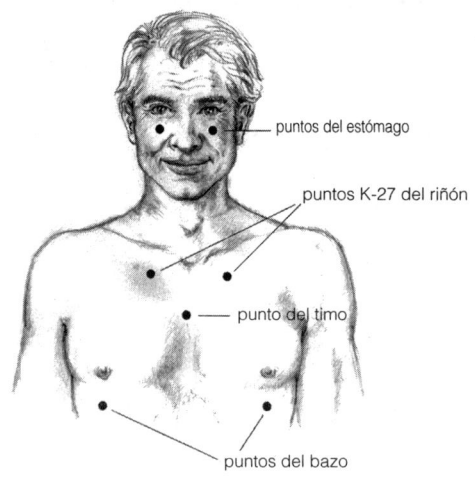

puntos del estómago

puntos K-27 del riñón

punto del timo

puntos del bazo

FIGURA 3-1 *Los cuatro golpecitos*

La explosión/cremallera/enganche

LA EXPLOSIÓN

Descarga, mediante movimientos explosivos, los residuos energéticos de los sentimientos acumulados:

1. apretando los puños a la vez que llevas las manos y los brazos por delante de tu cuerpo,
2. balanceando los brazos hacia abajo y en torno a tu cuerpo, por detrás de él,
3. levantándolos por encima de la cabeza, y
4. rápidamente y, con algo de fuerza, desplazando los puños hacia abajo, por los lados del cuerpo (figura 3-2).

FIGURA 3-2 *La explosión*

Apretad los labios mientras descargáis las emociones. Abrid las manos cuando hayan llegado al punto más bajo. Repetid esta operación varias veces. Terminad haciendo el movimiento una vez más, pero, en esta ocasión, de forma lenta y controlada. Ahora, después de haber descargado ya parte de las energías, haced una cremallera.

LA CREMALLERA

Efectuad este movimiento colocando una o ambas manos en el hueso del pubis y haciendo una inspiración profunda mientras movéis la mano controladamente hacia arriba, a través del centro del cuerpo, hasta el labio inferior (*véase* figura 3-3). Repetid dos o tres veces. Respirad hondo en cada ocasión. De las manos emana un campo electromagnético y, con este movimiento, estaréis trazando el camino del meridiano central, una de las principales rutas energéticas del cuerpo. Esto fortalece el meridiano y tiende a estabilizar vuestras energías, lo cual permitirá que os equilibréis y que recuperéis fuerzas.

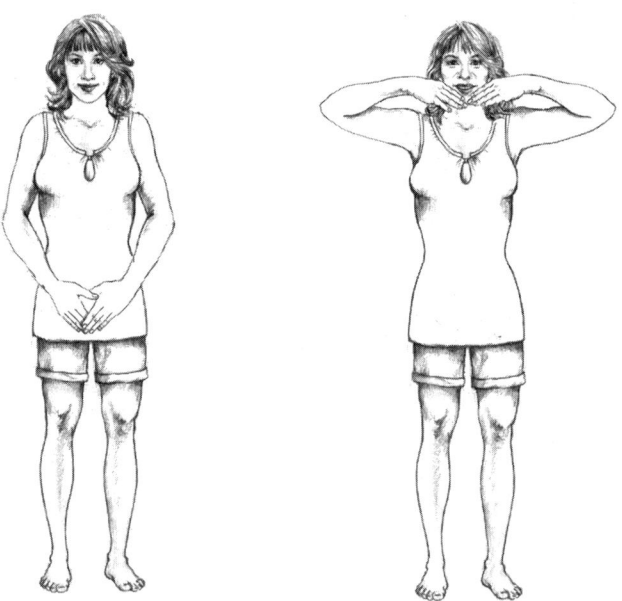

FIGURA 3-3 *La cremallera*

EL ENGANCHE

Engánchate a la calma y a la lucidez colocando el dedo corazón de una mano sobre
tu tercer ojo (entre tus cejas, por encima
del puente de tu nariz) y el dedo corazón de
la otra mano en el ombligo. Presiona suavemente con ambos dedos hacia dentro, tira
con ellos hacia arriba y mantén la posición,
durante al menos tres respiraciones completas y profundas (*véase* figura 3-4).

Figura 3-4 *El enganche*

→ LA DIMENSIÓN ENERGÉTICA ←

Cuando una persona se ve desbordada emocionalmente, la energía de su interior
se compacta y se amontona. Puede sentirse cómo se espesa, se mueve lentamente,
e incluso duele. Cada uno de los ejercicios energéticos que ofrecemos en este capítulo influye en tu campo energético mediante procedimientos beneficiosos para
procesar el estrés, calmar tus emociones, equilibrarte y pensar con más claridad. Esto es lo que la explosión, la cremallera y el enganche hacen en términos energéticos:

La explosión expulsa la energía tóxica, producto del estrés, fuera de tu cuerpo, contrarresta la sensación de agobio y permite que las energías fluyan más fácilmente. Mientras tanto, el aura se expande, con lo que te concede más «espacio vital» energético.

La cremallera desplaza tu fuerza vital a través de los campos energéticos que
hay dentro y en torno a tu cuerpo. Tras haber vaciado poco antes con la explosión
las energías discordantes, la cremallera te estabiliza en ese estado de más calma.

El enganche conecta las energías que ascienden por delante de tu cuerpo con
las que suben por tu espina dorsal y pasan por encima de tu cabeza, lo cual da más
intensidad a un campo de fuerza que energéticamente te rodea y te protege, lo
que te permite ser más fuerte y tener más confianza.

El tirón de hombro cruzado

Varios meridianos pasan por los hombros y suelen quedar obstruidos a su altura cuando sentimos estrés. Esto también interfiere con las rutas cruzadas naturales entre el lado izquierdo y el derecho. Todo esto puede revertirse rápidamente con el tirón de hombro cruzado.

Coloca una mano en el hombro opuesto y presiona con fuerza detrás del hombro con los dedos (*véase* figura 3-5). Arrastra la mano por la parte superior del hombro manteniendo la presión. Continúa, ahora ya con menos presión, dirigiéndote hacia la cadera del lado de la mano [cruzando el cuerpo por delante]. Repite dos o tres veces. Haz lo mismo por el otro lado [con la otra mano].

FIGURA 3-5 *El tirón de hombro cruzado*

El estiramiento de la coronilla

Mientras haces el estiramiento de la coronilla, respira profundamente, inspirando por la nariz y espirando por la boca.

1. Coloca los pulgares en las sienes, a los lados de la cabeza. Dobla los dedos y coloca las yemas justo en el punto intermedio entre las dos cejas (*véase* figura 3-6).
2. Lentamente, y con un poco de presión, ve bajando todos los dedos juntos, haciendo que se estire la piel que hay justo por encima del punto intermedio entre las dos cejas.
3. Coloca las yemas de los dedos en el centro de la frente y repite el estiramiento.
4. Coloca las yemas de los dedos en el nacimiento del cabello y repite el estiramiento.

FIGURA 3-6 *El estiramiento de la coronilla*

5. Sigue este esquema, con los dedos curvados y presionando en cada uno de estos lugares:

   a. Los dedos en la parte más alta de la cabeza, con los meñiques en el nacimiento del cabello. Presiona hacia abajo con algo de fuerza y separa las manos entre sí, como si fueras a abrirte la cabeza.

   b. Los dedos en el centro de tu cabeza, de nuevo presionando hacia abajo y apartando una mano de otra.

   c. Con los dedos en la curva de la parte posterior de tu cabeza, haz de nuevo el mismo estiramiento.

   d. Continúa hacia abajo hasta el cuello, con los dedos en el centro de tu cuello, presiona y después tira hacia los lados; finaliza con los dedos colgando sobre los hombros.

Cuando estés listo para liberar la presión, presiona con los dedos en los hombros, arrástralos por la zona superior de los hombros, y por último deja caer las manos.

La sujeción de cabeza liberadora del estrés

Aunque la hemos situado en quinta posición en esta serie, se trata de una joya que puedes utilizar en cualquier momento en que sientas malestar emocional.

Apoya con cuidado la palma de una de tus manos sobre la frente, y la palma de la otra rodeando la parte posterior de la cabeza (*véase* figura 3-7). Si las mantienes en esa posición mientras respiras profundamente durante entre uno y tres minutos, las energías de tus manos, y el contacto con zonas de la piel llamadas «puntos neurovasculares», tienen el efecto de cambiar la neuroquímica del estrés y de interrumpir la respuesta lucha/huida/inmovilidad. Hacer previamente el estiramiento de la coronilla permite que el cuerpo se encuentre más receptivo para esta postura, que puedes realizar sentado, de pie o tumbado.

FIGURA 3-7 *La sujeción de cabeza liberadora del estrés*

La postura de Wayne Cook

Es una de las técnicas más poderosas que conocemos para recuperar la claridad mental. Desarrollada originalmente por Wayne Cook para trabajar con personas que tartamudean, se ha aplicado de manera eficaz a una amplia variedad de problemas, desde ayudar a personas con discapacidades de aprendizaje hasta mejorar el rendimiento de deportistas. La técnica consta de tres posturas:

1. Mientras estás sentado, coloca el pie derecho sobre la rodilla izquierda, rodea con la mano izquierda el tobillo derecho, y con la mano derecha, el metatarso del pie derecho (se hace mejor sin los zapatos). Las muñecas deben estar cruzadas la una sobre la otra (*véase* figura 3-8a). Inspira lentamente por la nariz, elevando el cuerpo cuando lo haces. Al mismo tiempo, lleva la pierna hacia dentro,

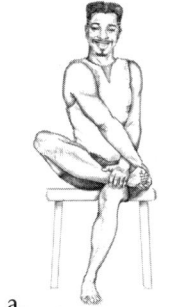

a.

como si estuvieras haciendo un estiramiento. Espira lentamente por la boca, dejando que el cuerpo se relaje. Repite esta respiración lenta y este estiramiento unas cuatro o cinco veces.

2. Cambia al otro pie. Coloca el pie izquierdo sobre la rodilla derecha, rodea con la mano derecha el tobillo izquierdo y con la mano izquierda el metatarso del pie izquierdo (*véase* figura 3-8b). Eleva el cuerpo y respira como ya hemos descrito.

3. Descruza las piernas, junta las yemas de los dedos formando una pirámide y haz que los pulgares se apoyen en tu tercer ojo, justo por encima del arco de la nariz (*véase* figura 3-8c). Inspira lentamente por la nariz y espira por la boca unas cinco veces.

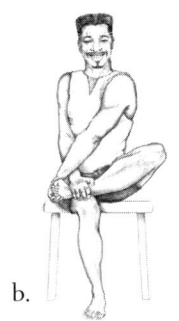

b.

c.

FIGURA 3-8 La postura de Wayne Cook

Conectar el cielo con la tierra

Estirar es una de las maneras más naturales de mantener en movimiento las energías del cuerpo, que a su vez es una de las mejores formas de conservar la mente lúcida. Desde un estado en que duele todo el cuerpo al despertarse hasta practicar disciplinas que han convertido los estiramientos en una forma de arte, como por ejemplo el yoga y el tai *chi*, hay muchos modelos disponibles.

En numerosas culturas se han encontrado diversas versiones del siguiente ejercicio, y no es sólo una forma excelente de lograr que la energía se mantenga fluyendo por todo el cuerpo, sino que también se ha afirmado que ayuda a integrar los hemisferios izquierdo y derecho, y que activa los *circuitos radiantes*, el sistema energético que hace posible la alegría.[5] Para «Conectar el cielo con la tierra» (*véase* figura 3-9):

---

5. David Feinstein, Donna Eden y Gary Craig, *The Promise of Energy Psychology: Revolutionary Tools for Dramatic Personal Change,* Nueva York: Tarcher/Penguin, 2005, cap. 7.

1. De pie, frótate las manos y después agítalas. Colócalas sobre tus muslos, con los dedos separados y extendidos. A continuación, inspirando profundamente, forma un círculo con los brazos, y al espirar junta las manos para adoptar la postura de rezo.

2. Con una inspiración profunda, extiende un brazo a lo alto, por encima de la cabeza, y coloca la palma plana, dirigida hacia arriba (como si estuvieras empujando algo que hay encima de ti); extiende el otro brazo hacia abajo y coloca la palma plana, dirigida hacia abajo (como si empujaras algo hacia el suelo). Mantén esta posición todo el tiempo mientras no sientas molestias, y a continuación suelta el aire por la boca y vuelve a adoptar la posición de rezo con las manos.

FIGURA 3-9 *Conectar el cielo con la tierra*

3. Repite, cambiando el brazo que se eleva y el que se baja. Haz uno o más levantamientos adicionales con cada lado.

4. Al salir de esta postura en la última repetición, deja los brazos colgando y flexiona tu cuerpo por la cintura. Mantén la posición, con las rodillas ligeramente flexionadas, mientras haces dos respiraciones profundas.

5. Vuelve lentamente a la posición de pie inicial, y finaliza haciendo una rotación de los hombros hacia atrás.

La marcha cruzada

Estamos diseñados para reponer nuestras energías durante la actividad. La energía cruza del hemisferio izquierdo del cerebro al lado derecho del cuerpo, y del hemisferio derecho al lado izquierdo del cuerpo. Hay operativos por todo tu cuerpo patrones cruzados en forma de ocho, desde el biocampo que hay alrededor de ti hasta la doble hélice del ADN. Cuando te sientes estresado, esta energía puede adoptar un patrón unilateral, con un movimiento ascendente-descendente, en lugar del ritmo cruzado que hace posible gozar de salud y vitalidad. Cualquier actividad que implique un movimiento cruzado (por ejemplo, mover el brazo izquierdo simultáneamente a la pierna derecha, mover el brazo derecho a la vez que la pierna izquierda) —como por ejemplo, caminar, correr o nadar— tiende a mejorar y equilibrar tus energías. Una de las actividades favoritas de David para mejorar el estado de ánimo es nadar a un ritmo intenso. La técnica más sencilla para obtener estos beneficios, llamada «marcha cruzada», consiste, en esencia, simplemente en caminar sin moverse del sitio (*véase* figura 3-10).

1. Mientras estás de pie o sentado, levanta tu brazo derecho y tu pierna izquierda, simultáneamente.
2. Mientras los bajas, levanta tu brazo izquierdo y tu pierna derecha.
3. Repite, esta vez exagerando la elevación de tu pierna y el balanceo de tu brazo, que cruza la línea central de tu cuerpo y se dirige al lado opuesto de tu cuerpo.
4. Continúa esta marcha exagerando los movimientos, durante al menos un minuto, mientras inspiras profundamente por la nariz y espiras por la boca.

Figura 3-10

La marcha cruzada

Estos ejercicios no son sólo valiosos para volver a equilibrarse después de una discusión; mejoran la salud física y el bienestar mental, y te permiten estar a gusto contigo mismo. Te animamos a que los realices con tu pareja cuando *no estés sometido a estrés*, para que te familiarices con ellos y puedas hacerte una idea general de sus beneficios. También tendrás una idea de qué técnicas probablemente sean los mejores primeros auxilios para ti.

Parte 3 del pacto: sintonizar

En esta fase del pacto, tus energías ya se habrán vuelto a sintonizar. Tu pareja habrá hecho lo mismo. Esta tercera parte del pacto os ayudará a reconectar. Vuestros vínculos han estado sometidos a tensión, o tal vez incluso creáis que se han roto. Así que ahora afrontáis no sólo la tarea de solucionar la falta de acuerdo, sino también de rehacer los vínculos. Puedes empezar a reparar los vínculos volviendo a sintonizar tus energías con las de tu pareja.

Sintonizar energéticamente

Hacer algunos de los ejercicios para volver a equilibrarte, tal como hemos descrito más arriba, a la vez que tu pareja, como por ejemplo los cuatro golpecitos o conectar el cielo con la tierra, ofrece a tus energías una oportunidad para volver a sintonizarse de forma natural. No se necesita explicar nada. O bien podéis dar un paseo rápido, la clásica actividad de marcha cruzada, habiendo acordado previamente que comentaréis sólo lo que observéis durante el paseo, en lugar de volver a iniciar la discusión enseguida. Haz caso especialmente a los objetos bellos o interesantes. Aunque se necesita algo de disciplina mantenerse concentrado en el aquí y ahora del paseo, en lugar de volver a enzarzarse en la discusión, ya comenzáis a tener una relación energética el uno con el otro en cuanto ejercitáis juntos vuestra capacidad de observación y descripción durante una actividad de marcha cruzada conjunta. Nuestra técnica de medicina energética *favorita en todo momento* para volver a sintonizarnos sin necesidad de palabras es darnos una descarga espinal el uno al otro.

LA DESCARGA ESPINAL

La descarga espinal es un breve masaje a lo largo de la espina dorsal, un bonito acto que puedes ofrecer a tu pareja incluso antes de *sentirte* amable o capaz de decir cosas amables. Es un regalo que os podéis hacer el uno al otro a modo de acto de buena fe. En primer lugar, es fácil de dar y recibirlo es estupendo. En segundo lugar, elimina las toxinas generadas por la respuesta de lucha/huida/inmovilidad en el sistema linfático, de donde pueden eliminarse. En tercer lugar, conlleva devolver el equilibrio a todos los meridianos principales, las rutas energéticas del cuerpo. Un toque profundo y lleno de amor es excelente para la salud y el estado de ánimo de tu pareja, así como para los tuyos propios. De hecho, la psicóloga Tiffany Field, de la Universidad de Miami, informa de que, para las mujeres que sufrían de depresión posparto, recibir de sus maridos quince minutos de masaje cada día fue tan beneficioso como la medicación antidepresiva.[6] Al concentrarte en la espalda, y no en la parte frontal de tu cuerpo, más vulnerable emocionalmente, hay mayor probabilidad de que recibas un gesto de cariño, incluso cuando todavía os encontráis encerrados en vosotros mismos o a la defensiva. Para hacer la descarga espinal:

- Haz que tu compañero o compañera se tumbe boca abajo, o que se coloque de pie a una distancia de entre 0,90 y 1,20 metros de una pared, y que se incline hacia ésta y se sujete con las dos manos. Cualquiera de las dos posiciones estabiliza el cuerpo de tu pareja para que se le pueda aplicar presión a lo largo de la columna vertebral. Cuando David ve que Donna empieza a agobiarse, su frase codificada para poner en marcha una descarga espinal es «De pie contra la pared, Donna».

- Masajea los puntos situados bajo ambos lados de las vértebras de la columna vertebral (pero no directamente en las vértebras), utilizando los pulgares o los dedos corazón, y usando tu peso corporal para aplicar una presión fuerte. Aunque la mayoría de la gente puede soportar —y le gustará— una presión considerable sobre estos puntos, asegúrate de no aplicar más de la que tu pareja desea. Si tu pareja tiene algún tipo de lesión o debilidad en la espalda, ten cuidado y mantén el control, aunque una presión profunda a lo largo de los lados de la columna suele ser segura y beneficiosa. Darás un masaje desde la parte baja del cuello, a lo largo de toda la espalda, hasta la parte baja del sacro.

---

6. Tiffany Field, *Touch Therapy,* Londres, Churchill Livingstone, 2000.

- Baja, vértebra a vértebra, y masajea en profundidad cada punto. Deteniéndote en cada punto durante al menos cinco segundos, mueve la piel arriba y abajo, o efectuando un movimiento circular, con una fuerte presión.

- Puedes detenerte al llegar al sacro, o repetir la descarga descendente una o dos veces más.

- Cuando termines, «barre» hacia abajo las energías del cuerpo de tu pareja: con un largo barrido, o mediante varios brochazos, utiliza las palmas de las manos para barrer la energía, desde los hombros, siguiendo todo el camino pasando por las piernas, hasta que salga por los pies. Repite el barrido dos o tres veces.

→ LA DIMENSIÓN ENERGÉTICA ←

La descarga espinal

La energía tóxica generada por el malestar queda obstruida a lo largo de la espina dorsal e interfiere con el funcionamiento de los principales nervios y rutas energéticas. Cuando los dedos presionan sobre esos puntos, la energía bloqueada se dispersa por el sistema linfático, el cual la extrae y elimina del cuerpo.

Aplicar la descarga espinal cuando estás enfadado

Es interesante saber que, si el miembro de la pareja que aplica la descarga espinal está enfadado, como puede suceder después de una discusión, quien recibe la descarga espinal no absorbe el enfado. Aunque la energía del enfado, sin duda, puede transmitirse mediante el tacto, el enfado se disipa, y no se transmite, durante una descarga espinal.

EL ESTADO DESEADO

Cuando estás regañando con tu pareja, el «desbordamiento» es un estado fisiológico en el que te sientes abrumado por tus emociones negativas y las de tu pareja, al centrar tu atención en un tema.[7] Cualquier relación senti-

---

7. John M. Gottman, *The Science of Trust: Emotional Attunement for Couples,* Nueva York, Norton, 2011.

mental tiene muchos momentos de ese tipo. Durante el desbordamiento, es probable que la gente se ponga a la defensiva, que busque regañar, y que al mismo tiempo desee retirarse. Éste *no* es el estado deseado, pero cada vez que ocurre, ofrece una oportunidad para la reconexión emocional. Las paradas que hay en el camino de la reconexión son consolarse a uno mismo, consolarse el uno al otro y sintonizar cada uno con los sentimientos del otro. El tono subyacente de tu relación se vuelve un poco más positivo con cada reconexión que logra tener éxito, y un poco más negativo cada vez que un incidente que conlleva el desbordamiento no conduce a la reconexión. En este momento, vuestro pacto te ha ofrecido herramientas propias de la medicina energética para consolarte y para conectar energéticamente con tu compañero o compañera. Si tú o tu pareja aún os sentís agobiados, volved a los ejercicios. Si los dos os sentís calmados, aunque tal vez aún dudéis de poder resolver el problema, podéis proceder.

Sintonizar emocionalmente

Detenerte cuanto te sientas desbordado, equilibrarte y volver a sintonizar energéticamente con tu pareja es como presionar el botón de reinicio de vuestra interacción. Lo que hagáis inmediatamente a continuación resulta esencial. Si os limitáis a proseguir lo que estabais haciendo antes, lo más probable es que descubras que uno de vosotros —y después los dos— puede sentirse desbordado de nuevo. Sin embargo, al volver a equilibrarte y reconectar energéticamente, te encuentras en buena disposición para dar un giro.

→ LA DIMENSIÓN ENERGÉTICA ←

Vínculos sintonizados y rotos

Cuando el vínculo que hay entre dos personas permanece intacto y ellas se sienten en armonía, la energía configura, literalmente, patrones con la forma del número ocho, que se disponen haciendo bucles en todas las direcciones. Esta energía permite que conecten al nivel del chakra del corazón, de su sexto chakra (en el tercer ojo, entre las cejas), y a menudo también en otros chakras. Cuando se rompe el vínculo, es evidente la alteración de la energía.

CAMBIAR TU CENTRO DE ATENCIÓN

En lugar de concentrarte en la postura que defiendes en la discusión, o en todos los argumentos que te dan la razón y que se la quitan a tu pareja, o en todas las formas con las que te han tratado injustamente o te han despreciado, éste es el momento en que la alternativa disponible más constructiva de que dispones es sintonizar con los sentimientos de tu pareja. No se trata de que subestimes o ignores tu propia realidad, sino más bien de que los dos aprendáis la posibilidad de sostener ambas perspectivas simultáneamente. No tienes por qué pensar que estás equivocado para sintonizar con tu pareja, sino que esa sintonización supone un cambio en tu centro de atención. Te sitúa en un camino que te aleja del agobio y de las críticas, y que te aproxima a la reparación del vínculo roto.

A veces, nuestro estilo energético ante el estrés tiende a mantener el control, deformando nuestras percepciones, igual que el ciego que puede percibir sólo una parte del cuerpo del elefante. Aunque todas las parejas pelean, y una relación amorosa puede dar cabida a muchas discusiones que quedan sin resolver, la investigación de Gottman muestra que una pareja se encamina hacia el divorcio cuando las críticas, la permanencia a la defensiva, el desprecio y las evasivas van aumentando con el paso del tiempo.[8] Responder constantemente a la tristeza o el enfado con críticas, desprecio o evasivas aumenta la negatividad, que se va acumulando. La armonía, por el contrario, mejora la intimidad. En lugar de abandonar tu verdad para aceptar la de tu pareja, permanecer en armonía conlleva abrirse a la experiencia de tu pareja, incluso imaginar de manera vívida qué se siente al ser él o ella, y proceder con una conciencia comprensiva de tu propia posición y de la de tu pareja.

Vuestro pacto os ha obligado a efectuar una interrupción en una discusión que iba subiendo de tono, o ha ayudado a equilibraros utilizando técnicas energéticas, y os ha ofrecido una descarga espinal u otro ejercicio energético que sea relajante para tu pareja y que permita volver a conectaros energéticamente. En el siguiente paso, que es vital, llegaréis a una conciencia más profunda y sincera del estado emocional de tu pareja.

---

8. Ibíd.

Pon las manos sobre el chakra del corazón (el centro de tu pecho). Respirando profundamente, concentra tu atención en tu corazón. Imagina que tu compañero o compañera se encuentra en la etapa de su niñez: joven, fresco, inocente, sin mácula. Asimila esto durante unos momentos. A continuación, vuelve a centrar tu atención en la discusión. Respirando profundamente y «viendo» con tu corazón, contempla esa versión pura de tu pareja, incluso durante la discusión. Tras sintonizar con tu compañero o compañera de esta forma, ponte conscientemente en su lugar. Siente la discusión como si fueras tu pareja.

De manera inevitable, tus propias opiniones, enfado o daño harán acto de presencia. No intentes detenerlos o juzgarlos. En su lugar, dirige tu atención hacia tus manos, colocadas sobre el centro de tu pecho, y observa tus propios sentimientos desde este lugar centrado en el corazón. Los pensamientos y sentimientos pueden pasar, o, simplemente, disolverse, cuando los afrontas con curiosidad y aceptación. Si no se disipan, o si se intensifican, en lugar de seguir obsesionándote con ellos, utiliza el ejercicio de la explosión/cremallera/enganche (páginas 123-125) para dispersar sus energías.

Cuando hayan desaparecido los sentimientos, vuelve a la imagen de tu pareja y a imaginar la discusión a través de sus ojos y su corazón. Nota los sentimientos, pensamientos y esperanzas más probables de tu pareja durante la interacción. Anota tus ideas en uno o dos párrafos, en presente y en primera persona, describiendo la experiencia como si tú fueras tu pareja. Podrás verificar la exactitud de tu descripción en la parte final del pacto.

Parte 4 del pacto: resolver

Ahora ha llegado el momento de volver al problema inicial y *resolverlo*. Enseñar a escuchar activamente, para la consternación de muchos terapeutas matrimoniales con una formación tradicional, ha demostrado que es en cierto sentido ineficaz para mejorar la satisfacción y la estabilidad marital.[9]

---

9. Ibíd.

Aunque la escucha activa es en teoría estupenda, resulta difícil escuchar de forma constructiva cuando se ha recurrido a la hostilidad, al enfado y a la posición defensiva. Por otro lado, pasarte a una actividad que cambie tus energías puede hacerse de una manera mecánica y aun así ser eficaz.

Estás a punto de entrar en la parte 4 del pacto, la fase de comunicación efectiva: volver a la discusión y *resolver* el tema que os llevó al desbordamiento, la desconexión y el desaliento. Ya te has equilibrado, te has vuelto a conectar energéticamente, te has sintonizado en tu interior con los sentimientos y la perspectiva de tu pareja, y has anotado tus conclusiones. Ahora te encuentras en la fase en que te lanzas al ruedo. Decidid quién leerá el primero. Antes de comenzar, simultáneamente y al unísono, haced otra técnica breve en vistas al equilibrio. La favorita de David es el tirón de hombro cruzado. Lo más probable es que Donna utilice la postura de Wayne Cook. Si vuestras preferencias también difieren, usad ambas. Una de las preferidas por nosotros dos es una sencilla respiración con las manos sobre el corazón.

Compartir tu declaración empática

Lee el texto que escribiste al final de la parte 3 del pacto. Tu pareja escucha y recibe tu intento de sintonizar con su experiencia. Vuestro pacto aún está aportando la estructura de un «consultor sentimental» sustituto.

Responder con aprecio

Una vez hayas leído tu descripción desde el punto de vista de tu pareja, ésta tiene que contestar con tres frases que comiencen con las palabras «Yo valoro...». Saber que esta tarea está a punto de comenzar ayudará a tu pareja a analizar tu verdadero esfuerzo, las conclusiones precisas y la mayor empatía. Las valoraciones pueden ser sencillas y básicas: «Valoro que sepas con qué fuerza lo he intentado». «Valoro que quieras entenderme». «Valoro que entiendas que no era mi intención reaccionar desproporcionadamente».

Esto no significa que tu pareja afirme que todas las declaraciones que pronunciaste dieran en el blanco; tan sólo que agradece y valora tus esfuerzos. También recibirás información sobre lo precisas que fueron tus declaraciones de acuerdo con la experiencia de tu pareja. A veces, la declaración que se está leyendo será totalmente errónea. Aun así, se puede valorar la intención de la pareja de escribir y compartir el texto. Después de cada declaración de aprecio, contesta con un reconocimiento activo: un «gracias», una sonrisa, o una petición del tipo «ayúdame a entender eso mejor».

Saber más

A continuación, preguntas: «¿Hay algo más que te gustaría que yo entendiera sobre tu experiencia, en relación con nuestra falta de acuerdo?». Si tu compañero o compañera se siente totalmente comprendido, la fase finaliza y llega tu turno de escuchar lo que diga él o ella. Sin embargo, lo más probable es que tenga al menos un tema más para añadir o rectificar. En este momento se elige sólo uno, por lo que la respuesta consta de una o dos frases que describen o aclaran *un* aspecto de la situación, como, por ejemplo: «No me enfadé porque estuvieras ocupado; me enfadé porque, cuando te pedí que me ayudaras, tenías aspecto de disgustado». O bien: «Mis sentimientos quedaron afectados durante la fiesta, cuando estabas presumiendo de nuestro jardín y no mencionaste todo el trabajo que yo había hecho por él». O: «Me sentí menospreciado cuando castigaste a Susi [su hija de siete años], después de que hubiese explicado por qué debíamos perdonarla en esa ocasión». Las declaraciones deben ser breves y describir lo que sucedió, y no incluir ninguna interpretación del sentido de los acontecimientos, excepto frases relativas a cómo impactaron en el hablante. Utiliza expresiones del tipo «Yo…» sobre tus sentimientos, pensamientos y reacciones.

Introducir la técnica «Quieres decir»

Tu pareja acaba de ampliar o corregir tu escrito. Puede ser un momento muy adecuado para utilizar la técnica «Quieres decir» (página 80). Siguiendo con el ejemplo anterior, supongamos que el comentario de tu pareja fuera:

> — Me sentí menospreciado cuando castigaste a Susie después
> de que yo hubiese explicado por qué debíamos perdonarla
> en esa ocasión. ¡Tú siempre me subestimas!

Buscando algo en lo que concentrarse, «¡Tú siempre me subestimas!» aporta mucha información que merece la pena examinar. Podríamos convertir esto al formato «Quieres decir». Por ejemplo:

—¿Quieres decir que ignoré lo que dijiste?

—Sí.

—Al decir que yo *siempre* te menosprecio, ¿quieres decir que nunca capto lo que dices?

—No.

—Al decir *siempre*, ¿quieres decir que te sientes menospreciado en muchas ocasiones.

—¡Sí!

—¿Quieres decir que no confías en mí?

—Puede haber algo de verdad en eso, pero no es eso lo que digo.

—¿Quieres decir que elaboro mi agenda sin tener en cuenta la tuya, y que eso se debe a que soy insensible y egoísta?

—Es cierto en la primera mitad, así que ahora tienes dos síes y medio.

—¿Quieres decir que deseas abandonarme?

—No.

—¿Quieres decir que quieres que tenga más en cuenta lo que tú dices?

—¡Bingo!

Incluso la frase de cuatro palabras «tú siempre me desprecias» puede tener numerosos significados. Puede malinterpretarse fácilmente. Después de conseguir tres síes, resume lo que se acaba de acordar, hasta el punto de que puedas reconocer el sentido o sensación iniciales de tu pareja, así como comprobar su exactitud:

—Por tanto, pensaste que ignoré lo que tú habías dicho –te acordaste de otras ocasiones en que te sentiste ignorado–, y lo dijiste con tanto énfasis porque no quieres que siga sucediendo. Partiendo de esto, puedo comprender que te sintieras menospreciado. ¿Lo he entendido bien?

Si la respuesta fuera «No por completo. Pensé que deberíamos haber dejado a Susie sin castigo en esta ocasión», tus preguntas del tipo «Quieres decir» podrían servir para captar el sentido de tu pareja sobre toda la declaración o cualquier aspecto de ella. Por ejemplo:

—¿Quieres decir que debo obedecerte siempre?
—No.
—¿Quieres decir que Susie es tan angelical que no debemos castigarla nunca?
—No.
—¿Quieres decir que Susie no se mereció el castigo esta vez?
—Sí.
—¿Quieres decir que eres más inteligente que yo?
—Aunque creo que es así, no es eso a lo que me estoy refiriendo.

→ LA DIMENSIÓN ENERGÉTICA ←
Echar de menos un «Quieres decir»

¿Qué sucede a nivel energético cuando la declaración del tipo «Quieres decir» de tu pareja es totalmente errónea? No era en absoluto lo que tú querías decir. ¿Hace esto que las energías que hay entre vosotros se repelan aún más? Normalmente no. De hecho, el vínculo que se había roto tiende a repararse, con independencia de que la respuesta de tu pareja sea correcta o errónea. La energía se reconecta. Que el otro miembro de la pareja se muestre curioso y que intente comprender en términos de energías prevalece sobre el hecho de que se haya equivocado con su suposición.

—¿Quieres decir que eres demasiado sensible ante el hecho de que no te tomen en serio?
—¡NO!
—¿Quieres decir que te sentiste dolido porque no diese a tu opinión más peso?
—Sí.

—Entiendo que te pareciera un menosprecio que castigase a Susie después de que tú explicaras por qué deberíamos perdonarla esta vez. ¿Sientes ahora que te comprendo mejor?

—Sí. ¡Gracias por hacer el esfuerzo!

Aceptar el resultado

Lo más habitual es que los sentimientos discordantes hayan desaparecido, o que la falta de acuerdo se haya solucionado antes incluso de pronunciar el primer «Quieres decir», en la parte 4 del pacto. Pero a veces el resultado es simplemente «Estamos de acuerdo en que no estamos de acuerdo». De hecho, uno de los descubrimientos más inesperados de John Gottman fue que, en más de dos tercios de las ocasiones, el conflicto de la pareja consistió en «asuntos continuos de la relación que nunca se solucionaron».[10] Si existen diferencias fundamentales en vuestras personalidades, valores o creencias que no pueden solucionarse, tal vez os preguntéis qué hacéis en el mismo tren. Sin embargo, todas las parejas tienen asuntos que no han sido capaces de resolver.

Muchas parejas «firman la paz» manteniendo ese tipo de problemas eternos decidiendo negarlos. Pero si hay problemas profundos que se entierran de modo permanente en los cimientos de vuestra relación, la convivencia mutua se convierte en inestable. O bien, en el polo opuesto, las quejas sin fin, las dificultades agobiantes y una voluntad enfermiza no harán nada por resolver el problema de forma constructiva. La solución a la que llegaron las parejas felices con diferencias irreconciliables «consistió en establecer un "diálogo" sobre los problemas perpetuos; un diálogo que incluya el buen humor, el afecto, la aceptación explícita por parte del otro miembro de la pareja, e incluso la diversión. De esta forma afrontan las parejas felices los problemas imposibles de resolver, en lugar de quedar atrapados en un "punto muerto"».[11] Vuestro pacto ayuda a conseguir esto.

En lo relativo a guiarte entre los inevitables obstáculos que conlleva construir una vida en común o ayudar a establecer un diálogo constructi-

---

10. John M. Gottman, *The Science of Trust: Emotional Attunement for Couples,* Nueva York, Norton, 2011, 25.
11. Ibíd., 26.

vo en torno a temas sin solución, el pacto exige lo mejor de cada uno de vosotros. Si el asunto se soluciona, podréis celebrar felizmente vuestro gran logro. Si, por el contrario, un problema persiste después de haberle aplicado las recetas de vuestro pacto, podéis limitaros a reconocer que habéis entrado en un terreno que todas las parejas conocen. Sabréis que habéis hecho todo lo posible, al menos en este momento. En la parte 2 aprenderéis un enfoque, procedente de la psicología energética, para acceder a su núcleo y transformar algunos problemas «perpetuos». No obstante, hasta ahora habrás aplicado tu buena voluntad, tu preocupación y tus habilidades de comunicación más eficaces para llegar a un acuerdo en alguna diferencia irresoluble, de una forma amable y mediante apoyo mutuo.

Convertir el pacto en realidad

Si no dispones de otra opción, pasar de una falta de acuerdo, que conlleva reacciones instintivas automatizadas e inútiles, a los relativamente laboriosos pasos del pacto, es una afirmación que te haces a ti mismo y a tu pareja, que consiste en que vuestra relación y su buen estado es la más importante de vuestras prioridades. Tal vez los momentos más difíciles que tuvimos para cumplir nuestro pacto fueron en los días premenstruales en los que —al menos como David pudo experimentar— no había respuesta correcta. Sea lo que fuere lo que él hiciera o dijese, todo parecía empeorar las cosas. Todas las células de su cerebro, inserto precisamente en un individuo del tipo cerebral, querían alejarse, separarse, darse un tiempo. Esto se parece a la fase de «parar» del pacto, pero no permite conseguir nada cuando se hace bruscamente, sino que interrumpe el contacto emocional de un modo que parece un castigo o un abandono. No parece una afirmación de los pasos acordados del pacto. Sin embargo, David aprendió que podía transformar su impulso por retirarse en un acuerdo positivo diciendo algo como: «Donna, los dos nos encontramos ahora molestos y pasando un mal momento. Cumplamos nuestro pacto, separémonos unos minutos, equilibrémonos, y después, ¿qué tal si te doy una descarga espinal?». Ese paso extra fue la clave para conseguir el éxito. A veces todo iba bien después de la descarga espinal. En otras ocasiones se requirió el resto del pacto.

Un compromiso

Dar a vuestro pacto la categoría de contrato no es una decisión inútil. Antes de que os *comprometáis* con el pacto, probadlo. Experimentad los pasos estructurados de *parar, daros golpecitos, sintonizar y resolver*. Después hay que valorar. ¿Cómo te funcionó a ti? ¿Te dio esperanzas la experiencia? ¿Qué aprendiste para la siguiente ocasión? ¿Consideras suficientemente importante que quieras comprometerte a convertir el pacto en una parte de tu relación? Si decides hacerlo, prepárate para honrar tu compromiso por completo. Cuando os hagáis una promesa el uno al otro, especialmente en lo que se refiere al buen estado de vuestra relación, mantener esa promesa reafirmará vuestra unión; romperla erosionará la confianza.

Cuando actúas de acuerdo con el pacto, te alejas de la espiral descendente que son los problemas de pareja, y en su lugar establecerás nuevos patrones. Con tu primer éxito utilizando el pacto para transformar una discusión en una intimidad y una comprensión mejores, habrás creado un prototipo, un modelo de sintonización con éxito en un momento difícil. Los principios de la sintonización que estás desarrollando para los momentos difíciles resonarán a lo largo de toda vuestra relación, pero no necesitas esperar a estar destrozado o furioso para utilizarlos. Cuanto más los utilices, con menos frecuencia o urgencia necesitarás echar mano de vuestro pacto.

No es el acto de discutir, ni el de llegar a sentirse agobiados el uno por culpa del otro, lo que determina la estabilidad y la satisfacción en el matrimonio, sino cómo solucionéis las discusiones hasta volver a conectar, cuando tienen lugar. La resolución de cada incidente que implique una violación de vuestro vínculo tiene un impacto acumulativo en vuestro sentimiento de la seguridad y en la forma que os veis mutuamente. Puede aumentar vuestro aprecio y añadirse a vuestra confianza y a los vínculos que compartís; o bien puede agregarse a una larga serie de daños, negatividad y desánimo, así como a una mayor atención hacia lo que parecen defectos en tu compañero o compañera y en vuestra relación, a la vez que concedéis poca importancia a lo que está bien. Cada vez que invoquéis vuestro pacto, estaréis reafirmando vuestra intención, justo en ese momento y ese lugar, de resolver este reto de forma que os permita volver a estar en conexión y que mejore vuestro entendimiento y vuestro afecto mutuos.

Una reunión semanal para valorarnos y estudiar la situación

Tenemos una cláusula más que debemos añadir al pacto. Las relaciones, como cualquier otro ser vivo, requieren cuidados y alimentación. Para utilizar el pacto, en lugar de esperar a que surjan problemas que lleven al desbordamiento, añadid como parte del mismo reservar una hora semanal de tiempo protegido y sagrado para reflexionar sobre cómo os habéis procurado, el uno al otro, diversión durante la semana, cómo os habéis apoyado el uno al otro, y cualquier problema o resentimiento que pueda estar fraguándose. Consideradlo una cita con vuestro «consultor matrimonial» suplente. Ten el pacto listo, en caso de que lo necesites para trabajar a tu manera con problemas que tengas identificados. Hacer, por tu parte, este tipo de mantenimiento preventivo con tu pacto significa, paradójicamente, que necesitarás recurrir a él con menos frecuencia.

En resumen

Aunque, antes de que asimiles el pacto, tal vez necesites repasar bastantes veces las detalladas instrucciones que ofrecemos en este capítulo, a continuación las ofrecemos en forma esquemática. A medida que utilices el pacto, sin duda pensarás en procedimientos para adaptarlo y adecuarlo más a tu propio estilo personal, pero interiorizar esta estructura básica es un buen punto de partida. El pacto, descrito en forma de acuerdo, es como sigue:

1. **¡Para!** Cuando alguno de nosotros se está alterando o desbordando durante una interacción, interrumpiremos la conversación e invocaremos el pacto.
2. **Darnos golpecitos.** Cada uno se dará inmediatamente los cuatro golpecitos, y para equilibrarnos recurriremos a ciertas técnicas de medicina energética presentadas en este capítulo, o a otras de las que conozcamos su eficacia, y las utilizaremos. Acordaremos volver juntos a por la fase siguiente en una hora determinada.
3. **Sintonizar.** Después de estos ejercicios, sintonizaremos energéticamente el uno con el otro mediante una actividad compartida,

como, por ejemplo, un paseo «aquí y ahora», una descarga espinal u otra técnica energética. Después, desde algún lugar centrado en el corazón, repasaremos la interacción que acaba de tener lugar, con la clara intención de entender las emociones, experiencia y posición del otro. Esto no significa que estemos de acuerdo, sino que nos pondremos cada uno en el lugar del otro, con una actitud de curiosidad y respeto. Los dos describiremos esta comprensión desde la posición del otro.

4. **Resolución.** Compartiremos nuestros textos escritos sobre la experiencia del otro, con la firme intención de una comunicación centrada en el corazón, aprovechando la oportunidad de expresar valoraciones genuinas en el transcurso. Continuaremos el diálogo —utilizando la técnica «Quieres decir», si es necesario—, hasta que alcancemos un acuerdo o, con todo el respeto, asumamos el hecho de no estar de acuerdo.

Parte final del pacto

Dedicaremos al menos una hora semanal a crear un período de tiempo protegido y sagrado para reflexionar de modo valorativo sobre nuestra vida en común durante toda esa semana.

Llegamos al capítulo 4

Tu deseo de mantener la intimidad y una alianza colaborativa con tu pareja es una bella intención en sí misma. Puede estar apoyada intensamente por el conocimiento de tu propio estilo energético ante el estrés y el de tu pareja (capítulo 1), estrategias eficaces para trabajar con tu propio estilo y el de tu pareja (capítulo 2) y el pacto (este capítulo). A continuación, cambiamos nuestro centro de atención a la química cerebral del amor, las fases del amor y las energías yin y yang que dan forma a la relación.

Distintos tipos de cerebro. Energías diferentes

Estructuras, fases y estilos de amor y de enamoramiento

La pasión romántica crea una relación armónica
con miles de otros sentimientos, impulsos y pensamientos,
a fin de crear diferentes melodías en claves distintas.
—Helen Fisher[1]

Uno de los problemas de David, al casarse con una mujer que puede ver la energía, es que, cuando acudíamos a una conferencia o a cualquier otro sitio en el que se introducían nuevas personas en nuestro propio ámbito, Donna sabía si a David le atraía alguien, antes incluso de que él tuviera oportunidad de procesar la experiencia, a veces antes de que pudiera darse cuenta totalmente de lo que sentía, al ser una persona cerebral. «Está en tu chakra raíz, querido, y se dirige a tu chakra del corazón, y luego saldrá hacia ella. Tus energías y las energías de ella estaban allí danzando, mientras el grupo comía, para que cualquiera las viese». David, por lo general bastante discreto y reservado en ese tipo de asuntos, aprendió rápidamente, en la primera fase de nuestra relación, que no había lugar donde esconderse. Donna, acostumbrada a ver un millón de energías bailando entre las personas, no se lo tomaba a nivel personal, no lo consideraba una amenaza, y no lo interpretaba como nada más que simplemente la forma

---

1. Helen Fisher, *Why We Love: The Nature and Chemistry of Romantic Love,* Nueva York, Holt, 2004, 98.

en que las energías de un varón heterosexual sano y joven conectaban, se mezclaban y empezaban a interactuar con las de una atractiva mujer. Ella no se resistía a la tentación de burlarse de David por lo que veía, pero le hacía responsable sólo de lo que hiciera con esas energías y de los sentimientos que generasen, no por el mismo hecho de existir.

La respuesta de David a las mujeres atractivas era tan innata como los estilos energéticos ante el estrés explicados en los tres capítulos anteriores. Este último capítulo de la parte 1 del libro, «Los factores hereditarios del amor», examina varias cualidades adicionales del amor y del enamoramiento que parecen inherentes a la naturaleza humana.

Comienza explicando:

1. los puntales neurológicos del amor, el deseo y las relaciones sentimentales,
2. las fases en que el amor parece desarrollarse, y
3. el modo en que las diferencias entre los cerebros y las energías masculinas y femeninas influyen en las relaciones.

Cuando íbamos al instituto, la palabra «amor» ni siquiera estaba en el índice de la mayoría de los libros de texto de psicología. Desde aquella época, los biólogos y los científicos sociales han descubierto una gran cantidad de material sobre los misterios del amor. Ofreceremos lo más importante y destacado, basándonos en lo que se haya establecido científicamente sobre el tema y que tenga relación con nuestra perspectiva sobre la energía. A continuación, el capítulo se olvidará de la ciencia occidental y se adentrará en las fuerzas energéticas, descritas por antiguas tradiciones curativas, que operan en el interior de cada individuo y que se encuentran en la base de todas las relaciones sentimentales. Seguramente conocerás los términos «yin» y «yang», pero tal vez no sepas que cada uno de ellos tiene cinco «sabores», y que la interacción de estas fuerzas en tu interior, y entre tú y tu pareja, configura el modo en que os tratáis el uno al otro.

Éste es un capítulo más de descripciones que de técnicas. Aprender sobre las fuerzas intrínsecas que participan en el juego cuando te encuentras en una fase concreta del proceso de enamoramiento, o cuando el yang de tu compañero o compañera parece imponerse a tu yin, te ayuda a orientarte en tu viaje por la gran aventura llamada «amor» mediante un mayor conocimiento sobre ti mismo y más empatía hacia tu pareja.

Las estructuras cerebrales del amor, el deseo y el enamoramiento

Tu cerebro está diseñado para trabajar en colaboración con tus energías. Cuando a David le atraía alguien —cuando las energías de su chakra raíz ascendían de manera involuntaria al chakra del corazón, y de su cuerpo surgía una especie de misil de búsqueda por calor, que se dirige a una persona prácticamente desconocida—, su cerebro iniciaba una serie de secuencias también ya programadas de antemano. El instinto de apareamiento es un potente impulso, necesario para la supervivencia de las especies, y la naturaleza ha diseñado tu sistema energético y tu cerebro para trabajar en armonía a fin de estar del todo preparados, con o sin la ayuda de tu sistema cognitivo.

Helen Fischer, antropóloga de la Universidad de Rutgers, que ha estudiado los perfiles de las relaciones de decenas de miles de personas de numerosas culturas, y que también ha dirigido la investigación de neuroimágenes de parejas en distintas fases de su relación, ha identificado tres *sistemas conductuales* que dirigen el fenómeno del amor, potentes e independientes, pero con interacción. Un sistema conductual surge de *estructuras cerebrales distintas* que *trabajan juntas*, en armonía, para *generar conductas específicas*. Diversas partes del cerebro se unen para impulsarnos a cumplir las órdenes de la naturaleza. Al coordinar las rutas, hormonas y neurotransmisores de las neuronas, los sistemas conductuales regulan:

- *El deseo*: el impulso por el sexo y por buscarlo.
- *El enamoramiento*: el arrebato, el sentimiento de echar de menos y la obsesión por una persona especial.
- *Amor profundo / estable*: una unión más calmada y más duradera con el compañero sentimental.

El deseo

El deseo sirve a nuestro diseño más profundo manteniéndonos «al acecho». El impulso sexual despierta el interés por relacionarnos con potenciales parejas e induce a la gente a considerar muchas más posibilidades de las que podrían llegar a consumar en toda su vida. El deseo en los varones está relacionado directamente con los niveles de testosterona, mientras que en las mujeres consiste en una combinación de estrógenos, progesterona y testosterona. Los varones producen mucha más testosterona que las mujeres, pero estas últimas son mucho más sensibles a sus efectos. Mientras tanto, la oxitocina promueve el deseo de establecer vínculos, tanto en varones como en mujeres. Sin embargo, varones y mujeres difieren en las condiciones que *estimularán* la química del deseo. Los varones tienden a sentir que se inicia todo el proceso por estímulos visuales, fantasías consistentes en bellos cuerpos, la novedad y situaciones que incluyan una conquista. El deseo y el interés sexual de una mujer se incrementan más con palabras, imágenes y temas románticos, por el afecto y por fantasías que incluyen una rendición activa, aunque Fisher también señala que esto no significa coerción.

En un estudio con 3.432 varones y mujeres estadounidenses, con edades comprendidas entre los 18 y los 59 años, menos del 0,5 % de los varones informaron que disfrutaban obligando a una mujer a tener sexo, y menos del 0,5 % de las mujeres querían ser obligadas a ello.[2] Además, los seres humanos pueden ignorar o redirigir sus impulsos sexuales, independientemente de los niveles hormonales que corran por sus venas. Pero, una vez que el sistema cerebral del *enamoramiento* se activa por completo, es casi imposible ignorarlo.

El enamoramiento

El enamoramiento hace que te concentres en una persona, en lugar de en muchos posibles compañeros o compañeras sentimentales, lo que te permite comenzar a construir una relación estable. Sea cual fuere tu proceso de selección hacia la conclusión que te induce a preferir a una persona por encima de todas las demás —sea sensata o alocada, instantánea o gradual, impulsiva o reflexiva—, estás predispuesto fisiológicamente a buscar esa relación con gran intensidad. La naturaleza elimina todas las posibles interrupciones y hace que tus energías se concentren por completo. Por tu torrente sanguíneo fluye un cóctel de potentes sustancias químicas —entre

---

2. Edward O. Laumann, John H. Gagnon, Robert T. Michael y Stuart Michaels, *The Social Organization of Sexuality: Sexual Practices in the United States,* Chicago, University of Chicago Press, 2000.

las que se incluye la norepinefrina, un estimulante; la fenetilamina, que eleva el estado de ánimo; y la dopamina, que aumenta la motivación–, en cualquier momento en que entres en contacto con tu objeto de deseo a través de la vista, el olor, el oído o incluso el pensamiento. Tu fijación se ve alimentada por potentes sentimientos como la euforia y la esperanza. Se activan potentes centros motivacionales situados por debajo de las regiones límbica y cortical del cerebro, mientras que partes de la corteza prefrontal se inactivan, lo cual reduce tu capacidad de tomar decisiones lógicas. En realidad, se activan los mismos sistemas responsables del subidón que produce la cocaína. Marion Solomon y Stan Tatkin explican que, en este estado, el cerebro «genera una maravillosa sensación que consiste en ausencia de percepción del tiempo y en euforia, que conlleva poco pensamiento, pero una intensa emoción. Millones de redes neuronales se activan, y los centros cerebrales que median las emociones, la sexualidad y el ego comienzan a expandirse y reorganizarse».[3]

→ LA DIMENSIÓN ENERGÉTICA ←
Deseo frente a enamoramiento

¿En qué se diferencia una persona que siente deseo de una persona enamorada, en términos energéticos?

Cuando siente *deseo*, la energía de la persona se mueve hacia el exterior y se concentra en lo que desea. Esta energía es una intensa fuerza que emana de los ojos y la cara (incluso cuando esa persona intenta mostrarse calmada) y, en la pelvis, del chakra raíz. Cuando la persona comienza a maniobrar o efectuar estrategias, la energía emana del tercer chakra (plexo solar). Esta energía del tercer chakra –que dirige el poder y la búsqueda– parece «tener el volumen alto». Donna prácticamente puede «escucharlo». El deseo activa el chakra raíz, el tercer chakra, y el *flujo penetrante*, uno de los circuitos radiantes del cuerpo. El flujo penetrante es una fuerza intensa e insistente que penetra profundamente en nuestras energías primigenias y las lanza hacia el mundo.

---

3. Marion Solomon y Stan Tatkin, *Love and War in Intimate Relationships,* Nueva York: Norton, 2011, 5.

En el **enamoramiento**, la energía es muy distinta. Nace en el chakra del corazón, en remolinos, espirales y figuras con forma de ocho, y todos esos patrones se fusionan en una sola armonía. Se trata de una vibración más elevada que resulta inspiradora. Las energías de cada miembro de la pareja parecen rendirse entre ellas de un modo cercano al desvanecimiento, abriéndose camino por el sistema energético total de la persona y tocando suavemente el aura de la otra persona. El enamoramiento te induce a caer en las capas más profundas de los circuitos radiantes, que son las energías de la alegría, la pasión, el entusiasmo, la estimulación y el asombro. Estas energías sólo existen en el momento presente, pero van acompañadas de un cambio en la sensación del tiempo: «porque en un solo minuto hay muchos días» (Shakespeare: Julieta lamentándose por la inminente marcha de Romeo).

Las regiones cerebrales que regulan las obsesiones también están implicadas en el enamoramiento.[4] Cuando estas zonas del cerebro tienen bajos niveles del neurotransmisor serotonina, la mente comienza a obsesionarse. Y ciertamente, en las primeras fases del enamoramiento, los niveles de serotonina descienden, lo que hace que te obsesiones con tu ser amado, sobre lo feliz que esta persona —y *sólo* esta persona— te hace, y sobre lo que puedes hacer para agradarle, impresionarle o atraer a quien ha embrujado tu alma. Fisher lo compara con «alguien que monta su tienda de campaña en tu cabeza», y la obsesión es, efectivamente, una de las características del enamoramiento. Más allá de todo esto, se activa la región cerebral implicada en las experiencias místicas, por lo que se invoca una visión del amor como algo más grande que la propia vida. La naturaleza moviliza todos los recursos biológicos y energéticos disponibles para que puedas poner todo tu empeño en la tarea de iniciar una relación con este nuevo posible compañero.

Amor profundo/estable

Las redes neuronales implicadas en el amor profundo/estable están diseñadas para mantener la relación el tiempo suficiente para criar a vuestros hijos

---

4. Donatella Marazziti, Hagop S. Akiskal, Alessandra Rossi y Giovanni B. Cassano, «Alteration of the Platelet Serotonin Transporter in Romantic Love», *Psychological Medicine* 29, no. 3 (1999): 741-745.

(imperativo evolutivo de la naturaleza), y lo ideal es que envejezcáis juntos (el regalo que la naturaleza te hace al jubilarte). Con el paso del tiempo, el amor se hace más profundo y más tranquilo. «Las parejas ya no hablan todo el día ni bailan hasta el amanecer –comenta Fischer– La pasión alocada, el éxtasis, la nostalgia, el pensamiento obsesivo, la mayor energía: todo eso se disipa. Pero si eres afortunado, esta magia se transforma».[5] Y aparece otro tipo de magia. Los sentimientos profundos de tranquilidad, seguridad y conexión son placeres gratificantes para tu alma. Se activa un tercer sistema neuronal. La corteza prefrontal, la parte más racional de tu cerebro, funciona ahora plenamente, sopesando tus pensamientos y sentimientos, y modulando tus impulsos básicos. Mientras tanto, dos hormonas estrechamente relacionadas, la vasopresina y la oxitocina, producidas sobre todo en el hipotálamo y las gónadas, mantienen activa la pasión inducida por la química, incluso en los placeres más tranquilos de una unión profunda y duradera.

Experimentos con ratones de las praderas ilustran el rol de la vasopresina en machos.[6] Los ratones de las praderas permanecen unidos a una única pareja durante toda la vida. Pero cuando los investigadores bloquearon la producción de vasopresina en los machos, el vínculo con sus parejas se deterioraba inmediatamente. El macho perdía su devoción por su compañera, dejaba de protegerla de nuevos pretendientes, y copulaba y después la abandonaba por la siguiente oportunidad de aparearse. Louann Brizendine, una neuropsiquiatra de la Universidad de California en San Francisco, describe la vasopresina como «la hormona de la galantería y la monogamia, que protege y defiende de forma agresiva el territorio, la compañera y los hijos».[7] Aunque nos gusta pensar que hay cierta distancia evolutiva entre los ratones macho y los varones humanos, las prácticas sexuales humanas también están influidas por la vasopresina. El gen de la vasopresina se presenta en dos versiones, y los varones que tienen la versión más larga del gen son los que tienen más probabilidad de ser monógamos. Como indica Brizendine, «en lo relativo a la fidelidad, la broma entre las

5. Fisher, *Why We Love*, 87.
6. Larry J. Young, Zuoxin Wang y Thomas R. Insel, «Neuroendocrine Bases of Monogamy», *Trends in Neurosciences* 21, n.º 2 (1998): 71-75.
7. Louann Brizendine, *The Male Brain,* Nueva York, Random House, 2010, xix. [Hay edición en español: *El cerebro masculino*. RBA, Barcelona, 2010].

mujeres científicas es que "cuanto más larga, *es* mejor"».[8] La oxitocina también está implicada en los sentimientos profundos de cariño en los varones, igual que en las mujeres. Al nivel más primario, estimula el establecimiento de vínculos entre una madre y su bebé, pero también permite desarrollar la atracción entre adultos. En el momento del orgasmo, los niveles de oxitocina y vasopresina se elevan drásticamente. La naturaleza ha hecho una oferta para convertir el placer sexual en unos vínculos profundos, desde el principio de los tiempos.

➤ LA DIMENSIÓN ENERGÉTICA ⬅

La física del establecimiento de vínculos en el ser humano

Uno de los descubrimientos más extraños desde el punto de vista de la física cuántica es que, si dos partículas subatómicas interactúan y después se las separa, lo que ocurra a una de ellas después de haberse separado influye en la otra. Por ejemplo, si el espín rotacional de una de las partículas cambia de seguir el movimiento de las manecillas de un reloj a ir en sentido contrario, el espín de la otra partícula también cambiará instantáneamente. Los físicos denominan «entrelazamiento» a esta influencia mutua; Einstein la denominaba «acción fantasmagórica a distancia». Aunque durante algún tiempo se creyó que sólo funciona con partículas subatómicas, se ha demostrado que este tipo de entrelazamiento también sucede con los seres humanos.

«Acción fantasmagórica» entre personas

Por ejemplo, en un experimento dirigido por Amit Goswami, y después replicado de forma independiente, a dos personas se les enseñó a hacer un ejercicio de meditación en el que aprendieron a establecer una comunicación directa, de forma que pudieran sentirse el uno al otro, a distancia. Cuando se les separó, a uno se le expuso a una luz estroboscópica, la cual evocaba un patrón electroencefalográfico determinado en el cerebro. En ese momento, se evocó un patrón idéntico en el cerebro de la otra persona. Imagina lo que puede ocurrir después de años de comunicación íntima.

La energía de la «acción fantasmagórica»

Cuando los miembros de una pareja establecen una relación estable, no sólo son capaces de terminar las frases del otro, sino que en este entrelazamiento a Donna le parece que los miembros de la pareja se complementan energéticamente el uno con el otro. Quedan energéticamente vinculados y sintonizados, con patrones que forman figuras de ochos y que están intactos, en los que entrelazan sus campos energéticos.

---

8. Ibíd., 60.

De hecho, aunque los sistemas cerebrales del deseo, el enamoramiento y el amor profundo/estable difieren entre ellos, pueden estimularse siguiendo cualquier orden, y uno puede activar a otro. Las personas que han sido amigos íntimos durante muchos años, con una relación intensa, pero sin que haya estado presente el amor, un día determinado pueden enamorarse, y sólo entonces mostrar interés sexual el uno por el otro. El deseo suele venir acompañado del enamoramiento, pero los circuitos de éste pueden activarse en las nuevas relaciones cercanas, antes de que el deseo sexual sea evidente. También puede ocurrir algo incómodo: que al existir diferentes circuitos, una persona puede querer tener relación con varias personas. Comenta Fisher: «Puedes sentir una unión muy intensa, a largo plazo, con tu cónyuge, *a la vez que* sientes pasión amorosa por alguien de la oficina o de tu círculo de amigos, *a la vez que* sientes un impulso sexual mientras lees un libro, ves una película o haces alguna otra cosa que no tiene relación con ninguno de los otros compañeros».[9] Pero también dice: «a medida que el amor pasional madura, suele expandirse en forma de cientos de complejos y gratificantes sentimientos de unión que generan una enormemente intrincada, interesante y emocionalmente reconfortante unión con otra alma viviente».[10]

Las fases del amor

Oh, cómo esta primavera del amor parece.
La incierta gloria de un día de abril,
Que ahora muestra toda la belleza del sol,
Y tarde o temprano, una nube acaba con todo.
—William Shakespeare[11]

Las redes neuronales del deseo, el enamoramiento y el amor profundo/estable se expresan en tres fases básicas del amor:

---

9. Fisher, *Why We Love*, 94.
10. Ibíd., 92.
11. William Shakespeare, *Two Gentlemen of Verona*, acto I, escena 3, Nueva York: Folger Shakespeare Library, 2006, 35. [Hay edición en español: *Los dos hidalgos de Verona*, Espasa-Calpe, Madrid, 1980].

- **La primera fase** se concentra en los estimulantes procesos de enamorarse y comenzar a construir una relación. Está dominada por los sistemas cerebrales del *deseo* y del *enamoramiento*.
- La **segunda fase** consiste en el reto que supone el camino que hay entre la primera fase y la tercera. Lleno de peligros y detonantes que pueden sacar a la luz tu peor comportamiento y tus pensamientos más mezquinos o lamentables, no parece tener un sistema cerebral implicado en ella. Por lo menos así puede parecer cuando tú y tu pareja os movéis por él.
- **La tercera fase** refleja la consecución de una relación de pareja rica, gratificante y estable. Está dominada por el sistema cerebral del amor profundo/estable.

Estas fases son, por supuesto, generalizaciones. No toda relación amorosa pasa por las tres fases, ni tampoco en este orden. De hecho, en las culturas donde los matrimonios acordados son algo común –incluidas zonas de Asia, África y Oriente Medio–, suele darse otro orden distinto. «El amor empieza caliente en Occidente y después se enfría –afirma el dicho– pero en Oriente comienza frío y después se calienta». Ésta es una noticia muy positiva para las parejas que han perdido o que nunca tuvieron mucha pasión. Aun así, conocer las fases que aparecen normalmente en nosotros, en las culturas que consideran que el enamoramiento es un factor ideal que puede ofrecernos un mapa muy útil para un ámbito inestable por su misma esencia».

Fase 1: los primeros suspiros de amor. ¡El enamoramiento!

En las historias legendarias en las que aparecen nuevos amores, vemos pasión, determinación, buen estado de ánimo, ganas de vivir, idealización, obsesión, fidelidad, sentido de posesión, gratitud, coraje, esperanza y alegría. El enamoramiento y el deseo se refuerzan entre sí. Las sustancias químicas del enamoramiento (dopamina y norepinefrina) disparan la producción de sustancias químicas del deseo (como los estrógenos y la testosterona), pero las sustancias químicas del deseo también disparan la producción de las sustancias del enamoramiento. Te puedes pasar varias horas diarias pensando y languideciendo por tu nuevo amor, con fantasías ricas en pasión, visión creativa y expresión poética. Fisher describe cómo «la red cerebral del amor de los enamorados se fusiona con muchos más sistemas cerebrales [...] además de numerosas emociones, recuerdos y pensamientos. Todos estos ingredientes añaden una profundidad, unos matices y una animación de carácter fantástico a nuestros sentimientos relacionados con el enamoramiento».[12]

En tu interior, te encuentras intensamente concentrado en este nuevo ser que ha entrado en tu mente como un caballo salvaje que galopa a su voluntad. Pero también ocurre otra cosa más. Las fronteras que imponen límites a tu espíritu parecen estar derrumbándose. Te ves a ti mismo como si tuvieras más fuerza, sintieras más alegría y como si notaras –tal vez con más plenitud que nunca antes– lo profundamente vinculado que te encuentras no sólo con tu pareja, sino con todos los seres humanos que han vivido y amado en todas las épocas, e incluso con el universo. Te encanta estar en este encantador lugar, pero, lo que es más importante, te sientes completo.

→ LA DIMENSIÓN ENERGÉTICA ←

Fase 1: pasión salvaje

Cuando dos personas están apasionadamente enamoradas, las energías de cada uno de los miembros de la pareja están expandidas, animadas y radiantes, en gran medida. Se combinan, interactúan y estimulan entre ellas. Ya no se encuentran confinadas a modo de «egos encapsulados en la piel del propio cuerpo»; la conexión energética con el otro es eufórica y puede parecer palpable. El sistema energético conocido como los circuitos radiantes funciona a toda máquina.

Fase 2: decepción y reconciliación

Ser contemplado por los ojos de alguien muy querido, que percibe tu verdadera y hermosa naturaleza, está entre los placeres más dulces y estimulantes que una persona puede disfrutar. Sin embargo, cuanto más alto sea

---

12. Fisher, *Why We Love*, 96.

el pedestal, mayor es la caída. Cuanto más fuerte sea la unión, más difícil será encontrar el camino de vuelta a ti mismo como individuo completo y separado. En la fase 1, un simple destello de posibilidad, alimentado por una intensa nostalgia, te generaba una sensación de gloriosa plenitud. Pero sus fundamentos eran débiles y su poder de permanencia limitado. La fase 2 es el procedimiento que tiene la naturaleza para obligarte a alcanzar un acuerdo con la ilusión, a reclamar tu yo más profundo y a evolucionar. Consigue esto en parte mediante un molesto cambio de percepción, el cual altera la lente a través de la cual ves a tu pareja: de rosado a oscuro. Aunque pueda generar confusión, la fase 2 parece, para muchas parejas, un pasaje necesario hacia una fase 3 en la que dos personas construyen una relación que trasciende a cada una de ellas, y que no obstante las acoge con sus defectos y con sus virtudes. No suele ser un camino fácil.

Cuando el centro de atención de tu ser amado se convierte en un mero hábito, en parte de tu personalidad y en una de las tareas de la vida cotidiana, la magia se desvanece, el brillo se apaga, y las decepciones y los rencores aumentan. Ésta es la fase en la que la persona que parecía tan estable ahora es simplemente aburrida. Quien era estimulante hasta el extremo es ahora errático e inestable. Quien era romántico y persistente es ahora entrometido y agobiante. En comparación con la brillante promesa de la fase 1, que tal vez hayas compartido, la decepción puede ser muy dolorosa. Comparas lo que haces, y la realidad de esta fase en que hay que hacer cálculos resulta deprimente. Las fronteras psíquicas que habían caído —lo cual ofreció a los dos miembros de la pareja un aprecio muy extenso, celos y una conexión profunda, posiblemente espiritual, con todos los aspectos de la vida— han vuelto a reconstruirse en el mismo lugar. Después de todo, parece estar implicado un sistema cerebral independiente, la bioquímica de lucha/huida/inmovilidad y la «difusa estimulación fisiológica» que la precede.[13] Tus centros emocionales están listos para hacer evidente que la relación sentimental que tu bioquímica está programada para encontrar —y en la que tu alma ha estado invirtiendo— está fracasando. Incluso los indicios más sutiles de crítica o de abandono pueden disparar tu sistema sensorial primario a entrar en una respuesta de amenaza.

---

13. John M. Gottman, *The Science of Trust: Emotional Attunement for Couples,* Nueva York: Norton, 2011, 19.

¿Qué aspecto tienen tus energías cuando te encuentras en la fase 2? Tu aura y la de tu pareja tienden a repelerse, en lugar de a solaparse. Tu campo energético forma espirales en torno a tu cuerpo, solo, desconectado y absorto en sí mismo, a menos que os impliquéis activamente el uno con el otro, como en una pelea. En los momentos más tranquilos, cuando estáis juntos, vuestras energías ya no son alegres ni expansivas. Parecen un tanto marchitas al ondular en torno a ti, en ocasiones rígidas o huyendo de las energías del otro, con temor o enfado.

Te encontrabas en un viaje mágico y no sabes por qué se detuvo. El vínculo que estimulaba tu corazón y que permitía que tus problemas quedaran escondidos detrás de las bambalinas se está rompiendo. Encuentras en tu pareja defectos que estás seguro de que son las razones de que tu relación se haya convertido en algo difícil. Mientras que antes cada uno magnificaba las virtudes del otro, ahora las minimizas y haces más grandes sus defectos. También te enfrentas cara a cara con tus propios puntos débiles y limitaciones. Igual que una persona que ha tenido una experiencia mística espontánea, echas de menos la profunda conexión y la felicidad que la acompañaba. Por ello, deseas hacer todo lo que se te pasa por la cabeza para recuperar tu estado anterior. Mediante este esfuerzo puedes pasar a la fase 3, o quizás, en último término, acabes decidiendo que todo es en vano y rompes la relación. La fase 2 te obliga a ti y a tu pareja a tener en cuenta cuestiones reales y problemáticas, de un modo u otro. Pero todo esto viene rodeado en cierto modo de una persistente sensación de posibilidad. Los ecos de lo que compartisteis en cierta época, y que desearías compartir, te llaman a través de la niebla, diciéndote que intentéis encontrar el camino de vuelta que os llevaría a reencontraros el uno con el otro.

Fase 3: profunda y fluida

La fase 1 está construida sobre fantasías, y la fase 2 requiere llegar a un acuerdo con las distorsiones que había en aquellas fantasías. Al hablar sobre el enamoramiento, George Bernard Shaw en cierta ocasión bromeaba diciendo que el amor consistía en sobrestimar las diferencias entre una mujer y todas las demás. La fase 3 se basa en la realidad. Se construye sobre las experiencias compartidas, valoraciones honestas, confianzas que uno se gana, aceptación y habilidades adquiridas en compañía para promover vuestra propia relación. Las energías de tu interior y de tu ser amado se vuelven fluidas partiendo de esa base segura, que se encuentra dentro de ti, pero que se fusiona en el ámbito más amplio de vuestra relación. La adrenalina y la dopamina, que te dirigían hacia el objetivo de establecer una relación segura, se han desvanecido. El bajo nivel de serotonina que te inducía a obsesionarte con tu pareja ha vuelto a su nivel normal. Incluso sin estos estimulantes bioquímicos, la relación avanza gracias a su propia potencia. Mientras tanto, la oxitocina y la vasopresina estimulan tus funciones cerebrales más elevadas mientras moldeas una relación de pareja que no ha existido antes y que no volverá a existir nunca. Cuando esté en su mejor momento, las parejas que se encuentren en la fase 3 hallarán procedimientos para volver a estimular los sistemas cerebrales del deseo y el enamoramiento, a la vez que construyen una relación enraizada en el alma, todo lo cual es el tema de la parte 3 del libro (capítulos 8-10).

Dado que vosotros dos juntos pintáis vuestro propio viaje sobre un lienzo del mismo tamaño que la vida entera, podréis lograr no sólo los colores más mundanos de la existencia diaria, sino también las magníficas sombras del amor que —en una relación estable y constante evolución— se manifiesta mediante procedimientos siempre frescos. El amor estable es un logro compartido cuya belleza es el reflejo de vuestras almas. Menos eufórica, pero más gratificante en nuestras profundidades, la fase 3 es la culminación de todo lo que teníamos antes: el enamoramiento y la reconciliación, ahora integrados en un ámbito de mayor tamaño que es más gratificante aún.

Por supuesto, no estamos sugiriendo que toda relación amorosa pase por estas fases en algún orden obvio, ni que las parejas no puedan avanzar y retroceder, ni que, cuando nos encontramos en una fase, los elementos de las otras no puedan estar presentes también. No obstante, en su núcleo central, el modelo de las tres fases parece representar una dirección y un diseño orgánicos, y cada fase tiene su propio conjunto de tareas, redes neuronales y configuraciones energéticas que son necesarias. Sin embargo, nadie de la fase 1 está especialmente interesado en comprender su naturaleza efímera, por lo que, si estás inmerso en el calor propio del enamoramiento, limítate a disfrutarlo y deja este libro a un lado, hasta que lo necesites. Pero si te encuentras en pleno ajuste de cuentas de la fase 2, o en el reto que supone mantener una fase 3 de carácter vital, entonces este libro es para ti.

Cerebro de los varones/cerebro de las mujeres

Más adelante, en este mismo capítulo, expondremos el tema del yin y el yang —las energías de los principios femenino y masculino—, pero cualquier explicación del matrimonio heterosexual no estaría completa sin haber tratado las diferencias de género que tienen su causa en el cerebro y las hormonas. El conocimiento científico actual ofrece más detalles y sutilezas sobre la fisiología y la química del cerebro que lo que nuestro lenguaje nos permite al hablar sobre las energías. No obstante, ten en cuenta que, a medida que leas lo que exponemos a continuación, las energías corporales siempre funcionan en concierto con el cerebro y las hormonas.

Como mostramos antes, cada uno tenemos distintos sistemas cerebrales para el deseo, el enamoramiento y el amor, y que existen causas y razones neurológicas para el modo en que cada persona los desarrolla. Otra serie heredada de rasgos que influyen en la forma en que tú amas y quieres ser amado consiste en el hecho de que tu cerebro tenga un patrón neuronal masculino o femenino. Consideremos, por ejemplo:

> EL DIARIO DE ELLA: Creo que Bob está planeando dejarme. Anoche fuimos juntos a cenar a un restaurante. Era un poco tarde y parecía molesto, pero no hizo comentarios sobre el tema. La conversación no era fluida, así que sugerí que fuéramos a algún sitio más tranquilo donde pudiéramos charlar. Se mostró de acuerdo, pero no dijo mucho. Le pregunté qué iba mal. Él dijo: «Nada». Le pregunté si era culpa mía que se sintiera mal. Dijo que no se sentía mal, que no tenía nada que ver conmigo y que no me preocupara por ello. De camino a casa, le dije que le amaba. Sonrió levemente y siguió conduciendo. No puedo explicarme su comportamiento. No sé por qué no dijo: «Yo también te amo». Cuando llegamos a casa, sentí

como si le hubiese perdido completamente, como si él no quisiera tener nada que ver conmigo nunca más. Se limitó a sentarse en silencio y ver la televisión. Siguió mostrándose distante y ausente. Por último, con todo en silencio en torno a nosotros, decidí irme a la cama. Unos quince minutos después, él se metió en la cama. Pero seguí notando que estaba distraído, que sus pensamientos estaban en alguna otra parte. Cayó dormido. Lloré. No sé qué hacer. Estoy casi segura de que piensa en otra persona. Mi vida es un desastre.

EL DIARIO DE ÉL: Mi motocicleta no funciona… no puedo averiguar por qué.[14]

Aunque los cerebros de los varones y los de las mujeres tengan más semejanzas que diferencias —más del 99% del código genético es idéntico—, donde no son iguales, ¡viva la diferencia! Un chico, cuando tiene siete años, es capaz de decir cuándo su madre está enfadada o siente miedo, por las expresiones de su cara, y esto atraerá su atención.[15] Sin embargo, por la época en que tiene doce, habrá desarrollado una «inmunidad» que le permite *ignorar* esas expresiones. En lo relativo a una chica, la sutil mirada de miedo de su madre captará su atención. Incluso en el interior de la matriz, los cerebros de las chicas superan al de los chicos en el desarrollo de circuitos cerebrales para la comunicación, presentimientos, memoria emocional, crianza y matices sociales, mientras que los chicos toman la delantera en los circuitos que harán posible los movimientos de los músculos que sirven para pelear, la exploración y la búsqueda sexual.

Hasta las ocho semanas de edad, el cerebro del feto tiene las características de un cerebro femenino. En la octava semana, si hay un cromosoma Y en el código genético, comenzará a segregar testosterona, lo que desarrollará más células en los centros cerebrales encargados de la agresión, a la vez que des-

---

14. En circulación por correo electrónico. Autor desconocido.

15. Las principales fuentes para la sección que trata sobre los cerebros de los hombres en comparación con los cerebros de las mujeres son *The Female Brain,* Nueva York: Random House, 2006 y *The Male Brain,* Nueva York: Random House, 2010. [Ediciones en español: *El cerebro femenino,* RBA, Barcelona, 2007 y *El cerebro masculino,* RBA, Barcelona, 2010].

truirá células de los centros encargados de la comunicación; si no existe ese cromosoma. Y, los centros de la comunicación se desarrollarán sin trabas. Esta particular dicotomía en el desarrollo fetal de los machos frente a las hembras parece ser cierta independientemente de la orientación sexual que más tarde tenga el individuo.[16] Cada uno de nosotros ocupa su propio lugar en todo el espectro que existe entre los extremos del máximo de energía yin (hembra) y el máximo de energía yang (macho), y hay grandes diferencias de nivel entre las distintas personas, pero algunas características las determina el sexo.

El tamaño relativo de las estructuras cerebrales

Las diferencias entre las estructuras cerebrales masculinas y femeninas generan distintas conductas y realidades. Louann Brizendine explica algunas confusiones muy comunes entre mujeres y varones, al comparar el cerebro de las primeras con el de estos últimos:

> ¿Qué sucede si el centro encargado de las comunicaciones es más grande en un cerebro que en el otro? ¿Qué sucede si el centro de la memoria emocional es mayor en uno que en otro? ¿Qué sucede si un cerebro desarrolla una mayor capacidad para interpretar indicios en las personas que otro? En este caso, tendrías una persona cuya realidad dicta que la comunicación, la conexión, la sensibilidad emocional y la capacidad de respuesta fueran los valores primordiales. Esta persona primaría estas cualidades sobre todas las demás y se sentiría desconcertada ante una persona cuyo cerebro no captase la importancia de estas cualidades.[17]

Después de nacer, la estructura cerebral sigue desarrollándose de acuer-

---

16. No obstante, se han observado diferencias específicas entre individuos homosexuales y heterosexuales. Por ejemplo, una parte del hipotálamo es dos veces mayor en hombres homosexuales que en hombres heterosexuales, y los haces de nervios que conectan el hemisferio derecho y el izquierdo del cerebro tienen un tamaño mayor en los hombres homosexuales. Al menos «el 35 % de la orientación sexual» puede atribuirse a influencias genéticas que ya se han identificado (Brizendine, *The Male Brain*, 135).

17. Brizendine, *The Female Brain*, 13. [Ver nota sobre la edición en español en el punto 15].

do con un plan genéticamente programado. La capacidad de una niña para mantener la mirada de otra persona aumentará en un 400% durante sus primeros tres meses de vida, mientras que la de un niño no crece en absoluto. Las partes de tu cerebro que más se desarrollan en relación con otras partes gobiernan funciones específicas vinculadas con tu sexo. Las mujeres tienen áreas cerebrales mayores para el lenguaje, el oído, los sentimientos, la observación de emociones en los demás y el recuerdo de los detalles de acontecimientos emocionales. Esto se traduce en capacidades y comportamientos. Las chicas, por ejemplo, pueden diferenciar matices en la voz humana que los chicos simplemente no pueden oír, lo que les permite una mayor precisión al observar las emociones de los demás. Brizendine resume que el cerebro femenino está diseñado para «una gran agilidad verbal, habilidad para las relaciones intensas de amistad, una capacidad prácticamente psíquica para interpretar emociones y estados mentales en las caras y los tonos de voz, y habilidad para apaciguar las discusiones».[18]

En cambio, los hombres están diseñados para dar prioridad a la resolución de problemas y para sustentar y proteger a su familia. Tienen centros cerebrales mayores que las mujeres para la acción muscular, la agresividad, la protección de la pareja y la defensa territorial. Cuando la compañera de un hombre siente malestar emocional, las áreas del cerebro del hombre destinadas a la resolución de problemas se encienden. Se activa también un área que levanta una frontera emocional entre su experiencia y la de su compañera, lo cual eleva su capacidad para utilizar sus capacidades analíticas y cognitivas con el objetivo de encontrar una solución. Se concentra en hallar un procedimiento para arreglar las cosas, en situaciones en las que una mujer, en primer lugar, se sentiría inclinada a sintonizar con las emociones de su pareja y a promover la conexión interpersonal. Otra diferencia cerebral importante es que el hipotálamo, que regula las respuestas de las vísceras, asigna al impulso sexual una cantidad dos veces y media mayor en los hombres que en las mujeres. A consecuencia de esto, los pensamientos sexuales surgen en la conciencia del varón con mucha mayor frecuencia.

---

18. Ibíd., 8.

Experiencia

Además de los tamaños relativos de ciertas estructuras cerebrales específicas y de la influencia de las hormonas, la experiencia moldea aún más el cerebro. La obsesión de una chica adolescente por su atractivo sexual se ve reforzada por potentes mensajes culturales y por su experiencia personal, aspectos mostrados sin cesar en los medios de comunicación y apoyados por sus compañeras y sus novios. Estos encuentros sociales se añaden a una creciente red de caminos moldeadores de conductas en su cerebro, mientras que la propensión innata de un chico a competir y a proteger se ve reforzada por mensajes que le dicen que debe ser fuerte; que debe disimular sus miedos, dolores y emociones más suaves; y que debe afrontar los retos con valentía y confianza. En la medida en que los chicos y las chicas cumplan sus roles prescritos por la naturaleza, se formarán rutas neuronales que darán un mayor apoyo a esos roles.

Maduración

Los cerebros se modifican con el proceso de envejecimiento y con la experiencia, y en muchos sentidos para mejor. El cerebro de un varón se transforma de diversas maneras importantes cuando tenga lugar el primer embarazo de su compañera. Sus niveles de testosterona se reducirán y los de prolactina aumentarán. La prolactina estimula las conexiones neuronales de la conducta paterna, a la vez que reduce el impulso sexual. Las feromonas del padre también «flotan en el aire, llegan a la nariz de la madre y desencadenan en ella una mayor producción de prolactina [que] incrementa el crecimiento de los circuitos cerebrales maternales».[19] Durante el embarazo, los varones suelen observar que se obsesionan con conductas de «construcción del nido»: pintar la habitación del bebé, poner estanterías, arreglar la casa.[20] Suelen ganar peso junto con sus mujeres embarazadas.

---

19. Brizendine, *The Male Brain*, 81. [Ver nota sobre la edición en español en el punto 15].
20. Ibíd., 129.

Durante las tres semanas anteriores al parto, sus niveles de testosterona caen en un 33 % y los de prolactina aumentan un 20 %.

Aunque estos niveles se vuelven a ajustar después del parto, los padres que están activamente implicados en la crianza del hijo mantienen niveles de testosterona inferiores a quienes no lo están. Cuando el bebé llora, se activan las mismas áreas cerebrales en el padre que en la madre –áreas de preocupación, de detección de amenazas y de presentimientos–, y la sonrisa del bebé también activa los centros de recompensa en el cerebro del padre. Tomar en sus brazos al bebé libera hormonas que aumentan drásticamente el número de conexiones cerebrales de la conducta paterna, lo cual incrementa la *sincronía*, la sencilla comprensión no verbal entre padre e hijo. Después de ser padres, cuando los varones van llegando a la vejez, su centro de atención tiende a pasar de la búsqueda de su propio beneficio personal al de las personas que benefician a su comunidad y a la siguiente generación.

A medida que la mujer supera la menopausia, las «elevaciones y descensos de estrógenos y progesterona» que forman parte del ciclo menstrual se sustituyen por una «constancia del flujo de impulsos a través de sus circuitos cerebrales [...] Los circuitos fácilmente irritables de la amígdala que alteraban rápidamente su realidad» ya no se encuentran allí.[21] Ella ha dejado de producir enormes cantidades de las hormonas que habían «potenciado sus circuitos encargados de la comunicación, los circuitos de las emociones, el impulso a cuidar y preocuparse y el deseo de evitar conflictos a cualquier coste».[22] Tampoco tiene las elevaciones de dopamina o las recompensas de oxitocina que la habían mantenido concentrada en comunicar los matices de sus emociones, mantener la paz o cuidar a otros. Sus circuitos cerebrales son menos reactivos al estrés y menos lábiles emocionalmente. Sus intereses pasan de las necesidades y deseos de los seres que aman a sus propias necesidades y deseos.

Confusiones enraizadas en el cerebro

Igual que sucede con nuestros estilos energéticos ante el estrés, tendemos a interpretar la conducta de nuestra pareja de acuerdo con nuestra propia do-

---

21. Brizendine, *The Female Brain*, xix. [*Véase* nota sobre la edición en español en el punto 15].
22. Ibíd., 137.

te, y esto es una de las fuentes de gran parte de las críticas mal concebidas e injuriosas. Por ejemplo, las mujeres cambian de opinión mucho más que los hombres, y los hombres se sienten frustrados, desorientados y críticos con esta propensión. Brizendine explica que, dado que el cerebro de una mujer puede cambiar la forma en que funciona hasta en un 25 % en el transcurso de un mes, su «realidad neurológica» no será tan constante como la de un hombre. Su realidad «es como una montaña que se va erosionando imperceptiblemente con el paso de los milenios debido a los glaciares, el clima y los movimientos tectónicos profundos de la Tierra. El cerebro de la mujer se parece más al clima: cambia constantemente y es difícil de predecir».[23]

A los varones se les suele acusar de actuar movidos por el «cerebro que tienen entre las piernas». De hecho, un hombre sólo tarda una fracción de segundo en «clasificar a una mujer como sexualmente atractiva o no», y su programación genética tiende a «impulsarle a buscar sexo y a animarle a buscar una amplia variedad de compañeras».[24] Esto se remonta a la ventaja evolutiva de sus antepasados, que consistía en dejar embarazadas a tantas mujeres como fuese posible. Aunque otras estructuras cerebrales suavicen este impulso, muchas mujeres vigilan el comportamiento de sus compañeros, que buscan cualquier indicio de verse atraídos por otra mujer y lo consideran una prueba de su propia falta de atractivo físico, de que él ha perdido el interés por ella, o de que es un mujeriego y un sinvergüenza. Para ofrecer una explicación neurológicamente sofisticada sobre la situación de una clienta que se sentía molesta por haber pillado a Ryan, un hombre con el que tenía una relación seria, «observando a una chica con grandes pechos en el lavado de automóviles», Brizendine le explicó a ella:

> El centro del deseo en el cerebro masculino induce automáticamente a los hombres a fijarse y captar visualmente los detalles de las mujeres atractivas. Cuando ven una que enciende el cuadro de mandos de su circuito sexual, su cerebro genera instantáneamente un rápido pensamiento sexual, pero después suele desvanecerse. Para el cerebro de Ryan, preocupado por el apareamiento, la mujer de

---

23. Ibíd., 4.
24. Brizendine, *The Male Brain*, 67-68.

grandes pechos era como un colibrí brillante y lleno de colores. Ella se interpuso en la línea de visión de él, captó su atención durante algunos segundos, y después se fue y salió de su mente. Para muchos hombres, esto puede ocurrir varias veces diarias. Ryan no pudo impedir que sus ojos mirasen los pechos de ella, aunque lo intentara. Pero sí que podría aprender a ser más discreto. Dado que se trata de una conducta de piloto automático para el cerebro masculino, los hombres no creen que se trate de algo importante, y no pueden entender por qué las mujeres lo encuentran tan amenazante.[25]

Captar las enormes diferencias entre el funcionamiento del cerebro de un hombre y el de una mujer puede ayudar mucho a tu relación de pareja. Puedes sentir compasión por un compañero que de otro modo te gustaría estrangular. Entender las diferencias innatas y culturales entre vosotros dos puede servir para sustituir las feroces críticas por la empatía y el aprecio. Este tipo de profundo entendimiento puede suponer un equilibrio para vosotros dos, que puede también irradiar a un mundo muy necesitado de un mayor entendimiento y equilibrio entre hombres y mujeres.

Las hormonas de él/las hormonas de ella

Tu estado de ánimo, tu conducta, tus energías y, más de lo que puedas observar, la forma en que contestas a tu pareja; todo ello está profunda, aunque invisiblemente, influido por tus hormonas. Aunque las hormonas influyen mucho en las vidas tanto de hombres como de mujeres, funcionan de distinta forma en cada sexo. Los estrógenos, la progesterona y la oxitocina construyen circuitos cerebrales que generan una actividad característicamente femenina, mientras que la testosterona y la vasopresina hacen que el cerebro construya circuitos asociados con la conducta masculina. Más allá de la influencia de esta y otras hormonas sobre el desarrollo cerebral, su producción influye en la conducta cotidiana. Cuando los estrógenos inundan el cerebro de una chica adolescente, explica Brizendine, se disparan

---

25. Ibíd., 64.

su interés por comunicarse y por enamorarse, y «toda su razón de ser es convertirse en deseable sexualmente».[26]

Mientras tanto, la testosterona activa genes diferentes que los estrógenos. Los genes que activa en un chico «disparan el deseo de seguir la pista y perseguir objetos que se mueven, golpear objetivos, probar su propia fuerza y jugar a luchar contra enemigos».[27] Con una mayor concentración de testosterona bañando el cerebro de un chico adolescente, crece siendo menos comunicativo y más competitivo.

En su libro *Venus on Fire, Mars on Ice: Hormonal Balance — The Key to Life, Love, and Energy*, John Gray comienza centrándose en que el estrés es, bioquímicamente, un tema distinto para los hombres que para las mujeres, y que gran parte de nuestro comportamiento es una respuesta a los acontecimientos estresantes que afrontamos cada día.[28] Por ejemplo, en una situación que es incluso moderadamente estresante, la región emocional del cerebro de una mujer tiene ocho veces más riego sanguíneo que la de un hombre. El cuerpo de una mujer afronta el estrés usando oxitocina; el de un hombre consume testosterona. Cuando los niveles de oxitocina se elevan en las mujeres, sus niveles de estrés descienden. Cuando los niveles de testosterona aumentan en los hombres, sus niveles de estrés descienden. Las mujeres también producen testosterona y los hombres también producen oxitocina, pero con efectos distintos. La testosterona puede sentar bien a una mujer —darle fuerza y hacerle sentir deseo sexual—, pero no reducirá su nivel de estrés. De hecho, demasiada testosterona puede incrementar su nivel de estrés. La oxitocina puede ser buena para un varón —haciendo que sea más generoso y comunicativo—, pero no hará nada por reducir su nivel de estrés. En realidad, demasiada oxitocina puede aumentar su nivel de estrés. Más allá de sus roles en el manejo del estrés, «sentir plenamente el amor, la pasión y el deseo está relacionado con una abundancia de testosterona en el varón y de oxitocina en la mujer».[29]

---

26. Brizendine, *The Female Brain*, 31.

27. Brizendine, *The Male Brain*, 10.

28. John Gray, *Venus on Fire, Mars on Ice: Hormonal Balance—The Key to Life, Love, and Energy*, Coquitlam, BC, Mind, 2010. [Hay edición en español: *Venus al rojo vivo, Marte bajo cero: claves para amar, vivir y superar las diferencias entre ellos y ellas*, Ediciones Urano, Barcelona, 2011].

29. Ibíd., 26.

Para estar al máximo, un varón necesita treinta veces más testosterona que una mujer, y sin ella pierde su energía y tiende a deprimirse y desmoralizarse. Para una mujer, con el cambio de roles de ama de casa a ama de casa *y* persona que ayuda a mantener la casa, sus niveles de estrés son el doble que los del varón cuando se encuentra en el trabajo, y se elevan incluso más cuando intenta cuidar de los hijos y llevar la casa con el poco tiempo que le sobra. Las actividades de crianza producen oxitocina, pero las que conllevan urgencia, resolución de problemas y sacrificio por una causa noble producen testosterona (hasta el extremo de que la situación sea suficientemente estresante como para producir cortisol, que inhibe la producción de testosterona). En la mayoría de las mujeres, en la actualidad, las actividades en el puesto de empleo, así como en casa, les hacen producir testosterona en lugar de oxitocina, lo que las deja en estado de privación, frustradas y descontentas. Para empeorar las cosas, encontrar tiempo para criar a sus hijos suele ser lo último en lo que piensa una mujer cuando se encuentra bajo una presión incesante. Gray resume el problema:

> Hace cuarenta, o más, años, la mujer tenía tiempo y apoyo económico para llenar el día con un equilibrio productor de oxitocina a base de criar a sus hijos y gracias a la ayuda entre mujeres. La mujer actual disfruta de la libertad de labrarse una carrera para sí misma fuera de casa, pero le ha costado el hecho de criar a sus hijos y esa ayuda que permitía recuperar oxitocina y que compensaba la testosterona segregada durante todo un día de trabajo.[30]

Muchas de las actividades que nuestros abuelos hacían de forma rutinaria servían de apoyo a la bioquímica del amor mediante procedimientos que nuestro estilo de vida actual no permite. Nuestro estilo de vida, en lugar de eso, vacía las reservas de oxitocina en las mujeres y de testosterona en los varones, con un serio coste para nuestra capacidad de tener un buen nivel de vida, así como para obtener lo mejor de nuestra relación de pareja. Otras hormonas como los estrógenos, la serotonina, la dopamina y el cor-

---

30. Ibíd., 51.

tisol, además del azúcar en sangre y el torrente sanguíneo, desconciertan aún más a nuestras sustancias bioquímicas.[31]

Por ejemplo, un buen aporte de estrógenos en una mujer mejora los efectos de la oxitocina para establecer vínculos, mientras que un buen aporte de testosterona en un varón tiende a inhibir los efectos de la oxitocina a la hora de favorecer los vínculos. De hecho, muchos estereotipos sexuales son reflejo de la bioquímica. Las mujeres producen oxitocina cuando hablan sobre un objetivo o un problema; los varones producen testosterona cuando logran un objetivo o resuelven un problema. Las mujeres agotan la oxitocina cuando tienen que tratar con el estrés; los varones consumen la testosterona cuando afrontan el estrés. Las mujeres recuperan la oxitocina que han consumido durante un estresante día mediante una buena relación sentimental y actividades agradables como ir de compras, darse un baño de pies o almorzar con una amiga. Los varones recuperan la testosterona que han consumido replegándose en su interior o relajándose viendo algún acontecimiento deportivo en la televisión.[32] Si entendemos las relaciones causa-efecto involucradas, podremos fortalecer mejor la química tanto del enamoramiento como del amor.

Técnicas energéticas que sirven de apoyo a la producción de oxitocina y testosterona

Las ocho técnicas energéticas ofrecidas en el capítulo 3 (tirón de hombro cruzado, los cuatro golpecitos, la marcha cruzada, el estiramiento de la coronilla, la sujeción de cabeza liberadora del estrés, la postura de Wayne Cook, conectar el cielo con la tierra y la explosión/la cremallera/el enganche) pueden hacerse en el orden aquí reflejado, como una serie que traerá el equilibrio a tu sistema energético. Si se realizan como práctica diaria, sólo requerirán unos seis minutos, una vez que te hayas familiarizado con ellos, y empezarán a desarrollar hábitos energéticos positivos en tu cuerpo. Esta rutina energética diaria es el procedimiento sencillo más eficaz que co-

---

31. Ibíd.
32. Ibíd.

nocemos, no sólo a fin de optimizar el flujo de tus energías para promover tu salud y claridad mental, sino también para mantener tus hormonas en equilibrio. La recomendamos encarecidamente.[33]

Además de una rutina diaria, hay técnicas disponibles que crean un entorno energético interno que estimula o inhibe la producción de hormonas específicas. Por ejemplo, cuando sientas molestias, cambiar tu centro de atención haciendo cinco inspiraciones y espiraciones profundas ha demostrado que reduce la producción de adrenalina y otras hormonas del estrés. A continuación ofrecemos técnicas que mejoran la producción de oxitocina y testosterona. Pueden hacerse de forma diaria o según se necesite.

Corazones de oxitocina

El *flujo del puente* (*véase* página 363) es un circuito radiante que rodea el corazón y todo el torso. Una de sus diversas funciones es conectar energéticamente con otras personas, hacer posible la armonía y recibir información de carácter intuitivo. Dado que la oxitocina es la hormona de la conexión amorosa, cuando estimulas el flujo del puente, estarás estimulando la producción de oxitocina. Esta técnica de un solo minuto, para estimular el flujo del puente, se limita a trazar su camino natural con tus manos. Lo más interesante es que el camino tiene la forma de un corazón de los que se dibujan para el día de San Valentín.

Inspira lenta y profundamente, mientras levantas tus manos comenzando en el hueso del pubis, hasta llegar al centro de tu pecho. Antes de espirar, mueve las manos hacia arriba y hacia fuera, a los lados, como si trazaras un corazón por encima y en torno a tus pechos. Espira lentamente cuando lleves las manos de nuevo hacia el hueso del pubis, a la vez que completas el trazado de un gran corazón sobre tu torso. Repite varias veces. Estarás estimulando tu flujo del puente y desencadenando la producción de oxitocina.

---

33. *Véase* el capítulo 3 del libro de Donna, *Energy Medicine*, rev. ed., Nueva York, Tarcher/Penguin, 2008 para una explicación más detallada sobre los beneficios de la aplicación diaria de la medicina energética. [Hay edición en español: *Medicina energética: manual para conseguir el equilibrio energético del cuerpo para una excelente salud, alegría y vitalidad*, Ediciones Obelisco, Barcelona, 2011].

La conservación de la cueva de la testosterona

Los varones reponen sus reservas de testosterona cuando se retiran a su proverbial cueva, absortos en un placentero proyecto en solitario, vegetando frente a la televisión o relajados en un cómodo sillón. Cada uno de estos ejemplos es un procedimiento para reducir tensión, de forma que pueda reponerse la testosterona consumida en las actividades estresantes. Una manera más rápida de reducir tensión e iniciar la producción de testosterona consiste en presionar una serie de puntos reflejos que reducen el estrés y que facilitan la producción de esta hormona. Coloca las bases de tus manos sobre la parte inferior de tus pómulos, deja que los pulgares se apoyen sobre las sienes y pon planas tus manos, de forma que tus dedos queden sin problemas más arriba del nacimiento del cabello. Los ojos se sentirán más cómodos si están cerrados. Mantén la posición durante al menos cinco respiraciones profundas. Estarás relajando todo tu sistema energético y estimulando la producción de testosterona. Termina presionando con los dedos en la frente y, con una profunda inspiración, llévalos hasta las sienes sin separarlos de la cabeza.

Preocuparte por tus hormonas conlleva también a preocuparte por tus energías

Puedes utilizar técnicas energéticas para estimular directamente las hormonas del amor y las relaciones de pareja, o bien puedes emprender acciones, dentro de tu relación, que produzcan hormonas que estimulen las energías que promuevan el establecimiento de vínculos. Algunas interacciones permiten reponer las reservas de oxitocina en mujeres y las de testosterona en varones. Esto es bueno para los dos miembros de la pareja y para la misma relación. Cuando las reservas de oxitocina y testosterona se recuperen, estaremos alimentando las energías del amor.

Si mamá no está contenta, nadie lo estará

Esta observación que se conoce desde tiempos inmemoriales tiene bases biológicas. Si la esposa está crónicamente descontenta, el intenso impulso del marido por mantenerla feliz quedará frustrado de modo continuo. Si los niveles de estrés de ella son elevados, los de él también lo serán. Aunque este desafortunado ajuste parezca una incómoda peculiaridad de la naturaleza, viendo su parte positiva, los pasos que él pueda dar para aumentar el aporte de oxitocina de ella (sigue leyendo), al mismo tiempo aumentarán las reservas de testosterona de él.[34] ¡Al final resulta que todos ganamos!

Puedes mantener vivo el enamoramiento a lo largo de los años

El enamoramiento es uno de los procedimientos más poderosos para producir oxitocina. Para mantener contenta a mamá, hay que mantener vivo el enamoramiento. Sin embargo, esto requiere un procedimiento distinto, una vez que la fase 1 ya no genera ese cóctel químico explosivo. Y esto se debe a una razón: la secreción de la hormona dopamina («voy a lograrlo») la desencadenan nuevos hallazgos, no una cara conocida. Ya sea que consideres una bendición recuperar el control de tu cerebro, o que te resulte trágico descender de las alturas de la euforia, la fase 1 no dura eternamente.

Sin embargo, dado que el enamoramiento fue automático en cierta ocasión, la suposición de que siempre será una cosa natural nos lleva a no pensar en nuevos métodos para alimentar la esencia del enamoramiento, y entonces confundimos la menor pasión con el deterioro del amor. Sentimos nostalgia por el hecho de que el enamoramiento nos vuelva a visitar o aceptamos tristemente nuestro destino: que ya ha pasado su época. Igual que el amor madura con el tiempo, lo mismo hace el enamoramiento, pero ambos requieren que se les cultive de manera intencionada. Para que el enamoramiento siga a nuestro lado, comenta Gray, necesitamos «encontrar nuevos modos de conseguir que se sinteticen las hormonas que nos hacen sentir bien».[35] Sorprendentemente, mujeres y hombres tenemos algunas necesidades automatizadas, y, sin embargo, la mayoría no tenemos ni idea de lo que debemos hacer para mantener vivo el enamoramiento.

---

34. Gray, *Venus on Fire, Mars on Ice*. [Para la edición en español de este libro, *véase* punto 28]
35. Ibíd., 54.

Dar un buen uso a la tendencia del varón a resolver problemas

Especialmente importante para la función del varón de mantener vivo el enamoramiento es el acto de planificar momentos especiales para pasarlos juntos. Salir con ella en una cita formó parte de la emoción del cortejo, pero lo que en el pasado era espontáneo requiere ahora una intención deliberada. Entre los obstáculos para hacer posible un enamoramiento duradero se incluyen no saber qué hacer, no tener tiempo o energía para hacerlo y los fracasos previos. Si él puede simplemente elaborar un plan y ponerlo en acción, sus niveles de testosterona se elevan, los niveles de oxitocina de ella también, y los rescoldos de la fogata del enamoramiento se avivan como si utilizáramos un fuelle. Gray es muy directo al hablar sobre el tema: «El hombre debe pensar en esto como uno de los deberes de su trabajo como marido [...] Cuando trabaja, un hombre no se lo piensa dos veces antes de hacer cosas que no le «gusta» hacer. Las hace porque es necesario terminar ese trabajo. Su razonamiento es algo como: "No quiero hacerlo, pero si es necesario, estaré contento de hacerlo" [...] Si quiere mantener vivas la pasión y la atracción, debe hacer ciertas cosas que se han demostrado que funcionan, aunque al principio no le gusten».[36]

La tendencia de él a resolver los problemas de ella es fruto de la empatía

Para los varones, reparar y proteger no sólo forma parte de su rol cultural, sino también de su biología. Se han identificado dos sistemas distintos relacionados con la empatía, y cada uno utiliza mecanismos cerebrales diferentes. Uno se basa en neuronas que funcionan en sintonía con otras personas, lo que da como resultado que una persona sienta lo que está sintiendo otra. Esto es lo que normalmente llamamos empatía. Sin embargo, otro sistema, el cual predomina en los varones, se basa en un área del cerebro que reconoce y registra los sentimientos de otra persona, pero que envía de inmediato la infor-

---

36. Ibíd., 56.

mación a la parte del cerebro que analiza y soluciona cosas, lo cual le motiva a corregir cualquier problema que se haya discutido.[37] El lector ya conocerá este hecho tan lamentable. Ella se siente abandonada emocionalmente cuando él pone todo su esfuerzo en intentar solucionar el mismo problema que ella acaba de exponerle. Ella no esperaba nada más que algo de empatía hacia su problema y una oportunidad de hablar sobre él. Ella puede llegar a aprender que su retirada para resolver el problema *es* la empatía de él en plena acción. Él puede aprender a reconocer que el primer «problema» que requiere su atención es la necesidad de ella de tener contacto emocional.

Las pequeñas cosas importan

En la mente del varón, la necesidad de efectuar pequeños actos de cortejo —como regalar flores y bombones, o planificar una cita especial— se sustituye por actos importantes como tener unos buenos ingresos o arreglar el jardín. Él imagina que, ahora que hace grandes cosas, las pequeñas ya no importan. Sin embargo, los pequeños gestos que no serían especialmente significativos para un hombre estimulan la secreción de oxitocina en su compañera, reducen su estrés y ponen una sonrisa en su cara. En términos hormonales, una sonrisa en la cara de ella, causada por las acciones de su compañero, es un potente catalizador de su testosterona. Tras explicar todo esto, Gray recomienda: «Aunque no se sienta muy romántico, si un hombre hace el esfuerzo por entrar en acción —un beso, un abrazo—, esos pequeños gestos elevarán sus niveles de testosterona»,[38] así como los de oxitocina de ella.

Es necesario que él efectúe acciones para cuidar el enamoramiento, pero para ella la actitud es la clave

Iniciar las actividades románticas eleva los niveles de testosterona de una mujer, pero no los de oxitocina que satisfarían sus anhelos románticos. Por

---

37. Martin Schulte-Rüther *et al.*, «Gender Differences in Brain Networks Supporting Empathy», *Neuroimage*, 208, 42(1): 393-403.
38. Gray, *Venus on Fire, Mars on Ice*, 54-55.

tanto, cuando ella asume la responsabilidad de intentar prender la mecha, suele dar por terminada la tarea decepcionada y frustrada. Suponiendo que los dos miembros de la pareja estén de acuerdo con el deseo de tener una relación más feliz, a veces, las acciones más poderosas que ella tiene a su disposición son simplemente reforzar lo que él hace bien. Mientras que una mujer necesita recibir constantes mensajes que le indiquen que él la ama (y las pequeñas cosas *sí* cuentan), un hombre precisa escuchar que está logrando éxito en sus esfuerzos por hacerla feliz. Observar aquello que él hace y que ella valora, y expresar ese aprecio eleva los niveles de oxitocina de ella y los de testosterona de él.[39] Esto también facilita que él haga con más frecuencia lo que le gusta a ella. En lugar de fijarse en lo que no está recibiendo, ella puede centrarse en las cosas más pequeñas que él hace por ella. Aunque pueda parecer simplista —que él necesita mensajes que le indiquen que lo está haciendo bien, del mismo modo que ella precisa mensajes que le garanticen que él la ama—, se trata de una idea muy práctica: «Una mujer no necesita ofrecer una ovación en la que el público se ponga de pie. Simplemente debe valorar las cosas que él hace».[40]

Combinar las valoraciones con peticiones que sean directas, breves y positivas

Expresar aprecio genera una atmósfera en la cual ella puede dar pasos para asegurarse aún más el éxito dejando claro lo que desea. Los hombres normalmente no tienen ni idea. En este ámbito, es mucho más eficaz ser claro sobre lo que ella le pide que dejar que él lo averigüe. La estrategia que consiste en quejarse, o en recordar problemas del pasado, para justificar el hecho de pedir lo que ella necesita puede sustituirse por sencillas peticiones «directas, breves y positivas».[41] Acompañar los actos de aprecio con peticiones directas sirve para volver a poner a mamá en el camino hacia la felicidad.

---

39. Ibíd.
40. Ibíd., 53.
41. Ibíd., 67.

Diferencias entre la energía de varones y mujeres

Las diferencias entre varones y mujeres no se encuentran sólo en sus cerebros, hormonas y órganos sexuales. Cada sexo tiene su propia energía. En la filosofía tradicional china, los términos *yin* y *yang* se usan para describir las cualidades de la energía femenina y la masculina. Se considera que las mujeres son más yin; los varones más yang. Pero frente a las diferencias cerebrales que no varían, el yin y el yang son energías dinámicas que fluyen dentro de cada uno de nosotros, en un activo juego de relaciones que define cómo experimentamos y nos relacionamos con el mundo. Toda relación, sea homosexual o heterosexual, es una danza no sólo entre dos personas, sino también entre las energías yin y yang del interior de cada uno con las del otro. El yin se ha definido con adjetivos como *lento, suave, complaciente, frío, húmedo, retraído, sumergido, interno* y *pasivo*. Se le asocia con la Tierra, la Luna, la noche y la feminidad. El yang, por el contrario, se define con palabras como *rápido, duro, sólido, caliente, seco, expansivo, emergente, externo* y *agresivo*. Se asocia con el cielo, el sol, el día y la masculinidad.

Estas dos fuerzas primarias y primordiales funcionan dentro de nosotros, y explican algunos de los conflictos de nuestra naturaleza interior y de nuestra relación de pareja. Mientras que el yin (receptivo, profundo, misterioso) y el yang (activo, superficial, evidente) parecen fuerzas opuestas, en realidad están interconectados y son interdependientes. Igual que la noche y el día, se generan mutuamente el uno al otro. En lugar de simples opuestos, son fuerzas complementarias que componen un conjunto dinámico.

Aunque algunos aspectos de una de estas fuerzas estarán más desarrollados en ti, y los aspectos opuestos menos, saber que ambos están latentes en tu interior es una forma expansiva, en términos mentales, de entender tu potencial y el de tu pareja. Nos sentimos atraídos por personas que manifiestan cualidades que no se encuentran desarrolladas de igual manera en nosotros mismos.[42] Esto no sólo permite ampliar el ámbito de nuestra experiencia y dar equilibrio

---

42. La idea de que los aspectos femeninos no desarrollados de un hombre se proyectan en las mujeres, y de que los aspectos masculinos de una mujer se proyectan en los hombres está incluida en la exposición de Carl Jung sobre *anima* y *animus*. John A. Sanford describe esta idea en *The Invisible Partners: How the Male and Female in Each of Us Affects Our Relationships*, Nueva York, Paulist Press, 1980.

a nuestras vidas, sino que las partes menos desarrolladas de nosotros mismos sintonizan con nuestra pareja de formas que evocan la evolución de esas partes.

Por ejemplo, David considera que Donna es maravillosamente femenina. Es una chica muy femenina a la que le encantan las historias románticas, enamorarse y la ropa divertida. Maternal hasta el extremo, su preocupación y su comprensión pueden llegar a desarmar. Pone a las demás personas por delante de sí misma, hasta excederse, y se preocupa mucho por ellas y por prácticamente todo lo que llame la atención. Le encanta recibir cosas: historias de la gente, sus problemas y sus regalos. Cuando está con un cliente, entra hasta el fondo de la cuestión y profundiza mucho. Su energía yin es muy fuerte.

→ LA DIMENSIÓN ENERGÉTICA ←

El yin en acción

Cuando una persona se encuentra en un estado yin, su aura se vuelve suave, con movimientos lentos, y su energía entra en su cuerpo fácilmente formando espirales, en el sentido contrario a las manecillas del reloj. Las energías yin te permiten «pararte en el camino para oler las rosas». Asimilas la vida que hay en torno a ti. Estás sentado en tu porche, tomando té, disfrutando y contemplando los árboles y la vista que tienes delante. Te encuentras relajado, en un profundo ensimismamiento. En tu relación, permites que tu pareja tome la iniciativa. Tú eres un cálido corazón al que puede acudir tu pareja. Eres abierto, acogedor y sensual.

El yang en acción

La energía yang sale del cuerpo formando espirales en el sentido de las manecillas del reloj. La energía yin es lenta, pero la yang es rápida. Si la persona es activa, la energía sale en forma de disparos, en lugar de espirales. La energía yang es animada, ocupada, hace que ocurran cosas. En una relación, hace los planes, aporta el liderazgo y «dirige el espectáculo». A veces es tan potente su fuerza que el compañero retrocede, haciéndose más interior y más yin. Cuando ocurre esto, los dos miembros de la pareja pueden quedar fijados y polarizados según sus respectivos temperamentos yang-dominante y yin-receptivo. A medida que la relación madura y se vuelve más vital, vemos que las fuerzas yin y yang de cada uno de los miembros de la pareja se equilibran mejor, y que las fuerzas yin y yang que hay entre ellos consiguen una mayor armonía.

El yin se vuelve yang; el yang se vuelve yin

Con el envejecimiento y los cambios hormonales, la energía de los varones se vuelve más yin, y la de las mujeres más yang.

Sin embargo, cuando da clase o se encuentra delante de un grupo, o en una situación social, alguno de los asistentes tal vez no se dé cuenta de que puede alcanzar ese nivel de profundidad fácilmente.

La virtud por la que es conocida en ese tipo de situaciones es su efervescencia: una energía sociable que sale por sus poros, que llega a la gente y que influye en ella. Esta energía expansiva y empática es yang. Tanto sus expresiones yin como las yang son totalmente auténticas. Las personas que en un principio la han conocido por ser clientes suyos quedan desconcertadas por su expresividad, cuando la ven dar clase; las que la conocen en una de sus clases se preguntan si es la misma persona la que las ayuda en su consulta.

El pobre David tiene que aceptar todo esto, sin saber realmente con quién se casó o quién estará con él esa noche. Afortunadamente –aunque él es muy yang en su intelecto y un profesional en el arte de correr riesgos–, es muy receptivo a los cambiantes estados energéticos de Donna, muy yin en este aspecto.

Esto nos funciona a los dos. Los vuelos de Donna hacia la estimulación y sus viajes a las profundidades permiten ampliar horizontes a David, quien tiene un rango de hábitos más limitado. Todas las parejas tienen áreas en las que se equilibran y se expanden el uno al otro, además de otros aspectos en los que la química yin-yang impone retos. Si te evalúas a ti mismo, a tu pareja y a tu relación a través de esta lente yin-yang, te resultará evidente que no hay nadie que sea puramente yang ni nadie que sea sólo yin.

Para complicar aún más las cosas, la influencia de la testosterona en las energías yin o yang es muy diferente de la de los estrógenos o la oxitocina. Por ello, las cualidades yang de Donna se expresan de una forma muy distinta a la expresión de las cualidades yang de David.

El yang de David en escena es concentrado y decidido, frente a la fuerza de la expansividad del yang de Donna. Sus características yin están igualmente mediatizadas por sus hormonas. La testosterona es una hormona yang, así que «masculiniza» las energías yin de un varón. Los estrógenos y la oxitocina son hormonas yin, por lo que «feminizan» las energías yang de una mujer. Así ocurre con todos los asuntos humanos, aunque esta dicotomía entre el yin y el yang no se refleje en categorías simples.

Los cinco sabores del yin y el yang

Las energías yin y yang son los aspectos complementarios de la *fuerza vital*. Sus polaridades se expresan en tus sentimientos, pensamientos y acciones, así como en tu salud. Aunque se trata de polaridades, se relacionan mutuamente, como ocurre con la parte anterior y posterior de tu mano. Una mano y dos caras (anterior y posterior); una fuerza vital y dos aspectos (yin y yang).

Al observar atentamente cómo se manifiestan la enfermedad y la salud en diversos individuos, los médicos de la antigua China dividían la fuerza vital de una persona, en primer lugar en yin y yang, y después subdividían cada fuerza en cinco categorías o tipos de vibración. Las energías yin tienen cinco tipos de vibración, y las yang otros cinco que se corresponden con los anteriores (por supuesto, dentro de cada tipo hay infinitas variaciones, del mismo modo que no hay dos voces idénticas aunque puedan incluirse en categorías como bajo, tenor, alto y soprano). En pocas palabras, tus energías yin no son iguales que las energías yin de tu pareja; lo mismo sucede con las energías yang. Y no se trata de diferencias relacionadas con el sexo. Tu fuerza vital, con sus aspectos yin y yang, y las cinco vibraciones únicas de cada uno, es distinta a la fuerza vital de cualquier otra persona.

La vibración única de tu fuerza vital se refleja en la forma en que caminas, hablas, sientes, piensas y actúas. Es particularmente evidente en la salud y en la enfermedad. Para una persona de un tipo vibracional, por ejemplo, el estómago es el órgano más propenso a la enfermedad, mientras que puede ser el hígado para una persona de otro tipo vibracional.

Dado que la fuerza vital de una persona y su vibración única no suelen ser visibles para el ojo humano, se utilizan metáforas para describir los tipos. La más conocida es la de los *cinco elementos* —agua, madera, fuego, tierra y metal— y las cinco estaciones —invierno, primavera, verano y otoño, además del solsticio/equinoccio (los períodos de transición entre estaciones). Los chinos a veces llamaban a estos elementos o estaciones los *cinco paseos de la vida*.

Cada elemento tiene su propia vibración o ritmo. El ritmo esencial de una persona genera rasgos y conductas observables. Descubrirás que la descripción de uno de los cinco elementos, o de una combinación de dos o tres de ellos, resulta instructiva para entender las fuerzas primordiales del interior de ti mismo y de tu pareja.

Examinar tu elemento

Aunque tu estilo energético ante el estrés (visual, kinestésico, auditivo, cerebral) se activa en respuesta a las amenazas o al malestar, tu elemento siempre se encuentra activo. Para obtener una comprensión más intuitiva de los cinco elementos:

1. Cuando leas las siguientes descripciones de cada uno de los cinco elementos, busca lo que coincida con lo que sabes sobre ti mismo y con lo que sabes sobre tu pareja.
2. Haz una lista para ti y otra para tu pareja.
3. Haz que tu pareja haga lo mismo.
4. Compara las listas sólo después de que los dos hayáis leído lo siguiente y completado vuestra propia lista.
5. Hablad sobre los puntos en los que habéis estado de acuerdo y sobre aquellos en que no.

→ LA DIMENSIÓN ENERGÉTICA ←

Tu elemento y tu personalidad

Tal vez pienses que las descripciones que ofrecemos a continuación son tipos de personalidad, pero ésta es solamente una manifestación externa. Los rasgos descritos son, por el contrario, expresiones de tus energías internas. Tu elemento y su ritmo subyacen a tu personalidad, pero en ella también participan muchos otros factores. Tu elemento simplemente se expresa a sí mismo de acuerdo con entre uno a cinco temas básicos o a una combinación de temas.

Las estaciones de nuestras vidas

También se han utilizado las estaciones del año para ilustrar los cinco elementos, y tu vida pasa por fases que se corresponden con las estaciones. Tu elemento, por ejemplo, puede ser el metal, que se corresponde con el otoño. Pero tú pasas por períodos que se tipifican mediante las energías del invierno, la primavera, el verano y el otoño —en ese orden—, así como por los períodos de transición de los solsticios y los equinoccios. Así que, aunque tus energías centrales se correspondan con el otoño, quizás estés pasando por una temporada de tu vida que se corresponde con el verano. Las cualidades interactivas del ritmo del verano y del otoño predominarán en tus pensamientos, sentimientos y acciones durante esta fase de tu vida. Esto puede parecer complicado, pero permite ordenar tu mundo cuando lo entiendes.

Dado que, en un individuo en particular, pueden combinarse dos o más elementos, es probable que ninguno de vosotros dos encaje en ninguna de las categorías, sino que descubriréis grupos de rasgos que describen el «ritmo» fundamental según el cual cada uno de vosotros se mueve por el mundo.

ELEMENTO AGUA: POSIBILIDAD EMBRIÓNICA[43]

El elemento agua contiene el ritmo del invierno. Encarna la semilla, el embrión, la potencialidad. Época de largas noches y poca luz, el invierno conlleva la promesa del futuro. Aunque la vida parece que ha cesado, está creciendo decisivamente bajo el suelo, esperando florecer. Las personas del elemento agua encarnan un espíritu fresco, dotado de un entusiasmo infantil, porque su estación consiste en los inicios. Con sus raíces en la época embrionaria de la naturaleza, este elemento tiene cualidades similares a las de un bebé.

Cuando las personas del elemento agua se sienten seguras, confían por completo en tu entorno, y se ríen y juegan con la espontaneidad de un bebé. Saben cómo planear un proyecto y ponerlo en marcha con alegría. Sus energías pueden estar limitadas porque su estación tiene poco sol, pero, igual que un oso polar que hiberna, pueden replegarse en sí mismas y regenerarse. El invierno marca no sólo el comienzo del ciclo solar, sino también su fin. Por esta razón, se simboliza tanto con un bebé como con el anciano y sabio filósofo. Los agua no sólo son espontáneos en su juego, sino también profundamente reflexivos sobre el significado de la vida.

Tal como sucede con cada uno de los ritmos, los posibles puntos débiles de los agua son la polaridad de estas fuerzas. La alegre energía del bebé y las agotadoras reflexiones del filósofo no son muy adecuadas para recorrer toda la distancia hasta el final. Los agua pueden tener poca motivación para las largas distancias. Del mismo modo que se requiere cuidado y protección especiales para sobrevivir en invierno, las personas que se mueven al ritmo

---

43. Las descripciones de los cinco elementos se basan en la exposición ofrecida en el capítulo 7 de *Energy Medicine* (Nueva York: Tarcher/Penguin, 2008). Véase también Leta Herman y Jaye McElroy, *The Energy of Love: Applying the Five Elements to Turn Attraction into True Connection* (Woodbury, MN: Llewellyn, 2014). [En el punto 33 citamos la edición en español de *Energy Medicine*].

del invierno necesitan y reclaman especial atención, por lo que son propensas al narcisismo. Los agua quizás no sean capaces de darse cuenta de cómo afectan a otros, y ponen su atención sólo en lo que otros les hacen a ellos. Al necesitar la ayuda de la madre, igual que la semilla precisa el imprescindible cobijo que le da la tierra, los agua que sienten que no son amados tienden a replegarse en sí mismos, con lo que se vuelven fríos, aislados, temerosos o deprimidos. Tu primer ciclo al ritmo del invierno se extiende desde que eres concebido hasta que cumples los dieciocho meses. Pero si el estrés, algún hecho traumático o circunstancia te impidió cubrir en grado suficiente los requerimientos de esta fase o aprender sus lecciones, sus problemas pueden quedar fijados en un patrón que dura toda la vida, el cual te inducirá a comportarte de acuerdo con la necesidad de sentirte el centro del mundo. Tu desarrollo puede detenerse mientras pasas por alguno de los ritmos.

El habla de una persona del elemento agua es una especie de lento y fluido lamento que nace de lo más profundo de su interior. Su forma de caminar es sin prisas y con ritmo, a modo de una curva ondulante, prácticamente un contoneo, con las rodillas ligeramente flexionadas y el cuerpo inclinado hacia el suelo. Su estado mental se caracteriza por el anhelo de sentirse seguro. Bajo estrés, este anhelo puede convertirse en miedo, que es la emoción bajo estrés de una persona del elemento agua. Dado que el futuro es difícil de ver desde las sombras embrionarias del invierno, las personas del elemento agua suelen tener miedo de avanzar, de comprometerse. Reflexionan profundamente, a veces motivadas por su miedo hacia lo que está por venir. En la naturaleza, un animal recién nacido es totalmente vulnerable y debe aprender con rapidez a diferenciar entre lo que es peligroso y lo que es seguro. Durante tus primeros dieciocho meses de vida, tu primer ciclo al ritmo de invierno, el miedo te alertaba de lo que era peligroso. Gracias al miedo aprendiste a establecer límites. Definiste una zona de seguridad. Los peligros, tanto reales como imaginados, pueden tender a paralizar a alguien que lleve el ritmo del elemento agua, haciéndole más inmóvil, más oculto, más propenso a hibernar. Sin embargo, con la madurez, el miedo de los agua se convierte en un aviso sensato y perspicaz.

Si tu pareja pertenece al elemento agua
Si conoces estos rasgos y tendencias en tu pareja, podrás establecer tus expectativas de modo más realista, afrontar los errores de tu pareja con

gracia y comprensión, y ser una fuerza para su evolución y cambio positivo, que proceda del entendimiento, no de la crítica y el enfado. Por ejemplo, tu pareja puede meterse en su propio mundo, paralizada por el miedo o la desesperanza, y dejarte a ti fuera. Saber esto te ayudará a no tomártelo como algo personal, a pensar en la posibilidad de que puede ocurrir, y te ayudará también a ser más hábil cuando la disposición temporal posibilite a tu pareja salir de su hibernación mental y reunirse contigo de nuevo. Puesto que a tu pareja del elemento agua le encanta producir ideas y generar una estimulación compartida en torno a ellas, pero es débil en lo relativo a su implementación, tal vez descubras que ayudarle a concluirlas añade el necesario equilibrio. Tu pareja querrá que la cuides cuando se encuentre en el extremo propio del bebé, dentro del rango completo que hay entre el bebé y el sabio-filósofo, y tu conocimiento de esta dinámica puede ayudarte a permanecer equilibrado y capaz de proporcionarle una valiosa guía, en lugar de unos cuidados que refuercen sus conductas infantiles.

EL ELEMENTO MADERA: NUEVO CRECIMIENTO

El elemento madera contiene el ritmo de la primavera. La primavera encarna el poder y la insistencia de la nueva vida y del cambio. La Tierra se vuelve más templada, y las horas de luz empiezan a superar las horas de oscuridad. La vida brota, a la vez que el paisaje explota de color y exuberancia. La energía de una persona del elemento madera recuerda a una semillita que quizá puedas ver aflorar y crecer a través del duro suelo después de un tormentoso marzo. El ritmo es *staccato*[44] e imparable, como un soldado desfilando, un tremendo poder que vence toda resistencia. La primavera desea expresarse cuando es la vida quien la impulsa.

Los madera muestran una postura fuerte. Reclaman su espacio sin cortapisas, como si se anunciaran orgullosamente, igual que el capullo de una rosa: «Aquí estoy. ¡Ocupaos de mí, con espinas incluidas!». Su fuerza reside en el poder de su visión. Ven iniquidades y apelan a las fuerzas de la justicia.

---

44. El *staccato* es un elemento de la notación musical que indica que una nota tiene que sonar más corta, para que quede más separada de la siguiente y tenga más intensidad. *(N. del T.)*

Ellos ven la verdad. Ellos ven el camino. Su visión inspira a otros y pueden incitarles a entrar en acción. Están seguros de sí mismos y brillan en los momentos de crisis. Su sentido de la ordenación en el tiempo es de lo más agudo. Su capacidad asertiva y de organización de esfuerzos se caracteriza por objetivos importantes, buen juicio y decisiones cuidadosamente formuladas.

Sin embargo, la confianza en sí mismos de los madera conlleva el riesgo de que se conviertan en arrogantes, y su asertividad puede convertirse en una fuerza inflexible y autoindulgente. Los madera pueden caer en una visión estrecha y rígida que les induzca a criticar ferozmente a quienes no compartan su verdad o no sigan sus órdenes. Pueden aferrarse a su postura con aires de superioridad y quedar fácil y tremendamente frustrados por las creencias y las acciones de otros. O pueden perder su visión y quedar desorganizados, desesperanzados y desesperados.

El habla de un madera es movida y sincopada, casi como un grito. Su forma de caminar es también firme, y pisan el suelo con decisión, con movimientos claros y precisos, como una percusión. Su característica mental es la asertividad. Su emoción ante el estrés es el enfado. En la naturaleza, la energía que se ha acumulado bajo el suelo en invierno explota por encima de la tierra en primavera. Las ideas y opiniones que echaron raíces en invierno ahora crecen y se expresan con mucha fuerza. Durante la terrible edad de dos años, tu primer ciclo al ritmo de la primavera, explorabas, te expandías, salías al exterior, y cualquier persona o cosa que bloqueara esta energía llegaba a conocer tu furia. Si eres un madera, tu disposición es a avanzar. Tus raíces son firmes, tu territorio está bien marcado, tu decisión es fuerte. Afrontas los obstáculos con decisión. Si no te dejan pasar, tu enfado es rápido y potente. Sin embargo, con la madurez, el enfado de un madera se convierte en una determinación sensata y saludable.

Si tienes una pareja del elemento madera
Las emociones se construyen rápida e intensamente, presionando para lograr una acción concreta. Si estas emociones se reprimen, la presión puede convertirse en insoportable. Si no se libera, esta olla a presión puede generar síntomas físicos (son comunes los dolores de cabeza) o enfermedades, o bien una explosión calculada (normalmente contra ti mismo). Saber esto te ayuda a dejar espacio para que se libere la válvula sin tomárselo como al-

go personal. Te anima a dejar tiempo libre para hablar sobre cualquier cosa que se esté fraguando, y para que entiendas la lucha de tu pareja contra esas fuerzas. Los compañeros o compañeras que son del elemento madera también tienden a polarizar y a tener poca sensibilidad cuando hay que negociar las diferencias. Pueden ser demasiado directos, demasiado contundentes, así que tal vez sientas que vuestra unión se ha disuelto. Si ocurre esto, cambia el centro de atención y reafirma tu unión para que quede claro que los dos estáis del mismo lado y necesitáis encontrar una solución que no perjudique a ninguno. Los madera también tienden a avanzar, incluso después de quedarse sin energías. Una vez sobrepasan cierto punto, se vuelven menos flexibles y eficaces. Pregúntate a ti mismo qué ayudaría a tu pareja a olvidarse de esa obsesiva determinación de competir para poner punto y final. En relación con esto se encuentra la urgencia, prácticamente una necesidad física, de tratar los problemas a medida que surgen. Esto tal vez no sea cómodo o práctico, pero conocer su influencia sobre tu pareja lo convierte en algo más fácil de soportar, además de que debe ser reconfortante saber que, en lugar de esconder la basura bajo la alfombra, tu compañero o compañera del elemento madera insistirá en que se solucione. Tu pareja es también independiente y querrá tomar el control de la relación. Saber esto no significa que tengas que ceder ni dejar de tener autoridad. No obstante, te ayudará a negociar de manera más eficaz cuando seas consciente de que esa tendencia se encuentra en el ritmo natural de tu pareja, y que incluye varias virtudes —benevolencia, amabilidad, sinceridad, protección— que pueden ser muy útiles para la relación.

EL ELEMENTO FUEGO: SATISFACCIÓN

El elemento fuego posee el ritmo del verano. El verano encarna el logro. La Tierra se vuelve caliente y los días largos. Una nueva luz se deja ver cada mañana. La fruta del árbol ha madurado, está lista para comer y exquisita. El verano conserva la irradiación y la alegría de la juventud en toda su gloria. Aporta deleite a la riqueza del momento. La energía de una persona fuego brilla hacia uno y otro lado, dando la impresión de que se encuentra en todas las partes al mismo tiempo. Igual que el fuego incontrolado, que salta los barrancos y se expande en todas las direcciones, su ritmo es rápido, aleatorio y creciente.

La persona fuego se mueve siguiendo a su corazón, abierto y vulnerable. Sus puntos fuertes son su calidez, empatía, alegría y exuberancia. Con pasión y brillantez, son capaces de extraer lo positivo y lo esperanzador en los demás, comunicarse con ellos teniendo en cuenta su carácter único y obtener cooperación. Con carisma y una perspectiva general de todos los temas, inducen a los demás a la acción con conocimiento, comprensión y claridad. En la toma de conciencia de lo que es posible, ellos son los magos y los catalizadores que ayudan a otros a creer en ellos mismos, los liberan de limitaciones autoimpuestas y actúan con confianza para un futuro mejor.

Los fuego pueden entrar en estado de pánico debido a una frenética actividad que puede surgir al intentar hacer feliz a todo el mundo. Suelen tener dificultades a la hora de discriminar y establecer preferencias. Pueden convertirse en adictos al amor, al «subidón», independientemente de que se trate de fiestas, drogas, sexo o espiritualidad. Pueden dar de sus corazones hasta que no les quede más para dar. Los fuego suelen quemarse a sí mismos, con un exceso de compromisos y agotados. Los atrae tanto el lado luminoso de la vida que pueden no detectar la oscuridad, lo negativo o lo peligroso, y quedar inocentemente enredados en el lado oscuro de otra persona. A quienes recurren a ellos para que ejerzan como líderes, su optimismo y entusiasmo puede crearles expectativas que nunca pensaron y que raramente encontrarán.

Es posible escuchar carcajadas en el habla de un fuego. Su forma de caminar es como un salto, con un movimiento ascendente-descendente, los brazos elevándose y cayendo como si fueran llamas. Su estado mental característico es una mezcla de alegría y pasión, que ante el estrés puede convertirse en pánico o histeria. En verano, la luz es deslumbrante, la fruta es abundante y el pescado está listo para capturarlo. Hay abundancia por todas partes. Durante la adolescencia, tu primer ciclo al ritmo del verano, vivías para la emoción y la alegría. Las alegrías y las tristezas estaban relacionadas con la pasión y se tenían en exceso. Si eres un fuego, querrás divertirte, no esforzarte. Lo único que importa es el presente, y mientras disfrutas con su calidez, irradias entusiasmo. Los demás pueden pensar que tu optimismo tipo Pollyanna es contagioso, agotador o irritante. Con la madurez, el entusiasmo, pasión u obsesión de un fuego se convierten en amor con criterio y en implicación selectiva.

Si tienes una pareja del elemento fuego

Debes saber que el pánico y la histeria de tu compañero o compañera no quieren decir lo mismo que si tú los tuvieras. Los rayos llenan el cielo en verano, pero son fugaces. Forma parte del ritmo de un fuego. Por muy contagioso que sea el pánico, mantén la calma en su lugar y, lo más importante, no intentes «arreglarlo». Deja que pase. Otro punto que hay que recordar es que la primera respuesta instintiva de tu pareja a una oportunidad o invitación es un enorme «sí». El entusiasmo por la probable alegría supera la consideración de los costes. Si tu pareja, que es fuego, ha acordado contigo, con entusiasmo, un plan o una nueva aventura, pregúntale de nuevo unas horas o unos días después, para asegurarte de que lo que era cierto ayer sigue siendo cierto hoy. Y si tu pareja ha dicho que sí demasiadas veces a demasiadas personas, sé comprensivo porque el coste de esas decisiones erróneas termina por pagarse. Los fuego acaban agotados. Necesitan volverse hacia ellos mismos para recuperarse, aunque se sientan atraídos magnéticamente para implicarse con otros. Por ello, anímales a que pasen algún tiempo solos. Enfrentarse a ellos agresivamente no suele ser el mejor enfoque para ayudarles a ver los errores de sus procedimientos. Cuando se encuentran arrinconados, no pueden pensar. Tus críticas pueden debilitar el resplandor de un fuego de modo más eficaz que casi cualquier otra cosa que puedas hacer. Quienes se han sentido atraídos por la alegría sin preocupaciones de un fuego normalmente se han quedado preguntándose qué fue de esa alegría y espontaneidad, sin tener ni idea de su papel en su extinción. Dirige con conocimiento, comprensión y aprecio la chispa que tu pareja es capaz de poner en tu vida.

EL ELEMENTO TIERRA: TRANSICIÓN

El elemento tierra contiene el ritmo de los solsticios y los equinoccios, los momentos de transición. Como punto medio entre dos estaciones, el momento de transición es dirigido por un equilibrio entre fuerzas opuestas, que conserva tanto el pasado como el futuro en el momento presente. Más familiar que un verano en la India, sus colores son brillantes y gloriosos, una de las últimas explosiones del verano que se va desvaneciendo. Este ritmo genera estabilidad en medio de la transición, asimila el cambio y entona con la estación que finaliza y la estación que ya llega. La energía de un tierra puede poner en armonía posibles conflictos cuando chocan otros elementos. El ritmo oscila con una inclinación de lado a lado, como si la persona se moviera al ritmo de la propia Tierra.

Las personas tierra saben mantenerse firmes. Igual que los platos de la balanza, que son el símbolo de la justicia, ellos encarnan la imparcialidad. En el centro del ciclón, su punto fuerte consiste en mantenerse estables mientras promueven los cambios que ocurren a su alrededor. Igual que una comadrona, aportan apoyo, comprensión y confianza en los momentos de transición. Se mantienen en equilibrio, permanecen en el presente, a la vez que dan su toque de tranquilidad a los cambios de la vida. Defienden ideas modernas cuando el viejo orden se extingue, y allanan el camino para los cambios tranquilos, apresurándose o estresándose muy raramente. Puesto que rezuman comprensión, la gente se siente segura con ellos. Aportan equilibrio al caos, paz a los amenazados y refugio al evacuado.

Con su compulsión por ayudar a los demás a permanecer tranquilos, los tierra pueden perjudicar los intentos de los demás por cambiar. Esta aversión a molestar, junto con su típico deseo por ayudar a los demás, puede también llevar a una preocupación obsesiva. O tal vez se involucren de una manera que dificulte el desarrollo de los demás, al mimarlos y sobreprotegerlos. «La mano amiga contraataca» describe el comportamiento de un tierra cuya vida ha perdido su equilibrio. Con su regocijo al ayudar a otros a florecer, pueden dejar de prestar suficiente atención a su propio desarrollo. Son expertos en ayudar a los demás a integrar lecciones y experiencias, pero puede resultarles más difícil integrar las suyas. Sabiendo en lo más íntimo de su ser que la pérdida es parte inevitable del cambio, pueden anticiparse e intentar evitarlo conformándose con mantener un mal matrimonio o un trabajo poco satisfactorio. Por eso, es posible que su mejor oportunidad se convierta en derrota al interferir en el ciclo de los cambios necesarios, lo cual origina una vida llena de lamentos. Asimismo, puesto que no tienen asignada una estación propia, la gente que vive al ritmo del solsticio y el equinoccio puede tener siempre dolorosas preguntas en su interior, como por ejemplo: «¿Cuál es mi momento adecuado?». «¿Cuándo llegará la estación propicia para mí?».

El habla de un tierra tiene calidad de sonsonete, como una madre haciendo balbuceos a su bebé. Su forma de caminar es relajada y lírica: un balanceo rítmico de lado a lado, con pisadas ligeras como un ciervo. Su estado mental característico es la comprensión. Su emoción ante el estrés es la preocupación. Al pasar de una estación a la siguiente, las dos llegan a sintonizar cuando una se convierte en la otra. En tus propias transiciones, independientemente de tu elemento, puedes activar el arquetipo de la Madre Tierra en ti mismo, para ayudarte en los momentos finales y en los nuevos comienzos. La cosecha de la temporada que está terminando debe incluirse en la temporada que va a llegar. Los tierra, de forma instintiva, ayudan a quienes se encuentran en fase de transición a convertir los errores pasados en lecciones para el futuro. La generosidad de un tierra puede llegar a ser martirio; sin embargo, con la madurez, ese exceso de simpatía se convierte en una comprensión sensata y equilibrada. Los tierra pueden amar a muchos, profunda y personalmente. Y el suyo es un amor por muchas personas más íntimo que el amor apasionado y genérico que los fuego sienten por todos.

Si tienes una pareja del elemento tierra

Cuando tu pareja se deja llevar por muchas personas, responde en exceso a sus necesidades, muchos le hacen daño, o se encuentra inmersa en medio de un conflicto (y defendiendo a los dos bandos), en lugar de rendirte ante la frustración, pregúntale por el problema que hay en su interior. Puesto que sentir un exceso de comprensión hacia los demás es un problema interno, colmar a tu pareja con tu propia comprensión le llegará al alma. Debes estar atento a cuando tu pareja esté sufriendo por ti, intentando anticipar necesidades que no sientes, o dándote preferencia de forma que desequilibre la relación. Reflexiona sobre esto con el objetivo de restablecer el equilibrio entre vosotros.

Deduce lo que tu pareja no dice porque no quiere dañarte o decepcionarte. Es una información importante para tu propia evolución, que de otra forma tal vez pases por alto. Dado que tu pareja tiende a encargarse de las necesidades, reales o imaginarias, de todas las personas cercanas, asume una responsabilidad mayor para solucionar tus propios problemas y anima a tu pareja a comprenderse a sí misma. Debes saber también que tu pareja necesita mucho tiempo para procesar información y tomar una decisión.

las energías del amor

El elemento metal lleva el ritmo del otoño, la estación del término. Cada día, la noche cae antes que el día anterior. El calor se desvanece. No obstante, el otoño encarna la paz de un capítulo que termina, del sentido hallado en el logro, y de la creencia en que al morir lo viejo deja paso a lo nuevo. Las hojas caen a la tierra y fertilizan el ciclo siguiente. Este ritmo extrae el sentido del ciclo que está llegando a su término, evalúa lo que ha sido útil y lo que no lo ha sido, y elimina todo lo que no es valioso en lo relativo a conseguir una conclusión que conlleve éxito. La energía de un metal parece extenderse entre el cielo y la tierra. Igual que un alto árbol que ha perdido sus hojas, las energías parecen mesuradas pero tranquilas, estériles pero solemnes. El ritmo fluye como una bailarina de ballet: alargada, silenciosa y llena de gracia.

Los metales tienen la capacidad de extraer sus verdades a partir de sus experiencias, y de aplicar esas verdades. Al vivir en el ciclo final hay cierta búsqueda de la perfección, logros elevados y resultados modelo. Los metales pueden ver qué debe ocurrir y se sienten altamente motivados para llevarlo a cabo. A partir de esta idea de perfección, nace un modelo de excelencia que se preocupa por mejorar y que sirve de inspiración para los demás. Lo que es impuro –sean ideas, comportamientos o sistemas– se elimina. Como última estación del ciclo, el otoño conlleva tristeza, y a aquellos cuyo ritmo vibra con el otoño les agrada la tristeza del mundo. Esta afinidad con la melancolía engendra bondad, honestidad e integridad. Los metales tienen la capacidad de expresarse con claridad, y ellos reciben bien las ideas y la inspiración de los demás, puesto que tienen el don de distinguir lo puro de lo impuro. Sienten urgencia por encontrar sentido y serenidad en lo que ha sucedido, porque de ellos es el ciclo final. Hay que perdonarles su insistencia. Ése es su ritmo.

Los metales son propensos a ser excesivamente serios o a hundirse en la depresión. Al rehuir la diversión y faltarles el placer, tal vez descubran que sus energías se vuelven contenidas y secas, como un árbol sin hojas. Pueden tener una apariencia triste y distante. Al vivir siempre en la energía del ciclo final, pueden tener dificultades con el tiempo e intentar incluir en un día más de lo que éste puede contener. Orientados hacia el futuro, su sabiduría sobre la vida se ve atemperada por su conciencia de la inevitabilidad de la muerte, razón por la que pueden quedar atrapados en la depresión o en la presión por alcanzar la perfección antes de que los últimos granos de arena caigan del reloj. Su capacidad para hacer juicios puros puede quedar oscurecida por esta desesperación o por el perfeccionismo, y sus puntos de referencia pueden quedar manchados por la desesperanza o inflados mediante valoraciones poco realistas. O bien pueden paralizarles hasta volverse incapaces de dejarse llevar por el cambio, evaluando y reevaluando obsesivamente hasta quedar agotados, carentes de la capacidad para completar un ciclo de sus vidas, de nuevo incapaces de aprovechar los beneficios de su mejor oportunidad.

El habla de un metal tiene un sonido llorón. La forma de caminar es erguida, recta y sutil, deslizándose con la cabeza alta y la mirada hacia delante. Su estado mental característico es su carácter pensativo. Su emoción ante el estrés es el dolor. Cuando las hojas caen y las flores silvestres mueren, la muerte está en el aire. El ciclo se encamina hacia su conclusión. Cuando te acercas a la conclusión de un ciclo en tu propia vida, puede haber tristeza por las oportunidades perdidas y por lo que debemos dejar atrás. Si el otoño es un ritmo primario, es que estás orientado hacia las conclusiones, hacia la reflexión sobre lo que ha sido valioso y significativo. Hay cierta pesadez en esas tareas, y conoces el dolor que conlleva todo lo que pudo haber sido, pero al final no llegó a ser. Con la madurez, por el contrario, el dolor de un metal se transforma en una identificación con el ciclo completo; está en paz con la vida y en paz con la muerte.

Si tienes una pareja del elemento metal

Aunque tal vez anheles un flujo más simple de sentimientos, está en el ritmo de tu pareja la posibilidad de aplicar soluciones mentales a los problemas emocionales. Aun así, serás útil para la evolución de tu pareja atrayéndola al ámbito de los sentimientos, y tendrás más éxito si podéis empezar reuniéndoos en el plano mental. Los metales esperan que los otros emprendan sus tareas y cumplan sus obligaciones siguiendo sus propios puntos de referencia tan exagerados. El perfeccionismo de tu pareja puede dar lugar a bellas creaciones, pero puede también convertirse en un tirano que convierta a tu pareja en un ser desdichado y, si se vuelve en contra de ti, puede constituir un feroz asalto sobre tu autoestima. Expresar con claridad este punto débil ofrece a tu pareja metal la oportunidad para reconocer la arrogancia de esperar que otros dirijan sus vidas de acuerdo con su propio tirano interno. La firme decisión de tu pareja, una excelente herramienta para poder cumplir las tareas, puede, no obstante, llevarle al aislamiento y la indiferencia, en concreto al desinterés hacia ti. Aunque tal vez tengas que aceptar que tu pareja no quiere que le molesten mientras se encuentra en pleno proceso creativo, debéis establecer acuerdos sobre cuándo estaréis juntos, y haced que sean respetados de manera entusiasta. Tu pareja anhela —muy a menudo a un nivel más profundo que la atención consciente— sintonizar con tu corazón, y esa misma firme decisión que pones en un proyecto puede utilizarse para conseguir intimidad.

Entender que tu elemento y el de tu pareja es un proceso para toda la vida

Las descripciones que hemos ofrecido forman una breve guía para conocer tus propios elementos y los de tu pareja, y para vivir basándote en ellos de manera más eficaz. Aunque cada uno de nosotros es un sistema energético único con una vibración única, nuestras vibraciones tienden a agrupase en estas cinco áreas. Tu propia firma vibracional será seguramente una combinación de dos o tres de estos ritmos elementales. No consiste en ser blanco o negro. David es una combinación de agua/metal; Donna es fuego/tierra.

Cuando llegues a conocer tu elemento primario y sus dinámicas, llegarás a conocer bastante tus necesidades y tus puntos ciegos en todas las áreas de tu vida, y también serás capaz de afrontar el comportamiento de otras personas con más perspicacia y comprensión. Cuanto mayor sea la armonía de las energías que forman tu fuerza vital, más serán los puntos fuertes de tu elemento que serán evidentes, no sus puntos débiles. Además de entender la naturaleza de tu propio elemento y del de tu pareja, otro valioso paso que puedes dar es equilibrar tus energías (páginas 120-132), cuando tú o tu pareja quedéis atrapados en el lado negativo de vuestro elemento.

Llegamos a la parte 2

Carl Rogers, uno de los mejores psicólogos estadounidenses del siglo xx, fue, hacia el final de su larga carrera, uno de los profesores de los estudios de grado de David. David tenía a Carl por un ídolo, ante el inmenso enfado de Carl... pero ésa es otra historia. La obra de Rogers aún suele citarse en los libros de psicología. Una de sus frases más frecuentemente citadas es: «Es una curiosa paradoja que, si me acepto a mí mismo tal como soy, entonces es cuando puedo cambiar».[45] Sigue explicando: «No podemos cambiar, no podemos alejarnos de lo que somos, hasta que aceptamos totalmente lo que somos».

En términos de cambios iniciados por uno mismo, esta «curiosa paradoja» sirve para todos nosotros. Hasta este momento, las instrucciones de *Las energías del amor* no han intentado cambiarte. Tu elemento y el de tu pareja, vuestro estilo energético ante el estrés, vuestra bioquímica y vuestro sexo; todo eso son factores hereditarios. Lo que habéis aprendido es cómo ser más expertos para que vosotros dos evitéis enfrentamientos debidos a vuestros estilos innatos, mientras trabajáis vuestros puntos fuertes. Esto comienza entendiendo y aceptando lo que no puede cambiarse de vuestras naturalezas. Otras dimensiones fundamentales sobre cómo os relacionáis el uno con el otro, por el contrario, las aprendisteis en una fase temprana de vuestra vida y pueden parecer también fijas e imposibles de cambiar. Pero no es así. Aprender a reconocerlas, aceptarlas *y* cambiarlas es el tema de la parte 2 de este libro.

---

45. Carl R. Rogers, *On Becoming a Person: A Therapist's View of Psychotherapy*, Boston: Houghton Mifflin, 1961, 17. [Hay edición en español: *El proceso de convertirse en persona: mi técnica terapéutica*, Paidós, Barcelona, 2011].

PARTE

Los factores aprendidos del amor

Las energías del apego

Los detalles esenciales de la intimidad

El profundo apego [del bebé] a una persona concreta
es a la vez tan fuerte —y a menudo tan irracional—
como el enamoramiento, y la gran similitud de estos dos procesos
sugiere enérgicamente que puedan tener algo en común.
—JOHN BOWLBY[1]

Aunque tu estilo energético ante el estrés es heredado (Donna puede verlo en las energías de un niño recién nacido), el modo en que te vinculas a otros, llamado tu *estilo de apego,* es en gran medida un producto del aprendizaje. Los científicos de la conducta han estudiado el modo en que tus primeras experiencias repercuten con toda probabilidad en tus relaciones adultas.

Cómo se crea la configuración neuronal del cerebro del bebé

Al nacer, tu cerebro era un libro cuyo argumento estaba aún por escribirse. Las páginas, la encuadernación y la organización general eran ya evidentes en sus formas embrionarias, pero aún no se habían inscrito las palabras. Tus genes determinaron la estructura básica de tu sistema nervioso e incluso los patrones primarios de conducta, pero las experien-

---

1 John Bowlby, «The Growth of Independence in the Young Child», *Royal Society of Health Journal* 76 (1956): 589.

cias tempranas que vendrían a dar forma a la vida que ahora estás viviendo sólo se desarrollarían como resultado de tus interacciones con el entorno.

Aunque las influencias mutuas de la naturaleza y la crianza te resultarán sin duda familiares, lo que quizás no sepas es cuán *directamente* se vieron afectadas tus rutas neuronales, en tu cerebro en desarrollo, por las formas sutiles y no tan sutiles con que tus cuidadores te respondían. La vida era una oleada de sensaciones. Los retortijones de hambre interrumpían tu tranquilo descanso. Llorabas por acto reflejo. Si te respondían con palabras de consuelo, un abrazo tierno y el sabor de la leche caliente, todo volvía a estar bien. Las rutas neuronales que con el tiempo tomaron sentido a partir de los retortijones de hambre no se asociaron a las neuronas que activan la ansiedad. El hambre se asoció finalmente con expectativas positivas. Si, por el contrario, ignoraron tus llantos, ese episodio estableció un grupo diferente de conexiones. El hambre no fue sólo un problema temporal. Se convirtió en un problema asociado con ansiedad, incertidumbre y anticipaciones de carácter negativo.

→ LA DIMENSIÓN ENERGÉTICA ←

Niño bien cuidado

Cuando las necesidades de un niño se satisfacen de inmediato, resulta muy hermoso. El aura que lo rodea se mueve hacia el bebé y luego se aleja suavemente. Este ritmo constante reconforta el cuerpo como una palpitante manta caliente, manteniendo todas las energías del bebé en un tierno resplandor.

Niño desatendido

Cuando un niño llora por una necesidad no satisfecha, la energía llega al cuidador, pero tiene un aspecto confuso. Está mal organizada, y en ocasiones es abrupta. Cuando el bebé finalmente deja de llorar por agotamiento, las energías se retiran del mundo, el aura tiene un aspecto de colapsada y delgada, y su pulsación natural parece apagada.

Cuando eras un bebé, no podías calmar tu malestar. Aunque la parte de tu sistema nervioso que desencadena la acción de respuesta al estrés y al dolor (el sistema nervioso simpático) ya estaba bien desarrollada en el momento en que naciste, la parte que te permitiría calmarte frente a la angustia (el sistema nervioso parasimpático) estaba todavía sin desarrollar. La naturaleza les dio ese trabajo a tus padres, contando con que te calmasen y te enseñaran a calmarte. Cuando el malestar te impulsaba a la acción, tu repertorio se limitaba principalmente a patalear y llorar. Cuando tus cuidadores te sostenían, y te abrazaban y arrullaban con sonidos relajantes, no sólo te reconfortaban, sino que también aprendías a *autorreconfortarte*.

Estas primeras enseñanzas conformaron tus más básicas evaluaciones sobre ti mismo y tus relaciones. Te decían si merecías intimidad, confirmaban si podías o no confiar en tus más allegados en busca de apoyo y protección, te mostraban cómo cuidar y ser cuidado por aquellos a quienes tenías más cerca, y te guiaban en la tarea de manejar tus necesidades emocionales.

Las primeras improntas relacionadas con cómo estar en una relación suelen ser las más duraderas

En la naturaleza, la supervivencia del niño dependía de establecer un estrecho vínculo con cualquiera que le proporcionara cuidados. El cerebro del niño está programado neuronalmente para buscar, establecer vínculos y comunicarse con un cuidador, y es a partir de las relaciones con el cuidador de donde se forman, para bien o para mal, la capacidad para cuidarse uno mismo y para establecer relaciones íntimas con otros. John Bowlby —el psiquiatra británico que allanó el camino para nuestros conocimientos actuales sobre el apego del niño a un cuidador primario y la influencia que éste ejerce de por vida— declaró provocativamente en 1951 que el hambre del niño pequeño por el amor y la presencia de su madre era un impulso tan primario como el hambre por la comida.[2] No hay supervivencia sin comida, pero tampoco sin crianza y protección. Y el apego es el camino que garantiza ambas cosas. El bebé se ve impulsado por fuerzas internas a buscar la proximidad y el contacto del cuidador.

---

2. Bowlby resumió su obra anterior en el prefacio a su serie de tres volúmenes sobre apego y pérdida. *Attachment (Attachment and Loss, Volume 1,* Nueva York, Basic Books, 1969, xiii. [Hay edición en español: *El apego y la pérdida*, Paidós Ibérica, Barcelona, 1998-2004].

La afirmación de Bowlby de que la necesidad que tiene el niño de establecer vínculos es tan primaria como la necesidad de comida fue puesta a prueba unos años después en experimentos clásicos llevados a cabo por Harry Harlow. Los bebés de macaco Rhesus se vinculaban a –y buscaban confort en– una madre de tela de felpa a la que pudieran agarrarse, aunque no proporcionara comida, y no a una madre hecha de alambres y equipada con un pezón que proporcionaba leche.[3] Los bebés de mono situados en una habitación extraña, con su madre sustituta de tela se agarraban a ella hasta que sentían suficiente seguridad para explorar. Si la sustituta de tela no estaba presente, se agazapaban y temblaban de miedo, quizás también sacudiéndose, chupando, llorando o gritando. Esta conducta se desplegaba en ausencia de la sustituta de tela aunque la sustituta de cable –de la que habían mamado pero a la que no podían abrazar físicamente de una manera que produjera un establecimiento de vínculos– estuviera presente. Ese instinto es el impulso del niño a establecer vínculos con un cuidador.

En el impulso del niño hacia el apego, ver la cara del cuidador, sus manos y su pelo son detonantes para agarrarse y aferrarse. La voz y las caricias del cuidador inician la conducta de sonreír y balbucear. La comunicación, por supuesto, tenía que conseguirse sin palabras. Las expresiones faciales, el contacto ocular, el tono de la voz, los gestos, las posturas, la cadencia y la intensidad mostraban al exterior lo que te estaba ocurriendo en el interior.[4] Antes de que pudieras hablar, ésta era la información primaria accesible a tus cuidadores sobre tu experiencia en cada momento. La precisión con la que ellos leían y eran capaces de responder a tus necesidades determinó en gran medida tu sensación de bienestar. Su sintonización o falta de sintonización fue tu primera lección profundamente asimilada [impronta] sobre qué esperar en una relación estrecha.

Estas improntas tempranas suelen ser duraderas. Bowlby comparaba los efectos devastadores de la privación maternal en el desarrollo psicológico

---

3. Harry F. Harlow, «The Nature of Love», *American Psychologist* 13, n.º 12 (1958): 673-685.

4. Daniel J. Siegel, *The Developing Mind: How Relationships and the Brain Interact to Shape Who We Are*, 2.ª ed. Nueva York, Guilford Press, 2012. [Hay versión en español: *La mente en desarrollo: cómo interactúan las relaciones y el cerebro para modelar nuestro ser*, Desclée de Brouwer, Bilbao, 2007].

con el impacto de la mala nutrición sobre el crecimiento físico.[5] Su primera especulación sobre el papel de la privación emocional temprana se debía a experiencias anteriores a su formación como psiquiatra, cuando, siendo voluntario en una residencia para niños delincuentes y problemáticos, advirtió cómo algunos niños mostraban ira y rechazo incluso hacia aquellos que trataban de hacerse sus amigos. Sus estilos interpersonales contraproducentes parecían haberse establecido durante sus problemáticas vidas en el hogar.

Avancemos ochenta años. Numerosos estudios sugieren que las relaciones de apego temprano establecen las bases para el desarrollo posterior de la personalidad. Los niños que disfrutaban de una relación de apego segura con un cuidador primario, tal como indican las evaluaciones sistemáticas, crecían teniendo una mayor autoestima que los niños cuya relación de apego primaria era insegura. También desarrollaban amistades más estrechas, mayor competencia social, relaciones románticas más satisfactorias, mayor capacidad para regular sus emociones, más habilidad para conseguir sus metas, mayor resistencia, mejores cualidades de liderazgo, y menos ansiedad y depresión.[6]

→ LA DIMENSIÓN ENERGÉTICA ←

Niño en un momento seguro

La energía del niño sale hacia el mundo, haya o no un adulto. Es como si la energía estuviera explorando el ambiente. Entonces vuelve hacia dentro y tranquiliza al niño. Luego vuelve a salir al mundo exterior. Como la respiración, la energía se mueve hacia dentro, aportando al niño apoyo y armonía, y luego hacia fuera, permitiéndole contactar con el mundo de manera segura.

Niño en un momento inseguro

Las energías aparecen confusas, desorganizadas y caóticas. Como el niño no puede dar sentido a lo que está sucediendo y no puede controlarlo, se rinde a la impotencia. Las energías no se enfocan ni se fusionan, y se desconectan del ambiente.

---

5. John Bowlby, «Maternal Care and Mental Health», *Bulletin of the World Health Organization* 3 (1951): 355-534.
6. Alan Sroufe y Daniel Siegel, «The Verdict Is In: The Case for Attachment Theory», *Psychotherapy Networker* 35, n.º 2 (2011): 34-39, 52-53.

Apego seguro; apego ansioso; apego evitativo

Estamos configurados neuronalmente para establecer vínculos sólo con un pequeño grupo de personas íntimas, con una persona especial de lo alto de la jerarquía, y es durante los momentos de amenaza o separación cuando más se activa esta configuración. Sin embargo, el *modo* en que reaccionaremos cuando se active está conformado por nuestras experiencias. Las dinámicas de los estilos de apego «seguro» e «inseguro» se han investigado en cientos de estudios.

Apego seguro

El *apego seguro* en la infancia prepara el terreno para una mayor desenvoltura al tratar con las relaciones íntimas como adulto. Las personas con un estilo de apego seguro tienden a ser más optimistas respecto a su relación primaria. Tienen un fuerte sentido de la autoestima, esperan cercanía, calidez y comodidad en sus relaciones, y tienden a encontrarlas. Son efectivas comunicando sus necesidades y sentimientos, e interpretan y responden con precisión a las señales emocionales de su pareja. Pueden calmar a otros y a sí mismos, y son capaces de moverse con facilidad entre el compromiso íntimo y la independencia, lo cual genera la *inter*dependencia emocional y conductual requerida para una relación con éxito.[7]

Apego inseguro

El *apego inseguro* en la infancia sienta las bases para problemas posteriores en las relaciones íntimas. Los niños que se apegan de forma insegura no recibieron la impronta de sus cuidadores que les habría ayudado a saber regular sus propios sistemas nerviosos, lo cual los hace vulnerables a los problemas emocionales durante toda su vida.[8] El apego inseguro implica generalmente

---

7. Amir Levine y Rachel S. F. Heller, *Attached: The New Science of Adult Attachment and How It Can Help You Find —and Keep— Love,* Nueva York: Tarcher/Penguin, 2010.
8. Mary Sykes Wylie y Lynn Turner, «The Attuned Therapist: Does Attachment Theory Really Matter?», *Psychotherapy Networker* 35, n.º 2 (2011): 19-27.

tener vínculos marcados por la ansiedad y evitar las emociones en las relaciones íntimas.

Apego ansioso

El *apego ansioso* se caracteriza por una fuerte necesidad de cercanía, ansiedad y preocupación por la relación, y dependencia de estrategias como las respuestas de exceso de cercanía, enfado y control, las cuales intentan minimizar la distancia emocional respecto de la pareja.[9] Las personas con un estilo de apego ansioso tienden a ser extremadamente sensibles a las pequeñas fluctuaciones en el estado de ánimo y la conducta de la pareja, a tomárselas personalmente y a molestarse con facilidad ante cualquier signo de distanciamiento real o imaginario. Debido a que pueden alternar entre estar pegados cuando su pareja está disponible y mostrar su enfado por las ocasiones en que su pareja no estuvo disponible —o rechazar el consuelo por esa misma razón—, a este estilo de apego a veces se le llama *ansioso-ambivalente*.

Apego evitativo

El *apego evitativo* se caracteriza por una autosuficiencia exagerada y unas estrategias que maximizan la distancia emocional con la pareja.[10] Los adultos con un estilo de apego evitativo tienden a encontrarse aislados, sin ser conscientes de su propio vacío emocional y desalentados ante cualquier insinuación en la que se sugiera que podrían tener mayor necesidad de intimidad de la que reconocen. Ellos ven su desapego emocional como un signo de fuerza e independencia. Las investigaciones, sin embargo, muestran que, cuando la relación está en peligro, los individuos con un estilo de apego evitativo sienten el mismo malestar en las mediciones fisiológicas (como la respuesta galvánica de la piel) que otras personas. Simplemente son mejores en la tarea de evitar expresar o incluso experimentar tales pensamientos

---

9. Mario Mikulincer y Phillip R. Shaver, «Security-Based Self-Representations in Adulthood», en W. Stephen Rholes and Jeffry A. Simpson, eds., *Adult Attachment: Theory, Research, and Clinical Implications*, Nueva York, Guilford Press, 2004, 162-163.
10. Ibíd.

y sentimientos.[11] Los compañeros evitativos o compañeras evitativas tienen la misma necesidad fundamental de una relación primaria, pero la manejan intentando negarla.

→ LA DIMENSIÓN ENERGÉTICA ←

Seguro

El aura está plena. Fluctúa con facilidad en respuesta a otros; se deja influir por ellos pero vuelve luego al centro. También hay una plenitud en los chakras, que salen por delante de la persona, como para saludar a otras. Esta plenitud en el aura y los chakras es reconfortante, porque permite que la persona sea menos dependiente de los otros para el apoyo emocional y energético.

Ansioso

La energía de un aura ansiosa es nerviosa, y sus patrones inestables. A veces envolverá o se aferrará a las energías de su pareja. En otras ocasiones las repelerá o parecerá que las ataca. Esto hace difícil que las energías de otro se conecten y dancen con las de un estilo ansioso-evitador.

Evitador

La energía se devuelve a la persona evitativa, o se concentra o fragmenta en otras direcciones, en cualquier dirección excepto hacia la persona cuyo compromiso podría solicitar. Puede dirigirse a proyectos, personas conocidas, situaciones sociales casuales, entretenimiento, navegar por Internet o actividades intelectuales.

Mezcla de apego ansioso/evitativo

La *mezcla de apego ansioso / evitativo* es una combinación de ambas estrategias, caracterizada por buscar cercanía y luego evitarla con miedo. A menudo se encuentra en la historia de la persona una relación traumática o abusiva con un cuidador primario. El trastorno límite de la personalidad se corresponde con un estilo de apego ansioso / evitativo (al cual a veces se le llama *apego desorganizado*). Se anhela la cercanía con la pareja como fuente de confort e

---

11. R. Chris Fraley y Phillip R. Shaver, «Adult Attachment and the Suppression of Unwanted Thoughts», *Journal of Personality and Social Psychology* 73 (1997): 1080-1091.

intimidad, pero al mismo tiempo la intimidad provoca miedo y ansiedad. El apego ansioso/evitativo se resume en el chiste: «Si tú no me dejas, encontraré a alguien que lo haga». Este estilo paradójico es más o menos raro, pero puede ser muy desafiante para su compañero o compañera.

Aunque las descripciones de los estilos de apego son, por necesidad, de «tipos puros», los seres humanos raramente son tipos *puros* dentro de cualquier clasificación. Un individuo determinado puede ser una mezcla de estas cualidades, o más, como un tipo en una situación concreta y más como otro en una situación diferente, y el estilo de apego primario de la persona puede también cambiar con el tiempo.

El potencial para desarrollar un estilo de apego *seguro* está en tus genes. Es lo que la naturaleza tenía planeado. Pero la forma en que esta capacidad se manifiesta o no lo hace se ve moldeada por tus experiencias. El apego seguro ayuda a los individuos, a las relaciones íntimas y a las comunidades humanas, a crecer con salud. A pesar de que ningún padre es perfecto, la naturaleza forma equipo con la familia para conseguir un apego seguro más de la mitad del tiempo.[12] El resto se divide de forma bastante uniforme entre los estilos ansioso y evitador, con una minoría que tiene el estilo desorganizado ansioso-evitador. Sin embargo, tales clasificaciones no captan la riqueza de matices en las formas de relaciones íntimas de que dispone un individuo. Incluso dentro de la mayoría «segura» existen innumerables rasgos y patrones en los hábitos que pueden enfriar o reforzar la intimidad.

Cuando el vínculo de apego sufre tensión o amenaza por las inevitables trabas al construir cualquier relación cercana creativa, se evocan las respuestas primarias que se remontan a las primeras experiencias de apego. Entender cómo tu estilo y el de tu pareja fueron en cierta época estrategias adaptativas para circunstancias que distan de ser perfectas te permite, cuan-

---

12. Varios autores han calculado el porcentaje de adultos que tienen un estilo de apego seguro. Todas las estimaciones que hemos encontrado muestran un porcentaje superior al 50 % e inferior al 70 %, y la cantidad de dos tercios es una estimación muy habitual. Éste es también el porcentaje de niños de un año de edad con un estilo de apego seguro que Van IJzendoorn and Kroonenberg encontró en su revisión de estudios interculturales sobre el apego infantil. Marinus H. van IJzendoorn y Pieter M. Kroonenberg, «Cross-Cultural Patterns of Attachment: A Meta-Analysis of the Strange Situation», *Child Development* 59 (1988): 147-156.

do estallan tales respuestas primarias, proceder con mayor comprensión hacia ti mismo, así como hacia tu pareja.

→ LA DIMENSIÓN ENERGÉTICA ←

Cuando Donna contempla a parejas que interactúan la coreografía de sus energías es exactamente del modo que podrías imaginar:

Relación segura

Cuando dos personas se comprometen íntimamente durante un momento seguro, el intercambio de energía que Donna observa es fluido y dinámico. Eso es exactamente lo que se podría predecir a partir de los «patrones suaves, ordenados y coherentes» que el análisis espectral revelaba en el campo electromagnético irradiado por el corazón durante los momentos de amor o aprecio.[13]

El estilo ansioso en las relaciones

Las energías que rodean a una persona con un *estilo de apego ansioso* que busca contacto íntimo con un compañero o compañera, que no está respondiendo en ese momento, tienden a volverse desorganizadas y se mueven en cierto modo de forma caótica, aunque poderosamente, hacia la posible pareja.

El estilo evitativo en las relaciones

Las energías que rodean a una persona con un *estilo de apego evitativo* tienden a contraerse tanto que toman una forma que a Donna le parece una concha. Estas energías concentradas después se alejan de una pareja íntima, cuando ésta expresa una demanda emocional. En las interacciones con los otros, las energías de la pareja evitativa podrían ser mucho más fluidas y atrayentes. Esto se corresponde con las observaciones clínicas. Las personas que parecen bien adaptadas y cómodas en la mayoría de las situaciones sociales podrían llegar a utilizar un estilo de apego evitativo (o ansioso) en sus relaciones más íntimas.

La trampa ansiosa-evitativa

Combinar las dos descripciones anteriores proporciona una imagen vívida de lo que ha sido la «trampa ansiosa-evitativa», en la que las energías de una persona se mueven hacia la otra y las de la otra se retiran a su interior o se desplazan a otro lugar.

---

13. Rollin McCraty, Raymond Trevor Bradley y Dana Tomasino, «Our Heart Has a Consciousness of Its Own», n.d., http://newearthdaily.com/our-heart-has-a-consciousness-of-its-own/.

¿Se refleja también tu estilo de apego —ya sea seguro, ansioso o evitativo— en las energías electromagnéticas que emanan de tu cuerpo? Por supuesto, nuestra respuesta es que sí. Uno de los descubrimientos más interesantes de David, mientras aprendía del trabajo de Donna, es que los recuerdos, las emociones y los programas de conducta se almacenan no sólo en el cerebro, sino también en los sistemas energéticos del cuerpo. Los modos seguro, ansioso y evitativo de responder cuando sentimos malestar no son sólo productos de tu mente. Son visibles para Donna como patrones de energía.

La danza de los estilos de apego de David y Donna

Una vez más, presentaremos nuestra relación explicando cómo se desarrollan los principios abordados, no porque sea un modelo ideal, sino porque hemos tenido que luchar con —y trabajar sobre— muchos aspectos, y algunos de ellos tal vez sintonicen contigo. Las estrategias ansiosas o evitativas —de persecución o retirada— son los dos modos básicos en que un niño puede responder cuando los cuidadores no son capaces de cubrir sus necesidades. Por ejemplo, la madre de David intentó amamantarlo, pero no pudo producir la cantidad de leche que su cuerpo requería. Al ser una mujer decidida, siguió intentándolo durante tres semanas, mientras él estaba prácticamente muerto de hambre, hasta que el médico insistió en añadir un suplemento a su dieta. Así pues, las primeras experiencias formativas de David sobre un impulso tan básico como el hambre fueron que, sin importar cuánto llorase, no iba a conseguir lo que necesitaba. Tras una constante privación física o emocional, el niño finalmente deja de buscar la atención del cuidador, reduce las sensaciones internas y se retira: apego evitativo en proceso.

Para David, esto se vio reforzado porque la creencia de los expertos en niños después de la segunda guerra mundial era que había que alimentar según un programa, y no calmar o apoyar al niño por llorar. La leyenda familiar cuenta que el señor y la señora Cohen, una pareja de ancianos que habían alquilado una habitación en el mismo edificio de apartamentos de Brooklyn donde vivieron los padres de David durante su primer año de vida, lloraban para dormir cada noche, al oír los gritos sin respuesta de David a través de las finas paredes, y sintiéndose impotentes al no poder oponerse a los expertos infantiles de la época e intervenir. Los niños finalmente dejarán de gritar y se replegarán en su interior. Tales experiencias pusieron las bases del estilo de apego de David. Se combinaron con el hecho de ser hijo único, y no tener compañeros de juego de su misma edad en el vecindario, para desarrollar a un niño que se sentía cómodo pasando largos períodos a solas, que solía consolarse más que compartir sus problemas con otros, y que no se sentía cómodo en el azaroso toma y daca emocional que parecía natural en sus iguales.

Él creció orgulloso de su independencia y su autosuficiencia. No considera su estilo un trastorno de apego evitativo, aunque su incapacidad para formar una relación de pareja estable, a pesar de que algunos de los intensos enamoramientos de sus veintitantos años, podría haber sido una pista. No podía entender por qué sus relaciones, que habitualmente empezaban con una fuerte pasión, se deterioraban en una montaña rusa emocional en la que sus parejas sentían que él no les daba lo que necesitaban. Parecía evidente que era la necesidad y la inestabilidad emocional de ellas lo que las inducía a rechazarle. Esta atracción inicial entre una persona con un estilo de apego evitativo y una persona con un estilo ansioso/resistente se ha denominado en la bibliografía especializada la «trampa ansioso-evitativa».[14] Sin embargo, si una persona evitativa con la aptitud de David para ese papel se acerca lo suficiente incluso a una compañera relativamente segura, ésta podría sentirse atraída por su danza ansioso-evitativa.

David tenía treinta años cuando conoció a Donna. Después de muchas experiencias en las que sus amantes se convertían en charcos heridos de emoción, y sin ninguna idea sobre su papel como causante de las heridas, la independencia y autosuficiencia de Donna le resultaron muy atractivas. Ella era la segunda de tres hermanos. Aunque su hermana mayor aún recibía especial atención como primogénita, apareció su hermano pequeño, dieciocho meses después que Donna, con algunas necesidades especiales, y Donna tuvo en gran medida que apañárselas por su cuenta. Al asegurar a su segunda hija que estaría bien, aunque recibiera relativamente poca atención por parte de sus padres, la madre de Donna le decía: «El Señor protege a

---

14. Levine and Heller, *Attached*.

los ángeles y a los locos. No estoy segura de cuál eres tú, pero sé que estás protegida». Como veremos en el capítulo 7, Donna aprendió a ser autosuficiente. En su primer matrimonio, su marido emocionalmente distante pasaba largos períodos fuera de casa, y su confianza en sí misma era todo lo que tenía para sacar adelante a sus hijas pequeñas. Cuando nos conocimos, cada uno de nosotros quería mucho espacio y era feliz dándoselo al otro. Pero la autoconfianza, que es una manera efectiva de funcionar cuando no hay nadie disponible, puede ser un lastre para formar una relación íntima estable. También puede ser un pequeño engaño. Las personas identificadas en los estudios científicos como seguras en sus relaciones primarias no sólo eran capaces de lograr mayor intimidad e interdependencia, sino que eran más autónomas e independientes.[15]

El hecho de vivir con una pareja cuya fuerte autoconfianza puede imponerse a la intimidad nos ha acompañado a los dos en nuestro viaje, a veces catapultando a uno o al otro al extremo ansioso/resistente de la autoconfianza, ya que nos hemos ido desplazando juntos, durante más de tres décadas, hacia estilos de apego más seguros. El estilo de apego no queda fijado de forma permanente, sino que puede cambiar con el contexto, y volverse más seguro con el paso del tiempo.[16] Nuestra tumultuosa trayectoria nos ha transformado a ambos, razón por la que sabemos lo que es posible, así como cuán desafiante puede resultar el viaje.

No obstante, es evidente que no todos los adultos tienen un compañero íntimo o una relación que satisfaga sus necesidades básicas de cercanía, seguridad, amor y sostén. ¿Significa esto que tuvieron mala suerte y que deben llevar vidas vacías y emocionalmente estériles? De ninguna manera. Algunas personas parecen muy apropiadas para la vida de soltero. Especialmente si tus primeras experiencias de apego te proporcionaron modelos internos saludables de cuidado personal, estarás preparado para manejar tus emociones con eficacia, para calmar tus propias penas y para valerte por ti mismo en ausencia de una pareja primaria. Muchas personas solteras obtienen gran parte de los beneficios emocionales que les proporcionaría

---

15. Mikulincer and Shaver, «Security-Based Self-Representations in Adulthood», 166.
16. Mario Mikulincer y Phillip R. Shaver, *Attachment in Adulthood: Structure, Dynamics, and Change*, Nueva York: Guilford Press, 2007.

una relación íntima. Sin embargo, hay poderosas razones para que las personas que tienen relaciones de pareja satisfactorias tiendan a vivir vidas más largas, saludables y felices que quienes no las tienen.[17]

La influencia de tu estilo energético ante el estrés en tu estilo de relación

Los años han demostrado que Donna, como kinestésica, era capaz de lograr una conexión íntima más fácilmente que el cerebral David, pero su autosuficiencia la hizo tan tolerante hacia la distancia emocional que el estilo evitativo de David marcó el ritmo de los dos. Tu estilo energético ante el estrés —visual, kinestésico, cerebral, auditivo— es un aspecto de tu temperamento innato que creemos que influye en tu estilo de apego a lo largo de toda tu vida.

No es difícil saber cómo tu estilo energético ante el estrés interactuó con tu historial de apego para formar y mantener tus modelos de intimidad. La orientación kinestésica de Donna *contrarrestó* las experiencias tempranas que podrían haber producido una persona con un estilo de apego más evitativo. Aunque tenía una gran tolerancia a la distancia gracias a sus experiencias tempranas, su naturaleza kinestésica le permitió también sintonizar fácilmente con las ofertas de aproximación que sus padres, y más tarde David, lograron expresar y satisfacer adecuadamente. La orientación cerebral de David, por su parte, *amplificó* las experiencias tempranas que dieron lugar a su estilo evitativo. Los cerebrales tienden a desconectarse emocionalmente de sí mismos y de sus parejas, por lo que supone un doble contratiempo ser un cerebral cuyas experiencias tempranas configuren un estilo de apego evitativo. Aprender a reconfortarse uno mismo, en lugar de buscar contacto y apoyo (arriesgando los sentimientos de vulnerabilidad y dependencia) se une a los tipos más aislados de relación del cerebral, los cuales favorecen el retraimiento mental sobre el compromiso emocional. Se trata de una receta para un estilo de apego seriamente evitativo.

---

17. U.S. Department of Health and Human Services, «The Effects of Marriage on Health: A Synthesis of Recent Research Evidence» (junio 2007), disponible en Internet en http://aspe.hhs.gov/hsp/07/marriageonhealth/rb.htm.

→ LA DIMENSIÓN ENERGÉTICA ←

La interacción del estilo energético
ante el estrés y el estilo de apego

Mientras intentábamos verbalizar cómo el estilo cerebral ante el estrés puede amplificar un estilo de apego evitativo, David expresó con valentía: «Bien, Donna, contemos a los lectores qué aspecto tiene esto en mí, en el plano energético». El análisis de ella: «A veces estás en una burbuja cerebral. Y no muestras ningún interés en dejarla para adentrarte en mi mundo. Si estamos pasando un momento difícil y estoy intentando alcanzarte desesperadamente, esa burbuja parece un muro grueso e impenetrable. Otras veces es sólo donde te metes cuando te encuentras inmerso en un proyecto. La burbuja no es tan gruesa, pero sigue sin ser fácil de penetrar. Y cuando entro en ella, es como haberte arrancado de un sueño, como si hubiera estallado literalmente tu burbuja. No encajas con facilidad la transición desde ese espacio para reunirte con mis energías. He llegado a entender que ésta es tu naturaleza, y a no tomarme personalmente que seas tan autómata. Y a apreciar que en muchos otros momentos estés completamente presente de inmediato».

El «lema» que caracteriza cada modo sensorial (páginas 59-61) proporciona conocimiento sobre el modo en que el estilo energético ante el estrés interactúa con el estilo de apego. Se puede ver cómo el «no quiero sufrir o sentirme mal» del kinestésico reforzó el «no quiero causar problemas» y llevó a Donna a permitir al estilo evitativo de David marcar el tono de la relación. La función del «¡Estoy bien!» del estilo cerebral sirve para que no se ponga en cuestión el papel de su conducta ante la falta de intimidad. La función del «¡Estás equivocado!» del visual es culpar a su pareja de las dificultades que sufre la relación. Mientras tanto, el «¡Estoy enfadado contigo por hacerme sentir mal!» del auditivo debilita los esfuerzos de la pareja por acercarse. Los auditivos cuyos antecedentes les llevaron a un estilo de apego ansioso están lidiando con otro doble contratiempo, muy distinto al que atraviesa el cerebral. Como auditivos, se caracterizan por leer entre líneas y, cuando se estresan, distorsionan de manera negativa las intenciones de su pareja. Si en su infancia también desarrollaron un estilo de apego ansioso, serán muy sensibles a ligeros matices en el estado de ánimo de su pareja.

Con esos dos filtros actuando a la vez, no es sorprendente que suelan sentir que abusan de ellos emocionalmente y que sus parejas los abandonan. Ser consciente de los filtros que sueles utilizar cuando tienes estrés, y de los que tiende a usar tu pareja, proporcionará un trasfondo muy útil cuando hagas los esfuerzos necesarios para adoptar un estilo de apego más seguro.

¿Qué significa todo esto para tu relación?

¿Significa el conocimiento científico del apego que, para que hubieses salido de tu infancia psicológicamente ileso, tus padres debieron haber anticipado cada una de tus necesidades, haber interpretado de manera correcta cada uno de tus gestos y haber calmado cada uno de tus malestares? La naturaleza es sabia como para poner el listón a esa altura. La idea de progenitor «suficientemente bueno» conlleva que nadie pueda interpretar siempre correctamente las señales de un niño, evitar las separaciones o acertar en cada intento de reconfortarlo.[18] La programación innata de un niño para crecer sano es muy sólida. Ciertas dosis de adversidad y de carencia crean autosuficiencia, a pesar de que las vías neuronales para el vínculo seguro parecen requerir una acumulación más bien estable de interacciones positivas con el cuidador. Los niños son de manera natural, resistentes, así que incluso unos padres imperfectos, que es como son todos los padres, son capaces de criar niños saludables.

Sin embargo, muchas personas ni siquiera tuvieron, ni en lo más mínimo, una crianza «suficientemente buena», o por lo menos tuvieron áreas críticas, y los problemas en sus relaciones como adultos a menudo se remontan a estas dificultades tempranas. ¿Se graban estos modelos de forma indeleble en la psique? Para la mayoría de la gente durante toda la historia, la respuesta fue «probablemente sí». El estilo de apego durante la infancia es probable que cambie sólo si ocurren cambios externos significativos,

---

18. Daniel J. Siegel y Mary Hartzell, *Parenting from the Inside Out: How a Deeper Self-Understanding Can Help You Raise Children Who Thrive,* Nueva York, Tarcher/Penguin, 2004, 84. [Hay edición en español: *Ser padres conscientes: un mejor conocimiento y comprensión de nosotros mismos, contribuye a un desarrollo integral y sano de nuestros hijos*, Ediciones La Llave, Vitoria, 2005].

como un divorcio, la aparición de una depresión crónica en uno de los padres o la entrada de un cuidador primario diferente.[19] Mientras la gente se hace adulta, la tendencia es a elegir modelos y situaciones que cumplan y refuercen los modelos psicológicos tempranos.[20] En este sentido, el pasado predice el futuro. Lo que la gente recibe de sus padres pone en movimiento profundos patrones que a menudo trasladan a sus matrimonios.

La razón más prometedora y alentadora de esta sección del libro es que la posibilidad de reparar heridas y compensar los daños debidos a una crianza imperfecta y a circunstancias adversas está ahora abierta a cualquiera que esté dispuesto a invertir el tiempo y el esfuerzo necesarios. Incluso en la infancia, los programas que mejoraban la calidad de la interacción entre una madre y un hijo que presentaba problemas tempranos de apego resultaban en relaciones madre-hijo más positivas que incluían una cantidad significativamente menor de rabia, evasión y resistencia.[21] Por ejemplo, es bien sabido que los bebés que son irritables desde el nacimiento tendrán menos probabilidades de crear vínculos seguros al final de su primer año y más probabilidades de ser nerviosos que los niños que son más tranquilos. Sin embargo, los ajustes tempranos en el estilo de crianza pueden cosechar resultados rápidos y significativos. En un estudio holandés, las madres de bebés diagnosticados como «altamente irritables al nacer» recibieron tres sesiones de asesoramiento de dos horas cada una, cuando sus bebés tenían entre seis y nueve meses. En el momento en que tenían un año, el 68 % de estos niños mostraba «apego seguro». Sólo el 28 % de un grupo de control emparejado que no recibió este asesoramiento tenía «apego seguro» a la edad de un año.[22]

19. Joanne Davila y Rebecca J. Cobb, «Predictors of Change in Attachment Security during Adulthood», en W. Steven Rholes and Jeffry A. Simpson, eds., *Adult Attachment: Theory, Research, and Clinical Implications,* Nueva York: Guilford Press, 2004, 134.
20. Patricia A. Frazier, Anne L. Byer, Ann R. Fischer, Deborah M. Wright y Kurt A. Debord, «Adult Attachment Style and Partner Choice: Correlational and Experimental Findings», *Personal Relationships* 3, n.° 2 (1996): 117-136.
21. Alicia F. Lieberman, Donna R. Weston y Jeree H. Pawl, «Preventive Intervention and Outcome with Anxiously Attached Dyads», *Child Development* 62, n.° 1 (1991): 199-209.
22. Hay información sobre el tema en Jeremy Rifkin, *The Empathic Civilization: The Race to Global Consciousness in a World in Crisis,* Nueva York, Tarcher/Penguin, 2009, 79-80.

→ LA DIMENSIÓN ENERGÉTICA ←

Sintonización entre el niño y el progenitor

Al estar juntos, las auras del niño y el progenitor aumentan de tamaño, y otro campo parece rodear a la pareja formando una especie de energía protectora. Ésta es como una nueva aura, propiedad del niño y del progenitor a la vez.

No sintonización entre el niño y el progenitor

Según la calidad de la relación, así diferirá la energía compartida. En general, las dos auras no se superpondrán. Si el niño y el progenitor interactúan, pero no sintonizan, el aura del niño se refugia más en sí misma y empieza a desconectar del entorno. Si el padre está enfadado o desesperado, una poderosa energía que resulta amenazadora y confusa se moverá hacia el niño, y provocará a veces que éste se retraiga energéticamente, pero en otras ocasiones entrará de manera literal en el niño. Cuando la energía más poderosa del adulto entra en la del niño, crea un puente energético para la transmisión de creencias y de emociones. Todos sabemos cómo los niños pueden asimilar los juicios y la visión del mundo de sus padres como propios. Esto comienza en las energías y puede provenir de la no sintonización, así como de la sintonización, que es lo deseable.

Lo que ocurra en nuestras vidas más allá de la infancia puede tener también un fuerte impacto en nuestra conducta de establecimiento de vínculos. Eventos vitales favorables, como acceder con éxito al rol de la paternidad, o formar una relación con una pareja cuyo estilo de apego sea saludable y seguro, pueden ayudar a transformar un estilo de apego inseguro.[23] También puede hacerlo la psicoterapia individual, la terapia de pareja u otros esfuerzos que mejoren una relación que presente retos.[24] Nunca es demasiado tarde.

---

23. Mikulincer y Shaver, *Attachment in Adulthood*.
24. Sue Johnson, «Extravagant Emotion: Understanding and Transforming Love Relationships in Emotionally Focused Therapy», en Diana Fosha, Dan Siegel, and Marion Solomon, eds., *The Healing Power of Emotion: Neurobiological Understandings and Therapeutic Perspectives*, Nueva York, Norton, 2009, 257-279.

Conseguir un apego seguro desapegándose antes

Comenzaremos nuestra exposición sobre cómo recuperar momentos de apego inseguro y empezar a reparar patrones profundos con uno de los métodos más sencillos que existen. Si tienes tendencias de apego evitativo, mantente alerta ante las veces que te alejas de tu pareja e invítala a que se una a ti en este ejercicio. Si tienes tendencias de apego ansioso, mantente alerta ante las veces en que te vuelves resistente o controlador, y haz el ejercicio. En cualquier caso, cuando te des cuenta de que estás atrapado en hábitos de apego que no son útiles para tu relación, este simple ejercicio sin palabras puede interrumpir rápidamente el patrón, ayudarte a equilibrarte y abrir un camino hacia el desarrollo de un momento de apego más seguro con tu pareja. En ese tipo de oportunidades (ya sabemos que no *parecen* oportunidades), pide a tu pareja que participe contigo. Eso por sí solo muestra que reconoces tendencias en ti mismo que dañan la relación y tu intención de superarlas. Tu pareja probablemente lo encontrará alentador en sí mismo y causa de aprecio, o al menos de esperanza. El ejercicio empieza interiorizando y estableciendo una sensación interna de seguridad. Es decir, empezarás, irónicamente, a incrementar tu capacidad de apego saludable mediante el *desapego*. Después, mientras te vayas equilibrando, puedes volver a acercarte a tu pareja para establecer energéticamente una conexión más fuerte:

1. **Entrar en ti mismo.** Siéntate frente a frente con tu pareja, poned ambos vuestras manos en el pecho, cerrad los ojos, y mantened vuestra atención en vuestro corazón durante tres respiraciones profundas, o hasta que os sintáis más calmados, seguros y equilibrados.
2. **Reconectar suavemente.** Cuando ambos estéis listos, mira las manos de tu pareja mientras mantienes las tuyas en tu pecho. Permítete simplemente estar con este tipo de conexión durante otras tres respiraciones profundas.
3. **Mirada dulce y segura.** Eleva tus ojos y encuéntrate con los de tu pareja. Siente un puente energético entre vosotros que os reconecta. Si esto resulta difícil, volved al primer paso y continuad el

ejercicio hasta que ambos podáis afrontar con seguridad la mirada fija del otro.

Aunque sea simple, este ejercicio resulta poderoso. Empezando cuando estés atrapado en una energía de una manera vieja y disfuncional de relacionarte, permite comenzar a remodelar tu sistema nervioso. Cada vez que hagas el ejercicio, estarás construyendo unos cimientos energéticos más fuertes para el apego seguro.

→ LA DIMENSIÓN ENERGÉTICA ←

Respiración profunda

El simple acto de respirar profundamente afecta a una rama del nervio vago que ralentiza los sistemas cardiovascular y respiratorio de maneras que nos permiten relajarnos y estar presentes el uno con el otro. Tomar una larga y profunda respiración cuando estés estresado no sólo ralentiza los procesos respiratorio y cardiovascular, sino que también suaviza el movimiento de la energía en los meridianos, chakras y aura. Contrarresta la configuración energética «rígida y alerta» del malestar.

Conexión con el corazón

Cuando llevas tu conciencia a tu corazón, evocas sentimientos que son más positivos y amorosos. Las energías de estos sentimientos no sólo llegan a tus células, órganos y por todo tu cuerpo: el campo electromagnético expandido de tu corazón irradia hacia fuera e influirá en cualquiera que esté a tu alrededor.

La mirada dulce

Cuando estás abierto y relajado, y tus ojos se encuentran dulcemente con los de tu pareja, las energías se conectan, pero no en forma de línea recta. En lugar de eso, parecen como un puente colgante suave y brumoso entre tus ojos y los de tu pareja. Mientras vuestros ojos mantienen el contacto, las energías de esta curva descendente empiezan a girar hacia arriba, tomando finalmente la forma de un ocho entre vosotros. Esto os conecta y, de hecho, se hace más fuerte mientras mantengáis un contacto ocular cómodo. Cuando la energía en forma de ocho se haya hecho bastante fuerte, seguirá conectándoos incluso después de que vuestra atención haya dejado de centrarse en el otro.

Cómo el triple calentador mantiene tu estilo de apego

Un sistema de energía identificado por los antiguos médicos chinos, y al que se ha dado un nombre extraño, tiene una invisible, pero empática influencia, en tu estilo de apego. Se llama el triple calentador. El niño necesita la crianza y la protección del cuidador para sobrevivir. El elemento fundamental para las estrategias de apego, más profundo incluso que la necesidad de amor y afecto, es la seguridad. La seguridad es el dominio del triple calentador. Es el sistema energético de tu cuerpo que se encarga de responder ante cualquier amenaza a tu supervivencia. El sistema energético del triple calentador –invisible, aunque tan real como tus sistemas cardiovascular o respiratorio– hace posible tu supervivencia de tres maneras básicas: gobierna tu sistema inmunitario, dispone respuestas contra la amenaza externa, como por ejemplo luchar o huir, y mantiene hábitos destinados a mantenerte fuera de peligro.

Cómo el triple calentador evita que cambies

Al llevar a cabo estas tres estrategias básicas de supervivencia, el triple calentador revela la extraordinaria inteligencia del cuerpo y de sus sistemas de energía. Considera, por ejemplo, tu respuesta inmunitaria. Las energías de vigilancia de tu cuerpo están continuamente en alerta ante bacterias invasoras y otros intrusos dañinos, e inician estrategias complejas e ingeniosas para destruirlos y deshacerse de ellos. Cualquiera que examine el funcionamiento del sistema inmunitario se da cuenta de que hay una inmensa inteligencia involucrada. El triple calentador usa una estrategia análoga a la del sistema inmunitario para mantenerte seguro en el mundo exterior. Evalúa la información recibida por tus sentidos. Cuando reconoce una posible amenaza, implementa estrategias de conducta programadas con anterioridad (igual que tu sistema inmunitario implementa estrategias bioquímicas previamente programadas) que evolucionaron por su valor para la supervivencia de tus ancestros. Todo esto ocurre sin la necesidad de tu intelecto, ni incluso tu atención consciente.

El triple calentador cumple su misión de mantenerte seguro trabajando en equipo con el hipotálamo. Mientras que el triple calentador es un *sistema de energía,* tu hipotálamo es un diminuto *órgano*, una glándula del tamaño de una almendra que dirige tu sistema nervioso autónomo. El hipotálamo se encuentra en lo más alto de la cadena de glándulas endocrinas, regulando las hormonas que influyen en gran parte de tu vida emocional, desde cómo te vinculas hasta qué haces en caso de amenaza.

Tanto el triple calentador como el hipotálamo están orientados a los mismos fines: tu seguridad y bienestar. El modo en que trabajan juntos recuerda a un ordenador y su software. Como estructura física, el hipotálamo, igual que un ordenador, tiene un cableado relativamente fijo. El triple calentador (o cualquier otro sistema de energía) es mucho más flexible y receptivo, más parecido a un programa procesador de textos. Puedes crear un poema, una entrada en un blog o una novela de suspense. El software le dice al ordenador qué hacer, basándose en lo que se introduce con el teclado. Las energías de tu cuerpo, que son receptivas a la entrada siempre cambiante del entorno y del interior, están siempre ante el «teclado», diciendo a tu cuerpo qué hacer. El triple calentador le dice al hipotálamo qué hormonas y otras sustancias químicas producir y disolver. Tu estado de ánimo, pensamientos automáticos y conductas dependen de él.

El triple calentador evolucionó durante un período de la historia humana en que la amenaza física era parte de la vida diaria. Cuando un tigre de dientes de sable entraba en la cueva de tus ancestros, hace cien mil años, el triple calentador trabajaba en colaboración con el hipotálamo. Ambos desviaban el flujo sanguíneo del sistema digestivo, el reproductor y otros sistemas no implicados en la supervivencia inmediata, y lo dirigían hacia sistemas que promueven la lucha, la huida o quedarse inmóvil para volverse menos detectable. El triple calentador también aprende. Estaba continuamente estableciendo nuevos hábitos de supervivencia para tus ancestros, como crear una aversión a los tipos de cuevas frecuentados por los tigres de dientes de sable o al olor de un depredador que acababa de llegar a su territorio. El triple calentador, de hecho, aún mantiene innumerables hábitos de supervivencia que se remontan a tus ancestros. Éstos operan sobre todo por debajo de tu conciencia, y el triple calentador se muestra bastante inflexible en lo que respecta a abandonar hábitos o programas que fueron diseñados a lo largo de eones para asegurar la supervivencia. Después de todo, tú estás aquí. ¡Funcionó!

→ LA DIMENSIÓN ENERGÉTICA ←

El triple calentador en reposo

Incluso cuando no hay ninguna amenaza, el triple calentador sigue habitualmente en alerta. Así pues, Donna en raras ocasiones lo ve en reposo. Cuando lo está, se desvanece en el trasfondo y parece que interpreta un papel más de apoyo. Entonces, el triple calentador no se hace ver demasiado, y con la seguridad indicada mediante su estado en reposo, los meridianos se hacen más fuertes, los chakras más vitales, los circuitos radiantes se activan, y el aura se hace más completa. La influencia de un triple calentador pacífico se ve en todos los otros sistemas de energía.

El triple calentador en caso de amenaza

Cuando se detecta un peligro inmediato, el triple calentador dispone todas las energías del cuerpo para lidiar con la amenaza. Se vuelven agudas y concentradas. Una energía en cascada desde el aura, por encima de la cabeza y que entra en el interior del cuerpo físico, lo prepara para la lucha o la huida, activando las sustancias químicas del estrés. Si la respuesta es huir, la energía se dirige a las piernas para apoyar su capacidad de correr. El flujo sanguíneo sigue a estas energías, dirigiendo una carga extra de sangre hacia las piernas. Si la respuesta es la pelea, la energía se dirige a la cara y bombea los brazos y el pecho, a lo cual también sigue el flujo de sangre.

El triple calentador manteniendo un hábito

El triple calentador regula las actividades de un espectro de sistemas energéticos involucrados con hábitos que se formaron en un intento por asegurar la supervivencia y el bienestar. Por ejemplo, el aura incluye una frecuencia que sostiene la energía de hábitos establecidos y patrones de conducta. Cuando alguien está en una situación que evoca una emoción o conducta habitual —ya sea ese hábito efectivo o disfuncional—, esta frecuencia se vuelve más pronunciada. El papel del triple calentador en esta orquestación se vuelve más evidente cuando la persona intenta cambiar el hábito. Entonces, las energías del triple calentador aumentan para preservar el hábito. El triple calentador es una fuerza conservadora que no está orientada hacia el cambio. ¡Has sobrevivido todo este tiempo con el hábito, por lo que triple calentador no tiene ningún incentivo para cambiarlo! Un proceso similar ocurre en el nivel de los chakras. El enfado habitual puede con demasiada frecuencia salir en forma de grito del tercer chakra (plexo solar). La compasión excesiva puede supurar del chakra del corazón. La energía puede moverse hacia arriba con rapidez desde el chakra raíz, cuando tu seguridad o el sentido de ti mismo se ven amenazados. El triple calentador está en la base de estas respuestas reflejas, y si intentas cambiarlas, las energías del triple calentador se activan en un intento de mantener las cosas tal como están.

Sin embargo, los desafíos y el estrés de la vida moderna son muy diferentes de los que existían en el mundo cuando el triple calentador estaba evolucionando. Así pues, la brillante programación del triple calentador está ajustada para un mundo que ya no existe. Más allá de sus estrategias pasadas de moda, no discrimina particularmente bien entre situaciones de amenaza para la vida y eventos más o menos benignos. Si entras en alerta por amenaza, en completa lucha o huida, o en modo inmóvil, media docena de veces al día —cuando tu hija no te obedece, cuando llegas tarde a una cita, cuando tu ordenador no coopera—, el cortisol y otras sustancias químicas del estrés generadas en esos momentos se acumulan en tu cuerpo y se vuelven dañinas de muchas formas. Entonces se incrementa el riesgo de que sufras ansiedad, depresión, problemas digestivos, enfermedades cardíacas, trastornos del sueño, aumento de peso y dificultades de concentración, daños colaterales de las estrategias de supervivencia del triple calentador. Al intentar salvarte, el triple calentador es suficientemente poderoso para dejarte con alguno de los síntomas mencionados. Es el complejo militar industrial de tu cuerpo. Igual que los militares, su trabajo es mantenerte vivo y seguro, y es firme en su encargo, incluso aunque involucre mucho esfuerzo excesivo, falsas alarmas, daño involuntario y un gasto despiadado de preciosos recursos para garantizar la seguridad.

Una peculiaridad del triple calentador es que no apoyará tu deseo de cambiar un hábito, incluso un hábito dañino. Su evaluación durante la mayor parte del tiempo, partiendo de la base de que utiliza mapas desfasados, es que te encuentras en un territorio que no es seguro, e introducir un cambio de cualquier tipo exagera ese peligro percibido. Así pues, la respuesta por defecto del triple calentador es resistirse al cambio. Los hábitos y programas que sustenta te han mantenido vivo hasta este momento, así que respalda cada uno de ellos. Tampoco está interesado en sutilezas. No le importa si eres feliz o infeliz; sólo que estás vivo y seguro. Operando bajo tu conciencia y con su propia agenda, el triple calentador puede ser un tremendo enemigo para tus intenciones. De particular relevancia para este libro, tu estilo de apego es uno de los sistemas de conducta que el triple calentador confeccionó para ayudarte a adaptarte a las circunstancias de tu infancia, y no permite fácilmente que se transforme.

Apego y triple calentador

El triple calentador es especialmente reactivo con tu familia y relación primaria. Además del estilo de apego formado durante tu infancia, la supervivencia y propagación de tus ancestros dependió de su pareja y su clan, por lo que el triple calentador está alerta ante cualquier alteración en el campo interpersonal. Cuando descubre una, puede desatar una tempestad emocional que deje aturdidos tanto a tu pareja como a ti.

La idea de que la seguridad, el dominio del triple calentador, es un aspecto esencial del apego se revela por la intensidad con la que discuten las parejas. ¿Con quién otro pelearías tan apasionadamente sobre desacuerdos que no puedes recordar al día siguiente, sino con aquel a quien amas? De hecho, los mamíferos tienen una vía especial en su cerebro que desata «pánico primario» cuando una relación de apego parece ponerse en peligro.[25] Cuando el amor entre vosotros se convierte en tensión, y vuestra alianza colaborativa parece estar en juego, se activan tus instintos primarios. Tus ancestros dependían de su vínculo con una pareja para sobrevivir y sacar adelante a la siguiente generación. Cuando ese vínculo se ve amenazado –sea tu estilo de apego general seguro o inseguro–, tú y lo que más te importa a ti no os sentís seguros. ¡El triple calentador reacciona de manera exagerada, y tu mente racional tiene poca influencia sobre lo que viene después! El pacto (capítulo 3) puede restaurar el equilibrio, pero fallos técnicos en tu estilo de apego pueden seguir reavivando el conflicto y la tensión.

Un modo de acercar tu estilo de apego al lado seguro del espectro seguro-inseguro es mantener calmado al triple calentador en situaciones que podrían desencadenar sentimientos y conductas que estén enraizados en experiencias traumáticas de la infancia. Aunque el triple calentador no libera de buena gana su control sobre sus estrategias de supervivencia, serás más efectivo si reconoces que no sólo tienes en contra a un poderoso rival, sino que este «rival» evolucionó para ser tu amigo. De hecho, todavía te está ayudando a mantenerte vivo, aunque se siente confuso ante el cúmulo de circunstancias que no existían mientras estaba evolucionando. Un paso básico que puedes

---

25. Sue Johnson, *Love Sense: The Revolutionary New Science of Romantic Relationships*, Nueva York, Little Brown, 2013, 54.

dar para mejorar la relación con tu pareja es llevar a tu triple calentador a una postura por defecto más calmada. La medicina energética ofrece técnicas para trabajar directamente con el triple calentador y lograr precisamente eso. Desde este punto de partida más favorable, es menos probable que el triple calentador ejecute una respuesta de amenaza, o que vuelva a patrones de apego de la infancia que se formaron a causa de amenazas o privaciones.

Volver a entrenar al triple calentador

El triple calentador puede secuestrar a tu cerebro, empujándolo a miedos desfasados y hábitos de pensamiento que son la antítesis del apego seguro. Un abordaje efectivo para cambiar tales estrategias habituales es comunicarle que estás seguro en situaciones en las que tiende a activar falsas alarmas. ¿Cómo comunicarte con él? El lenguaje del triple calentador es energía, no palabras. Las tres técnicas siguientes realinean las energías que influyen en el triple calentador, llevándolo a un estado más seguro, incluso mientras estás recordando activamente momentos desafiantes en tu relación. Cuanto más se ayude mediante estos procedimientos a que el triple calentador reconozca que tales situaciones no constituyen un peligro mortal ni la aniquilación de una relación primaria, menos probable será que reaccione exageradamente.

El suavizador del triple calentador

El triple calentador tiene su propia ruta energética. Puedes calmar y sedar al triple calentador trazando con tus dedos parte de esta ruta, en la dirección que reduzca la energía excedente:

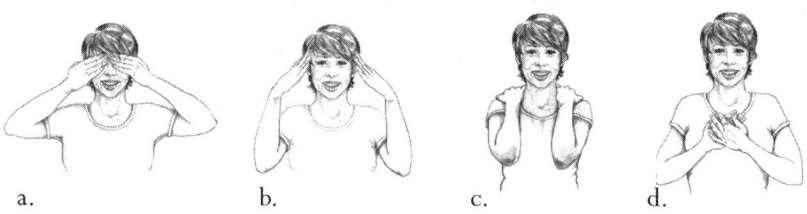

a.   b.   c.   d.

Figura 5-1. *El suavizador del triple calentador*

1. Recuerda una situación en la que «perdiste los papeles» con tu pareja. Puede ser simplemente un momento en que ambos tuvisteis una interacción desafiante, pero resulta incluso mejor para esta técnica si es el ejemplo de un patrón en curso.

2. Coloca tus dedos sobre tus párpados cerrados e inhala profundamente (*véase* figura 5-1a).

3. Mientras exhalas, arrastra tus dedos a través de tus ojos, hasta llegar a tus sienes.

4. Con los dedos en tus sienes, vuelve a inhalar profundamente y levanta los dedos para colocarlos encima de las orejas (*véase* figura 5-1b).

5. Mientras exhalas, traza el contorno de la parte posterior de tus orejas con una ligera presión y desciende hasta los lados de tu cuello.

6. Coloca tus manos sobre tus hombros y, con una inspiración, lleva los dedos a la parte posterior de tus hombros (*véase* figura 5-1c).

7. Exhala mientras tiras con fuerza de tus dedos sobre los hombros y arrástralos hacia abajo hasta el centro de tu pecho (chakra del corazón). Coloca una mano sobre otra (*véase* figura 5-1d).

8. Con varias respiraciones profundas, acuna tu corazón con las palabras: «¡Estoy seguro!».

Puntos neurovasculares del triple calentador

Ya has aprendido con la sujeción de cabeza liberadora del estrés (pág. 127) a trabajar con puntos neurovasculares como modo de apagar la respuesta de lucha/huida/inmovilidad y cambiar la neuroquímica del estrés. Los puntos reflejos neurovasculares del triple calentador están en la sien y se pueden unir con los puntos de la frente para cambiar hábitos de pensamiento obsoletos:

1. Rememora una segunda situación en la que «perdiste los papeles» con tu pareja.

2. Coloca ligeramente los pulgares sobre tus sienes, y los demás dedos sobre tu frente (*véase* figura 5-2).

3. Mantén en tu mente la situación durante varias respiraciones profundas.

FIGURA 5-2. *Contener al triple calentador*

4. La energía comenzará a cambiar en uno o dos minutos. Finaliza con las palabras: «¡Estoy seguro!».

Chakra del corazón / dar golpecitos al triple calentador

Otra parte de la ruta del triple calentador, ésta en el dorso de tus manos, se puede estimular para manejar la ansiedad y el miedo. Sosteniendo tu mano sobre tu chakra del corazón y dando golpecitos al triple calentador para que recobre el equilibrio:

1. Recuerda otra situación en la que «perdiste los papeles» con tu pareja.
2. Pon una mano sobre el centro de tu pecho (éste es tu chakra del corazón), y encuentra la V entre tu dedo anular y meñique en el dorso de esa mano.
3. Debajo de la V hay una rugosidad. Da golpecitos en ella con los cuatro dedos de tu otra mano (*véase* figura 5-3).
4. Por último, deja reposar tus manos sobre tu chakra del corazón mientras finalizas con las palabras: «¡Estoy seguro!».

FIGURA 5-3
Chakra del corazón
Toque al triple calentador

Dar golpecitos en la rugosidad de la mano que se encuentra sobre tu chakra del corazón también puede proporcionar rápidos primeros auxilios emocionales, en cualquier momento en que te sientas nervioso o asustado.

Estas tres simples técnicas energéticas, individualmente (seleccionando la que mejor parezca funcionar para ti) o en conjunto, se pueden usar para insensibilizar al triple calentador en situaciones interpersonales que hayan tendido a comprometerte.[26] A medida que desplaces las energías que mantienen tus reacciones basadas en el miedo, estarás abriendo una puerta para cambiarlas. Las técnicas adicionales presentadas en los dos capítulos siguien-

---

26. Para más detalles sobre el sistema energético del triple calentador y sobre técnicas adicionales, véase el capítulo 8 del libro de Donna, *Energy Medicine,* rev. ed., Nueva York, Tarcher/Penguin, 2008.

tes se centran en sanar el residuo de experiencias difíciles en la infancia y en transformar los patrones emocionales y conductuales que surgieron a partir de ellas. Estas técnicas incluyen la estimulación de puntos de acupuntura mientras se llevan a la mente recuerdos específicos o visualizaciones, y se pueden grabar a fuego en las energías relacionadas con el apego. Empezarás a hacerte una idea de cómo se consigue esto con las tres historias reales presentadas en la siguiente exposición.

Calmarte a ti mismo, manejar tus emociones y reparar rupturas

Si bien está fuera del alcance de cualquier libro ser un *sustituto* de la psicoterapia o de las interacciones con tu compañero o compañera que sanen heridas en las relaciones de apego de la infancia, puedes hacer mucho por mejorar tu relación mediante el uso de técnicas que cambien las bases energéticas de los problemas de apego.

Lo ideal es que las tres habilidades básicas que promueven un apego seguro –calmarte, manejar tus emociones y reparar las rupturas dentro de una relación íntima– se aprendieran en los primeros años de vida, en el transcurso de las interacciones diarias con los principales cuidadores. Las grietas que tienes en estas habilidades influyen directamente en tus relaciones primarias. Pero no son señales grabadas en nuestra frente mientras crecemos que digan «déficit en la capacidad para calmarnos», «pobre manejo de las emociones» o «ansiedad hacia las relaciones íntimas». Desarrollamos nuestras series de habilidades para calmarnos, manejar las emociones y relacionarnos en la intimidad hasta el extremo de que hacemos (o no), e intentamos sacar el máximo partido de lo que tenemos. Lo que sólo ha sido teóricamente posible está fuera de nuestro alcance. No forma parte de nuestra realidad cotidiana. El hecho de que Donna orientase sus primeros años de vida en torno al tema de no causar problemas le permitió ser muy buena calmándose a sí misma, pero no tanto consiguiendo lo que necesitaba de sus relaciones más cercanas, una habilidad esencial para prosperar en una relación íntima de pareja. Sin embargo, la elección consciente no jugó ningún papel. Si ella tenía una necesidad que podía causar dificultades a su compañero sentimental, no se le ocurría expresarla y arriesgarse a crearle problemas.

¿Podemos mejorar nuestros modelos de relación mediante un mejor desarrollo y refinamiento de estas habilidades? Para cada una, presentaremos algunos de los conceptos básicos y describiremos a una persona que realizó un cambio positivo significativo usando las técnicas de psicología energética que aprenderás en los dos capítulos siguientes.

Calmarse uno mismo

Puesto que los niños no nacen equipados con la habilidad de calmarse ellos mismos cuando se sienten molestos, sino sólo para llorar, dependen de sus cuidadores para que los alivien. A partir de las respuestas que reciben, adquieren estrategias para hacer frente a las emociones angustiosas o experiencias difíciles. Los adultos que no han desarrollado habilidades adecuadas para calmarse ellos mismos tienden a volverse excesivamente dependientes de su pareja para la comodidad emocional, y se sienten afectados cuando no se les proporciona ésta.

Las habilidades para mejorar tu estado de ánimo y calmarte, alimentarte y obtener placer se pueden aprender en cualquier momento de la vida. Suelen ser bastante básicas, y se basan en tus sentidos. Un baño caliente es una de las favoritas de Donna. A ambos nos gusta dar paseos por hermosos entornos naturales. Técnicas energéticas del estilo de las presentadas en las páginas 119-132 se encuentran siempre en nuestra caja de herramientas. Música, danza, arte, deporte y meditación son otras formas populares de calmarse uno a sí mismo. Muy sencillas. Fácilmente accesibles. A menudo gratuitas o casi gratuitas. Pero en quienes no aprendieron en sus años de formación que pueden por sí mismos sentirse mejor, más calmados o relajados, los momentos de malestar pueden conducir a un pánico interno, y con frecuencia a aferrarse a otros o huir hacia las drogas, la comida basura u otras adicciones. No se les ocurre que pueden dar pasos simples y saludables que les ayuden a sentirse mejor.

Elizabeth, de treinta y un años, se sentía con frecuencia despreciada, ignorada y no amada. Aunque su marido demostraba su amor hacia ella de muchos modos y siempre estaba intentando reconfortarla, ella se mostraba, en esos momentos, inconsolable. Para empeorar las cosas, después de estos episodios se distanciaba más de él porque, a pesar de los esfuerzos sinceros del marido, ella pensaba que él no había estado allí para ayudarla. Elizabeth no sólo no había aprendido mucho sobre calmarse a sí misma cuando era niña; además, nos podríamos preguntar cómo consiguió llegar a los treinta años con tan poca habilidad para ayudarse a sí misma a sentirse mejor en los momentos de malestar emocional.

Por desgracia, este tipo de fallos es bastante habitual. Mientras que muchas personas adquieren nuevas habilidades para calmarse a sí mismas a medida que maduran, otras afrontan obstáculos internos que les impiden aprender y usar las más evidentes habilidades para calmarse ellas mismas. Así pues, en lugar de intentar enseñarles solamente técnicas para calmarse ellas mismas, también deberían tratarse esos obstáculos internos.

Un tema recurrente en los episodios en que Elizabeth no se sentía amada era que otra persona siempre parecía estar recibiendo el crédito y reconocimiento que ella merecía. No obstante, en otro ámbito, sentía que no merecía el mismo reconocimiento que deseaba y esperaba. Esto resultaba especialmente evidente en su incapacidad para aceptar cumplidos, incluso después de haber hecho algo muy bien. En su lugar, encontraba defectos en sus acciones que ninguna otra persona ni siquiera advertía y se castigaba a sí misma por ellos. Obsesionarse con sus propios defectos y hundirse en su resentimiento hacia quienes sentía que la habían ofendido la consumía hasta el extremo de que llegaba a pensar en hacer cosas que podrían permitirle sentirse mejor.

Derivado del campo de la psicología energética, el protocolo usado con Elizabeth (que aprenderás en los capítulos 6 y 7) incluye dos pasos básicos. El primero incluye puntuar del cero al diez el nivel de malestar o incomodidad que sientes en relación con un asunto que deseas cambiar. El segundo consiste en estimular una serie de puntos de acupuntura dándoles golpecitos, mientras mantienes el tema activo mentalmente. Esta sencilla combinación está demostrando que es muy potente para la remodelación de las rutas neuronales que subyacen a todo un rango de problemas emocionales.

Las rondas iniciales de golpecitos de Elizabeth se concentraron en las fuertes críticas que se hacía a sí misma, que había puntuado con un 10 en lo relativo al grado de malestar que sentía cuando pensaba en ellas. Lo que surgió cuando continuó con los golpecitos fueron recuerdos de la infancia en los que deseaba la aprobación de su padre, que nunca recibió (según ella lo recordaba), pero cuando nació su hermano menor, él sí recibió el elogio y la adoración que ella ansiaba con tanta desesperación. Dar golpecitos en su dolor sobre este tema inició un proceso de sanación que llegó a lo más profundo. Más adelante, fue capaz de reconocer y dar golpecitos en la exagerada autoridad que aún daba a su padre a la hora de determinar su propio valor personal. En una sesión posterior, analizó y neutralizó su respuesta emocional ante ciertos incidentes concretos donde se había juzgado a sí misma con dureza, y donde se observó que era incapaz de aceptar sinceros elogios sobre cosas que otros pensaban que ella había hecho bien.

Cuando ya había logrado algún progreso con estos temas, los golpecitos pudieron abordar directamente el tema de calmarse a sí misma. Se efectuó una asociación mental, mediante técnicas energéticas, para vincular las veces que se sentía desalentada con la posibilidad de realizar actividades que la consolaban (por ejemplo: «A pesar de que aún puede haber veces en que me sienta desanimada, sé que me sentiré mejor si me acomodo en el porche y escucho a Enya»). No sólo los episodios de lucha contra su propia autoestima se volvieron mucho menos intensos y frecuentes, sino que ahora, cuando le sucedían, podía dar pasos positivos que le proporcionaban descanso y alivio. Por último, recibió instrucción sobre cuatro formas de «poner dinero en el banco», de forma que sus reservas fueran ya más sólidas en los momentos en que necesitara calmarse a sí misma.

Se trataba de sencillas acciones físicas o interpersonales que estaban bajo su control: suficiente sueño, suficiente ejercicio, suficiente contacto físico y suficiente contacto emocional.

Aprender a calmarse ella misma tuvo una influencia enorme en el matrimonio de Elizabeth. Ella dejó de buscar desesperadamente a su marido para hacerle sentir mejor o enfadarse con él cuando no podía. Al tener un modo de reducir la intensidad a un nivel manejable cuando se sentía mal, también podía dejar que su marido la ayudara. Ahora que los ofrecimientos de apoyo por parte de él podían recibirse cuando se necesitaran, lo que había sido un espinoso obstáculo para estar juntos el uno del otro, se convirtió en una fuente de establecimiento de vínculos.

Manejo propio de las emociones

El segundo grupo de habilidades que surgen de tus experiencias tempranas de apego es la capacidad para manejar tus emociones. Se han identificado más de un centenar de emociones humanas,[27] y la mayoría de ellas son combinaciones de —o construcciones sociales de— unas pocas emociones básicas que se encuentran en las personas de todas las culturas, tales como rabia, miedo, tristeza, disgusto, sorpresa, anticipación, confianza y alegría.[28] La palabra «emoción» procede del francés antiguo *esmovoir,* que significa «excitar». Aunque los psicólogos definen este concepto básico de numerosas formas, todos estarán de acuerdo en que las emociones implican excitación y en que influyen en la manera en que procesamos nuestros pensamientos y nuestras experiencias.

En el nivel más básico, en la vida de un niño pequeño, un evento interno (como tener hambre o sentir frío) o uno externo (como una manta caliente o un sonido alto) da lugar a valoraciones simples: «esto es bueno» o «esto es malo». Aunque éste es el prototipo para las emociones más sutiles que vendrán luego, esta evaluación básica de lo bueno y lo malo, según explica Daniel Siegel, «prepara al cerebro y al resto del cuerpo para la acción».[29]

Las respuestas de los padres a las expresiones del niño de carácter positivo o negativo establecen las rutas neuronales que ayudan a los niños a aprender a regular sus propios sistemas nerviosos. Descubriste cómo manejar tus «estados de estimulación y procesamiento interno»[30] gracias a estas interacciones tempranas. Si las respuestas de tus padres hacia ti hubiesen estado sintonizadas de acuerdo con tus experiencias internas, habría sido probable que hubieras formado una base segura para moverte por la vida confiando en la validez de tus sentimientos y pensamientos. Si tus primeros cuidadores normalmente no lograron validar tus experiencias internas en sus intercambios cotidianos contigo, momento a momento, entonces la base para confiar en tus sentimientos y pensamientos como hechos válidos

27. W. Gerrod Parrott, *Emotions in Social Psychology,* Nueva York, Psychology Press, 2001.

28. Robert Plutchik, *Emotions and Life: Perspectives from Psychology, Biology, and Evolution,* Washington, DC, American Psychological Association, 2002.

29. Siegel, *The Developing Mind*, 150.

30. Ibíd., 103.

se hizo inestable. Si esta falta de sintonía es extrema, como en casos de padres que abusan, que tienen trastornos emocionales o que no cumplen sus obligaciones como progenitores, los niños comienzan su viaje por la vida con una orientación claramente defectuosa. Pueden llegar a darse cuenta de que ellos mismos rechazan la verdad contenida en sus emociones y experiencias, que las distorsionan o que se sienten abrumados por ellas.

Los primeros cuidadores no sólo validan o dejan de validar las experiencias internas del niño, sino que también sirven de modelo para que el niño aprenda a responder cuando otros expresen sus emociones. Un progenitor cuyo estado interno está dominado por el miedo o la rabia evoca a su vez miedo o rabia en el niño, y también, mediante el refuerzo, enseña al niño modos específicos de responder ante el miedo y la rabia. Una niña puede asumir el papel de dar a una madre miedosa el apoyo que ella misma realmente necesitaría de esa madre, o intentar volverse invisible ante la presencia de un padre enfadado. Estos patrones tienden a mantenerse en sus relaciones adultas, incluso cuando ya no encajan con el entorno en el que se mueven.

Las experiencias individuales de la infancia que implican traumas, graves pérdidas u otras experiencias emocionalmente intensas, si no se procesan de manera adecuada, también pueden conducir a patrones de respuesta emocional que no son apropiados para la situación actual. En el libro *Ser padres conscientes,*[31] Siegel y Mary Hartzell identifican dos tipos básicos de respuestas a situaciones emocionalmente desafiantes: el «camino superior» y el «camino inferior».[32] El *camino superior* está dominado por estructuras cerebrales avanzadas que llegaron más tarde en la evolución, y que se encuentran «más arriba», hacia la parte más alta de la cabeza, en la corteza cerebral. El *circuito inferior* está dominado por estructuras encefálicas que se hallan debajo de la corteza cerebral, incluida la amígdala, y que gobiernan conductas automáticas tales como la respuesta de lucha/huida/inmovilidad. Cuando estás en el «circuito superior», tus respuestas son bien consideradas, flexibles y apropiadas a la situación. Cuando estás excesivamente

31. Hay edición en español: *Ser padres conscientes: un mejor conocimiento y comprensión de nosotros mismos, contribuye a un desarrollo integral y sano de nuestros hijos,* La Llave, Vitoria, 2005. *(N. del T.)*
32. Siegel y Hartzell, *Parenting from the Inside Out,* cap. 7.

232

estresado o en una situación que de otro modo te propulsa al estado mental del «circuito inferior», el cual incluye quedarte atrapado en tu estilo energético ante el estrés, puedes verte desbordado por emociones intensas tales como el miedo, la tristeza o la rabia, llegando a provocar «reacciones viscerales en lugar de respuestas meditadas».[33]

Todos hemos experimentado conductas del «circuito inferior» desde ambos lados: las hemos recibido y las hemos representado. Los asuntos no resueltos de la infancia nos hacen más susceptibles a estas tormentas de sentimientos difíciles y de acciones inapropiadas. Cuando se producen respuestas del «camino inferior», y particularmente cuando se repiten, advierte cuál es su detonante. Si no puedes identificar los detonantes, tal vez pueda hacerlo tu pareja. Puedes entonces usar el abordaje de la psicología energética presentado en los capítulos 6 y 7 para desactivar estos detonantes emocionales.

Sin embargo, en ciertas ocasiones esto requiere algo más que concentrarse en el detonante. Ya has visto cómo, con el objetivo de aprender a calmarse ella misma, Elizabeth primero tuvo que superar obstáculos emocionales arraigados en experiencias más tempranas. Un seminario sobre calmarse uno mismo no le iba a resultar muy útil hasta que estos asuntos que interferían hubieran sido resueltos. Aprender a manejar las emociones intensas requiere también a menudo enfocarse en temas no resueltos del pasado. Por suerte, a medida que trabajas con las conductas que quieres cambiar, las experiencias más tempranas que se encuentran en su raíz acceden con frecuencia a tu conciencia, con lo que quedarán disponibles para curarlas mediante el protocolo de psicología energética que aprenderás.

Por ejemplo, un exitoso ejecutivo de tecnología médica llamado Raúl se ponía furioso cuando los socios más jóvenes no estaban de acuerdo con él, incluso aunque los desacuerdos fueran triviales. Aunque en la mayoría de las situaciones tenía una disposición muy dulce, este patrón se repetía también en su matrimonio y en la relación con sus hijos. Para él estaba claro que sus estallidos resultaban dolorosos para todos, incluido él mismo, pero no lograba frenarlos a pesar de su determinación para hacerlo. Dar golpecitos pensando en los incidentes recientes y las situaciones imaginadas que podrían hacerle es-

_____

33. Ibíd., 155.

tallar redujo la intensidad que sentía hasta cierto grado, pero no podía rivalizar con estas conductas profundamente inculcadas hasta que se tratasen sus raíces.

El padre de Raúl, que era médico, era muy severo con sus tres hijos y les imponía su voluntad con crítica y furia. Raúl sufrió un disgusto al descubrir que, en lo referente a esos rasgos, se había convertido en una copia exacta de su padre. Las improntas transmitidas por tales modelos energéticos no cambian con facilidad, pero tras varias sesiones de psicología energética, tuvieron lugar cambios significativos. Los golpecitos se centraron en imágenes de su padre enfurecido, los sentimientos que él había captado, y los pensamientos y conclusiones a los que llegó como resultado de estas experiencias. Cada experiencia de la infancia que implicase rabia y que pudiera recordar se trató usando la técnica de los golpecitos. Al revisar y volver a trabajar emocionalmente estas experiencias tempranas, los detonantes en su vida actual bajaron de manera fácil hasta el cero en la escala de cero a diez, y se descubrió a sí mismo como capaz de mantenerse en el «camino superior», siempre que se presentaban estos mismos detonantes. Habían cambiado las rutas neuronales que permitían conservar el viejo esquema, y manejar su rabia ya casi nunca suponía un problema (sí, estamos intentando que estés deseoso de que lleguen las instrucciones de psicología energética del capítulo siguiente).

Reparar rupturas

Para prosperar, necesitamos tanto contacto íntimo como tiempo en soledad. La mayoría de las relaciones actuales proporcionan bastantes oportunidades para ambas cosas. Están compuestas por una serie interminable de separaciones y reconciliaciones, parte del flujo y reflujo de la vida diaria. Si tus padres te dieron espacio para la soledad y estaban luego disponibles cuando necesitabas relacionarte de nuevo, ya tienes práctica en la danza del ir y venir. Sin embargo, más desafiantes para todos son las separaciones que se experimentan, no simplemente como un período de alejamiento transitorio, sino como una ruptura.

Tanto con los niños como con los adultos, las consecuencias de una ruptura dependen más de si ésta se repara, de cómo se hace y con qué rapidez, que de su propia naturaleza. Cómo reparar las inevitables rupturas que ocurrieron mientras crecías fue algo que aprendiste siguiendo el modelo de tus padres. En algunas familias, las rupturas se ignoran en la medida de lo posible. Se supone que debes «sobreponerte a ellas» y tan sólo seguir adelante. En otras, se construyen y se albergan resentimientos. Estas estrategias tienden a repercutir en las relaciones de la persona, cuando es adulto.

Las familias que reparan de manera eficaz las inevitables rupturas entre sus miembros se sienten más seguras, producen niños más felices y emocionalmente seguros, y afrontan los retos de la vida con mayor facilidad y flexibilidad. Para reparar una ruptura, primero necesitas llevarte a ti mismo, desde el «camino inferior» de funcionamiento mental, hacia el «circuito superior». Siegel y Hartzell sugieren pasos que te resultarán familiares como elementos de tu pacto (capítulo 3), incluyendo una separación temporal (la fase «Parar» del pacto), actividad física («Darse golpecitos» del pacto y otras técnicas energéticas), entrar empáticamente en la experiencia del otro (el «Sintonizar» del pacto), y por último volver a comprometerse («Resolver» del pacto).[34]

Vern y Gloria rara vez discutían. Cada vez que tenían diferencias, Vern sintonizaba con la posición de Gloria y la asumía como propia. Si esto no era posible y tenía lugar una ruptura entre ellos, Vern se desanimaba, convencido de que era por su culpa, y se sentía avergonzado mientras trataba de postrarse de nuevo ante los méritos de Gloria. Aunque tener un esposo tan dispuesto a estar de acuerdo contigo pueda parecer deseable, fue Gloria la que decidió que acudieran a terapia. Aunque la paz y la fluidez que disfrutaron en sus dos primeros años juntos habían sido un alivio en comparación con sus otras relaciones, a partir del cuarto año a ella le parecía estar viviendo con la caricatura de una persona real, y no con alguien que aportara sus propios sentimientos, pensamientos y opiniones a la relación.

Los padres de Vern habían minimizado o quitado importancia a sus diferencias, en lugar de admitir y resolver los conflictos, una estrategia factible si no ideal, analizada en el capítulo 1 como la propia de la pareja evitativa. Como producto de su pasado, Vern aportó este estilo a su relación con Gloria. Pero, para Gloria, el compromiso emocional era un aspecto vital de una relación, y todo el el deseo de Vern por mostrarse de

---

34. Ibíd.

acuerdo sólo conseguía que se sintiera sola. Fiel a su costumbre, Vern accedió a la sugerencia de Gloria de acudir a terapia para cambiar el modo básico de relacionarse *de él*.

Tal como hemos visto con Elizabeth y Raúl, el trabajo que comenzaba manifestando un problema pronto derivó a experiencias infantiles. Vern relató el modo en que fue testigo de una tensión nunca expresada entre sus padres en multitud de temas, desde lo que se acordaba para cenar hasta qué vehículo comprar. Con poca discusión, las preferencias de su madre marcaban generalmente la decisión, pero las expresiones de resentimiento de su padre y de culpa de su madre, que no se podían ocultar, destacaban en la memoria de Vern.

Vern utilizó el protocolo de dar golpecitos en los puntos de acupuntura mientras se concentraba en aquellos recuerdos, en su vergüenza por no ser capaz de hacer nada respecto a la tensión en su familia y en su reticencia a introducir algún tipo de tensión en su matrimonio. Aunque su evaluación del cero al diez descendió rápidamente en relación con su pasado, no bajaba de 5 pues se enfocaba en ser más comunicativo con sus preferencias en el matrimonio. Se mostraba de manera clara ambivalente respecto a ese objetivo.

Conforme Vern exploraba su ambivalencia, se hizo evidente que tenía graves recelos sobre lo que ocurriría si alguna vez adoptaba una postura firme que constituyera un desafío para la posición de Gloria en prácticamente cualquier tema. Una gran razón para esto, tal como se vio después, fue que no tenía ni idea de cómo reparar una ruptura en una relación puesto que no tenía ninguna experiencia. En su lugar, imaginaba que se propagaría como un incendio hasta destruir el matrimonio. En la seguridad de la sala de terapia, pudo contarle con claridad y firmeza a Gloria que pensaba que ella estaba siendo demasiado estricta con su hija adolescente. Esto desencadenó en Gloria una fuerte reacción defensiva. Ella estaba orgullosa de su capacidad para ser madre, y pensaba que su marido las apreciaba y las respaldaba por completo. Oír que no era así la conmocionó y la inundó de sentimientos que la llevaron a lo que hemos estado llamando el «camino inferior». Ella se sintió muy dolida y engañada por el hecho de que Vern no le hubiera dado ninguna pista, y pronto empezó a refunfuñar sobre todas las otras áreas en las que él podría estar juzgándola en secreto. También le hizo saber, con un tono de voz cada vez más alto, cuán absurdamente equivocado estaba en las creencias que estaba expresando acerca de la educación infantil.

De repente pareció como si los miedos de Vern hubieran tenido mucho fundamento, y que si llegaban a superar este desastre provocado por la terapia, en lo sucesivo, él siempre se reservaría sus opiniones. Gloria no era consciente, de ningún modo, de que ella estaba cumpliendo las catastróficas expectativas de Vern relacionadas con hacer exactamente lo que ella le estaba pidiendo que hiciera. Yo (David) estaba, en ese momento, reflexionando sobre la dudosa conveniencia de haber elegido una profesión que trata con las adaptaciones establecidas de una familia. Pero también sabía que ésta era una oportunidad para que tuvieran la experiencia de reparar una ruptura en la relación. Los conduje por los pasos del pacto. Al final, Gloria volvió al «camino superior», y todos nos reímos de las ironías que acababan de salir a la luz. Vern había tenido la experiencia de que incluso una de las peores reacciones que podía imaginar por haber manifestado un desacuerdo se había solucionado en cuestión de media hora.

Durante la semana siguiente, mantuvieron numerosas discusiones profundas y creativas sobre la disciplina con sus hijos, y se sintieron más cerca el uno del otro de lo que se habían sentido en mucho tiempo. En la siguiente sesión, con Vern teniendo la sensación de que las rupturas se podían reparar, en lugar de ser algo que había que evitar a toda costa, nuevos golpecitos en los puntos de acupuntura disolvieron su incomodidad visceral sobre manifestar una falta de acuerdo con Gloria. Poder tolerar rupturas y repararlas eran habilidades esenciales en la capacidad de Vern de dar el siguiente paso en la evolución de su matrimonio.

Los tres grupos de habilidades analizados en esta sección —calmarse a sí mismo, manejo propio de las emociones y capacidad de reparar rupturas dentro de una relación íntima— se determinan en nuestra familia de origen e interacciones tempranas con nuestros cuidadores. Pero son habilidades que podemos seguir desarrollando y perfeccionando a lo largo de nuestras vidas. En especial en el crisol de nuestras relaciones íntimas de pareja, descubrimos los defectos de las estrategias que hemos utilizado desde la infancia. Los casos aquí descritos ilustran problemas en estos tres grupos vitales de las habilidades para las relaciones. Todos ellos suponían todo un reto, pero no eran particularmente inusuales. Esperamos que esta exposición haya proporcionado un contexto para reconocer tus propios puntos fuertes en estas habilidades, además de evaluar las áreas que puedan requerir atención, junto con modelos instructivos. Un apego más saludable en tus relaciones más íntimas es una recompensa que bien merece el esfuerzo.

Llegamos al capítulo 6

Como viste con Elizabeth, Raúl, y Vern y Gloria, dar golpecitos en puntos de acupuntura —el procedimiento físico esencial en la psicología energética— se puede aplicar para superar fallos en tus habilidades para las relaciones, mientras se fortalecen las bases de tus vínculos. Estos esfuerzos focalizados también pueden contribuir a muchos otros aspectos de tu relación, y no sólo de manera accidental, sino también a tu propia evolución personal. El capítulo 6 te presenta los pasos básicos de un sencillo, pero poderoso, protocolo de la psicología energética.

Cambiar vuestro futuro no repitiendo vuestro pasado

Abrir vuestro camino hacia una nueva química cerebral

El verdadero viaje de descubrimiento no consiste en buscar
nuevos paisajes, sino en tener nuevos ojos.
—Marcel Proust[1]

asándonos en las tres décadas que llevamos impartiendo seminarios de energías de amor, nuestro editor de Tarcher/Penguin nos pidió que escribiéramos este libro. Nos pareció una invitación excitante, pero de algún modo albergábamos una duda un tanto supersticiosa. Hemos conocido a lo largo de los años a varias parejas que han escrito libros sobre el trabajo de pareja y cuyos matrimonios se disolvieron poco después de publicarse su libro. No queríamos tentar a los dioses de la relación. Junto con la catástrofe personal y el embarazoso bochorno que implicaría, nos inquietaba la arrogancia de mostrarnos como una pareja que de algún modo había «llegado a comprender» los dulces y no tan dulces misterios del amor.

Y, en efecto, tan pronto como estábamos tratando en serio el tema del libro con el editor, nuestra relación adoptó un grave giro cuesta abajo. Nuestra organización llegó a explotar en aquel momento, creciendo de ma-

---

1. Roger Shattuck, *Proust,* Londres, Fontana, 1974, 131.

nera exponencial. Ambos estábamos bajo una presión tremenda. No en vano, dadas las diferencias existentes entre nuestros modos de contemplar el mundo, no veíamos de la misma forma muchas de las decisiones críticas que estábamos tomando y que conformarían el futuro de nuestra organización y el trabajo de nuestra vida. Para empeorar las cosas, los sistemas sensoriales que funcionan por defecto cuando pasamos por situaciones de estrés (capítulo 1) parecían estar volviéndose tan exagerados que los malentendidos se acumulaban. Donna, como kinestésica, es muy expresiva emocionalmente, mientras que David, como cerebral, quiere arrastrarse para entrar en su cueva interna y replegarse en momentos de malestar. Así pues, Donna se sentía insatisfecha y menospreciada, y esto, por supuesto, incrementaba su sensación de malestar. Al sentirse presionado a no retirarse, David intentaba equilibrarse en cada tema candente en el que nos enfrentábamos, pero empezó a responder de un modo que «apenas podía creer que fuera yo».

Con un imparable estrés entre nosotros, y ambos atrapados en nuestros estilos de respuesta ante la amenaza, David traspasó el límite de sus tranquilas defensas. Empezó a gritar a Donna, a insultarla y, por lo general, a empeorar una situación que ya estaba demasiado mal. Sí, incluso un cerebral recalcitrante puede perder los papeles. Tu estilo energético ante el estrés es un modo de procesar información, pero si la persona que amas y tus capacidades de razonamiento lo llevan demasiado lejos, puede retroceder hasta aproximadamente el equivalente de un niño de cuatro años durante una pataleta. Que tu pareja te pueda mandar por la madriguera del conejo hacia otro encuentro con tus tosquedades parece formar parte del gran plan de la naturaleza para ayudarte a evolucionar.

Después de cada incidente, David deseaba no dispararse la próxima vez. Usó todas las técnicas que conocía. Podía traer a la mente la última pelea y usar trucos para reducir su respuesta emocional mientras la recordaba, y eso pareció ayudar. Entonces llegaba al siguiente enfrentamiento equilibrado, despejado y lleno de confianza, pero en cinco minutos se encontraba gritando de nuevo y cerrando las puertas de golpe. ¡Qué malos augurios para escribir nuestra gran obra sobre las relaciones! Un día después de que hubiera sucedido por decimoquinta vez en tres meses, él salió al jacuzzi del bloque de apartamentos donde nos alojábamos. Afortunadamente, no había nadie más allí. Decidió intentar una práctica de concienciación para aumentar su comprensión de lo que estaba sucediendo. Ésta es su versión de lo ocurrido:

> Puse mi voluntad en advertir la textura de mi experiencia en los momentos en que tenían lugar estas explosiones y justo antes de ellas. Concentrándome en eso, simplemente seguí respirando y me fijé en lo que iba surgiendo. Al principio había un montón de cháchara interna, justificaciones, juicios propios, rabia hacia Donna, viendo su dulce semblante transformado en fiero por la frustración y la ira, el miedo de que se descubriera que es un fraude, imágenes del titular en nuestro boletín electrónico anunciando el divorcio de los autoproclamados virtuosos de la relación. Simplemente observaba esas cosas y las dejaba pasar. Volví a la respiración. Entonces emergió una imagen muy vaga. Pero era capaz de situarla. Era la parada del autobús donde me dejaban cada día después del colegio, durante el primer curso de educación primaria. Otro niño y yo éramos los únicos que nos bajábamos allí. Por desgracia para mí, era el abusón de la clase, un chico fibroso, pero muy fuerte, al que por alguna razón llamaban Rechoncho. Recuerdo que su padre era agente de policía y que era el chico más duro y el mejor luchador de nuestra clase. Yo, por el contrario, era alto, delgado, muy descoordinado, muy tímido y socialmente cobarde: el blanco perfecto para abusones de mucha menos estatura que Rechoncho. Así pues, no suponía un gran esfuerzo para él apalearme, y yo por lo general me escapaba con sólo un puñetazo en el estómago o la mandíbula, lo suficiente para hacerme llorar. Una vez satisfecho por haberme hecho el daño suficiente para reafirmar su dominio, se daba la vuelta y caminaba a casa.
>
> Pero el día que apareció en mi visión, algo de mal agüero había sucedido en el colegio. La profesora estaba enfadada con la clase por ser especialmente revoltosa. Durante el recreo, nos retuvo dentro en vez de dejarnos salir al patio como solía hacer. Pero tenía que lidiar con nuestra necesidad de ir al baño, así que alineó a todos los niños en una fila, y a todas las niñas en otra, y nos hizo desfilar a los servicios de niños y niñas. Pero antes nos advirtió que incluso si uno solo de nosotros hablaba, la clase entera tendría que apoyar la cabeza sobre el pupitre durante treinta minutos, un castigo de lo más desagradable para niños con cuerpos inquietos y en creci-

miento. Si guardábamos perfecto silencio durante la pausa para ir al baño, nos leería en su lugar una historia que estábamos todos ansiosos por conocer. Después de terminar en el retrete, caminé hacia el lavabo a lavarme las manos y otro niño llegó al mismo tiempo. Di un paso atrás y le invité a ir primero. En ese desafortunado momento, coincidió que la profesora echó una ojeada al baño de niños, vio mi boca moviéndose, y eso fue todo. La clase entera pasó la siguiente media hora interminable con nuestras pequeñas cabezas entre nuestros pequeños brazos, doblados sobre nuestros pequeños pupitres incómodos. La profesora no dijo el nombre del culpable, pero afirmó que era alguien de quien nunca habría sospechado. Por supuesto, al final de la jornada escolar, todos sabían que era yo. No podía haberme sentido más humillado o más excluido.

También le dio la oportunidad a Rechoncho de propinarme una paliza extra fuerte. Y ésa fue la escena que salió a la luz de la vaga imagen inicial de la parada de autobús. Me sorprendió que apareciera justo entonces, en parte porque décadas antes había tratado mi relación con Rechoncho hasta la saciedad en terapia psicodinámica hablada. Sentí que ya estaba terminada, procesada, completa. Concretamente, al principio no veía ninguna relación entre este recuerdo y mis discusiones con Donna. Pero incluso mientras seguía devolviendo mi atención a la respiración, había abierto un portal que seguía presentando diferentes aspectos del recuerdo y por ello relaciones con mi problema de ese momento. Aunque nadie vería jamás a Donna como una abusona, con las presiones que teníamos, las complejas demandas de la organización y el infortunio de haber acordado mantener nuestra relación como si fuera un modelo, nos volvimos más cáusticos de lo que jamás habíamos sido en los treinta y tres años que por aquel entonces llevábamos juntos. Sentía que estaba entregando mi corazón y mi alma a la organización, y la discrepancia y las críticas de Donna hacia mis mejores esfuerzos los sentía tan injustos como convertirme en el malo de la clase sólo por haber indicado a otro niño que podía usar el lavabo primero.

La sensación de arbitrariedad e injusticia fue el vínculo invisible entre lo que estaba llevando a cabo con Donna y lo que todavía seguía sin sanar en mi psique. Mi sensación de sentir que me estaban acosando se convirtió en el contexto psicológico de nuestros intercambios. Podía estar simplemente manteniendo una discusión con Donna sobre un asunto sensible y de repente, de manera inusitada, encontrarme gritándole como si mi vida dependiera de ello. Estaba desesperado, y cada enfrentamiento sin resolver no sólo dañaba nuestra relación: los problemas no resueltos perjudicaban nuestra organización de modos que estaban dificultándonos más la vida. Mediante «golpecitos en los puntos de acupresión» [la técnica que aprenderás en este capítulo] sobre el recuerdo y sobre el tema de los acosos, los detonantes perdieron su poder, y mis reacciones a los altercados más recientes también pude neutralizarlos. Desde entonces no me he vuelto a involucrar en una de esas discusiones. Esto tuvo un efecto dominó positivo. Ahora Donna podía expresar sus frustraciones y que la escuchara en lugar de pelear con ella, lo que permitía que tuviera lugar una verdadera resolución de problemas, y pronto volvimos por el buen camino el uno con el otro. Tengo una larga serie de trucos clínicos, pero dar golpecitos en los puntos de acupresión fue lo que me permitió atravesar la puerta que eliminó este cable de disparo de explosivo de nuestro matrimonio.

Los pasos que siguió David cuando la vida le había empujado más allá de sus habituales estrategias de enfrentamiento empezaron identificando una experiencia de la infancia que se encontraba en la raíz de un problema actual. Aquí es donde empiezan muchos enfoques transformadores desde el psicoanálisis de Freud. Las dificultades por las que pasamos con nuestras parejas tienen a menudo un análogo en nuestro pasado, en nuestro historial de apego. Lo que es *nuevo* es una más profunda valoración del papel del cuerpo en los temas de la mente. Está surgiendo una poderosa nueva forma de sanación psicológica gracias a las psicoterapias que trabajan con el soma (cuerpo), además de con la psique. Después de todo, somos, fundamentalmente, «psiques encarnadas». El cuerpo entero —no sólo el cerebro— lleva encima nuestros recuerdos, nuestros conflictos, nuestras lecciones vitales, incluso la latencia de la próxima etapa de nuestra evolución, y lo hace en sus sistemas energéticos.[2] Del cuerpo y de sus energías nace un tipo completa-

---

2. Esta idea se desarrolla más detenidamente en el capítulo 7 del libro de Donna, *Energy Medicine*, rev. ed., Nueva York, Tarcher/Penguin, 2008.

mente nuevo de sanación transformadora, no disponible cuando la psicoterapia se limitaba al tratamiento *psicológico*. Llevar las vísceras al proceso de sanación emocional abre una dinámica mente-cuerpo que no se ha integrado previamente, creando toda una nueva espiral de posibilidades.

Cómo un poco de conocimiento sobre los puntos de acupuntura puede hacer mucho bien

Los órganos de la emoción —como el corazón, el estómago, los riñones y el hígado— están conectados energéticamente con puntos de la piel conocidos como puntos de acupuntura (o puntos de acupresión, o bien acupuntos). Por muy simple que te pueda parecer, dar golpecitos sobre estos puntos, mientras te concentras en un problema, es el camino más directo y potente que conocemos para involucrar el cuerpo en el proceso psicoterapéutico. Inicia un reprocesamiento de experiencias emocionales no resueltas, lo que permite a los patrones actuales cambiar con rapidez, y es una de las principales intervenciones usadas en psicología energética.

Los acupuntos son puertas hacia el sistema energético del cuerpo, y actúan como interruptores que pueden aumentar o disminuir el flujo de energía a zonas específicas del cuerpo. El uso tradicional de agujas de acupuntura no es necesario. La psicología energética te enseña cómo masajear o dar golpecitos sobre una docena de puntos que influyen en tus emociones, mientras piensas en escenas específicas asociadas con un problema o una meta. El proceso cambia no sólo la *atmósfera psicológica* que hay en torno a la situación en que nos concentramos —con lo que se reduce la ansiedad, aumenta la confianza, sanan viejas heridas y mejora en general la libertad de superar la situación con más eficacia y alegría—, sino que también cambia tu *química cerebral*.[3] Mediante los golpecitos en los acupuntos, puedes eliminar patrones emocionales obsoletos alterando las rutas neuronales que los mantienen.

De hecho, los terapeutas de psicología energética suelen hablar sobre el modo en que un cliente cree que un tema concreto se resolvió en psicote-

---

3. David Feinstein, «What Does *Energy* Have to Do with Energy Psychology?» *Energy Psychology: Theory, Research, and Treatment* 4, n.º 2 (2012): 59-80.

rapia previa, sólo para descubrir que los viejos pensamientos, sentimientos y conducta siguen actuando como intrusos. Después de localizar el problema a nivel corporal, en este caso dando golpecitos sobre los acupuntos, el patrón se transforma en su núcleo neurológico. David había hablado previamente con los terapeutas *ad nauseam* sobre el acoso que había experimentado, y esto aumentó su conocimiento y comprensión. Sin embargo, seguía apareciendo su respuesta visceral ante situaciones que sacaban a la luz emociones relacionadas con el hecho de haber sido víctima de acoso. La buena noticia para nosotros, y para ti, es que combinando sencillas técnicas de golpecitos en los acupuntos con el conocimiento actual de cómo funciona el cerebro, la psicología energética está haciendo disponible, para cualquiera, procedimientos directos para generar profundos beneficios. Podemos cambiar rápida y decisivamente patrones de larga duración que nos limitan a nosotros y a nuestras relaciones.

→ LA DIMENSIÓN ENERGÉTICA ←

Puntos de acupresión

Más de trescientos puntos en la superficie del cuerpo, conocidos como puntos de acupresión, bajan a lo largo de los meridianos, canales de energía que fueron identificados por los antiguos médicos chinos hace miles de años. Los puntos de acupresión son puntos vitales sobre la superficie del cuerpo que tienen menor resistencia eléctrica y mayor sensibilidad que otras zonas de la piel. Se sitúan sobre las líneas de los meridianos, de las cuales los científicos modernos han comprobado que se corresponden con el tejido conjuntivo del cuerpo.[4]

El modo en que funciona puede parecer simple, pero *encarnar* un cambio psicológico a través de una intervención basada en el cuerpo como dar golpecitos es un avance profundo dentro de la psicoterapia. Llevas a la mente

---

4. Helene M. Langevin y Jason A. Yandow, «Relationship of Acupuncture Points and Meridians to Connective Tissue Planes», *Anatomical Record* 269, n.º 6 (2002): 257-265.

un recuerdo o detonante emocional, golpeas una secuencia de puntos de acupresión, y tiene lugar un cambio en tu cerebro, tus energías y tu psique. Las viejas heridas sanan. Los patrones destructivos pierden su influencia. Se abren nuevas posibilidades. Aunque nos parezca poco probable, los estudios científicos y clínicos que muestran cómo es esto posible, y por qué resulta efectiva la psicología energética, se describen detalladamente en un artículo para una revista científica que en un principio se escribió para este capítulo. Es demasiado largo y académico, pero se encuentra disponible para su descarga gratuita en www.tapping.innersource.net

Cariño, eres el catalizador de mi crecimiento. ¡Muchas gracias!

Las psiques se entrelazan en las relaciones profundas. Se forman «bucles de retroalimentación neuronal», que son tan potentes que dos cerebros empiezan, en cierto modo, a funcionar como uno solo, como un único *sistema nervioso colectivo*.[5] Las energías de las parejas se responden la una a la otra antes de que se haya dicho una palabra. ¡Apego en funcionamiento! Un cónyuge empieza a sentir una necesidad emocional, se transmiten señales energéticas y el cerebro del otro se activa como respuesta a ello. Adorable... suponiendo que el cerebro de tu pareja sea propenso a pensamientos amorosos, sintonizadores y validadores.

Sin embargo, no llegamos a nuestras relaciones con una hoja emocional en blanco. Muchas de las dificultades psicológicas que la gente tiene en sus relaciones se remontan a experiencias emocionales difíciles anteriores. Éstas originan aprendizajes arraigados que están en el núcleo de las respuestas emocionales, patrones de conducta y creencias sobre nosotros mismos y nuestro mundo que pueden socavar nuestras mejores intenciones. Son las manchas de leopardo de la psique humana, bastante difíciles de cambiar. La cerrazón o los ataques de David, cuando sentía que una situación era injusta, se remontaban a haber sido culpado injustamente y haber

---

5. Marion Solomon y Stan Tatkin, *Love and War in Intimate Relationships,* Nueva York, Norton, 2011.

sido víctima de acoso más de quince años antes. Tales escenarios internos se encuentran a menudo en la raíz de los patrones destructivos que la gente sigue durante todas sus vidas. La experiencia no procesada de David en relación con el incidente de acoso y la influencia que estaba ejerciendo en nuestro matrimonio es un drama que se repite de innumerables formas, en todas las parejas.

De hecho, tu relación tiene una asombrosa capacidad de recrear cualquier asunto que no esté resuelto y siga así en tu interior. Muchas parejas sufren con la intrusión de los mismos asuntos, de forma constante, día tras día y año tras año. Para protegerse, pueden —consciente o inconscientemente— estructurar sus interacciones para intentar evitar esas experiencias dolorosas. Nuestro querido amigo Peg Elliott Mayo, que fue el primer supervisor clínico de David en 1968, se refiere a esta estrategia como «empapelar una pared por encima de las cucarachas». Tales zonas de exclusión pueden funcionar hasta cierto punto, pero cuando trazas líneas más allá de las cuales ni tú ni tu pareja podéis aventuraros, tu espontaneidad e intimidad también sufren. Este acuerdo limitante puede descender por debajo de la superficie e incrustarse en los cimientos de tu relación. La hipersensibilidad de una mujer a la crítica permite que su marido tenga información que resulta vital para un flujo íntimo entre ellos. La fácilmente activable rabia de un hombre induce a su mujer a no ser espontánea con él. Esto reduce la frecuencia de sus estallidos, pero no los elimina, y ella está enfriando de manera sistemática su ánimo, día tras día.

¿En qué estaba pensando la naturaleza al disponer las cosas de forma que aquellos a los que más amamos saquen a la luz las partes de nosotros que son más difíciles de amar? Hay un fuerte impulso para que nuestras heridas emocionales tengan lugar, una y otra vez, en nuestras relaciones más profundas. ¿Tal vez esta extraña vuelta de tuerca del plan del amor está diseñada para convertirnos en mutuos catalizadores de nuestro crecimiento y de nuestra curación: el uno del otro y viceversa? Los viejos patrones se repiten —una y otra vez— hasta lograr llevarse a una nueva resolución.

Aunque esta nueva resolución no sea automática ni esté garantizada, sanar viejas heridas que se encuentran en la base de los problemas actuales abre nuevas perspectivas. Por muy doloroso que pueda ser entrar en este territorio —incluso cuando lo hacemos plenamente conscientes y armados con herramientas para la sanación—, el resultado puede transformaros a ti y a tu relación de muchas maneras llenas de esplendor. Tu relación de pareja proporciona no sólo el *contexto* en el que se muestran las heridas; también puede ser un *recipiente* para curarlas.

Qué pueden hacer los golpecitos por ti y por tu relación

Algunas de las herramientas más potentes para producir tales curaciones implican trabajar con tus energías. Los patrones energéticos que se remontan a la infancia traen consigo nuevas situaciones. Piensa en cómo un imán, situado debajo de un trozo de papel sobre el cual se han colocado limaduras de hierro, creará un patrón. Puedes reemplazar las limaduras de hierro con otro conjunto totalmente diferente de limaduras de hierro y seguirás viendo el mismo patrón. Las experiencias de la infancia están codificadas en las energías de tu cuerpo, y estas energías actúan como plantillas que imponen los mismos patrones esenciales –una y otra vez– en la panorámica desplegada por tu vida, aunque cambien los personajes y las circunstancias. La contribución fundamental de Freud fue articular el modo en que esto funciona, pero la terapia hablada que desarrolló para transformar los temas persistentes que se remontan a épocas anteriores por lo general no era suficientemente potente para generar un cambio profundo y duradero. Resulta que los campos de energía, al organizar los circuitos de las neuronas del cerebro, proporcionan el pegamento que mantiene en su lugar los viejos patrones, y también tienen la clave para cambiarlos.[6]

La psicología energética aborda los problemas a este nivel, ejerciendo su influencia sobre los campos de energía que mantienen hábitos psicológicos desfasados. Cuando piensas en un problema emocional –como por ejemplo una situación con tu pareja que dispara dolor o rabia irracionales–, activas el campo energético involucrado con ese problema. Simultánea-

---

6. Feinstein, «What Does *Energy* Have to Do with Energy Psychology?».

mente, dar golpecitos en puntos de acupresión seleccionados que producen calma cambia el panorama interno en torno al problema.

¿Puede suponer una diferencia tan grande el hecho de dar golpecitos? Las reacciones de David hacia Donna, que se remontaban a sus experiencias infantiles de haber sido víctima de acoso, se transformaron en una sola tarde. Numerosos estudios han establecido la eficacia de los golpecitos en los puntos de acupresión en la resolución de una amplia gama de dificultades psicológicas de manera rápida y permanente.[7] Aquí hay siete modos en que la psicología energética puede ayudarte a mejorar tu relación:

1. Permite moverse por la presión emocional sin incrementarla.
2. Cambia el modo en que respondes a los detonantes que te habían provocado rabia, dolor o resentimiento.
3. Facilita el hecho de remontar problemas emocionales a experiencias formadoras de apego.
4. Sana heridas emocionales que surgieron de aquellas experiencias.
5. Transforma los patrones que nacieron de esas heridas.
6. Completa cualquier otro «tema pendiente», incluyendo «lastres» de relaciones anteriores, o de épocas previas, en tu relación actual.
7. Establece una fuerte visión mental sobre cómo quieres que tú o tu relación cambiéis, y genera nuevas conexiones[8] en tu cerebro para apoyar esa visión.

¿Promesas extraordinarias? ¡Sí! Trataremos brevemente las limitaciones y advertencias, pero podemos decir que, en el curso de nuestras largas carreras, la psicología energética es la herramienta más poderosa que hemos encontrado para ayudar a las parejas a cambiar patrones no deseados en sus interacciones. Te invitamos a que dejes a un lado tu probable incredulidad, si nunca la has visto en acción, y que le des una oportunidad.

---

7. David Feinstein, «Acupoint Stimulation in Treating Psychological Disorders: Evidence of Efficacy», *Review of General Psychology* 2012, 16(4), 364-380.
8. «Sinapsis», si habláramos con los términos utilizados por la neurobiología y psicobiología. *(N. del T.)*

Pautas importantes y responsabilidades
que revisar antes de empezar

La psicología energética es un arma simple, pero poderosa. Como cualquier arma poderosa, debería usarse con cuidado y siendo conscientes de sus limitaciones, así como de sus puntos fuertes. Te mostraremos cómo aplicarla sobre una base de autoadministración y autoayuda. En el momento de escribir estas líneas, más de medio millón de personas han participado *en cada una* de las últimas cuatro cumbres mundiales de los golpecitos de acupresión que se celebran cada año por Internet, y más de dos millones de personas han descargado un manual que proporciona los fundamentos para usar la psicología energética en régimen de autoayuda. Se trata de cifras sin precedentes para cualquier enfoque de autoayuda. Las personas están descubriendo que funciona. Los estudios de los resultados clínicos, cuando la administran psicoterapeutas, han desvelado que no hay prácticamente informes sobre daño causado por el protocolo,[9] aunque ninguna investigación ha indagado, hasta la fecha, sobre su seguridad como técnica de autoayuda. Por tanto, se deben tomar las siguientes precauciones.

Aprender un método como éste a partir de un libro conlleva todas las limitaciones de cualquier proceso de aprendizaje unidireccional. Además, dominar los fundamentos de la psicología energética no te convertirá en un terapeuta, si no lo eres ya. La psique humana es el terreno más complejo en el universo conocido, y puede ser delicado.

Sin embargo, basándonos en nuestros talleres, y viendo el trabajo de otros que enseñan métodos energéticos, creemos que casi cualquier persona puede usar la psicología energética de formas que la beneficiarán. Igual que la respiración profunda puede relajar tu sistema cardiovascular, dar golpecitos en puntos de acupresión seleccionados puede reducir la disfunción, la rabia, los celos, la ansiedad, el miedo y otras emociones no deseadas. Éste es un proceso mecánico. Piensas en una respuesta emocio-

---

9. Dawson Church y David Feinstein, «Energy Psychology in the Treatment of PTSD: Psychobiology and Clinical Principles», en Thijs Van Leeuwen y Marieke Brouwer, eds., *Psychology of Trauma*, Hauppauge, NY, Nova Science Publishers, 2013, 211-224.

nal problemática y luego creas un contexto energético interno que no sea compatible con esa respuesta emocional. Después de enseñarte a efectuar el procedimiento, te guiaremos para aplicarla de modos que estén diseñados para beneficiar a tu relación.

Cuán lejos puedas llevar esto depende de una variedad de factores. En primer lugar, hay algunas circunstancias donde *sólo* deberías proceder con un psicoterapeuta o consejero matrimonial licenciado y experto. Si tienes un historial de trauma severo en tus antecedentes, una grave enfermedad mental, o si tu relación está profundamente alterada, si implica abuso emocional o físico, drogas, alcohol, apuestas u otras adicciones severas, o si estás a punto de separarte, tus necesidades se encuentran fuera del alcance de una aplicación sin guía de las técnicas presentadas en este capítulo y el siguiente.

Los capítulos pueden inspirarte para usar la aplicación de los golpecitos sobre los puntos de acupresión, pero no deberías usarlos si no es con ayuda profesional.

Si no hay motivo para llevar a cabo las precauciones anteriores y si estás usando el enfoque que se enseña como autoayuda, el éxito que tengas con los métodos dependerá en parte de tu motivación. Los capítulos de esta sección te enseñan una habilidad que requiere práctica y aplicación. Puedes leer sobre estos métodos y adquirir una buena cantidad de información sin aplicarlos, pero para que tengan lugar los beneficios enumerados anteriormente, debes implicarte y ponerlos en práctica. Cuando lo hagas, casi con toda certeza encontrarás que las herramientas son poderosas, pero también puedes hallar algunos obstáculos.

El primero es que todos tenemos puntos ciegos, en especial en áreas donde los viejos aprendizajes y las experiencias sin procesar interfieren con nuestras respuestas y conocimientos actuales. Puede que simplemente no seas capaz de moverte por este territorio de una manera que te aporte la sanación y el fortalecimiento que está, sin embargo, disponible. Si te quedas atascado en tus propios esfuerzos de autoayuda, pedir asistencia a tu pareja puede aportar otro conjunto de ojos, orejas, perspectiva y entendimiento que te ayuden a llegar al otro lado. Pero puede que requiera a alguien con experiencia profesional, o al menos a alguien que no esté involucrado íntimamente en la situación.

En casi cualquier ciudad importante pueden encontrarse terapeutas que usan la psicología energética.[10]Algunos son profesionales de la salud mental con licencia. Otros trabajan como asesores personales, como consultores de alto rendimiento o con denominaciones similares. Muchos deportistas y artistas del mundo del espectáculo, por ejemplo, creen que la psicología energética resulta extraordinariamente útil para mejorar su rendimiento. Los líderes empresariales y comunitarios saben que proporciona valiosas herramientas para aprovechar sus puntos fuertes y superar sus puntos débiles. La línea entre poder beneficiarse de los métodos de autoayuda y necesitar asistencia profesional puede ser borrosa y merece un examen cuidadoso y responsable.[11]

Además de las circunstancias mencionadas con anterioridad, la salud del cerebro es otro aspecto que debemos tener en cuenta. Especialmente en personas que han sufrido lesiones cerebrales, graves traumas emocionales, exposición a sustancias tóxicas, abuso de alcohol o drogas, continua privación de sueño o desnutrición crónica, la influencia en tu cerebro puede estar limitando tu relación. Por suerte, hay muchas cosas que pueden hacerse para superar estas limitaciones. En su libro *The Brain in Love,* el psiquiatra Daniel Amen proporciona información sobre cómo identificar deficiencias en áreas cerebrales específicas y cómo abordar tales deficiencias con ejercicios mentales o físicos, dieta, suplementos nutricionales o medicación, cuando sea necesaria.[12]

También queremos que seas consciente de que dar golpecitos en un asunto *puede* incrementar la intensidad de tus emociones y el malestar asociado, *antes* de reducirlos. Esto no es lo que sucede habitualmente, ni es en sí mismo

---

10. En la sección de recursos de www.energypsyched.com pueden encontrarse diversas organizaciones que ofrecen formación en psicología energética, además de una lista de profesionales que ellos mismos han certificado o que consideran competentes. Como siempre sucede al elegir a un experto en algún tema importante, hay que seleccionar con cuidado basándonos en la formación, experiencia y prestigio, así como en el buen entendimiento desde los momentos iniciales.

11. La Asociación Psicológica Americana ofrece pautas bien fundamentadas para determinar si necesitas psicoterapia, y para encontrar un psicólogo en caso afirmativo, en la página www.apa.org/helpcenter/choose-therapist.aspx. Los principios son los mismos cuando se busquen los servicios de otros profesionales de la salud mental, como psiquiatras, trabajadores sociales y asesores matrimoniales o familiares.

12. Daniel G. Amen, *The Brain in Love,* Nueva York, Three Rivers Press, 2007.

el hecho de dar golpecitos lo que en realidad incrementa el malestar. En lugar de eso, aunque los golpecitos empiezan a reducir tu malestar, pueden abrir una vía para que te involucres plenamente en tu situación emocional, y los sentimientos reprimidos podrían aflorar de inmediato. También pueden aparecer nuevas capas, como por ejemplo recuerdos de situaciones similares del pasado que nunca se resolvieron por completo.

Continuar con el protocolo aquí presentado por lo general te permitirá superar estos aparentes contratiempos, pero si te sientes abrumado, acude directamente a las instrucciones de la sección «Si el programa se vuelve perturbador», al final de este capítulo. Puedes retomar el tema más tarde, tú solo o con la ayuda de tu pareja, otra persona experta en el uso de técnicas de psicología energética o un psicoterapeuta. Cuando un asunto empeora antes de mejorar, la buena noticia es que has encontrado algo importante y que tienes la posibilidad de sacar fuera de ti energías bloqueadas. Esto es liberador no sólo psicológicamente, sino también a nivel físico.

Otra advertencia. ¡Por favor, no uses las herramientas ofrecidas aquí como arma contra tu pareja! Si tu pareja está enfadada o molesta contigo, ése *no* es el momento de decir: «¡Simplemente expúlsalo dando golpecitos, cariño!». Es el momento de escuchar. Si escuchar y contestar con tu corazón no resuelve los temas, es el momento de sacar a relucir vuestro pacto (capítulo 3). Dar golpecitos en los puntos de acupresión puede ser una de las herramientas para centrarte y equilibrar tus propias energías (parte 2 del pacto), pero no es un método que uno de los cónyuges quiera imponer sobre el otro. La línea entre *sugerir* e *imponer* puede, sin embargo, ser engañosamente fina.

La «receta básica»: un protocolo simple y efectivo de psicología energética

Debemos admitir que, por todas las razones analizadas, nos mostrábamos reacios a presentar esos métodos aquí. Podríamos haberos aconsejado que asistierais juntos a una clase de técnicas de liberación emocional (EFT),[13]

---

13. Iniciales de «Emotional Freedom Techniques». *(N. del T.)*

terapia del campo mental (TFT),[14] técnica de acupresión tapas (TAT),[15] libérate rápidamente (BSFF),[16] o alguna de las otras formas populares de psicología energética. Ese tipo de clases son cada vez más accesibles y se enseñan con regularidad en seminarios y centros de retiro, como el Esalen Institute, el Omega Institute y Kripalu. No obstante, han ido aumentando los informes sobre individuos que han usado los procedimientos de manera segura y efectiva como autoayuda. Hemos oído hablar de ellos no sólo por parte de nuestros colegas y estudiantes. Miles de informes de casos que describen resultados positivos se han publicado en páginas web, blogs y otros medios electrónicos.[17] Aunque aún resultan anecdóticos, los resultados positivos que describen nos han dado tanta confianza que –tras plantear las anteriores precauciones y las pautas adicionales que encontrarás al final de este capítulo– podemos ofrecerte el método de modo responsable y optimista.

La mejor forma de aprender las técnicas de psicología energética a partir de un libro es experimentarlas contigo mismo.[18] Hay algunas habilidades que dominar y algunos peligros inherentes. Aunque dar golpecitos es una intervención de autoayuda segura, abrirte a heridas del pasado o recuerdos traumáticos puede evocar emociones desagradables que quizás sean difíciles de afrontar. Si debido a las anteriores palabras de precaución estás preocupado por el hecho de que usar estos métodos en régimen de autoayuda pueda resultar demasiado perturbador para ti, por favor, habla sobre ellos antes con alguien en cuya opinión confíes: amigo, cónyuge, miembro de la familia, terapeuta o consejero espiritual. Si estás lidiando con las secuelas de un trauma severo o una enfermedad psiquiátrica diagnosticable, usa es-

---

14. «Thought Field Therapy». *(N. del T.)*

15. «Técnica de Acupresión Tapas» *(N. del T.)*

16. «Be Set Free Fast» *(N. del T.)*

17. Véase www.eftuniverse.com/

18. Para leer una exposición más extensa de las técnicas resumidas en esta sección, se puede consultar David Feinstein, Donna Eden y Gary Craig, *The Promise of Energy Psychology: Revolutionary Tools for Dramatic Personal Change,* Nueva York: Tarcher/Penguin, 2005. El enfoque de ese libro, y del presente, consiste en una variante del conocido método de las TLE (técnicas de liberación emocional). La TLE la creó Gary Craig a partir de la terapia del campo mental (TCM), de Roger Callahan. En www.energypsyched.com puede obtenerse un DVD con un seminario de cuatro horas, titulado *Introducción a la psicología energética.*

tas técnicas sólo con el asesoramiento de un profesional de la salud mental. También puedes simplemente leer o saltarte estos capítulos por ahora, ir a la parte 3, y decidir posteriormente si experimentar con las instrucciones guiadas y cómo hacerlo.

Pero si estás interesado en aprender una habilidad que puede serviros a ti y a tu relación para siempre, tómate tiempo para usar estas instrucciones a modo de tutorial. Te enseñarán una destreza para hacer florecer las energías del amor. Empieza siguiendo estos pasos individualmente, incluso si estás trabajando con tu pareja. El texto te dirá cuándo empezar a trabajar juntos.

ANTICIPO: DATOS ESENCIALES
PROTOCOLO DE PSICOLOGÍA ENERGÉTICA
→ LA «RECETA BÁSICA» ←

Preliminares
Selecciona un recuerdo o problema, evalúa tu malestar de cero a diez, céntrate en la energía en equilibrio y formula una declaración de aceptación y una frase mnemotécnica.
Parte 1: Da golpecitos sobre los puntos del meridiano central (*véase* figura 6-1) mientras dices: «Aunque [nombra el problema]» (frase mnemotécnica) y luego coloca tus manos en el centro de tu pecho mientras afirmas: «me amo profundamente y me acepto a mí mismo» (declaración de aceptación). Repite tres veces.
Parte 2: Da golpecitos en los puntos (*véase* figura 6-3), mientras dices tu frase mnemotécnica.
Parte 3: Haz la secuencia de integración: da golpecitos en la rugosidad bajo la V donde se encuentran tu dedo anular y meñique, en el dorso de tus dos manos, mientras

    1) cierras los ojos,
    2) abres los ojos,
    3) miras hacia abajo y a la derecha,
    4) miras hacia abajo y a la izquierda,
    5 mueves los ojos formando círculos,
    6) mueves los ojos formando círculos, en dirección contraria,
    7) tarareas el compás de una canción,
    8) cuentas hasta cinco, y
    9) tarareas de nuevo. Opcionalmente puedes acabar realizando un barrido con los ojos desde el suelo hasta el techo, enviando energía a través de ellos.

Parte 4: Repite la parte 2.
Repite esta secuencia (partes 1 a 4) hasta que la evaluación del recuerdo o problema haya descendido a cero o cerca de cero. Desafía los resultados obtenidos tratando de invocar el sentimiento que te inquietaba.

Selecciona un recuerdo

Para acceder directamente a la receta básica, empieza pensando en un recuerdo, preferiblemente de la infancia, que tenga una carga emocional negativa para ti. Más tarde aprenderás a aplicar las mismas técnicas a las respuestas emocionales no deseadas que surjan en situaciones actuales, además de otros retos, pero para este ensayo inicial sugerimos que empieces con un recuerdo. La mayoría de los recuerdos que evocan un fuerte sentimiento negativo no han sido procesados por completo. La experiencia tal vez haya sido horrible, y procesarla psicológicamente no puede borrar eso, pero puede modificar los circuitos cerebrales que permiten que el recuerdo evoque los tipos de emociones y sensaciones físicas que formaban parte de la experiencia original. Cuando esto se haya cumplido, el recuerdo podrá integrarse de nuevas maneras que lo conviertan en un recurso y en una fuente de resistencia emocional, más que en una zona vulnerable.

Para los objetivos de este ejercicio, el recuerdo no debería pertenecer a un evento que haya involucrado heridas físicas ni a ningún tipo de abuso, pero puede incluir una fuerte carga emocional, como por ejemplo la pérdida de un ser querido; el momento en que te enteraste de que tus padres se iban a divorciar; la mudanza desde un hogar confortable a un vecindario de personas que no conocías; perderte en algo parecido a la selva; la muerte de una mascota; una traición; un incidente embarazoso en el que tus compañeros, tu equipo o toda tu clase se rieron de ti o se enfadaron contigo; o una situación en la que hiciste daño a alguien que te importaba. Todos los tenemos, y aunque puede que no pensemos en ellos con frecuencia, esos recuerdos, hasta que se resuelven emocionalmente por completo, arrastran una energía que agota sólo un poco de toda nuestra vitalidad. También limitan un poco nuestro mundo, porque a cierto nivel nos reprimimos nosotros mismos a la hora de realizar conductas o tomar decisiones que podrían crear consecuencias parecidas. Y como vimos en el recuerdo de David, de «cabezas sobre el pupitre», pueden detectarse mediante nuestras experiencias actuales y distorsionarlas.

El recuerdo debe consistir en una escena específica. Por ejemplo, si trata sobre el traslado de tu familia y las dificultades que tuviste para adaptarte, más que concentrarte de manera general en los retos que tuviste que afrontar, identifica un recuerdo *específico* que represente a los problemas que sufriste (por ejemplo, «me perdí caminando a casa el primer día de colegio y pensé que nunca volvería a encontrar a mis padres»). Una vez que ya tengas tu recuerdo, anótalo. Si estás trabajando con tu pareja o con un amigo, podéis describiros mutuamente vuestros recuerdos en este punto, en lugar de escribir sobre ellos. Uno de los puntos más fuertes de la psicología energética para parejas es que no sólo pueden tener éxito los procedimientos al aplicarse en régimen de autoayuda, sino que también tú puedes ser un tremendo apoyo para tu pareja tan sólo siendo testigo a lo largo del proceso.

Ponle al recuerdo una puntuación en unidades subjetivas de malestar (SUD)[19]

Una vez que hayas seleccionado la escena con la que deseas trabajar, el siguiente paso de la receta básica es puntuarlo en SUD (unidades subjetivas de malestar). Valora el recuerdo en una escala de cero (ningún malestar) a 10 (malestar extremo), basándote en la cantidad de desasosiego que experimentas en tu cuerpo o mente cuando piensas en el recuerdo o, como estamos a punto de sugerir, mientras recreas vívidamente el recuerdo en tu mente.

Sin embargo, no es necesario ni recomendable hacer esto tan vívidamente que te arriesgues a volver a traumatizarte. Puedes obtener un resultado satisfactorio con las técnicas energéticas sólo refiriéndote ligeramente al incidente. Si el tema en el que estás concentrado es especialmente intenso, se pueden usar diversas técnicas para mantener el recuerdo o sentimiento «a distancia». Podrías, por ejemplo, evaluar la escena «visualizándola» a través de un largo túnel, o del otro extremo de unos prismáticos. O podrías tan sólo pensar en *cómo sería* pensar sobre el asunto. En este método, mencionado por Gary Craig, el fundador de la EFT (la forma de psicología energética más ampliamente utilizada), como la técnica de «trauma sin lágrimas»,[20] tú tan sólo *adivinas* qué intensidad emocional tendría (en una escala de cero a diez), *si* tuvieras que imaginar vívidamente el desagradable incidente.

---

19. SUD = «Subjective Units of Distress» («Unidades Subjetivas de Malestar»). *(N. del T.)*
20. Feinstein, Eden y Craig, *The Promise of Energy Psychology*, 32.

Si, por el contrario, tienes problemas para mantener la concentración en el recuerdo, o para acceder a tus sentimientos al respecto, en lugar de *visualizar* la escena, podrías usar tu imaginación para ayudarte a *entrar* en la escena. Imagina tan vívidamente como puedas lo que *podrías haber* visto, oído, olido, saboreado, sentido o pensado durante el incidente. Esto puede permitirte acceder con más profundidad al recuerdo, si te parece demasiado distante, pero, de nuevo, no es necesario que te sumerjas en un incidente emocionalmente traumatizante de tu pasado, sino sólo que tengas cierto grado de contacto con él. Eso es suficiente para que esté neurológicamente activo mientras das los golpecitos.

La técnica de la película

Aunque puedes tan sólo pensar en el recuerdo y darle una puntuación, la técnica que recomendamos a la mayoría de la gente, al menos al principio, lleva por nombre la «técnica de la película».[21] Tú creas un breve videoclip mental de la escena, lo reproduces en tu mente, detienes la reproducción en el punto de máxima intensidad (el momento «in crescendo»), le das una puntuación, y después terminas de ver la película. Las películas internas se experimentan de manera diferente de una persona a otra. Algunas personas ven imágenes internas nítidas. En otras, la imaginación se basa más en sentimientos o palabras, o simplemente en «saber» de algún modo. Sea cual sea el procedimiento con el que tu mente crea la «película», ésa será la manera adecuada para ti. Seguirás siendo capaz de evaluar la escena y de usar técnicas energéticas para trabajar con ella. Otra alternativa para puntuar el recuerdo es contarlo (de nuevo, concentrándote sólo en un breve fragmento que incluya el momento en que alcanzó un crescendo emocional) como si fuera una historia y puntuando el momento culminante.

Si tu recuerdo tiene varios puntos de clímax, enfócate sólo en uno de ellos. Los otros momentos tal vez deban tratarse de manera individual como aspectos separados del evento. Si el recuerdo es, por ejemplo, de un

---

21. Gary Craig, *The EFT Manual,* Fulton, CA, Energy Psychology Press, 2011, 70.

accidente de tráfico del que saliste ileso, los momentos más significativos pueden ser el chirrido de los neumáticos, darte cuenta de que va a ocurrir un accidente, oír el choque, preguntarte si estabas herido y ver a los demás en el suelo. Tratarías cada uno como un recuerdo separado, pero descubrirás que, una vez hayas neutralizado tu respuesta fisiológica a unos cuantos, el resto tal vez se disipará casi de inmediato. Si tu recuerdo tiene varios momentos culminantes, selecciona sólo uno por ahora.

Cuando evalúas de cero a diez el desasosiego o malestar que sientes mientras activas la escena, estás evaluando la intensidad que el recuerdo evoca en ti *ahora mismo,* mientras sintonizas con él (en contraste con lo que *piensas* que sentirías si volvieras a encontrarte en la misma situación). Una vez hayas puntuado la escena y la película haya acabado, puede que desees liberar cualquier energía recluida que se haya removido. Una técnica energética como la explosión (página 123) puede resultar eficaz para esto.

Memorizar el SUD

A continuación, comparte con tu pareja, escribe o fija en tu mente la escena precisa con la que trabajaste y la puntuación SUD de cero a diez que le otorgaste. Para algunas personas, especialmente los niños, tal vez sea preferible una forma más concreta de puntuar, como indicar la cantidad de malestar extendiendo ambas manos con las palmas enfrentadas para indicar «todo esto». Usarás la puntuación como un calibrador de tu progreso mientras pasas por los diferentes procedimientos.

Equilíbrate

Dar golpecitos en los puntos de acupresión es eficaz para una amplia variedad de situaciones, pero será más poderoso si puedes eliminar el componente «estático» de tu sistema de energía. Una forma de conseguirlo rápidamente es usar una o varias de las técnicas para equilibrarte, expuestas en las páginas 119-132. Aunque este paso no siempre será necesario, por lo general conllevará algunos beneficios, y puede marcar una gran diferencia si tus energías ya estaban revueltas antes de empezar el protocolo de psicología energética.

Selecciona una frase mnemotécnica

Los recuerdos, pensamientos o circunstancias que producen emociones negativas provocan perturbaciones no sólo en el cerebro, sino también en el sistema energético del cuerpo.

Para abordar un problema mediante la estimulación por acupresión, se debe activar mentalmente la perturbación energética. Por ejemplo, si el recuerdo consiste en tu madre llorando por su decepción contigo, el peso emocional que conservas del incidente no se activará, ni estará disponible para curarse, mientras piensas en qué vas a tomar para cenar.

Dar golpecitos sobre los puntos, tal como muestra la figura 6-3, mientras piensas en el problema, no sólo equilibrará el sistema energético en ese momento; también volverá a capacitar a tu cuerpo para poder mantener el recuerdo (o para ser capaz de estar en una circunstancia similar), sin la perturbación energética y, por tanto, sin la respuesta emocional no deseada.

Sin embargo, es posible que te resulte un poco difícil pensar conscientemente en el problema mientras das los golpecitos. Repitiéndote una y otra vez la frase mnemotécnica mientras golpeas, podrás mantenerte sintonizado a nivel psicológico con la situación que ha estado disparando la alteración de tu sistema energético.

La frase mnemotécnica es una palabra o frase corta que describe el problema o recuerdo: por ejemplo, «el momento en que se me desgarraron los pantalones durante la obra de teatro del instituto».

Una declaración como ésta puede activar el problema lo suficiente como para llegar a crear una reacción tanto en tu sistema energético como en tu cerebro. Las versiones abreviadas de la declaración, como «humillación en la obra de teatro», o simplemente «pantalones rasgados», también serán suficientes, siempre y cuando su significado completo resulte bien claro para ti.

Usarás tu frase mnemotécnica tanto en la declaración de aceptación como en la secuencia de golpecitos.

Elige ahora tu frase mnemotécnica, unas pocas palabras que lleven el recuerdo a la mente, y escríbela en un trozo de papel, en un diario, o digitalmente.

La declaración de aceptación

La declaración de aceptación es un procedimiento que establece una receptividad psicológica y energética para cambiar una respuesta emocional o patrón conductual. Es simple, mecánica y efectiva. Se estructura alrededor de tu frase mnemotécnica y usa el siguiente formato:

«Aunque [frase mnemotécnica o ligera variación], me amo profundamente y me acepto a mí mismo».

Aunque muchas personas están acostumbradas a realizar afirmaciones sólo en lo positivo, con este método describes el recuerdo difícil, o respuesta no deseada, exactamente como la experimentas. Así pues, si tu frase mnemotécnica es «el momento en que se me desgarraron los pantalones durante la obra de teatro del instituto», la declaración de aceptación podría ser:

«Aunque todavía recuerdo la humillación porque se desgarraron mis pantalones durante la obra de teatro, me amo profundamente y me acepto a mí mismo».

o abreviado, como en:

«Aunque fui humillado durante la obra de teatro, me amo profundamente y me acepto a mí mismo».

Es mejor pronunciar la afirmación en voz alta, con sentimiento y énfasis. Otros ejemplos:
- Aunque todavía me siento aterrorizado por el robo, me amo profundamente y me acepto a mí mismo.
- Aunque mi corazón se parte en dos cuando pienso en Mary rechazándome, me amo profundamente y me acepto a mí mismo.
- Aunque me siento abrumadoramente culpable por la cosa horrible que le hice a Bobby, me amo profundamente y me acepto a mí mismo.
- Aunque estoy resentido profundamente con mi madre, me amo profundamente y me acepto a mí mismo.

- Aunque suelo tener dolor de cabeza en el trabajo, me amo profundamente y me acepto a mí mismo.
- Aunque albergo resentimiento por no conseguir la promoción, me amo profundamente y me acepto a mí mismo.
- Aunque estoy obsesionado con las notas de mi hijo, me amo profundamente y me acepto a mí mismo.
- Aunque no puedo dejar de fumar, me amo profundamente y me acepto a mí mismo.

Distintos textos alternativos podrían servir para el mismo propósito, que consiste en aceptar el problema afirmando al mismo tiempo tu valía, a pesar de la existencia del problema. Se tratarán otros textos más adelante, en este mismo capítulo, pero el formato mostrado en estos ejemplos es fácil de memorizar y se ha usado ampliamente con bastante éxito. Así pues, en el mismo lugar en el que grabaste tu frase mnemotécnica, escribe tu declaración de aceptación al estilo de «Aunque yo [tu reacción emocional sobre el recuerdo], me amo profundamente y me acepto a mí mismo». Estas expresiones suelen ser efectivas para prepararte a nivel energético para los siguientes pasos, ¡te creas o no las palabras por completo!

La declaración de aceptación es diferente de cualquier otro formato de afirmación que probablemente hayas encontrado jamás. Empieza resumiendo el problema. La mayoría de las afirmaciones no enuncian el lado negativo. De hecho, a algunas personas que se han formado en el uso de la hipnosis o la autosugestión les sorprende que una frase que activa el sentimiento o la respuesta *no deseados* se usen en psicología energética. Sin embargo, la declaración de aceptación está redactada para reconocer y aceptar la condición que quieres cambiar, como resolver la vergüenza persistente que se remonta a la obra de teatro del instituto. Luego, empareja la declaración de lo que quieres cambiar con una afirmación positiva como «me amo profundamente y me acepto a mí mismo». Si la situación problemática viene a tu mente en un momento posterior, ya habrás empezado a aceptar el problema y asociarlo con la afirmación positiva.

Aunque la segunda parte de la frase, «me amo profundamente y me acepto a mí mismo» pueda parecer una autoafirmación simplista y demasiado trillada, parece que interactúa en cierto modo con el reconocimiento del problema de una manera que elimina la perturbación energética. Cualquier sugerencia profunda que promueva la autoaceptación, a pesar del patrón no deseado, realizada con concentración e intención, también parece que ayuda a la gente a tratar el problema sin la interferencia de la perturbación energética. «Me amo profundamente y me acepto a mí mismo» suele funcionar. Si no te identificas con estas palabras, la mayoría de la gente puede al menos decir: «Estoy *aprendiendo* a amarme y a aceptarme a mí mismo» o «En el fondo sé que soy un ser humano bueno y valioso». Cualquier declaración positiva y reafirmante –como «sé que lo estoy haciendo lo mejor que puedo» o «sé que María me ama»– puede tener el efecto que necesitamos. La asociación entre el problema y la afirmación positiva se puede reforzar usando un par de técnicas energéticas –que involucren el meridiano central y el chakra del corazón– mientras pronuncias tu declaración de aceptación. Una advertencia es que si *cualquier* declaración positiva sobre ti mismo te parece vergonzosa o arrogante, habrás entrado en un territorio donde resulta preciso buscar ayuda externa.

Estimular el meridiano central

Esta primera técnica optimiza el movimiento de energía en lo que se denomina el meridiano central. El meridiano central ayuda a gobernar el flujo de energía en el sistema nervioso central. Para la mayoría de la gente, ciertos puntos asociados con el meridiano central aparecen doloridos simplemente por pasar un día normalmente. La energía se queda obstruida allí, en especial en los puntos de los lados del pecho, donde los brazos se unen al cuerpo (*véase* figura 6-1).

FIGURA 6-1

Estimular el meridiano central

Para mejorar el movimiento de energía a través del meridiano central, presiona profundamente los puntos de unión de tu brazo izquierdo con el pulgar o los otros dedos de tu mano derecha. Haz lo mismo al unísono en el lado derecho con el pulgar o los dedos de la mano izquierda. Respira profundamente mientras procedes. Masajea hacia arriba y hacia abajo las líneas donde tus brazos se unen con tu cuerpo. Probablemente descubrirás que algunos de estos puntos están blandos. Esto casi siempre significa tan sólo que la energía se ha quedado obstruida allí. Masajear esos puntos puede liberar la energía obstruida y dar un estímulo a todo tu sistema nervioso central. Puedes presionar profundamente, pero nunca tanto como para causar más que una pequeña molestia. Si duele, reduce la presión. Asimismo, si has tenido una lesión en esa zona o hay otra razón médica para no masajear estos puntos, o si no puedes encontrar un punto dolorido, comprueba si otro punto de la zona de tu pecho está dolorido y utilízalo. Masajea estos puntos mientras pronuncias la primera parte de tu declaración de aceptación: «Aunque todavía siento humillación porque se desgarraron mis pantalones durante la obra de teatro…».

Activar tu chakra del corazón

A continuación, coloca cualquiera de tus manos en el centro de tu pecho, tu chakra del corazón, y tu otra mano sobre la primera (*véase* figura 6-2). Mantén esta posición mientras pronuncias la segunda parte de tu declaración de aceptación: «Me amo profundamente y me acepto a mí mismo». Repite la afirmación tres veces, alternando entre el masaje sobre tus puntos del meridiano central, en la primera frase, y mantener tus manos sobre el chakra del corazón, en la segunda.

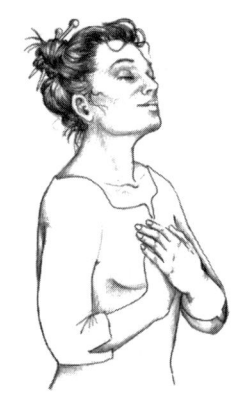

Figura 6-2

Activar tu chakra del corazón

La secuencia de los golpecitos: la primera parte del sándwich

El núcleo de la receta básica es lo que se llama el sándwich. Incluye una secuencia de golpecitos –una serie de sencillos procedimientos físicos– y otra secuencia de golpecitos que sea idéntica. Usa los ocho puntos o pares de puntos mostrados en la figura 6-3. Pronuncia la frase mnemotécnica mientras das golpecitos en cada punto. Los golpecitos se pueden dar con cualquier mano o con ambas manos simultáneamente. Puedes dar golpecitos con las yemas de los dedos índice y corazón, o hacer un racimo de tres dedos incluido tu pulgar. Da golpecitos en cada punto, mientras pronuncias la frase mnemotécnica. Golpea firmemente, pero nunca tan fuerte como para dañarte o arriesgarte a hacerte un hematoma.

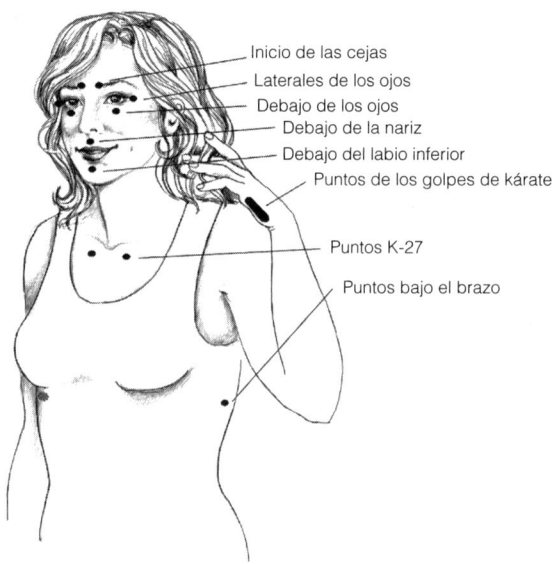

Inicio de las cejas
Laterales de los ojos
Debajo de los ojos
Debajo de la nariz
Debajo del labio inferior
Puntos de los golpes de kárate
Puntos K-27
Puntos bajo el brazo

FIGURA 6-3. *Los puntos para dar golpecitos.*

Nota: estimulas los «puntos de los golpes de kárate» golpeando los bordes de tus manos, la una contra la otra. Dos puntos adicionales son (1) el «punto de Tarzán», en el centro de tu pecho (golpéalos justo después de los puntos K-27) y (2) los puntos de la parte exterior de tus piernas, a medio camino entre tus caderas y tus rodillas (golpéalos justo después de los puntos bajo el brazo).

La mayoría de los puntos en los que se aplican los golpecitos van en pares a ambos lados del cuerpo y se pueden golpear simultáneamente. Realizaremos ahora un recorrido a través de los ocho puntos o pares de puntos, golpeando cada uno mientras pronuncias tu frase mnemotécnica. Mientras golpeas, respira como te resulte más cómodo.

La secuencia de integración

Introducido como el procedimiento de los nueve rangos por el psicólogo Roger Callahan, el fundador de la terapia del campo mental,[22] la secuencia de integración estimula zonas específicas del cerebro para ayudarle a procesar el material emocional de una manera más efectiva. Es uno de los procedimientos de más extraño aspecto dentro de la psicología energética —y lo que es más, de cualquier forma de psicología—, con golpecitos, movimientos oculares, tarareo y recuento, procedimientos diseñados para activar partes del cerebro que están involucradas en el procesamiento de la información.

La secuencia de integración no usa una frase mnemotécnica, y ni siquiera se concentra directamente en el recuerdo o problema. Los movimientos oculares y los sonidos se realizan al mismo tiempo que los golpecitos. Usa los cuatro dedos de una mano para dar golpecitos en el dorso de la otra mano, en la rugosidad bajo la V donde se unen el dedo anular y el meñique (*véase* figura 5-3). Se dan golpecitos firmemente, pero sin agresividad, de nuevo a un ritmo de unos tres golpecitos por segundo, mientras se realizan los nueve sencillos pasos. Alterna la mano que está siendo golpeada con la frecuencia que desees.

→ LA SECUENCIA DE INTEGRACIÓN ←

Mientras das golpecitos en el dorso de tu mano (*véase* figura 5-3), realiza las siguientes nueve acciones:

- Cierra los ojos.
- Abre los ojos.
- Mueve los ojos hacia abajo y a la derecha.
- Mueve los ojos hacia abajo y a la izquierda.
- Haz círculos con los ojos, rotándolos 360 grados en una dirección.
- Haz círculos con los ojos en la otra dirección.
- Tararea los primeros compases de una canción conocida.
- Cuenta lenta y deliberadamente de 1 a 5.
- Tararea de nuevo.

---

22. Roger Callahan, *Tapping the Healer Within: Using Thought-Field Therapy to Instantly Conquer Your Fears, Anxieties, and Emotional Distress*, Nueva York, McGraw-Hill, 2002.

A veces, la secuencia de integración finaliza con una rotación ocular, que se cree que incrementa la potencia de todo el protocolo de golpecitos. Comienza la rotación ocular con tu cara mirando hacia delante. Luego baja los ojos hacia el suelo. A continuación, de manera lenta y deliberada, mueve tus ojos por el suelo, subiendo por la pared hasta el techo, y por el techo de vuelta hacia ti. Durante toda la rotación ocular, envía energía desde tus ojos de forma contundente y deliberada. Proyecta la energía «vieja» hacia fuera, a cierta distancia, mientras tus ojos se elevan por el arco.

Sigue adelante y haz la secuencia de integración. También se puede hacer ella sola, independientemente de las otras partes de la receta básica. Es un buen «equilibrador cerebral» por sí misma.

Completar el sándwich

A continuación viene una segunda secuencia de golpecitos. Efectúa otra ronda de golpecitos exactamente como la hiciste antes. Puedes pensar en los tres ingredientes tras la declaración de aceptación, como si estuvieras haciendo un sándwich:

1. La secuencia de golpecitos (con la frase mnemotécnica)
2. La secuencia de integración
3. La secuencia de golpecitos (con la frase mnemotécnica)

Reevaluación

Cuando hayas completado la segunda secuencia de golpecitos, evalúa de nuevo la intensidad del recuerdo. Cierra los ojos, piensa en el recuerdo original o reprodúcelo como si fuera una película, y puntúa de cero a diez, en puntos SUD, el momento de mayor malestar. De nuevo estás puntuando la cantidad de malestar que sientes en tu cuerpo o mente *justo en ese mismo momento,* no lo que *piensas* que sería si estuvieras de nuevo en la situación anterior.

Si no puedes encontrar ningún rastro en absoluto de tu intensidad emocional previa, un paso final consiste en desafiar los resultados (algo que se debatirá en breve). Si, por el contrario, desciendes hasta, por ejemplo, un 4, realiza rondas posteriores hasta que la situación ideal sea llegar al cero (*véase* «¿Misión cumplida?»). Tal vez creas que el evento que estás recordando es tan malo como siempre, pero ahora puedes sacarlo a relucir sin que se active una respuesta de malestar fisiológico. Se trata de un cambio enorme. Significa casi invariablemente que la emoción no procesada ya no volverá a proyectar su camino sobre las situaciones actuales para invadirlas, como se puso de manifiesto en la forma en que David dejó de proyectar sobre Donna los sentimientos de ser atacado de manera injusta.

Trabajar con un compañero o compañera

Si estás aprendiendo estas técnicas al mismo tiempo que tu pareja, o bien con un amigo, revisad el uno con el otro vuestras experiencias hasta este momento. Después pasad a «Después de la primera ronda de la receta básica», y trabajad juntos, más que de manera individual. Tu compañero o compañera será el testigo de que vas cumpliendo cada uno de los pasos. Di en voz alta lo que estás haciendo, cuando tu compañero escuche. Tu compañero también puede consultar el libro y guiarte en los procedimientos, si se lo pides, pero de ninguna manera debe imponer su agenda en tu trabajo. Una vez hayas llevado el proceso lo más lejos que hayas podido, en relación con el tema en el que estás concentrado, cambiad los roles.

Tras la primera ronda de la receta básica

Continúa con rondas adicionales hasta que logres un cero, o hasta que hayas hecho tres rondas sin que descienda más la puntuación. Después de cada ronda, haz una nueva evaluación de cero a diez del malestar que sientes, cuando sintonizas con el recuerdo o problema original. Aunque en la primera ocasión las instrucciones se hayan dado para que te concentraras en un recuerdo, deben aplicarse los mismos procedimientos cuando el objetivo es un problema —habitualmente una respuesta emocional no deseada, una creencia fundamental o un patrón conductual—, de modo que puedas volver a estas instrucciones a lo largo de todo el libro y más allá, con el objetivo de trabajar no sólo con recuerdos, sino también con detonantes emocionales, creencias desfasadas o patrones conductuales que no son válidos.

A veces se resuelve un problema, o se procesa por completo un recuerdo, después de una sola ronda de tratamiento. Es más frecuente que sólo se obtenga una resolución parcial y que se necesiten rondas adicionales. Estas rondas posteriores requieren que se hagan dos sencillos ajustes:

Ajustar la declaración de aceptación

La declaración de aceptación es una autosugestión dirigida a la mente subconsciente. La mente subconsciente tiende a ser bastante literal. Después de que se haya reducido la puntuación de malestar subjetivo, hay que modificar la declaración de aceptación para reflejar el cambio interno. Esto se consigue con un ligero ajuste: la adición de dos o tres palabras. El formato modificado para la declaración de aceptación es:

> Aunque aún tengo algo de este/a _____, me amo profundamente y me acepto a mí mismo.

Las palabras *aún* y *algún/a* o *algo de* modifican el énfasis de la afirmación para enfocarla en el resto del problema. El ajuste es fácil de hacer. El texto revisado para la experiencia de humillación descrita anteriormente podría ser: aunque *aún* siento *algo de* humillación respecto a la escena de los pantalones desgarrados, me amo profundamente y me acepto a mí mismo.

Ajustar la frase mnemotécnica

Simplemente coloca la expresión «que queda» en la frase mnemotécnica original. Para el ejemplo de la humillación, la nueva frase sería:

> «humillación *que queda* respecto a la escena de los pantalones desgarrados» (o simplemente «humillación *que queda*», sin añadir nada más).

Haz ahora otra ronda con tu recuerdo perturbador, repitiendo la declaración de aceptación, usando las palabras *aún* y *algo de* en su sitio adecuado, e insertando la expresión *que queda* en tu frase mnemotécnica, en el sitio adecuado (a veces necesitan revisarse ligeramente también otras palabras: esto será evidente cuando se requiera). Piensa de nuevo en el recuerdo y valóralo de cero a diez. Si todavía puedes activar sentimientos perturbadores en relación con el recuerdo o problema, continúa repitiendo la declaración de aceptación y el sándwich hasta que no puedas sentir malestar en relación con el asunto, o hasta que hayas sido incapaz de reducir el grado de malestar después de tres rondas (*véase* «Superar los obstáculos para resolver el problema»).

¿Misión cumplida?

¿Cómo sabes que has superado de verdad el problema de un modo permanente? ¿Una puntuación SUD de cero nos asegura que el sentimiento no deseado ya no volverá? Falta un paso más.

Desafiar a tus resultados

Una vez que consigues reducir la puntuación de malestar subjetivo hasta cero, el paso final es *desafiarlo*. Intenta recordar o visualizar la situación de una manera que evoque la sensación antigua de malestar. Encuentra un modo de intensificar la escena. Si el patrón energético perturbado y la secuencia neurológica se han corregido —es decir, si el recuerdo, pensamiento o situación anteriores no produce una respuesta de perturbación en tu cerebro y en tu sistema energético—, no serás capaz de activar tus sentimientos anteriores. La velocidad con la que se suele conseguir esto es uno de los beneficios más sorprendentes de la psicología energética. Una situación difícil de tu pasado seguirá reconociéndose por los peligros, heridas o injusticias que conlleva, pero la respuesta de estrés en tu sistema nervioso autónomo que se había asociado con ese recuerdo ya no se volverá a disparar.

Si eres incapaz de reproducir ningún resquicio de la respuesta emocional inicial, es muy probable que tu respuesta autónoma al recuerdo haya quedado desactivada. Si estabas trabajando con un detonante emocional como el tono de voz de tu mujer cuando se siente triste, o un recuerdo que se entromete en tu vida actual, hay alguna posibilidad de que los cambios internos den lugar a nuevas situaciones. Si los cambios internos no se trasladan a la vida diaria, o si queda algún rescoldo, puedes hacer otra ronda o dos de golpecitos mientras tenga lugar la situación. A menudo, esto es todo lo que se necesita para fijar los cambios en tu vida. Si a pesar de este seguimiento, los cambios deseados aún parecen poco convincentes, eso tal vez signifique que todavía hay algún aspecto del problema que requiere atención, como exponemos a continuación.

Cantar victoria aunque las SUD no bajaron a cero

Debemos reconocer que algunas veces la puntuación bajará hasta un 2 o un 1, pero que no seguirá descendiendo más. Éste no tiene por qué ser un mal resultado. En determinados problemas, quizás no seas capaz de llegar a imaginar una puntuación que descienda hasta cero, y un 1 o un 2 es esencialmente una «cura» desde tu subjetividad. En algunas circunstancias, como por ejemplo hacer un examen o hacer una representación, una pequeña cantidad de ansiedad aumenta tu capacidad de funcionar. Así pues, aunque se piense en el cero como lo ideal —y es el resultado que se obtiene con más frecuencia—, no siempre es realista o necesario.

Superar obstáculos para resolver el problema

Si después de tres rondas la puntuación no ha variado, quizás necesites cambiar tu enfoque o tus palabras, o puedes haber identificado un problema que necesita asistencia externa. Hay muchas razones posibles para que el proceso de mejora se quede estancado. Una pequeña proporción de gente no responde a los golpecitos en los puntos de acupresión (si sospechas que eres uno de ellos, prueba a masajear los puntos, o simplemente a tocar cada punto mientras respiras profundamente). Algunas veces, el problema necesita formularse con palabras más específicas o del todo diferentes.

Una razón más frecuente por la que el proceso puede haberse estancado es que algún aspecto del problema que no has tratado requiera tu atención para que continúen los progresos. Otra es que el conflicto interno sobre la resolución del problema podría necesitar mayor exploración. Una tercera es que los campos de energía de tu cuerpo pueden haber quedado tan desorganizados que necesiten equilibrarse antes de que dar golpecitos sobre un problema emocional sea totalmente eficaz.

Tratar aspectos no resueltos del problema

En manos de un recién llegado más o menos competente, la receta básica parece, basándonos en nuestra experiencia, que produce resultados efectivos entre un 70 y un 80 % de las veces, cuando se aplica para reducir la carga emocional de un recuerdo específico cargado negativamente. Los golpecitos envían señales que reducen la excitación en los centros cerebrales de respuesta ante la amenaza. Es así de simple. Aunque según muchos estándares, ésta es una tasa de éxito extremadamente favorable, es posible lograr un mejor porcentaje cuando se sabe manejar bloqueos potenciales para progresar.

La razón más común de que la puntuación de malestar no haya llegado a cero, o está cerca de él, si seguiste las instrucciones de manera precisa, es que está involucrado otro aspecto del problema en el que no te concentraste durante los golpecitos energéticos. Además, la razón más frecuente de que un tratamiento con éxito en apariencia, en el que la puntuación de malestar *sí descendió hasta cero,* no se traslade a la situación actual, es que surgió un nuevo aspecto del problema en la situación de la vida real que no estaba presente cuando simplemente pensabas en el problema y redactabas tu frase mnemotécnica. Aunque muchos problemas son directos y no tienen múltiples aspectos, algunos tienen varios aspectos físicos o psicológicos que requieren atención específica si se desea resolver por completo el problema.

Aspectos físicos

Los aspectos *físicos* de un problema incluyen la apariencia, sonido, olor, gusto o tacto de la situación. Un ejecutivo contable de treinta y ocho años sufrió un grave accidente de tráfico sin tener heridas físicas en su cuerpo, pero después sentía una ansiedad extrema siempre que conducía. Le dijeron que desaparecería, pero después de seis meses sólo había empeorado. En su primera sesión de psicología energética, se dio golpecitos con las palabras «Cuando mi Volvo fue siniestro total». Su evaluación de malestar en la escala de cero a diez comenzó con un 9, y con bastante rapidez descendió a un 6, pero no bajaba más. Cuando se le preguntaba qué le venía a la mente cuando puntuaba la escena, dijo que lo que más le molestaba era recordar «el sonido de los neumáticos chirriando, seguido de un fuerte choque». Después de dar golpecitos en «el sonido de los neumáticos chirriando» y «el fuerte choque», su puntuación bajó a 3. Al pensar después en qué la mantenía en 3, describió la sensación de impotencia cuando el vehículo derrapaba. Después de dar golpecitos sobre eso, pudo recordar vívidamente el accidente, escena por escena, sin ninguna reacción de estrés, y pudo conducir de nuevo sin ansiedad.

Los aspectos físicos sin resolver de un problema no son siempre obvios, pero por lo general puedes identificarlos fijándote en qué es lo más prominente en tu mente, cuando te enfocas en el malestar restante que sientes, o examinando cómo tu experiencia en la situación real difiere de la escena que imaginabas durante los golpecitos. Considera, por ejemplo, el miedo a las arañas. Con frecuencia, las perturbaciones energéticas que tienen lugar cuando alguien con este miedo está pensando en una araña son muy similares a las que ocurren cuando ve una araña en realidad. Después de que la respuesta ante el pensamiento o imagen de una araña se haya llevado a cero, la respuesta ante el hecho de ver una araña real habitualmente será cero también. Pero no siempre.

Quizás durante los golpecitos la persona estaba pensando en una araña quieta. La araña imaginada no se estaba moviendo. Si el movimiento es un aspecto importante del miedo, y si no se abordó en las rondas originales de golpecitos, entonces una araña en movimiento todavía puede disparar el miedo. Así pues, aplicarías la receta básica a este aspecto adicional («araña en movimiento»), hasta que la respuesta emocional llegue a cero. Una vez se han resuelto todos los aspectos, la respuesta fóbica a las arañas se habrá eliminado. La persona podrá permanecer en calma en presencia de una araña. Los aspectos físicos de un evento traumático, como un accidente o una situación de abuso (el *sabor* del barro en mi boca después de caer al suelo, el *olor* de su respiración, la *mirada* de sus ojos) pueden estar en juego hasta que te des cuenta de que requieren atención. En ese momento, con frecuencia se pueden neutralizar con bastante facilidad dando golpecitos mientras los mantienes activos en tu mente.

Aspectos psicológicos

Muchos temas conllevan también asociaciones psicológicas que van más allá de los aspectos estresantes obvios relacionados con el problema tratado. Si tu miedo a las arañas comenzó cuando tenías ocho años, y en los carnavales tu hermano te metió una araña por la parte posterior de tu blusa, y corriste gritando entre la multitud, sólo con dar golpecitos pensando en la imagen de una araña no es probable que superes tu fobia a esos animales. El terror, el choque, la vergüenza y la sensación de traición que se remontan al incidente original, todos ellos pueden necesitar la aplicación de golpecitos. O si el ejecutivo contable con miedo a conducir, cuando era niño fue testigo de un terrible accidente automovilístico que se había reprimido en su memoria, el residuo emocional de esa experiencia pudo haberse activado por el choque, y su ansiedad tal vez no se solucionara por completo hasta que se tratase el trauma anterior. Las experiencias tempranas de esta naturaleza pueden haberse olvidado o reprimido totalmente, pero experiencias análogas pueden reactivarlas.

Supongamos, por ejemplo, que te mordió un perro cuando tenías siete años. Este recuerdo se olvidó hace mucho tiempo. Pero entonces oyes que un vecino ha recibido un mordisco de un perro, e instantáneamente desarrollas un miedo a los perros, que evalúas con un 9 o un 10. Este nivel de miedo y excitación fisiológica sugiere que hay más en juego que tan sólo haber oído el informe de un solo incidente. Aplicar la receta básica al «miedo a los perros» puede reducir un poco tu miedo, pero no es probable que sea efectiva hasta que se aborde el incidente de tu infancia. Haber sido mordido de niño es un aspecto importante del «miedo a los perros», y probablemente necesitará tratarse antes de que pueda resolverse con éxito el miedo a los perros que apareció hace poco. Afortunadamente, cuando usas los golpecitos para reducir la carga de un evento reciente o de un problema actual, las experiencias previas que han quedado ocultas a nivel psicológico con el problema actual tienden a revelarse y también serán receptivas a los golpecitos.

Cualquier trauma o pérdida reciente puede desenterrar una red de traumas o pérdidas anteriores no resueltos. Al enfocarte en el primer recuerdo que se revela, puedes descubrir que también tiene varios aspectos. Neutralizar cada aspecto físico y psicológico que aparezca te sumerge más profundamente en el núcleo de los problemas emocionales de larga duración; algo parecido a pelar las capas de una cebolla. La aparición de los aspectos físicos del recuerdo puede tener lugar en las capas externas. Puedes recordar vívidamente la sensación de tu sangre bajando por tu pierna, o el terror gélido en tu pecho cuando viste al perro enseñar los dientes y a punto de atacar. Éstos pueden, a su vez, vincularse con los aspectos psicológicos del problema, como por ejemplo otras situaciones donde te sentiste indefenso. Tu mente subconsciente sabe en qué estás trabajando y tiende a presentar todo lo que requiere atención. Al neutralizar la carga emocional de tales recuerdos, no sólo estás posibilitando la completa resolución del problema original, sino que también estarás sanando heridas emocionales tempranas que te estaban limitando. Por eso la forma de psicología energética más popular se llama técnica de liberación emocional (EFT).[23]

Cuando te concentres en los aspectos de un problema, sé lo más específico posible. No sólo «miedo a los perros», sino recuerdos específicos –recientes o pasados– que alimenten ese miedo. Recuerda, puntúa (de cero a diez), y trabaja con ellos de manera individual, uno en cada ocasión. Ésta es una buena pauta para abordar cualquier problema, pero es especialmente importante para las respuestas emocionales que ocurren en múltiples contextos, tales como la ansiedad de origen desconocido o los incesantes sentimientos de vergüenza. En estos casos, resulta útil trabajar con tus primeros recuerdos del sentimiento. Por ejemplo, más que golpear en «esta vergüenza que siento», podrías concentrarte en las primeras experiencias de vergüenza que puedas recordar, dando golpecitos en cada una hasta que se hayan neutralizado. Después, cuando regreses a incidentes más recientes, la sensación de vergüenza subyacente se habrá limpiado, y es probable que la preocupación actual se resuelva con bastante rapidez.

Sin embargo, no es necesario limpiar los incidentes relacionados en ningún orden cronológico en especial; ni tampoco necesitas recordar y tratar cada aspecto involucrado con un problema, con el fin de superarlo. Esto resulta especialmente importante de entender al trabajar con una historia de abuso continuado, las secuelas de guerra, o cuando se han experimentado repetidamente otro tipo de traumas. Por suerte, tiene lugar un «efecto de gene-

---

23. EFT = «Emotional Freedom Tecniques». *(N. del T.)*

ralización». Después de haber resuelto unos pocos incidentes relacionados, los efectos empiezan a generalizarse hasta el tema más amplio. Por ejemplo, alguien que tiene treinta recuerdos traumáticos de haber sido golpeado descubrirá que, después de neutralizar cinco o diez (lo cual se haría en un contexto de psicoterapia), los otros empezarán a perder también su carga emocional.

En resumen, nuestras experiencias trabajando con una amplia variedad de individuos sugieren que cuando aplican pacientemente la receta básica para neutralizar los aspectos físicos y psicológicos de los problemas que se presentan, las dificultades psicológicas incapacitantes pueden a menudo resolverse de manera completa y permanente.

«Inversiones psicológicas»: conflictos internos relacionados con la superación de un problema

Otra razón –además de un aspecto no reconocido del problema– de que la puntuación SUD tal vez no haya llegado a cero, o cerca de cero, es que se halle involucrada una «inversión psicológica» en el problema que estás intentando resolver. En una inversión psicológica, la resistencia inconsciente está bloqueando el resultado deseado conscientemente. Una mujer quería sobreponerse a su fobia a viajar en avión, pero aunque su malestar mientras pensaba en volar no descendía por debajo de 5, ella exploró lo que se interponía en su camino hacia un mayor progreso. Comprendió que, si superaba su fobia a volar, entonces tendría que «ir a esos espantosos viajes de negocios» con su marido.

En una inversión psicológica, una parte de ti parece querer lo opuesto de lo que deseas de manera consciente. O simplemente resulta que *haces* lo contrario de lo que pretendes. Recuerda los tubos de paja de juguete en los que pones un dedo índice en cada extremo, y cuando intentas sacarlos el tubo se estrecha, por lo que no puedes liberar tus dedos. Así es una inversión psicológica. Cuanto más fuerte lo intentas, más potente es la resistencia que surge para contrarrestarte. Tus esfuerzos producen el resultado opuesto al que pretendes. Todas las terapias efectivas abordan las inversiones psicológicas de una manera o de otra, usando una variedad de términos, desde *resistencia inconsciente* hasta *autosabotaje*. Hasta que se resuelven, otras intervenciones terapéuticas tienen menos probabilidad de ejercer un efecto profundo o duradero.

Cuando Roger Callahan estaba formulando la terapia del campo mental, reconoció una dimensión energética en ese tipo de conflictos sobre el objetivo del tratamiento. La resistencia psicológica estaba agravándose por una perturbación en el sistema energético del cuerpo cada vez que la persona pensaba en el objetivo. Tratar una inversión psicológica en el nivel energético puede atajar la necesidad del largo y complicado análisis que es típico de muchos enfoques terapéuticos.

Si los golpecitos no reducen tu malestar interno cuando piensas en el problema, y has trabajado todos los aspectos que puedes identificar, buscar en tu interior posibles conflictos con la resolución del problema puede mostrarte dónde estás atrapado. Las inversiones psicológicas suelen ser subconscientes, pero por lo general se revelarán con un poco de reflexión. Por ejemplo, en cierto nivel puedes estar preocupado ante las posibles consecuencias de superar el problema, tales como: «Si verdaderamente aprendo a relajarme y no exigirme tanto a mí mismo, no conseguiré tanto» o «Si saco un sobresaliente en matemáticas, los chicos se alejarán de mí». Las posibilidades son infinitas.

Mantener un problema puede ser un procedimiento para rebajar las expectativas de la gente sobre ti. Puede incluso ser un modo de castigar a alguien: «Si dejo de estar destrozada por su infidelidad, ¡él se saldrá con la suya!». Otra forma de inversión psicológica es cuando una persona está sacando «ganancias secundarias» por tener un problema emocional: desde despertar simpatía hasta cobrar un seguro por incapacidad.

Algunas inversiones psicológicas son específicas para un aspecto concreto del problema u objetivo. Pueden tener que ver con:

- *deseo* conflictivo sobre la consecución del objetivo
- una sensación de *no merecer* lograr el objetivo
- sentir que *no es seguro* o *no es posible* alcanzar el objetivo
- sentir que alcanzar el objetivo no es compatible con la *identidad* de la persona

Por ejemplo, una persona que quiere perder peso puede no tener ninguna perturbación energética con el pensamiento: «*Quiero* perder peso». Pero puede aparecer una perturbación energética con el pensamiento relacionado: «*Merezco* perder peso», o «Es *seguro* perder peso», o «Es *posible* para mí perder peso», o «Haré lo que sea necesario para perder peso», o «Ya nunca más *sería yo* si perdiera peso», o «Si pierdo peso, los hombres empezarán a insinuarse». Algunos temas útiles que explorar cuando queramos identificar si hay en juego una inversión psicológica son:

Quiero [nombrar el objetivo].
Merezco [nombrar el objetivo].
Es seguro para mí o para mi relación si yo [nombrar el objetivo].
Es posible para mí [nombrar el objetivo].
Me sentiré con carencias si yo [nombrar el objetivo].
Haré lo que sea necesario para [nombrar el objetivo].
Seguiría siendo yo si [nombrar el objetivo].

Un enfoque para trabajar con inversiones psicológicas que nos parece efectivo es similar a la técnica que ya has aprendido al utilizar una declaración de aceptación, combinada con los sencillos procedimientos físicos de masajear puntos de tu torso y colocar tus manos sobre el corazón (*véase* págs. 263-264). En la declaración de aceptación, formulaste una frase que reconoce que el problema que quieres cambiar existe (por ejemplo, «A pesar de que tengo este peso no deseado»), y al mismo tiempo afirma que te aceptas a ti mismo aunque tengas ese problema (por ejemplo, «Me amo profundamente y me acepto a mí mismo»). Mientras haces esta declaración, trabajas con puntos que mueven energía por tu cuerpo (*véase* págs. 266-267). Recuerda la declaración: «Aunque todavía arrastro humillación porque se desgarraron mis pantalones durante la obra de teatro [frotando los puntos doloridos del pecho], me amo profundamente y me acepto a mí mismo [con las manos sobre el pecho]». La resistencia a cualquier problema u objetivo psicológico o conductual –desde tratar de superar un hábito perjudicial hasta eliminar la rabia irracional hacia tu cónyuge– puede traducirse a este formato. Una vez que se descubren tales conflictos internos, se aplica la misma estrategia. Busca una declaración que reconozca el problema, como «Aunque no merezco perder peso», y luego, mientras realizas las intervenciones energéticas, empáréjala con una declaración de autoaceptación, como «Me amo profundamente y me respeto a mí mismo».

Así pues, si se descubriera que cualquiera de los temas anteriores está en juego, las declaraciones podrían ser:

Aunque no quiero [nombrar el objetivo], me amo profundamente y me acepto a mí mismo.

Aunque no merezco [nombrar el objetivo], me amo profundamente y me acepto a mí mismo.

Aunque no es seguro [nombrar el objetivo], me amo profundamente y me acepto a mí mismo.

Aunque no es posible para mí [nombrar el objetivo], me amo profundamente y me acepto a mí mismo.

Aunque me siento con carencias si yo [nombrar el objetivo], me amo profundamente y me acepto a mí mismo.

Aunque no haré lo que sea necesario para [nombrar el objetivo], me amo profundamente y me acepto a mí mismo.

Aunque no seguiría siendo yo si yo [nombrar el objetivo], me amo profundamente y me acepto a mí mismo.

De nuevo, los puntos donde los brazos se unen con el torso se masajean durante la primera frase (o se estimulan otros puntos por acupresión, como se explicó anteriormente), y tus manos se sostienen sobre tu corazón mientras dices «me amo profundamente y me acepto a mí mismo».

El método de las elecciones

Un formato alternativo para la segunda frase de la declaración de aceptación, además de para abordar inversiones psicológicas, es el llamado método de las elecciones.[24] Da más importancia a la elección y la oportunidad. «Aunque sigo obsesionado con las notas de mi hijo, elijo saber que lo amo profundamente y lo acepto», o «Aunque reniego de mi cuerpo, elijo saber que merezco tener tiempo para un ejercicio regular y placentero». Independientemente de las palabras, la estrategia es estimular por acupresión puntos que ayuden a emparejar una autoevaluación con un pensamiento positivo o con el reconocimiento de una oportunidad. Esto permite que el

---

24. El método de las elecciones lo desarrolló la psicóloga Patricia Carrington. Puedes conseguir más información sobre este enfoque en http://masteringeft.com/masteringblog/introducing-the-choices-method/.

pensamiento negativo se convierta en el *detonante* de una elección positiva. El método de las elecciones se puede confeccionar a medida de cualquier situación, incluso las que son desalentadoras o abrumadoras. Un cliente deprimido en su primera sesión de psicoterapia desarrolló la afirmación:

> Aunque mi vida es inútil, elijo encontrar ayuda inesperada en
> esta terapia.

Al escribir a sus colegas, el día después del 11 de septiembre, sobre cómo ayudar a personas que tuvieran secuelas psicológicas generadas por el atentado, la psicóloga Patricia Carrington, que desarrolló el método de las elecciones, sugirió usarlo con frases como:

> Aunque estoy estupefacto y desconcertado por este terrible
> suceso, elijo seguir siendo un punto de anclaje en medio
> de todo el caos, o
> Aunque estoy estupefacto y desconcertado, elijo aprender de es-
> te evento algo absolutamente esencial para mi propia vida, o
> Aunque estoy estupefacto y desconcertado, elijo que este es-
> pantoso evento abra mi corazón.

Ejemplos adicionales:

> Aunque fui rechazado, elijo recordar cuánta gente me ama.
> Aunque me siento con carencias si no tengo ayuda extra, elijo
> saber que mi cuerpo está totalmente nutrido.
> Aunque estoy completamente atado a mi trabajo, elijo saber
> que mi valía como persona no tiene que ver con logros.

En resumen, si el método de los golpecitos no reduce tu malestar emocional ante el problema o elevar tu confianza en superarlo, mantente alerta ante la posibilidad de un conflicto interno relacionado con tu objetivo. Si identificas ese conflicto, puedes formular una declaración de aceptación o usar el método de las elecciones para resolverlo.

→ LA RECETA BÁSICA, RESUMIDA ←

Identifica y evalúa un problema adecuado para intervenciones energéticas
Identifica una respuesta emocional, reacción física, patrón de pensamiento o patrón
conductual que te gustaría cambiar; establécelo como frase mnemotècnica y pun-
túalo de cero a diez de acuerdo con la cantidad de malestar que sientes cuando
piensas en él (*véase* pág. 257).

Establece una receptividad psicológica para el cambio
Pronuncia la declaración de aceptación (*véase* pág. 261) tres veces con el formato
de: *Aunque tengo este/a* [frase mnemotécnica], *me amo profundamente y me acepto
a mí mismo.* Simultáneamente, frota tus puntos doloridos del pecho en la primera
declaración y sostén tus manos sobre el centro de tu pecho en la segunda.

Ronda inicial de tratamiento («el sándwich»)
1. Da golpecitos en los puntos de energía mostrados en la figura 6-3, mientras
   dices la frase mnemotécnica en cada punto.
2. La secuencia de integración (*véase* pág. 266): Mientras das golpecitos en el
   dorso de tu mano (*véase* figura 5-3), cierra los ojos, ábrelos, muévelos hacia
   abajo a la derecha, muévelos hacia abajo a la izquierda, haz círculos con ellos
   en el sentido de las agujas del reloj, haz círculos en el sentido contrario a las
   agujas del reloj, tararea, cuenta, tararea.
3. Da golpecitos nuevamente en los puntos de energía mostrados en la figura 6-3.

Siguientes rondas del sándwich
Añade *todavía* y *algo de* a la declaración de aceptación; agrega *que queda* a la frase
mnemotécnica. Repite hasta llegar a cero, o realiza ajustes basados en aspectos,
inversiones psicológicas o energías removidas.

Desafía los resultados
Una vez que el nivel de malestar se encuentre en cero o cerca de cero, intenta pensar en la emoción inicial. Si no puedes, lo has conseguido. Si puedes, haz otra ronda
de la receta básica. Si el progreso se queda atascado, identifica y aborda cualquier
aspecto escondido, inversión psicológica o energía removida.

Energía «removida»

Un tercer posible impedimento para progresar es que, a veces, las energías de una persona están tan desorganizadas cuando piensa en el problema que el procedimiento de dar golpecitos sobre una serie de puntos de acupresión es una intervención demasiado sutil para que llegue al fondo, entre todas las interferencias. En esos casos, es necesario cambiar que te concentres en las perturbaciones energéticas. Los métodos presentados en la parte 2 del pacto (págs. 119-132) pueden ser extremadamente útiles. Tomarte unos pocos minutos para equilibrar las energías de tu cuerpo antes de volver a concentrar tu atención en el tema psicológico puede ser un paso esencial.

En resumen, si aplicar la receta básica no funciona según lo planeado, un análisis casi siempre apuntará a que permanece activa una de las siguientes causas: aspectos ocultos del problema, inversiones psicológicas o energías removidas, como hemos expuesto antes. Una cuarta posibilidad es una respuesta emocional exagerada. A continuación tratamos las respuestas emocionales que se vuelven perturbadoras.

Si el programa se vuelve perturbador

Un tema delicado al presentar los potentes métodos de este capítulo es que cualquier herramienta psicológica útil puede remover emociones fuertes o destapar problemas psicológicos latentes. Los métodos que estás aprendiendo aquí no crearán nuevos problemas emocionales, pero es posible que hagan aflorar a la superficie turbulencias emocionales subyacentes. Uno de nuestros colegas[25] estaba efectuando una demostración frente a un grupo con una mujer que quería ayuda relacionada con ataques de timidez extrema y una tendencia a permanecer en silencio en ciertas situaciones sociales. Con sólo ponerse de pie delante del grupo, sus hombros se hundieron, como si intentara ocupar menos espacio, y su voz se volvió diminuta. Con el tratamiento de los golpecitos, su valoración del estrés bajó de un 8 inicial a un 6, pero se

---

25. El profesor era Dawson Church.

mantuvo en 6 las dos rondas siguientes. En ese momento afloró a la superficie un recuerdo de la infancia donde ella y su madre entraban en su casa, mientras alguien estaba allí robando. Su madre empezó a gritar y el intruso se puso a golpear brutalmente a su madre. La niña corrió y se escondió detrás de unas cortinas. Estaba segura de que el ladrón la estaba buscando y consiguió silenciar sus propias lágrimas y gritos de terror. Aunque había reprimido su recuerdo de este incidente (pudo confirmarlo después con su madre, que había sido reacia a revivir el recuerdo), cada vez que sentía algo de tensión frente a otras personas, tenía que luchar consigo misma para poder hablar.

Ahora, con el recuerdo que surgía a toda velocidad con vívidos detalles, pasó por los mismos tipos de reacciones fisiológicas que cuando ocurrió el incidente: fuerte temblor, la cara en blanco, el corazón latiendo rápidamente y una respiración dificultosa. Por supuesto, en este momento, nuestro colega vio los síntomas, pero aún no conocía la historia. Le dijo palabras tranquilizadoras mientras la animaba firmemente a proseguir con los golpecitos. Durante el segundo viaje por la secuencia de golpecitos, su respiración volvió a la normalidad y dejó de temblar. Un par de rondas más de golpecitos (sin declaración de aceptación, sin secuencia de integración, sólo los primeros auxilios emocionales para estimular los acupuntos involucrados en la respuesta de estrés), y ella pudo describir lo que había ocurrido. Entonces fue capaz de proseguir su trabajo concentrándose en varios aspectos del recuerdo y neutralizándolos uno por uno. Por último, para comprobar hasta qué punto había superado su timidez, describió su experiencia al grupo con una postura corporal y una voz que transmitían firmeza.

Aunque darse golpecitos a uno mismo reduce el malestar y no lo incrementa, el hecho de tocar recuerdos traumáticos puede ser desestabilizador. Activar un trauma del pasado puede percibirse como si el problema estuviese empeorando. El simple acto de pensar en un asunto emocionalmente complicado, o en un recuerdo perturbador, puede hacer tambalear la confianza del individuo, abrir una vieja herida o remover sentimientos abrumadores. En realidad, cualquier experiencia potente puede sacar a la superficie temas subyacentes no resueltos. Si las emociones reprimidas están a punto de abrirse camino entre las defensas psicológicas del individuo, podría dispararse una reacción al ver una película fuerte, al ayudar al hijo de una persona que pasa por un momento difícil, al tener una discusión con un ser querido, al experimentar un aluvión de críticas procedente de un amigo, al empezar psicoterapia, al abrirse a los más profundos recovecos de la propia psique mientras se trabaja con los sueños, al participar en un taller intensivo de «crecimiento personal» o al usar técnicas como las que ofrecemos en este libro. Las siguientes páginas ofrecen pasos que puedes dar si trabajar con este programa se convierte en algo inquietante.

Antes de ofrecer procedimientos que te calmarán y estabilizarán si esto sucede, queremos hacer hincapié en que las reacciones emocionales intensas no son un contratiempo. Sin embargo, lo importante es que, si ocurren, encuentres el apoyo y los recursos para que puedas resolverlas y salir más fuerte, y no con un nuevo trauma sin resolver que te haga sentir más frágil o más a la defensiva. El trabajo energético puede, como cualquier otro enfoque psicológico, además de otras muchas experiencias vitales, sacar a la superficie viejas heridas emocionales. Aunque esto puede suponer un reto, los problemas emocionales que hay bajo la superficie suelen debilitar la vitalidad de una persona y promueven un estilo de pensamiento y unos patrones conductuales que consisten en permanecer en actitud defensiva. Dejando que afloren a la conciencia, abrimos la puerta de entrada para su curación. Con esa curación, las energías que nos han estado defendiendo contra la vieja herida pueden utilizarse para tener una respuesta más dinámica a la vida.

Hemos hecho todo lo posible para presentar las técnicas de este libro de modo que puedas ajustarlas a tus propias necesidades, disposición y ritmo. Sin embargo, si te sintieras molesto o inquieto al aplicar los procedimientos, y si esos sentimientos persisten después de haber usado las sugerencias que ofrecemos a continuación, te animamos encarecidamente que pidas ayuda a familiares y amigos, o que busques asistencia profesional.

Como primera línea de acción, si el programa se vuelve angustiante, puedes tomar cualquiera de las siguientes medidas de «primeros auxilios psicológicos». En la mayoría de los casos, una o más serán suficientes. Pero no olvides que las molestias prolongadas pueden ser también una buena oportunidad, la apertura de un camino de curación altamente beneficioso, facilitado por un esfuerzo concentrado y por la práctica de psicoterapia, de alguna disciplina espiritual o de otro medio de curación. Los pasos inmediatos que puedes dar, si sientes molestias, son:

Dar golpecitos en la reacción que estás teniendo

Dar golpecitos en los acupuntos es un poderoso procedimiento para calmarte. Si concentrarte en tus temas personales te genera malestar emocional, da un paso atrás y aplica los golpecitos sobre el propio malestar emocional. Dado que te encuentras en medio de la emoción, empieza haciendo la secuencia de golpecitos. No es necesario inventar una frase mnemotécnica porque ya estás en sintonía con el sentimiento. Con las reacciones emocionales intensas tal vez necesites pasar varias rondas de la secuencia de golpecitos. Durante el período en que los sentimientos son intensos, no es necesario detenerse para la declaración de aceptación ni para la secuencia de integración.

Hacer la sujeción de cabeza liberadora del estrés

Este procedimiento (pág. 127) puede tener un efecto similar a los golpecitos, al relajar tu cuerpo y calmar tus emociones. Una reacción de estrés envía sangre desde tu cerebro hacia tus brazos, piernas, pecho y otros órganos involucrados en la respuesta de lucha/huida/inmovilidad. Retener estos puntos contrarresta la reacción de estrés al dirigir la sangre a tu cerebro. Coloca la palma de una mano sobre tu frente, y la de la otra sobre la parte posterior de la cabeza, justo por encima del límite entre el cuello y la espalda. Mantén la postura dos o tres minutos, inspirando por la nariz y espirando por la boca. Se puede hacer de pie, sentado o tumbado.

EQUILIBRA TUS ENERGÍAS

Haz una secuencia energética de «primeros auxilios emocionales» consistente en: el enganche (pág. 125), el tirón de hombro cruzado (pág. 126), la postura de Wayne Cook (pág. 128), el suavizador del triple calentador (págs. 224-225), la explosión (pág. 123-124) y conectar el cielo con la tierra (pág. 129-130).

CAMBIA A UNA ACTIVIDAD RELAJANTE

Escucha música, trabaja en el jardín, llama a un amigo comprensivo, da un paseo por la naturaleza, medita, siéntate a ver un vídeo entretenido, haz yoga o ejercicios de estiramiento, respira profundamente.

DEJA QUE TU CUERPO DESCANSE

Haz una pausa. Tómate un baño. Échate una siesta. Tómate unas vacaciones. Deja que tu cuerpo descanse. Permite que tu espíritu descanse.

ESTIMULA TU CUERPO

Involúcrate en una actividad física energizante, como nadar, correr, bailar, saltar en una cama elástica, limpiar la casa o darle cera al automóvil. Descargar periódicamente energías reprimidas o paralizadas es una excelente forma de autocuidado emocional.

USA TU IMAGINACIÓN

Experimenta con imágenes que te lleven a un lugar protegido, hermoso y sagrado: un viejo roble, un arroyo de montaña, un escondite de la infancia. Después, cultiva tu habilidad para ir allí con tu mente siempre que sientas la necesidad de seguridad, sustento o renovación.

REÚNETE CON TU GUÍA INTERIOR

Los arquetipos son elementos de tu psique que conectan con fuerzas poderosas más allá de tu mente consciente. Se puede acceder a un arquetipo que te conecte con una sabiduría mayor entrando dentro de ti e imaginando un guía interior que es capaz de ayudarte y aconsejarte. Este guía interior puede tener el aspecto de un hombre o una mujer sabios, de una figura espiritual o religiosa, o de alguien a quien admirabas cuando eras niño. Imagina a esta persona vívidamente, quizás en el entorno hermoso y sagrado antes sugerido. Pídele la orientación que necesites. Escucha con atención la respuesta. Cultiva una relación con este guía interior.

BUSCA EL APOYO DE OTRA PERSONA

Comparte intimidades con alguien que se preocupe por ti. Usa a esta persona como consejera y fuente de apoyo.

SÉ PACIENTE CONTIGO MISMO

Al aplicar la psicología energética a tu propia vida y tus asuntos, estás afirmando tu capacidad de cambiar y evolucionar. Valórate por tu propósito y tus esfuerzos, *y* usa la receta básica para contrarrestar tus críticas hacia ti mismo e incrementar tu capacidad de aceptarte *tal como eres*.

DESARROLLA UNA PERSPECTIVA AUTOAFIRMANTE
PARA TUS PROBLEMAS Y ADVERSIDADES

Cuando se dan cambios profundos, se transforman modos antiguos y familiares de percibir, pensar y comportarse. Esto es desconcertante por naturaleza y puede ser desestabilizador. Date tiempo y apoyo para ajustarte al nuevo entendimiento y las nuevas formas de ser. Usa la receta básica para promover el optimismo, dar la bienvenida a una nueva forma de ver las cosas, utilizar tu creatividad y encontrar el humor, las ironías y las lecciones del proceso.

BUSCA NUEVAS FUENTES DE INSPIRACIÓN

Desde lecturas inspiradoras hasta buenas películas, pasando por ceremonias sagradas, servicios religiosos, oraciones o la meditación, a todos nos alimentan las experiencias que amplían nuestro conocimiento de los patrones invisibles subyacentes al mundo material, que nos recuerdan el coraje y la inmensidad del espíritu humano, y que nos inducen a tener una relación más respetuosa con nosotros mismos y con lo que nos rodea. Dedica tiempo a ese tipo de actividades.

Curar las secuelas de una catástrofe

Aunque acabamos de centrarnos en los posibles riesgos de la exploración autoguiada, queremos concluir con otra historia que demuestra los poderosos beneficios que puede conllevar el hecho de trabajar directamente con las energías que están en la base de tus hábitos, pensamientos y sentimientos. Cuando June tenía veinticuatro años, su amor desde el instituto, y entonces marido, murió en un accidente de tráfico, víctima del choque con un conductor borracho. La pérdida fue horrible. Ella estuvo deprimida y casi inconsolable durante los dos años siguientes. Sin embargo, volvió a estudiar, comenzó una nueva carrera y fue capaz de reconstruir una vida llena de sentido.

Cuando contaba treinta y un años, conoció a Ralph y, después de luchar contra la sensación de ser desleal a su primer marido, se permitió enamorarse profundamente de él. Se casaron y tuvieron dos hijos. La preocupación de June por el bienestar de su familia se volvió problemática. Si Ralph llegaba tarde a casa desde el trabajo, ella se ponía muy nerviosa. Era muy difícil perder de vista a cualquiera de sus hijos, y que asistieran al colegio era algo terrible para ella. Se quedaba rumiando acerca de todas las cosas horribles que podrían pasar. Al comienzo de su relación, Ralph había sido muy paciente con June, cuando su preocupación se dirigía principalmente hacia él. Él entendía la pérdida que ella había sufrido. Pero ahora su preocupación estaba asfixiando a los niños, conforme se hacían más independientes, y él insistió en que acudieran a terapia.

Después de examinar minuciosamente la historia en la primera sesión, a David le quedó claro que, aunque June había recibido asesoramiento para el proceso de duelo tras la muerte de su marido, y se había curado en muchos aspectos importantes, la conmoción del momento en que supo de su muerte aún resonaba en su interior de una forma tremenda. Por difícil que pudiera parecer, el tratamiento tendría que revivir aquel momento. Afortunadamente, con golpecitos en los acupuntos, no es necesario revivir de manera vívida un trauma. Una técnica que nuestro colega Gary Craig llama «acercarse sigilosamente al problema» utiliza términos generales en lugar del lenguaje tan específico que se suele sugerir. Cuando se trabaja con un recuerdo devastador, no necesitas revivirlo, sino sólo activarlo un poco. Así pues, en la primera ronda de golpecitos, June simplemente usó las palabras «ese horrible día». Su puntuación SUD bajó de 10 a 7 después de unas cuantas rondas, pero entonces le vinieron a la mente otras pérdidas, concretamente la de su abuela cuando tenía ocho años, y la de su perro, Smithers, cuando era adolescente. Nos concentramos en cada una de ellas hasta que se desvaneció la carga emocional, y pudo experimentar por completo el recuerdo de la alegría que cada uno de ellos había llevado a su vida, sin la intrusión del dolor no procesado por su pérdida posterior.

En la siguiente sesión, regresamos al momento en que June se enteró de la muerte de su primer marido. Había vuelto a subir a un 9, y rápidamente bajó a un 6 después de una pequeña tanda de golpecitos, usando de nuevo la frase mnemotécnica «ese horrible día». En este punto, perfeccionamos la aproximación. En primer lugar, pedimos a June que describiera lo que estaba haciendo inmediatamente antes de conocer la muerte de su marido, y que contara la historia de ese día. Ella ya había hecho trabajo suficiente, por lo que fue capaz de manejar esto, no sin lágrimas, pero sí sin sentirse abrumada. Después tomamos la descripción que ella acababa de darnos, por fases, y utilizamos un lenguaje más específico que el que habíamos usado en las sesiones anteriores de golpecitos.

Empezamos con ella haciendo la compra en un supermercado antes de recibir la llamada en su móvil. Eso no fue difícil de neutralizar. Después de oír el sonido del móvil y sacarlo de su bolso. Ella pudo recordar exactamente en qué pasillo se encontraba. El malestar detonado por este recuerdo se neutralizó con un par de rondas de golpecitos. Luego oír al doctor cómo se identificó y dijo las terribles palabras: «Me temo que su marido ha tenido un accidente». Todo lo que siguió fue abordado en segmentos, desde el nervioso viaje hacia el hospital, hasta saber que había muerto, insistir en ver su cuerpo desfigurado, y la larga y horrible noche de encontrarse sola en casa después de que todo hubiera acabado.

Dado que la emoción abrumadora no es compatible con las señales enviadas al cerebro durante los golpecitos, las señales apagan la emoción sin distorsionar el recuerdo. El recuerdo se vuelve manejable y deja de entrometerse en otras áreas de la vida personal. Este procesamiento y curación emocional cambia el panorama psíquico de la persona. A partir de ahí, fue relativamente fácil identificar varias de las ocasiones más recientes en que June se había preocupado de manera obsesiva por Ralph o por uno de sus hijos, y dar golpecitos en cada una de ellas hasta reducirlas a cero. Por último, trabajamos con algunas situaciones que todavía no habían sucedido, pero que ella imaginaba que podrían suponer un reto. A partir de entonces, pudo enviar a sus hombres al trabajo o a la escuela con una sonrisa en su rostro y con un corazón que estaba en paz.

No necesitas haber vivido una tragedia como la de June para caer presa de un pensamiento contraproducente o un patrón emocional que dañe tu

las energías del amor

relación. Si eres propenso a llevar a límites extremos tus preocupaciones, críticas, comparaciones, evitaciones, o bien una sensación de amenaza, tu aplicación de golpecitos puede concentrarse en la última vez que tuvo lugar el patrón. Liberarte de estos ecos de tu pasado usando el protocolo de la psicología energética que hemos enseñado en este capítulo, y que continuaremos en el siguiente, puede suponer un gran paso adelante para allanar el camino hacia una relación bendecida por un apego cada vez más seguro.

Patrones recurrentes, detonantes y otros problemas

Reprogramar las respuestas que dañan tu relación

El amor es todo lo que se dice que es...
Es algo por lo que realmente merece la pena luchar, ser valiente,
arriesgarlo todo. Y el problema es que si tú
no arriesgas nada, te arriesgas más aún.

—ERICA JONG[1]

Jeremy tenía treinta y seis años cuando se casó con Melissa. Él estaba deseoso de ayudar a criar a sus hijos, de siete y nueve años de edad. Había llegado a conocerlos bastante bien durante el año anterior al matrimonio: los había llevado a partidos de béisbol, zoos, parques y otras atracciones locales, y había participado en sus aficiones. A los niños les gustaba su padrastro y la atención que éste les prestaba, y la nueva familia estaba floreciendo en un ambiente de afecto y promesa. El exmarido de Melissa, Steve, el padre biológico de los niños, nunca había querido pasar tiempo con sus hijos durante el matrimonio, pero también los amaba. Se había mudado a otra ciudad, a varias horas de distancia tras el divorcio, pero había cumplido el acuerdo de llevárselos por la tarde, un domingo sí y otro no.

Durante su noviazgo con Melissa, Jeremy nunca había coincidido con Steve. Pero ahora que Jeremy se había instalado con la familia, las dos visitas

---

1. Erica Jong, *How to Save Your Own Life,* Nueva York, Tarcher/Penguin, 2006, 263.

al mes se convirtieron en un elemento habitual de su vida. Él era suficientemente educado con el ex de su nueva mujer, pero evitaba tener mucho contacto con él cuando recogía o dejaba a los niños. Durante las primeras vacaciones de Navidad después de casarse, Steve acordó que se llevaría a los niños durante una semana, y los tres volaron a Orlando a una maratón de Disney. Los niños estaban tan nerviosos con el evento que no parecían hablar de poco más durante la semana anterior y la semana posterior al viaje. Cuando Steve acudió a la siguiente visita dominical, Jeremy apenas podía mirarlo. Empezó a criticar, delante de Melissa, la forma de Steve de ser padre, a señalar su culpa en el divorcio, y en general a pintar un panorama muy feo del hombre con quien había tenido a sus hijos. Al principio, Melissa reconocía la verdad de algunas de las observaciones, pero con el tiempo, Jeremy se fue volviendo cada vez más violento en sus críticas. Esto creció hasta convertirse en un tema espinoso en sus interacciones de los fines de semana en que venía Steve, y Jeremy empezó a interrogar a los niños sobre las visitas con su padre, como si buscara más motivos para criticarlo. Llegó un momento en que fue incapaz de ocultar ante los niños el desprecio que sentía hacia su padre.

Los celos de Jeremy hacia Steve siguieron aumentando, y esa actitud fue pasando a otros aspectos de la familia. A medida que se aproximaban las visitas de Steve, la tensión descendía en la casa. Los niños se sentían confusos. Melissa empezó a criticar duramente a Jeremy. Más de una vez le había llamado «niño consentido». Así estaban las cosas cuando concertaron una sesión de terapia de pareja con David. Jeremy sabía, de alguna manera, que sus reacciones no eran racionales, pero este conocimiento no podía competir con la fuerza de sus emociones. Cuando Jeremy se disparaba, Steve era un hombre malvado que saboteaba todos los esfuerzos de Jeremy con los niños y la familia, y no había ninguna otra perspectiva desde la cual ver la realidad.

Después de escuchar ambas interpretaciones del problema, David habló a la parte de Jeremy que sabía que sus reacciones hacia Steve eran extremas. David explicó que cuando se desencadenan emociones intensas, son muy reales, ya sean racionales o irracionales. Sugirió que practicara el procedimiento de dar golpecitos para suavizar la intensidad de las respuestas de Jeremy hacia Steve. Ni Jeremy ni Melissa tenían ninguna experiencia con la psicología energética, pero la pareja que se lo recomendó había trabajado con David y les había descrito el método, por lo que estaban dispuestos a cualquier cosa que pudiera ayudar, por muy extraña que pudiera parecer. Aunque Jeremy no se mostraba dispuesto a considerar que su valoración de Steve pudiera estar equivocada, estaba interesado en sentirse menos quemado por sus reacciones.

Procedieron, siguiendo esencialmente los mismos pasos que aprendiste como la receta básica en el capítulo anterior. La escena que Jeremy escogió para puntuarla en unidades de malestar subjetivo (SUD) era del domingo anterior, vigilando mientras el automóvil de Steve estacionaba en el acceso para vehículos. Era un 10 en la escala de cero a diez. Después de cuatro rondas de golpecitos, había bajado a un 7, pero incluso después de más rondas de golpecitos parecía estancarse ahí. David preguntó: «¿Cómo sabes que es un siete?». Jeremy dijo que sentía presión en su pecho y una opresión en su garganta. David le pidió que examinase las sensaciones de su garganta. Jeremy dijo que era casi como si estuviera intentando contener las lágrimas. David le preguntó si podía recordar una de las primeras veces que tuvo esa sensación. Jeremy recordó inmediatamente que tenía diez años cuando sus padres trajeron a la familia un niño en régimen de acogida. Iba a ser un arreglo temporal hasta que pudiera encontrarse una ubicación permanente, un favor a un familiar del niño, pero cambió todo para Jeremy.

Como único hijo, Jeremy había disfrutado de toda la atención y el afecto de sus padres. De repente, eso pasó a ser historia. El niño adoptivo tenía muchos problemas, los dos progenitores de Jeremy trabajaban a tiempo completo, y la limitación de tiempo y recursos que tenían disponibles pasaron de Jeremy al nuevo niño. Jeremy, con diez años, no contaba con palabras ni conceptos que pudieran ayudarle a aceptar la pérdida. Se sentía abandonado emocionalmente por sus dos progenitores, no podía entender por qué habían traído a esa persona problemática a su casa, y odiaba al niño adoptivo. Empezó a iniciar peleas y a generar mal ambiente allá donde podía. Esta estrategia finalmente funcionó. Después de cerca de un año, la agencia encontró una ubicación permanente para el niño, y Jeremy nunca lo volvió a ver. Todo esto estaba enterrado en los recovecos de la psique de Jeremy. No había pensado en ello durante años, y ninguna otra circunstancia en su vida adulta había desencadenado sus sentimientos no procesados en torno a aquel capítulo de su infancia. Nunca había pensado en contárselo a Melissa, pero los paralelismos entre el niño adoptivo y la situación con Steve se volvieron de inmediato obvios para nosotros tres.

Aplicamos sesiones de golpecitos en todos los aspectos del recuerdo que conseguimos identificar, y permanecimos con cada uno hasta reducirlo a cero: la pérdida por parte de Jeremy de la atención de sus padres; las numerosas veces que contuvo sus lágrimas cuando se sentía solo y abandonado; su confusión y desconcierto sobre lo que había hecho mal para que le retirasen toda la atención; la invasión en su familia; su odio hacia el nuevo niño; las peleas que tuvieron; el hecho de ser castigado por empezarlas y sentirse un niño malo después de diez años siendo un niño bueno; e incluso su confusión cuando el niño nuevo desapareció de repente.

Afortunadamente, cada ronda de golpecitos requiere sólo un par de minutos, así que todo esto se cumplió en esa primera sesión (David, por lo general, programa dos horas para las sesiones iniciales con parejas). Por entonces, Jeremy ya era capaz de hablar lúcida y calmadamente sobre el niño adoptivo y la invasión del niño en su vida. Y pudo reflexionar sobre cómo las visitas de Steve a los niños estaban haciendo florecer sentimientos que se remontaban a sus experiencias con el niño adoptivo.

Él se planteaba la posibilidad de que su sensación de que Steve intentase destruir a propósito la familia que Jeremy estaba construyendo tenía algo que ver con esta primera situación. Al volver a concentrarse de nuevo en el hecho de ver el vehículo de Steve estacionar en el aparcamiento, Jeremy le dio una puntuación SUD de 3. Un par de rondas más de golpecitos y ya había descendido a cero. Luego nos enfocamos brevemente en el horror de Melissa y su sensación de traición por el cambio de Jeremy, durante los últimos meses recientes, desde un padrastro que parecía ideal, a una fuerza enfadada, celosa e irracional en su casa. Al ser testigo de que el trabajo de Jeremy ya había presentado todo esto bajo una bienvenida nueva luz, y hacia el final de la sesión, ella podía revisar el extraño curso de su joven matrimonio sin ninguna carga emocional.

En una sesión posterior, dos semanas después, el tema se había desvanecido. Jeremy no se disparaba por la siguiente visita de Steve, la estrecha relación que Jeremy había establecido con los niños y con Melissa estaba de nuevo en marcha, y David había perdido unos clientes que bien podrían haber pasado un año o dos en terapia. Ésos son los riesgos que toma un terapeuta cuando lleva una aproximación energética a la sala de consulta.

¿Puedes intentar esto en casa?

El grado en que puedas utilizar eficazmente las técnicas que hemos enseñado para cambiar de verdad patrones que te afectan a ti y a tu relación
depende de muchos factores, pero podemos asegurarte que numerosos individuos y parejas han logrado enormes beneficios al usar las técnicas de
psicología energética en régimen de autoayuda. Si no funcionan, entonces
habréis perdido un poco de tiempo y esfuerzo, y tal vez os hayáis frustrado,
pero sabréis que hicisteis todo lo posible y puede que os ayude a determinar
que la asistencia profesional garantiza la optimización de lo que tenéis en
común. Si funcionan, no sólo habréis solucionado el problema en cuestión,
sino que también habréis construido herramientas para solventar cualquier
tipo de desafío emocional que tengáis que afrontar en el futuro.

El capítulo 6 presentó procedimientos de psicología energética que
pueden ocasionar una profunda transformación. Enumeró siete áreas de
relaciones en las que estos procedimientos pueden resultar especialmente
efectivos para ayudar a las parejas a:

1. soportar la intensidad emocional sin que se acreciente;
2. cambiar el modo en que respondes a conductas de tu pareja que
    han sido detonantes de rabia, dolor o resentimiento;
3. seguir la pista a desafíos emocionales que se desarrollan una y otra
    vez en tu relación con experiencias formativas durante la infancia;
4. curar esas heridas emocionales;
5. transformar los patrones que surgieron de esas heridas;
6. finalizar cualquier otro «asunto pendiente» de tu vida emocional,
    incluyendo «lastres» de relaciones anteriores o de un momento an-
    terior en tu relación actual; y
7. establecer una potente perspectiva mental de cómo quieres que tú,
    o tu relación, cambiéis; y modificar la estructura de tu cerebro para
    apoyar esa perspectiva.

En este capítulo describiremos cómo puede aplicarse la psicología energética
a cada una de estas áreas. Queríamos un ejemplo para ilustrar cada tema.
Aunque podíamos haberlos extraído de parejas con las que hemos trabajado,

decidimos que fuese algo vivo y dentro de nuestros propios límites personales. A continuación se describe nuestro uso personal de las técnicas que estás aprendiendo, dirigidas específicamente teniendo en cuenta este capítulo. Los comentarios te instruyen sobre el modo de trabajar con el tema que se está explorando, y también incluyen un nuevo debate sobre los dilemas al trabajar con la propia pareja, como los que nos surgieron a nosotros, durante nuestro pequeño experimento. En el capítulo anterior analizamos el tema del acoso escolar de David. En éste, centraremos la atención en Donna.

El tema en el que verás a Donna centrarse durante el resto de este capítulo se remonta a una decisión importante que tomó en su primera infancia, sobre no causar problemas a nadie. Su hermana y su hermano necesitaban muchísima atención por parte de sus padres, y Donna asumió el papel familiar de ser una persona que no genera dificultades. No es que no hubiera sido nunca consciente de este tema, ni que hubiera trabajado en él. En lugar de eso, mientras evolucionamos y alcanzamos niveles más altos de conciencia, ciertos temas básicos pueden volver a emerger para resolverlos de nuevas maneras. Cada uno de nosotros es un trabajo en desarrollo.

De hecho, el desarrollo personal se ha vinculado a veces a una espiral ascendente en la que vuelves a revisar los mismos asuntos, una y otra vez, pero debido a que es una espiral *ascendente,* te encuentras con ellos desde una posición más elevada, un nuevo nivel de evolución personal.[2] Cuanto más eficazmente te ocupes del asunto durante la actual ronda de la espiral, más se convierte en una fuente de experiencia y sabiduría en lugar de en una fuente de limitación, al menos hasta que te lo vuelvas a encontrar en tu viaje por la vida. El tema de Donna de no causar problemas había pasado por varias rondas de la espiral durante su vida, y parecía que le tocara de nuevo, justo a tiempo para escribir este capítulo.

I. Moverse por la intensidad emocional sin que aumente

El primer paso del pacto (capítulo 3) es DETENER la discusión en el momento en que la intensidad emocional entre vosotros esté empezando a

---

2. Robert Kegan, *The Emerging Self: Problem and Process in Human Development,* Cambridge, MA, Harvard University Press, 1982.

aumentar. Dar golpecitos en los puntos mostrados en la figura 6-3 te ofrece una herramienta preventiva que puede evitar que se incremente más allá de las primeras sacudidas emocionales. Nuestro cercano colega y amigo, Dawson Church, da este consejo a las parejas:

> En el momento en que sientas una elevación de la intensidad emocional con alguien a quien amas, empieza inmediatamente a dar golpecitos. [Esto] le dice de manera inmediata a tu cuerpo que no hay necesidad de entrar en la respuesta de lucha/huida/inmovilidad, que la situación actual no es una amenaza para tu supervivencia física, y que no estás viajando por la misma autopista neurológica disfuncional que has construido en el pasado.[3]

Dawson está sugiriendo que ambos podéis aplicaros golpecitos mientras continuáis la discusión. Él explica que, para muchas parejas, los caminos muy transitados en el cerebro están tan profundamente establecidos que la pareja «se sumerge en la misma situación en la que todos salen perdiendo»,[4] incluso cuando saben que se van a estrellar si continúan por ese camino. Dar golpecitos interviene al nivel de tu química cerebral. Indica seguridad, ralentiza la reactividad emocional y te permite tomarte un respiro y, en ese momento, mirar a tu pareja con nuevos ojos y escuchar de manera activa en lugar de reaccionar según los viejos patrones.

La primera vez que lo intentamos, teniendo en cuenta este capítulo, funcionó maravillosamente. Donna estaba en una situación en que, debido a circunstancias inesperadas, tenía que cambiar algunos planes sin consultar con David. Sabía que esto había causado «problemas» (inconvenientes) para él, y ella ya se encontraba al límite cuando hablaron sobre lo que había ocurrido. Parte de su patrón «no problemático» era que cuando sí causaba «problemas», esperaba que la otra persona estuviera dolida, enfadada o molesta. Además de esta anticipación que tenía en sí misma una cualidad de autosatisfacción, era tan raro que Donna crease inconvenientes a las per-

---

3. Dawson Church, *EFT for Love Relationships,* Fulton, CA, Energy Psychology Press, en prensa.
4. Ibíd.

sonas más cercanas a ella, que éstas tendían a sentirse sorprendidas y doloridas si ella no cumplía sus expectativas. Así pues, mientras empezaba la conversación, ella ya se sentía disgustada porque él estaba (presumiblemente) irritado, como si jamás pudiera haber sitio alguno para que ella tomara sus propias decisiones cuando pudieran suponer un inconveniente para alguien. Esto, por supuesto, tenía el efecto de suscitar una respuesta emocional defensiva en su compañero.

Al oír el tono de voz de Donna, David dijo: «¡Guau! Éste es el momento que hemos estado esperando. Voy a empezar a dar golpecitos [en los puntos mostrados en la figura 6-3], y espero que tú también». David estaba, efectivamente, un poco indignado por los inconvenientes generados por el cambio de planes, pero no había tenido la reacción que Donna había anticipado. El hecho de que ella, en esencia, le acusara de haber reaccionado así no le había hecho morder el anzuelo, al menos esta vez. Por supuesto, él no sabe lo que habría sucedido si no hubiera estado aplicando la técnica de los golpecitos, pero más tarde reconoció que escuchar mientras daba golpecitos pareció ayudarle a recibir la carga emocional de Donna sin tomárselo a nivel personal. Mientras Donna daba golpecitos al explicar las circunstancias, además de al escuchar la respuesta de David, se dio cuenta de que él la estaba aceptando profundamente y que había entendido lo que ocurría, con lo que con rapidez dimos por terminada la situación.

Sin embargo, la siguiente vez que entramos en una situación que conllevaba una carga emocional y en que usamos este método de «dar golpecitos mientras hablas, dar golpecitos mientras escuchas», descubrimos que debemos hacer una seria advertencia. ¡Empeoró mucho las cosas! Uno de los efectos de aplicar el método de dar golpecitos, mientras cuentas una historia, es que te ayuda a profundizar más en ella y que destapa emociones a las que no tenías acceso. Si en el incidente sobre el que estás dando golpecitos entra un asunto con una gran cantidad de emoción sin resolver, puede que simplemente se intensifique la situación, y que se destape capa tras capa, sin resolver nada antes de que la siguiente emoción o recuerdo sin resolver salga a la superficie. Luego la siguiente, y después la siguiente. Si descubrís que proseguir la conversación mientras dais golpecitos aumenta las emociones negativas o éstas se empiezan a descontrolar, habrá llegado el momento de cambiar de estrategia. ¡Inmediatamente!

He aquí lo que sucedió en nuestro caso. Una de las dinámicas en el tema de Donna de no causar a nadie ningún problema es que no siempre son evidentes sus necesidades, deseos y preferencias, por lo que a menudo se siente menospreciada por David, la persona más cercana a ella. En el momento de escribir esto (en este instante no hemos avanzado mucho más en la escritura del capítulo de lo que lo estás haciendo tú al leerlo), hay una acalorada discusión entre nosotros dos. ¿Hasta qué punto el problema es que David realmente desestima lo que Donna le ha expresado a él, y hasta qué punto es que Donna se siente desestimada, a pesar de no haber expresado nunca sus pensamientos o necesidades? Cuando David presenta su punto de vista en esta discusión concreta, Donna, por supuesto, se siente más desestimada aún. ¡Estamos impacientes por ver cómo se resuelve esto! En cualquier caso, hemos estado planeando una gira docente por Europa que coincida con la publicación de uno de nuestros libros. Donna sentía que David había puesto en marcha los planes sin haber revisado de manera adecuada los detalles con ella, y ella estaba molesta por ello. Cuando ella recibió el itinerario, fue un golpe especialmente duro. La conversación empezó más o menos así:

DONNA: Éste no era mi plan. Esto no es lo que yo quiero hacer. Pensé que dejé claro lo que yo quería. Pensé que me escuchaste (elevando progresivamente la voz).

DAVID: Otra oportunidad para dar golpecitos, por lo que veo (mientras empieza a dar golpecitos).

DONNA (dándose ahora golpecitos también): Me siento traicionada. No me escuchaste en absoluto. ¡Aquí traicionaste mis principios! Me siento invisible y desestimada. Justo igual que cuando…

Esto condujo a una lista creciente de incidentes desagradables, cada uno de los cuales recordábamos de modo distinto, y ambos nos fuimos involucrando en una discusión de pareja en toda regla. Finalmente, David dijo, con el debido sarcasmo acerca del proceso sobre el que planeábamos escribir: «¡Esto no marcha bien! ¿Qué era lo que intentábamos demostrar? ¿Que podíamos ser tan mezquinos como la siguiente pareja?». Ambos estuvimos de acuerdo en desviarnos del vuelo en picado. Así pues, invocamos nuestra puesta en modo de pausa, el pacto (capítulo 3), y dejamos a un lado esa actitud tan negativa. Al sentirnos de nuevo en sintonía con nuestra alianza colaborativa, concertamos una cita para volver al asunto usando la receta básica, en lugar de con los golpecitos aleatorios.

Así que la advertencia para el procedimiento de «aplicar golpecitos mientras hablas» es ésta: si ambos empezáis a dar golpecitos en el momento en que uno de vosotros siente una sacudida emocional, y si la carga emocional parece que aumenta en lugar de disminuir, cambiad a vuestro pacto: parad, dad golpecitos, sintonizad, resolved.

Sin embargo, con bastante frecuencia, simplemente añadir los golpecitos a la discusión os mantendrá en calma, concentrados y apoyándoos el uno al otro, y no dejándoos arrastrar por vuestras emociones.

2. Cambiar el modo en que respondes a conductas de tu pareja que previamente han sido detonantes de rabia, dolor o resentimiento

Además de no elevar el tono de una discusión, podéis usar los golpecitos para cambiar los patrones que disparan malestar emocional entre vosotros. Después de usar nuestro pacto para enfriar los ánimos, volvimos a los preparativos del viaje que inicialmente fue el tema crítico.

Para obtener su puntuación en SUD, Donna pensó en el momento en que leyó el itinerario, lo muy subestimada que se sintió, y cómo luego tuvo la impresión de que estaba hablando con una pared cuando le contó a David sus sentimientos. Reproduciendo esta escena como una película en su mente, dio una puntuación de 8 a la intensidad emocional en el momento de mayor malestar. Buscando una frase mnemotécnica (pág. 260) —unas cuantas palabras que describan la escena—, Donna pensó en varias frases: «Soy invisible para ti»; «Me menosprecias cuando hablo contigo»; «He sido traicionada»; «Me siento abandonada por ti». Entonces, ella reflexionó: «*Abandonada* no es la palabra correcta. Sé que me cuidas. Lo que sentí en ese momento es: "Te estoy causando problemas. Eso es todo en lo que puedes pensar. Tú ya has hecho tus planes". Así que lo que yo quiero no importa».

Se decidió por: «Sigo sin poder causarte problemas a pesar de que me hayas traicionado», como su frase mnemotécnica inicial.

Una diferencia entre una sesión guiada profesionalmente y una sesión autoguiada implica una menor o mayor confianza en la frase mnemotécnica. En esta situación, David está ayudando a Donna como su marido, pero también usa su experiencia y habilidades profesionales al formular los textos. El capítulo 6 te enseñaba a seguir volviendo a la frase mnemotécnica inicial, ajustándola más tarde según fueran revelándose aspectos adicionales (pág. 269).

En la siguiente transcripción de nuestra sesión, verás que David no se quedó con la frase mnemotécnica inicial, sino que inmediatamente abordó diferentes aspectos de la situación.

Las ventajas de esto como herramienta educativa son que llegas a ver todo lo flexible que es la técnica y que te ofrece un modelo de su eficacia.

El inconveniente sería si tú, siendo principiante, piensas que debes ser igualmente experto en formular textos avanzados. No lo eres. Quedarse con la frase mnemotécnica inicial y ajustarla poco a poco, según se revelan nuevos aspectos, puede ser muy efectivo.

Recuerda siempre que se trata más de cambiar las energías que de ninguna otra cosa, y dar golpecitos hace eso por ti.

Empezamos con la frase mnemotécnica inicial al formular la declaración de aceptación: «Aunque sigo sin poder causarte problemas a pesar de que me hayas traicionado, me amo profundamente y me acepto a mí misma» (dicho tres veces, junto con las técnicas físicas descritas en la pág. 263-264). Entonces empezamos a darnos golpecitos, con nuestro iPad grabándolo todo.

David propuso la frase que Donna usó mientras daba golpecitos (ella golpeaba en un punto durante el tiempo que llevaba decir la frase y luego iba al siguiente punto y frase, siguiendo la secuencia de puntos mostrados en la figura 6-3). David daba golpecitos junto a Donna y repetía la frase con ella. Ése es el formato que usamos a lo largo de la sesión, y os sugerimos que experimentéis con él también si uno de vosotros está guiando el trabajo del otro. David sugirió el texto, excepto las frases donde la transcripción indica que fue Donna quien la inició. Algunas frases se repitieron varias veces mientras daba golpecitos en diferentes puntos y sólo el primer uso de la frase está en la transcripción:

Sigo sin poder causarte problemas a pesar de que me hayas traicionado.

Me traicionaste.

Hablamos sobre el itinerario, pero me ignoraste.

Me siento traicionada.

Ahora me siento atascada porque no puedo causar problemas a estas personas. Han invertido su tiempo y esfuerzo en hacer este itinerario [texto iniciado por Donna].

Sentirán dolor si causo problemas con esto.

Se sentirán abandonadas, decepcionadas, como si no hubiera una red debajo de ellas.

Se sentirán como si no me preocupara por ellas.

Podría haber causado problemas, pero en su lugar estaré dolorida. No dije lo que pensaba. Sólo tuve que tragarme lo traicionada que me sentía [texto de Donna].

Me tuve que tragar cómo me decepcioné *a mí misma* porque no pude decepcionarlas *a ellas*.

Me abandoné a mí misma de nuevo, porque no pude decepcionarlas.

En este punto, hicimos la secuencia de integración (pág. 266). Luego, de vuelta a los golpecitos:

Me siento traicionada.

No puedo causar problemas.

Tengo que resignarme.

Probablemente nunca volverán a confiar en nadie si me echo atrás en esto [texto de Donna].

Las vidas de las personas se destruirán si causo problemas [risas: exagerar una suposición subyacente puede aportar humor y ligereza mientras se continúa abordando un tema intenso].

No sobrevivirán.

Me siento atrapada.

Siempre estoy atrapada.

Esta vez esperaba que David se asegurara de que yo no me quedara atrapada [texto de Donna].

Esperaba que David cuidara de mí.

David no cuidó de mí.

Ahora tengo que seguir adelante con ese mismo antiguo malestar conmigo misma que me ha decepcionado [texto de Donna].

En este punto, David pidió a Donna que respirara profundamente, que volviera a pensar en la escena del itinerario y que le diera una puntuación en SUD. Dijo que había bajado hasta 4,5 desde un 8. Él le preguntó cómo sabía que aún quedaba malestar. Ella dijo: «Tengo todavía dolor en mi corazón, aunque estoy más calmada. Pero, a pesar de que no estoy tan enfadada, todavía sigue esta herida kinestésica muy dolorosa». Esto proporcionó el texto para la siguiente declaración de aceptación: «Aunque todavía tengo dolor en mi corazón, me amo profundamente y me acepto a mí misma» (repetido, junto con los procedimientos físicos). La última vez, en lugar de «me amo profundamente y me acepto a mí misma», David hizo que Donna lo sustituyera por una afirmación específica más positiva (*véase* «El método de las elecciones», págs. 279-280), que era: «Elijo reconocer que estoy cambiando esto ahora mismo: un cuatro y medio es muy distinto de un ocho». Luego otra ronda de golpecitos:

Esta herida en mi corazón.

Este dolor en mi corazón.

Este dolor en mi corazón de todas las veces que no pude causar problemas.

Nadie me vio jamás. Protegí a todos los demás de tener que afrontar problemas, pero nadie me protegió a mí [texto de Donna].

Ellos eran felices porque yo no creaba problemas [texto de Donna].

Qué alivio que Donna no cree problemas.

Nadie me veía.

Y así es como me sentí cuando hablé con David sobre el itinerario [texto de Donna].

Él no me escucha, él no me conoce. A él no le importa. Le parece bien que yo vaya a sacrificarme [texto de Donna; en este momento, David se alegra de estar también dando golpecitos y manteniéndose relativamente equilibrado].

A él le parece bien que yo me sacrifique por el bien de la organización. No intervino para rescatarme. Así que simplemente me dejan en la estacada [texto de Donna].

Estoy preocupada por lo mucho que me estoy exigiendo a mí misma. Y tengo miedo. Me siento sola en ese miedo [texto de Donna].

Nadie se va a preocupar por mí. Y es incluso peor si creo problemas [texto de Donna].

Ellos sólo ignoran mis necesidades. Si no causo problemas, nadie sabe nunca que tengo una necesidad [texto de Donna].

No me ven si no causo problemas. Nadie me ve, tanto si causo problemas como si no los causo [texto de Donna].

Si no causo problemas, soy invisible. Si causo problemas, quieren que me vaya.

Menuda desilusión resultó ser ella [texto de Donna].

Si causo problemas, quieren que me vaya. Si causo problemas, hay consecuencias horribles. Si no causo problemas, soy invisible. Mis necesidades no se satisfacen [texto de Donna].

Quiero hacer esto bien esta vez. Es hora de hacerlo bien. Es hora de cambiar esta energía [texto de Donna].

Es hora de cambiar la energía que me mantiene atrapada en este patrón.

Y puedo hacerlo de forma diferente. Y lo he hecho [refiriéndose a una reciente interacción positiva con David en la que Donna había mostrado su rabia. En este punto, cuando se ha quitado gran parte de la carga, la persona es capaz de considerar experiencias que contrarrestan una creencia profunda existente desde hace mucho tiempo].

Sí, yo he tenido algunos verdaderos momentos de éxito. He causado problemas, y he sido amada de todas formas [David le pide a Donna que describa uno].

Aunque ayer te apresuraste a juzgarme, cuando te conté mi versión de la historia, diste la vuelta a la tortilla. Eso fue amor [texto de Donna].

Cuando sentí náuseas en nuestro último viaje, tú estabas allí al cien por cien. Yo te estaba causando muchos problemas, y tú no me hiciste sentir culpable.

En este punto, Donna volvió a pensar en la escena del itinerario y la evaluó con un 3. Nos habíamos saltado la secuencia de integración, pero la hicimos en este momento, reduciendo ligeramente la puntuación, hasta 2,5. David sugirió que la siguiente declaración de aceptación fuera: «Aunque todavía veo que es un dos y medio, siento un poder que brota en mí». Donna replicó: «No, no siento poder. Siento que realmente seré traicionada si dejo esto. No volveré a estar nunca a salvo si dejo esto porque nunca te verás a ti mismo. Me da miedo rebajar esto hasta cero. Me da miedo reducir esto se vaya. Jamás estaré a salvo después. Simplemente seguirás tu alegre camino tratándome del mismo modo. Si esto lo dejo ir, entonces realmente seré traicionada. Podría ganar algo al superar ser incapaz de causar problemas, pero tengo miedo de que, si lo supero, tú digas: "Mira, fue culpa tuya todo el tiempo", y sigas simplemente menospreciándome».

Éste es un punto que podría hacer descarrilar el proceso. Si David se defendiese, *eso* sería una traición, ya que Donna se estaba abriendo en canal y había llegado ahora a una inversión psicológica (pág. 276). Aunque tenía la esperanza de no volver a sentir malestar por la situación, creía que David ignoraría su parte del problema si ella lograba éxito. Si estás guiando a tu pareja en una sesión de golpecitos, necesitas estar profundamente comprometido a dejar a un lado tu parte de la historia por el momento, por lo que estás entendiendo e incluso siendo un defensor de la realidad de tu pareja. David demostró que lo estaba haciendo al sugerir esta declaración de aceptación: «Aunque tengo miedo de que si supero esto seré más invisible para David, acepto profundamente este dilema». Esto funcionó para Donna, así que pasamos a otra ronda de golpecitos, buscando esta vez modos de afirmar el poder de Donna en la situación (nota: no era probable que esto hubiese sido efectivo antes de haberse neutralizado la mayor parte de la carga emocional):

Tengo miedo de que, si cambio, David se quedará atascado [formular declaraciones como ésta también llevó a David a una empatía más profunda con el dilema de Donna].

No confío en que David haga su parte.

David no admitirá que me menosprecia, y si yo resuelvo mi parte del asunto, él nunca se hará cargo de su parte.

Esto trata sobre mi poder [David cambia ahora a lo que siente que es la pieza autolimitante en la posición de Donna].

Esto trata sobre mi capacidad de decir mi verdad.

Esto trata sobe mi capacidad de decir mi verdad de un modo que nadie pueda ignorar.

Ni siquiera David.

Aunque tengo miedo de superar esto completamente, me estoy volviendo una fuerza con la que ser reconocida [Donna dice: «¡No, no lo soy! No todavía»].

Lo fuiste ayer [en referencia al incidente anterior].

De acuerdo, me estoy volviendo una fuerza con la que ser reconocida [texto de Donna].

Aunque tengo miedo de superar esto, no lo necesito ya más [texto de Donna].

Me mantendré con mi poder. Diré mi verdad. Diré mi verdad incluso si causa problemas [texto de Donna].

De eso es de lo que se trata.

Sí, diré mi verdad aunque cause problemas [texto de Donna].

Aunque tengo miedo de superar esto, diré mi verdad. Incluso si causa problemas para David, o para la organización, diré mi verdad [texto de Donna].

Ésa es aquí la solución.

Puedo decir mi verdad.

Sea cual sea la reacción de la gente, es asunto suyo.

Yo sé que básicamente soy amable y justa.

No tengo nada por lo que sentirme avergonzada o culpable.

Yo fui clara [refiriéndose a la situación del día anterior].

Yo fui clara. Me alegró la reacción de David.

En este punto, la puntuación SUD de Donna había descendido a 1,5. Cuando se le preguntó cómo sabía que todavía había residuos, Donna dijo: «Cuando miro a la escena, todavía puedo sentir estrés. Nada es como era, pero todavía puedo sentir estrés».

Profundizando en sus sentimientos, dijo: «Sigo sin creer que esto vaya a fortalecer nuestro matrimonio porque te harás arrogante y nunca *entenderás* lo que haces.

Nunca lo captarás. Yo conozco mi parte, pero quiero que tú te mires a ti mismo. Si supero este asunto, te sentirás perdonado y yo seré olvidada». De nuevo, posicionándose como guía y defensor de Donna, y poniendo a prueba su propia actitud defensiva, David sugirió la siguiente declaración de aceptación: «Aunque quiero que David se mire a sí mismo, no necesito esperarlo», y luego estas declaraciones aplicando golpecitos:

Me estoy convirtiendo en tal fuerza que no se me puede ignorar.

Causaré problemas.

Causaré problemas si tengo que hacerlo.

Aunque me gustaría que David «lo entendiera», no estoy soltando mi carta de problemas [Donna se ríe mientras repite esto].

Aunque me gustaría que David «lo entendiera», no estoy soltando mi carta de problemas.

Esto me da permiso para utilizar mi carta de problemas.

Reclamo mi carta de problemas.

Puedo usarla libremente.

Sin culpa.

Sin vergüenza.

Sin compasión excesiva.

Sé que soy justa y buena.

Puedo sacar esa carta en cualquier momento en que la situación lo requiera.

Puedo causar problemas.

¡Sí!

De acuerdo, voy a sacar la carta [Donna se ríe].

Puedo causar problemas.

Puedes evolucionar o no evolucionar, pero voy a sacar mi carta de problemas en el momento que quiera [Donna se ríe].

Acostúmbrate a ello, David.

La voy a sacar en el momento que quiera.

De hecho, eres muy valiente por conducirme a través de esto,
David [Donna se ríe mientras repite la declaración adula-
ción propia de David].

Puedo causar problemas a mi manera [Donna se ríe].

Volviendo a la escena del itinerario, Donna dijo, con placer en su voz: «¡Ya no tiene ninguna carga!».

A lo largo de la semana, salieron a relucir numerosos ejemplos con David, y con otros, donde Donna se vio a sí misma hablando sin miedo, incluso cuando sabía que lo que estaba diciendo era diferente de lo que la persona quería oír.

Mientras reflexionas sobre la transcripción anterior, advierte cómo sólo las rondas iniciales de golpecitos se concentraron en las sensaciones de traición y de estar atrapada, que se asociaban con el tema de no ser capaz de causar problemas a nadie.

Después del primer cambio en la puntuación SUD de Donna, la atención se centró en las sensaciones de su corazón y de su pecho. Sólo después de que disminuyeran los textos sugeridos por David empezaron a concentrarse en evidencias que contradecían sus creencias sobre no causar problemas (como cuando causaba «problemas» al estar enferma, y sin embargo recibía un apoyo completo).

Esto condujo a un miedo a que si ella superase su parte del patrón, David seguiría persistiendo por su lado y continuaría menospreciándola. Esto se abordó aceptando su poder en la situación, reconociendo que ella puede evolucionar aunque David no lo haga, que puede decir su verdad y ser una fuerza que merece reconocimiento, sin que importe lo que David haga o deje de hacer.

Pero Donna también sabía que había más. No había acudido a los eventos de la infancia que crearon el patrón de «no causar problemas», ni sanado las heridas emocionales que se remontaban a ellos. De manera conveniente, éstos son los dos temas interrelacionados que queríamos ilustrar.

3. Seguir la pista a desafíos emocionales que se desarrollan una y otra vez en tu relación con experiencias formadoras de la infancia

Enlazando el tema de «no poder causar problemas» con un recuerdo anterior, Donna recordó una salida familiar cuando ella tenía unos cuatro años. Habían ido a una zona con bosque en las montañas. Donna había vagado sin rumbo y se perdió. Mientras oscurecía, fue incapaz de encontrar el camino de vuelta. Sin que tampoco la hubiera encontrado nadie, ella estaba arreglándoselas con su creencia de que todos se habían ido a casa sin ella. Esto le parecía natural. «Por supuesto que no me esperarían. Podía imaginar a mamá diciendo desde el asiento delantero del vehículo: "Queríamos mucho a Donna. ¡Era maravillosa! Es muy triste que tengamos que dejarla, pero qué le vamos a hacer. Está oscureciendo y nos tenemos que ir". Y yo lo entendí perfectamente».

Al pedirle que describiera qué sentía ahora, al volver a pensar en aquella niña que entendió esto completamente, afirmó que se sentía «muy triste». Ella reflexionó que «aunque me reconforté a mí misma diciendo que sabía que mamá me amaba, también creía que el amor de mamá se desvanecería en el trasfondo si causaba problemas. Y, en este caso, sería un problema para la familia tener que salir a buscarme. Donna puntuó sus sentimientos de tristeza sobre este tema con un 8 en la escala SUD de cero a diez.

4. Sanar estas heridas emocionales mal curadas

La declaración de aceptación que Donna usó mientras masajeaba los puntos de su meridiano central fue: «Aunque no podría causar problemas, me amo profundamente y me respeto a mí misma». Aquí estaban las palabras que ella usó, a veces sugeridas por David, pero ahora cada vez con más frecuencia proporcionadas por Donna:

> No puedo hacer que tengan que buscarme.
> No puedo ser la causa de que se sientan incómodos.
> Está oscuro después de todo. Tienen que ir a casa.

Entiendo.

Por supuesto que me dejarán aquí en la oscuridad.

Me dejarán aquí en la oscuridad.

Espero que me encuentren los lobos y me críen.

Pero todavía no veo a los lobos.

No puedo encontrar a los lobos.

En realidad no sé dónde estoy.

Me pregunto qué va a pasar conmigo.

Sabía que me tenían que abandonar porque ahora causaba problemas.

Rompí las reglas.

Me volví problemática.

No cumplí mi parte del pacto.

Y ahora estoy completamente sola.

Sólo tengo cuatro años.

Estoy fuera en territorio salvaje.

Lo mejor que puedo esperar es que ahora me críen los lobos.

Tenía mi mundo de fantasía. Eso lo hizo menos temible.

Pero en lo más profundo sabía que tuvieron que dejarme porque había causado problemas. Mi hermano y mi hermana causaron suficientes problemas. Yo no iba a crear más.

Mamá acababa de llegar a casa desde el hospital, y yo no iba a crear problemas.

Pero me perdí.

Y yo habría causado problemas si no se hubieran ido a casa.

Pero veo a papá salir de detrás de una curva en el lateral de la montaña.

Papá me buscó. ¡Guau!

Me vio y empezó a reírse.

Sus brazos se abrieron completamente mientras corría hacia mí.

Me está haciendo llorar [llorando].

¡Estaba muy sorprendida!

Me engañaron.

Me conmocionó que ellos me buscaran.

¡Papá me encontró!

Aunque causé problemas, me buscaron.

Volví al vehículo y descubrí que mamá jamás dijo eso.

Ella no dijo nunca: «…se está haciendo de noche, por lo que tenemos que irnos».

Nunca se fueron.

Se quedaron por mí.

Buscando muy bien.

Podía causar problemas cuando tenía cuatro años.

Tuve una oportunidad.

Quizás estaba bien causar problemas.

Por supuesto, lo superé [risa por el sarcasmo de David].

No cambió el contrato.

Seguía teniendo estas reglas de no poder causar problemas.

Yo no podía causar problemas.

Ya había suficientes problemas.

No voy a ser un problema.

Les voy a poner MUY fácil a ellos tenerme cerca.

Nunca se sentirán compungidos porque yo esté ahí.

No tendré ninguna necesidad [llorando].

Sólo se lo pondré fácil.

Nunca sabrán cuáles son mis necesidades.

Nunca sabrán si me pongo enferma o triste.

Ésa era mi regla básica.

En todas mis relaciones, nadie jamás se arrepentiría de tenerme cerca porque no causaba problemas.

No causé problemas.

Para ellos estaba bien causar problemas. No habían crecido en un lugar donde no tuvieran que causar problemas.

Pero yo sí.

Cualquier cosa que la gente necesitara para hacer su vida más fácil la haría por ellos.

Ellos eran vulnerables, así que yo no causé problemas.

En este momento, la puntuación SUD sobre la tristeza de Donna al darse cuenta de lo que realmente significaba para esa niña pequeña que no volvieran a por ella había bajado de un 8 a un 5. La siguiente declaración de aceptación fue: «Aunque ella no se diera cuenta de que la amaban lo suficiente como para causar problemas y ser un estorbo, siento mucha compasión y amor por esa pequeña niña, y una enorme simpatía hacia ella». La siguiente ronda de golpecitos incluyó estos textos:

Mi papel en la vida era ser fácil para ellos.
Si me añadía a los problemas, mamá se volvía a poner enferma.
Si me añadía a los problemas, papá estaba completamente estresado.
¡Tienen tanto que controlar!
Yo no puedo causarles más problemas. Simplemente no puedo causar problemas.
Así que no experimento mis necesidades.
Me voy a la fantasía.
Los lobos iban a venir a criarme.
La fantasía funcionó.
Me hice muy buena en no causar problemas.
Era feliz.
¡Realmente feliz!
Así que funcionó.
No funcionó toda mi vida, pero sí en mi familia.
Lo apreciaban sin darse cuenta.
Para mí estaba bien no ser vista.
Tuve una vida de fantasía realmente maravillosa.
Salía oliendo como una rosa.
No causé problemas.

Ambos nos sorprendimos por la siguiente puntuación en SUD: «¡Ha subido a 9! Supongo que porque tengo que sentirlo. Nunca lo he sentido». A veces, salir de la negación es su propio factor estresante. Donna observó: «De algún modo, siempre me he reído de ello, qué lindo era, pero ahora sólo me siento triste». Es algo habitual con sentimientos que se han enterrado con el objetivo de hacer posible un estilo de afrontamiento, y no es el momento de desalentarse o abandonar. Por el contrario, sabes que estás tras la pista de un material emocionalmente significativo. La siguiente declaración de aceptación incluyó lo que había ocurrido, en un contexto constructivo: «Aunque realmente estoy en ello y sintiéndolo ahora a nivel profundo, elijo saber que así es como sanaré». Los textos de la siguiente ronda de golpecitos fueron:

Esa pobre niña pequeña.

Sólo tenía cuatro años.

Tuve que llevar sobre mí la carga de la familia.

Y no quejarme.

Y no causar problemas a nadie.

Sólo tenía cuatro años.

Es realmente triste cuando pienso en ello.

Pero gracias a Dios por mi rica imaginación.

Gracias a Dios por alimentar mi espíritu tan bien.

Aunque es realmente triste, salió muy bien.

La ignorancia es una bendición.

La negación me resultó muy útil.

Hay un profundo descubrimiento aquí.

Es muy sanador.

Aunque estoy entrando en contacto con muchas cosas, se está produciendo una sanación.

Aunque es triste, doy la bienvenida a mi conciencia.

Esa pobre niña pequeña en realidad no era tan pobre.

Ella tenía tanto para dar que fue capaz de llevar esta carga, de entre los miembros de su familia.

Y tuvo éxito en ello.

Salió de ello bastante bien parada.

Por supuesto, sus dotes para relacionarse dejaban mucho que desear [risas por otra pulla juguetona de David].

Pero, aparte de eso, salió de todo ello bastante íntegra.

Así que, cuando siento compasión por ella, también siento algo de asombro hacia ella.

Qué rica en recursos era.

Qué bendición.

Lo hizo muy bien llevando esa carga para su familia.

¡Lo hizo muy bien cargando con la tristeza de todos y siendo también testigo de ello!

Lo hizo muy bien. Hizo bien su trabajo.

Esta breve ronda, examinando el contexto más amplio de la situación con compasión por su ego de cuatro años, bajó rápidamente la puntuación en SUD de Donna de un 9 a un 2. Sin embargo, después se concentró en otras situaciones posteriores de su vida, en torno al mismo tema. Se concentró en una de ellas perteneciente a su primer matrimonio. Tuvo un aborto y contrajo una infección mientras estaba en el hospital. Pero se dio de alta contradiciendo las órdenes del médico, dejó el hospital y se quedó con una amiga para no causar una carga económica a su marido. Cuando le vio, aunque ella estaba con una profunda tristeza, no le contó nada de que se había dado de alta ella misma en el hospital, en contra del consejo del médico, y se sentía silenciosamente complacida de haberle ahorrado cualquier inconveniente o gasto. La declaración de aceptación que usó para este nuevo aspecto del tema fue: «Aunque tuve una pérdida terrible que no le dejé sentir a él, me amo profundamente y me acepto a mí misma». Continuó, dando golpecitos, usando estos textos:

Ese deseo de no causar problemas, que fue tan adaptativo en mi infancia, me indujo a elegir un compañero que no tenía tolerancia a los problemas.

Era una pareja perfecta [risas].

Él no podía tolerar los problemas. Yo podía esconder todas mis necesidades.

Así que eso representamos, una y otra y otra vez, a lo largo de todo aquel matrimonio.

Yo no podía mostrar mis necesidades. Yo no podía causar problemas. Y el modelo simplemente se hizo más y más profundo.

Yo no podía causar problemas.

La única cosa que pude hacer fue dejarle finalmente.

Éramos como piezas de un rompecabezas, perfectamente encajadas.

Él no podía tolerar los problemas. Yo no podía causar problemas. Ése era nuestro vínculo.

Así que, aunque me siento realmente triste, estoy viendo esa forma de ver las cosas.

Aunque me siento realmente triste, estoy teniendo una comprensión muy fortalecedora.

Aunque me siento realmente triste, elijo darme cuenta de que ya he recorrido un largo camino así.

Llegados a este punto, su puntuación SUD sobre su tristeza por la niña pequeña había bajado a cero, pero todavía estaba en 4 por la joven mujer del hospital. Al explorar qué era lo que la estaba manteniendo en un 4, Donna se dio cuenta de que sentía mucha vergüenza por no expresarse claramente. Su siguiente declaración de aceptación fue: «Aunque me siento avergonzada por estar dispuesta a arriesgar mi vida antes que causar molestias a mi marido, me amo profundamente y me acepto a mí misma». Los textos durante los golpecitos incluyeron:

Me avergüenzo por darme de alta en el hospital para no causar problemas a mi marido.

No causaría problemas.

Recuerdo que era heroico cuando tenía cuatro años llevar la carga de la familia.

Esa niña de cuatro años quería hacer feliz a todos en la familia.

Ella era capaz de meterse muchas cosas dentro de su espíritu para así poder llevar la carga familiar.

Representó lo que aprendió cuando tenía cuatro años para mantener a su madre sana.

Simplemente no actualizó el programa.

Simplemente siguió representando su rol familiar.

Y encontró a la pareja ideal con quien hacerlo.

Yo estaba haciendo lo que aprendí.

Es realmente duro ver mi parte de culpa en su crueldad.

Mientras su memoria retrocedía hasta llegar a la mujer del hospital, se sentía humillada por haber sido un felpudo en todos los aspectos. ¿Ves cómo se pelan las «capas de la cebolla»? Tú simplemente trabajas con cualquier cosa que surja. Después de resolver la humillación, otros pocos incidentes con el mismo tema, también de su vida adulta, se pudieron resolver con bastante facilidad. La resolución de cada asunto específico se basa sobre todo en lo que se ha resuelto anteriormente en el plano emocional. Por compleja que pueda parecer, la grabación de la sesión duró sólo cuarenta y siete minutos. Sin embargo, Donna estaba exhausta. ¡Exhausta, pero triunfadora!

5. Transformar los patrones que surgieron de esas heridas

Incluso después de una importante sanación emocional, tal como ilustran las transcripciones anteriores, los patrones que se han quedado grabados en el estilo de vida, o en las relaciones de alguien, no cambian automáticamente. Pero se encuentran maduros en ese momento para que una intervención los cambie. El tema que Donna quería cambiar incluía el modo en que seguía reprimiendo el ejercicio de su voluntad, si ésta iba a decepcionar o causar inconvenientes a alguien. Ese aspecto solía aparecer con David en situaciones de trabajo. Las parejas que trabajan juntas afrontan un conjunto único de retos, y nosotros no somos una excepción.

Donna seleccionó una situación, que implicaba a nuestra organización, en la que iba a ser difícil conseguir lo deseado, y se imaginó a sí misma expresando sus intenciones claramente y con decisión firme. Esta técnica, denominada el procedimiento de predicción del resultado,[5] está diseñada para establecer una nueva conducta o respuesta emocional. Empieza visualizando un resultado esperado, más que un síntoma o situación problemática. También usa una puntuación de cero a diez, pero evalúa la credibilidad del *resultado esperado;* la puntuación de cero conllevaría un resultado imposible, y el 10 que podría suceder absolutamente. Excepto por estas diferencias, aplica la misma receta básica que has aprendido.

Dado que David es el director ejecutivo de nuestra organización, se reúne de forma periódica con los otros administradores clave, con el objetivo de llevar a cabo una política con la que Donna no está de acuerdo, a veces de

---

5. Fred Gallo, *Energy Diagnostic and Treatment Methods,* Nueva York, Norton, 2000, 175-177.

manera agresiva. Ésta no es una buena receta para la armonía familiar. Donna no sólo se siente excedida en número e impotente, sino que se siente traicionada por el hecho de que su marido se ponga del lado de los otros en lugar del suyo, a pesar de que el trabajo que promueven, Eden Energy Medicine, es una presentación suya y está a su nombre. David, por otro lado, está obligado a tener en cuenta detalles a los que Donna no da ninguna importancia (estatutos ante el estado, regulaciones de recursos humanos, asuntos presupuestarios, etc.), a fin de mantener la operación en buenas condiciones y funcionando como la seda, así que cuando él no da su brazo a torcer, cree que, en última instancia, es por el bien de Donna, aunque ella no se dé cuenta.

En el resultado esperado de Donna, ella se vio a sí misma manteniéndose firme contra David y dos de nuestros principales administradores, en el acto de pedir una excepción para los procedimientos convencionales que sería bastante complicada de implementar. Era un tema en torno al cual habían discutido innumerables veces a lo largo de los años. El trabajo de David y de nuestros administradores es construir una estructura que pueda acomodar a los cientos de personas que están involucradas con la organización como profesores y profesionales, y a las decenas de miles a quienes sirve. Pero conforme se fueron desarrollando las cosas, la gente se dio cuenta de que, si querían que se les considerase excepciones a las reglas establecidas, la forma de evitar los requisitos burocráticos consistía en averiguar cómo poder ser recibidos por Donna y exponerle su caso. Su corazón se abriría y ella los defendería. Esto estaba volviendo loca a la administración, incluido su fiel marido, y ella finalmente se volvió mucho más perspicaz respecto a ese tipo de peticiones. Sin embargo, a veces un caso era tan apremiante que ella abría otra ronda de conflicto con la gente con la que había trabajado durante años, para defender a alguien a quien apenas conocía.

En la situación que fue el tema central de la sesión, un alumno que había estudiado con Donna hacía mucho tiempo quería obtener créditos para completar nuestro programa de certificación por cursos realizados años antes. Nuestra administración había permitido esto durante el primer par de años de nuestro programa, pero, a medida que el programa evolucionó y se volvió más sofisticado, nos dimos cuenta de que las enseñanzas de diez años antes no equivalen a lo que enseñamos ahora. Por último, se aprobó una norma que establecía con plena firmeza que ya no podíamos otorgar créditos por nuestros cursos anteriores. Donna había estado de acuerdo con esta regla, pero ahora tenía delante a una persona que representaba tanto lo que a ella le gustaba en un practicante de medicina energética que decidió enfrentarse al sistema una vez más. Nuestra administración tiene el compromiso de mantener unos estándares elevados, así como la compleja y laboriosa tarea de evaluar si una persona llega a dominar el gran número de principios y procedimientos representados por la certificación que se le va a conceder. Donna sintió miedo de solicitar la excepción, y su aversión a causar problemas a otros dificultaba más aún la cuestión. Se visualizó a sí misma presentando la solicitud con confianza y sin sentimientos de culpa. En la escala de cero a diez, siendo 10 que era totalmente creíble que podría hacerlo con éxito, le concedió una puntuación de 4. Era de algún modo plausible para ella poder realizar la petición con confianza, pero no la sentía muy probable.

Su declaración de aceptación fue: «Aunque no estoy muy segura de poder tener éxito en esto, me amo profundamente y me acepto a mí misma». Respecto a sus acupuntos, también se imaginó a sí misma en la situación de presentar la solicitud sin esfuerzo, mientras daba golpecitos y usaba frases que incluían:

> Me siento segura de mí misma y con los pies en la tierra.
> Esto que hago es lo correcto.
> Y les *causará* dificultades a ellos.
> Y elijo que esto ocurra.
> Esto es por un bien mayor.
> Lamento mucho que les cause inconvenientes.
> Una vez más van a verme como una debilucha.
> Y como una blandengue para cualquiera que lleve su problema ante mí.
> Pero estoy sirviendo a una verdad superior.
> Así es.
> Y voy a hacer realidad su verdad.
> Estoy segura de mí misma en esto.
> ¡Estoy usando un buen juicio!

Aquí hizo la secuencia de integración y luego volvió a los golpecitos:

Puedo hacer esto.

Es correcto que haga esto.

Es adecuado. Es inteligente. Es ético.

Aunque me haga sentir culpable.

Aunque me haga sentir como que no estoy siendo razonable.

Aunque me haga sentir que no es justo que les esté causando tanto trabajo extra.

Me veo siendo tan positiva que se pondrán de mi lado.

¡Los veo examinando voluntariamente el problema!

Estoy irradiando la justicia de esto.

No tengo que acobardarme ni tener miedo de hablar con ellos.

Los veo poniéndose de mi lado.

Después, Donna volvió a la visión de llevar con éxito su petición a David y los otros dos y evaluó su credibilidad: «Sigue siendo un cuatro; quizás haya subido sólo un poco, a un cuatro y medio. Es muy difícil no sentirse culpable, y es ahí donde me quedo atrapada». Su siguiente declaración de aceptación fue: «Aunque me siento culpable, acepto lo que estoy tratando de hacer». Las frases que usó en su siguiente ronda de golpecitos incluían:

Estoy irradiando la justicia de lo que estoy haciendo.

Me siento muy confiada y positiva.

Me siento muy confiada y positiva porque mi culpa simplemente se desvanece.

Incluso ellos se sorprenden de que no me esté disculpando, diciendo: «¡Siento mucho estar causando problemas!».

Éste es el camino superior.

Estoy irradiando la justicia de lo que estoy haciendo, y es contagioso.

Ahí están ellos, experimentándome de un nuevo modo.

Me encanta mantenerme ahí simplemente haciendo lo que siento en lo más profundo. Sin disculpas. Sin culpa.

Después de esta ronda, su nivel de credibilidad en cuanto a poder ponerse de pie frente a los tres administradores y mantener airosamente su posición había subido a un 7. Afirmó: «Me siento mucho más confiada, fortalecida y estimulada por no disculparme. Sigo sin sentir que puedo tener éxito en ello, pero siento confianza». Para su siguiente declaración de aceptación, David sugirió: «Aunque sigo sin creer que puedo tener éxito con esto, elijo reconocer que puedo abordarlo con nueva confianza». Después de intentarlo, Donna dijo: «Pero resulta complicado porque mi marido está allí con ellos, y yo quiero que él me elija a mí por encima del negocio». Así pues, la declaración de aceptación fue: «Aunque parece que David se pone de su lado en contra de mí, elijo saber que, si me mantengo firme, me siento positiva e irradio ese sentimiento positivo. Me estoy dirigiendo hacia un resultado positivo». Luego ella volvió a la visión de mantenerse en este espacio positivo frente a los otros y dio golpecitos usando afirmaciones que incluían:

> No hay culpa.
> Me veo a mí misma siendo muy efectiva.
> Me mantengo tan firme que los cuatro estamos en armonía.
> ¡Soy una de ellos! Nunca me han visto como una de ellos.
> Tengo algo de poder aquí.
> Tengo algo de poder positivo aquí.
> Estoy aquí, de pie por lo que es correcto.
> Estoy llevando a la organización en una dirección positiva.
> Me veo a mí misma haciendo esto.
> Me veo a mí misma siendo muy eficaz.

Su puntuación de credibilidad ahora había subido «de un tembloroso siete a un muy sólido ocho… lo siento como un gran salto». Ella afirmó: «Me estoy creyendo la idea de que soy una de ellos. No soy yo *contra* ellos ni ellos *contra* mí. Estamos juntos siempre y cuando yo me mantenga firme; no tengo que arrastrarme y llorar». Aunque habitualmente no son necesarias rondas adicionales de golpecitos una vez que la puntuación de credibilidad alcanza el 8 –la visión con frecuencia se trasladará a la vida de la persona con bastante rapidez–, Donna no quería detenerse ahí. Explicó: «Creo que la cosa más importante que he conseguido es que finalmente he renunciado a la idea de que las necesidades de la administración concuerden con lo que yo creo que es importante para el programa. Vosotros, chicos, dirigís este tinglado, y yo no, y de eso se trata. Debido a que mi nombre está en el programa, a veces aprobaréis lo que yo quiera, pero vosotros representáis el ámbito económico de este asunto y sentís que es vuestro trabajo convencerme de que estoy equivocada. Cuando ya decidí mantenerme siempre firme, entonces todo fue muy distinto. Eso es lo que quiero seguir sintiendo. Así que quiero llevar esto hasta el final». La siguiente declaración de aceptación de Donna fue: «Aunque no han respetado mi opinión en estas decisiones administrativas, tomo la postura de que me respetarán». De nuevo a los golpecitos, sus afirmaciones incluían:

> Mi punto de vista importa.
> No tengo que arrastrarme.
> Me siento realmente muy bien manteniendo mi espacio.
> Estoy posicionándome.
> Tengo mi voz. Tengo mi verdad.
> Estoy respetando mi verdad, mi posición, mi igualdad con ellos, y mi armonía con ellos. ¡Siento esto muy positivo!
> Estoy tomando esta posición.
> Realmente estoy teniendo éxito con esto.
> Me mantengo firme.
> Ellos lo saben y yo lo sé.
> A pesar de que no soy un administrador, llevo en mi interior el espíritu de la organización. Llevo el nombre de la organización. Mi espíritu debe ser escuchado. Mis valores deben ser escuchados.
> Yo poseo eso y llevo eso.

Luego, Donna comentó: «Lo que me está impidiendo superar el ocho es que sigo mirándote a ti, David. Ese grupo es un bloque de gente. Tú eres mi marido, y no obstante formarás parte del bloque que se me opondrá. Te estoy mirando a ti, y te estoy pidiendo que no me menosprecies». Esto llevó a la declaración de aceptación: «Aunque David esté con los otros administradores enfrente de mí y me sienta por ello traicionada y menospreciada, independientemente de lo que haga David, me mantengo firme. Con independencia de lo que haga David, me mantengo firme». Las afirmaciones durante las sesiones de golpecitos fueron:

Estoy irradiando la verdad de esta situación.

He encontrado mi voz.

Me mantengo alta y firme.

Y si David no lo capta, es su problema.

Si no puede conectar conmigo en esto, es su problema.

Debido a que estoy irradiando la verdad de la situación, le veo
   a él ponerse de mi lado.

Todos somos iguales en esto.

Y nos respetamos unos a otros.

En este momento, Donna puntuó la credibilidad de la escena y había superado un poco el 9. Ella reflexionó que, aunque parecía muy plausible, «también parece demasiado bueno como para ser cierto. Voy a tener que poner realmente en práctica el hecho de llegar a ese estado. No es mi actitud habitual. Pero me encanta haber hecho esto». Durante los siguientes días, ella presentó la cuestión, fue recibida con fuerte resistencia, se mantuvo firme, y en el curso de casi una semana llevó al equipo de administración hasta el punto en que ellos, con cierto entusiasmo, afrontaron el desafío de crear un arreglo especial para el estudiante en cuestión.

6. Completar cualquier otro «asunto pendiente» de tu vida emocional, incluyendo «lastres» de relaciones anteriores, o de un momento anterior en tu relación actual

En las sesiones descritas con anterioridad, has visto cómo un conflicto con David fue un trampolín para que Donna usara el procedimiento de los golpecitos para:

- resolver el asunto inmediato
- identificar cómo su lado en el conflicto era parte de un tema más amplio que se remontaba a su infancia
- curar algunas de las heridas emocionales que mantenían ese tema activo en su vida

- construir un modo nuevo y más eficaz de responder en situaciones actuales que evocan el mismo tema.

Ahora permitiremos a Donna regresar desde este desnudo despliegue de sus conflictos emocionales, necesario cuando se usaba como un caso de demostración, a la relativa privacidad de ser uno de los autores.

Las heridas emocionales sin sanar de tu relación actual, pero de una época anterior, o bien de una relación previa, pueden ser una fuerza invisible que impida que tu matrimonio avance. Este capítulo se abría describiendo el modo en que el matrimonio de Jeremy y Melissa tomó un giro cuesta abajo que conllevó la rabia y celos irracionales de Jeremy hacia el exmarido de Melissa. Después de que Jeremy completara su trabajo, Melissa fue la siguiente en subir a la palestra. La progresión, o quizás deberíamos decir regresión, de su felicidad matrimonial inicial a la atmósfera tensa e inestable en la casa, había sido una pesadilla para Melissa. Su primer matrimonio había pasado por una trayectoria similar, y ella se estaba cuestionando si era capaz de tener un matrimonio satisfactorio.

El último tercio de la sesión inicial de dos horas se concentró en su conmoción sobre lo que había ocurrido con Jeremy, y su preocupación de que eso fuera simplemente lo que le espera en un matrimonio. Ver la transformación de Jeremy durante la primera parte de la sesión fue ciertamente reconfortante. Pero ella seguía pasando por la espeluznante experiencia de que lo que parecía tan bueno se volviera tan malo. Las declaraciones de aceptación como «Aunque me conmocionaron los celos de Jeremy y me preguntaba si mi matrimonio estaba acabado...» y «Aunque estaba profundamente herida por el desastre de mi primer matrimonio...» llevaron a rondas de golpecitos que trabajaron a fondo el residuo emocional de ambas experiencias y la indujeron a reconocer que el patrón no tenía que repetirse. En la siguiente sesión, dos semanas después, Melissa y Jeremy afirmaron que su intimidad era más fuerte que nunca. Esto no quiere decir que las «curas» de una sola sesión sean lo habitual para la mayoría de los problemas matrimoniales, pero ilustra cómo se pueden resolver con facilidad asuntos aislados que están interfiriendo en una relación.

En cualquier caso, es bueno saber que las experiencias dolorosas de relaciones anteriores, o de un período anterior de tu relación actual, pueden procesarse para que las viejas heridas no sigan supurando o limitando las posibilidades de vuestro futuro juntos. Aunque tales heridas son una fuente de vulnerabilidad si no se abordan adecuadamente, pueden convertirse en una fuente de mayor fuerza y elasticidad después de ser procesadas y sanadas. La psicología energética es un arma poderosa para sanarlas. En situaciones en las que se vieron involucrados abuso, traición, infidelidades, la muerte de una pareja u otras conmociones severas, la asistencia de un asesor experto en psicología energética puede ser de gran valor, y la recompensa llegar a ser inmensa.

7. Establecer una fuerte visión mental de cómo quieres que tú o tu relación cambiéis, y reconfigurar las conexiones de tu cerebro para apoyar esa visión.

Matt y Jessica se habían conocido hacía veintidós años y se casaron tras cuatro años de tormentoso noviazgo. Era el primer matrimonio para los dos. Matt, que en su mayor parte era introvertido y solitario, se sintió incómodo al comprometerse con Jessica. El contexto en el que aparecía su lado más entusiasta era en la búsqueda de una nueva mujer, y accedió a las súplicas de Jessica de que se casaran, pero sólo bajo la condición de Matt de que tuvieran una «relación abierta». Las relaciones abiertas, que incluyen coqueteos sexuales fuera del matrimonio, estaban de moda cuando se conocieron a finales de la década de 1960, y Jessica aceptó de mala gana, sintiéndose segura en su corazón de que Matt se estabilizaría y se concentraría sólo en ella. Lo hizo, pero tardó otra década, durante la cual ella sufrió una angustia inconmensurable.

EL TRASFONDO

Matt era adicto al trabajo. Antes de conocer a Jessica, su patrón era trabajar de manera intensiva durante sesenta o setenta horas a la semana, y luego, cada mes más o menos, tomarse tres o cuatro días libres con quien estuviera liado en ese momento para una aventura salvaje. Su pasión almacenada en las semanas de trabajo intenso se desataba en una eufórica orgía de sexo, comida, vino, profunda conversación y otros placeres íntimos. Luego volvía al trabajo, con la mujer normalmente preguntándose por qué desaparecía después de uno de los encuentros más intensamente íntimos que ella jamás hubiera tenido.

Al principio de su relación, esto satisfacía bastante bien las necesidades de Jessica. No se veían tan a menudo como a ella le habría gustado entre sus odiseas, pero los intensos momentos que pasaban juntos eran tan satisfactorios que la compensaban de sobras durante los períodos intermedios. Unos seis meses después de que Matt y Jessica empezaran a salir, la compañera de piso de Jessica se mudó, por lo que Jessica necesitaba encontrar a una nueva persona o abandonar su apartamento. En su lugar, convenció a Matt para que la dejara trasladarse con él. Sus condiciones eran rigurosas, pero claras. Él podría seguir viendo a otras mujeres, aunque no las llevaría a su casa. Su incertidumbre respecto a comprometerse con ella se desarrollaba en medio de este ambivalente acuerdo. Jessica era feliz de tener la oportunidad de ver a Matt todos los días y se rindió a su demanda. Con el tiempo, sin embargo, los largos fines de semana eran cada vez más con otras mujeres mientras que las rutinas más tediosas de la vida diaria las compartía con ella. Matt empezó a culpar a Jessica por dejar de ser divertida. Todo esto se hizo habitual rápidamente, y cuando Matt regresaba de sus citas, Jessica se ponía furiosa, peleaban y luego, por último, volvían a reconciliarse, y las cosas parecía que iban sobre ruedas hasta la siguiente ocasión. Mientras tanto, cuando ya llevaban aproximadamente dos años de relación, Matt se empezó a sentir más vinculado a Jessica, a pesar de las otras mujeres y las batallas emocionalmente encendidas que tenía con periodicidad con ella. Por su parte, Jessica creía que tenían una «conexión espiritual» y que, si se casaban, el ritual público/espiritual sellaría su vínculo más profundo.

No lo hizo. Después de casarse, el tira y afloja de Matt acercándose y luego deshaciendo la creciente intimidad al marcharse con otra mujer no cambió. A consecuencia de esto, después de que naciera su hija, la crianza y los proyectos especiales se convirtieron en las tareas principales para Jessica, con la implicación cordial, pero marginal, de Matt. Aunque las aventuras intensas y breves de Matt se volvieron menos frecuentes con los años, Jessica llegó a un punto en que dijo a Matt que le dejaría si tenía a otra. Él sintió que ella estaba dando marcha atrás en el acuerdo que le llevó a él a casarse con ella, y a modo de provocación se aseguró de estar fuera en un lugar sin revelar, el fin de semana siguiente. Jessica se había mudado y llevado a su hija antes de que él regresara a casa. El único lugar en el que estaba dispuesta a seguir viendo a Matt era en la oficina de un terapeuta.

Matt se sentía muy confuso. Había llegado a amar a Jessica mucho más profundamente de lo que había amado jamás a nadie, pero sus citas eran el lugar donde en realidad se sentía libre, excitado, y muy vivo. Con el tiempo, sin embargo, incluso sus excursiones con nuevos romances fueron perdiendo su chispa. También era más difícil evitar que se volvieran complicadas –en parte porque la década de 1980 no apoyaba la libertad sexual de la de 1960–, pero también porque, a medida que evolucionaba, no era capaz de intimar con nuevas mujeres sin comprometerse con ellas a un nivel más profundo. No podía compartimentarse tan injustificadamente. Así que, por aquel entonces, estaba más dispuesto a oír las quejas de Jessica y a considerar cambiar su acuerdo. Cuando se enteró de todo el dolor que había causado a Jessica, cambió de manera radical todo aquello que deseaba lograr. En el pasado, él había sido capaz de ignorar el dolor de ella porque sólo estaba haciendo lo que habían acordado. Cuando se permitió a sí mismo sentir cuán profundamente estaba dañando a esta mujer a la que había llegado a amar, descubrió que aceptó dejar de ver a otras mujeres. Fiel a su palabra, desde aquel día Matt no volvió a tener otra aventura.

COMENZAR LA TERAPIA A LOS VEINTIDÓS AÑOS DE RELACIÓN

Avanzamos ocho años. Matt y Jessica están de nuevo buscando terapia de pareja. Matt había sido la víctima inocente de un disparo durante un robo. Vio cómo le apuntaban con una pistola, sintió cómo la bala entraba en su pecho y se introducía en su sangre, consciente, pero seguro de que su vida se estaba acabando. Al final, la bala había entrado y salido de su cuerpo sin dañar ningún órgano. Después de una resuelta y competente atención médica, pronto se encontró fuera del hospital y de vuelta en su rutina habitual. Pero había una cosa que lo mortificaba: «Acabo de salvar mi vida. Un fallo a cualquier lado y bien podría estar muerto. Pero no lo estoy. Estoy vivo y sano. ¿Por qué no siento más alegría?». De hecho, seguía siendo el mismo tipo de persona seria, sombría y cerebral que había sido antes de su encuentro con la muerte.

Aunque él y Jessica habían tenido una relación muy afable después de que Jessica volviese a vivir con él, más de dos décadas antes, tenía poca pasión. Casi nunca hacían el amor. Matt estaba más plenamente comprometido con su trabajo que nunca, y estaba demasiado ocupado para tener mucho tiempo de intimidad. Su encuentro con la muerte le había mostrado con lúgubre relieve lo gris que se había vuelto su vida desde que dejó de tener sus aventuras. Era como si encontrar una nueva mujer hubiera proporcionado el contexto que llegara a eliminar su pasión, su intensa alegría y su capacidad para divertirse. Sin eso, no era capaz de hallar nada más que estimulara su espíritu de aquella manera tan deliciosa. Su matrimonio era cómodo y significaba todo para él, pero con el paso de los años comprobó con silenciosa desesperación cómo se marchitaba su lado más animoso.

Después de que Matt se recuperase de la herida producida por el disparo, él y Jessica tuvieron algunas de las más incisivas discusiones acerca de su relación. Matt no sólo no sentía alegría por haber sobrevivido, sino que se dio cuenta de que ya raramente se sentía completamente vivo. Ya no le echaba la culpa de esto a Jessica, pero reconocía que había cerrado poco a poco su corazón con el paso de los años. Bromeaba sobre cómo la bala había entrado en su pecho, «pero por suerte no había nada allí». Jessica era una mujer vivaz, pero había llevado su fervor a otro sitio —su hija, otros familiares, un proyecto con niños huérfanos—, después de años tratando de involucrar a Matt en un nivel más pasional. El reconocimiento y la tristeza de Matt de lo mucho que se había cerrado eran buenas noticias para ella, y esto les llevó a tomar la decisión de buscar terapia una vez más. Un amigo les habló de David.

Llegaron a la terapia con las preocupaciones de Matt como enfoque principal y con Jessica allí para apoyarlo. Después de una rigurosa historia y varias sesiones «de limpieza», en las que se usaron los golpecitos para abordar temas no resueltos de su matrimonio, así como de sus infancias, Matt y Jessica se sentían más cercanos el uno al otro de lo que nunca habían estado desde el embrujo de sus primeros días juntos. Pero Matt no quiso detenerse ahí. Quería recuperar el espíritu que en cierto período había reservado para sus aventuras y que perdió junto a ellas.

En una conmovedora sesión que comenzó dedicándose a lo perdido que se sentía Matt respecto a seguir adelante con más alegría, Jessica reconoció a un nivel más profundo que nunca antes había valorado el sacrificio que había hecho Matt al dejar sus aventuras. Pensando en la terapia anterior, siempre se habían concentrado en el dolor de ella y la traición y disparatada insensibilidad de él. Matt había hecho un gran trabajo al ayudar a Jessica a curarse por aquel entonces, y él le había sido fiel durante los últimos ocho años. En esta sesión en concreto, Jessica afirmó todo lo que le valoraba, y pudo alimentar las afirmaciones de Matt para dar golpecitos con frases como «Me alejé de la libertad», «Cambié la diversión y la excitación para dejar de hacer daño a Jessica», «Abandoné mi pasión, exactamente igual que mi padre», «Cerré la puerta a la ruta más directa que tenía hacia la felicidad». Además de ayudar a Matt a lidiar con el vacío que sentía, la empatía de Jessica hacia él tuvo un efecto profundo. Estaban juntos en eso, la persistente sensación de culpa de Matt por sus aventuras dejó de bloquear su creatividad sobre la situación, y él se sintió más motivado que nunca a llevar su lado animoso dentro de su matrimonio.

Aunque Matt suplicaba que entendiéramos que «hay algunos límites en el grado en que un hombre puede cambiar su personalidad», habló de modo conmovedor de cuán profundamente anhelaba una disposición más alegre. David pudo ayudarle a identificar numerosas influencias en su vida que reforzaban su lado sombrío y otras que aplastaban su lado más alegre y animado. Después de algún intercambio sobre estas influencias, se usaron golpecitos para abordar y cambiar las formas en que su lado sombrío se reforzaba y su lado alegre se inhibía.

ESTABLECER UNA IMAGEN MENTAL DEL CAMBIO

Llegados a este punto de su trabajo en conjunto, David sintió que una manera de apoyar el tipo de cambio global que Matt esperaba era hacerle crear una visión vívida que simbolizara su vida cuando ese cambio ya hubiera ocurrido, y después «dar golpecitos en él». La larga historia de Matt y Jessica se presenta en esta sección en la séptima forma en que las parejas pueden usar los golpecitos en los acupuntos para ilustrar el enfoque que Matt usó en esta coyuntura. Empezó con una simple instrucción con la que tú también podrías experimentar:

Relájate profundamente. Siente cómo será la vida una vez que el cambio interior que esperas se haya conseguido. Permite una visión que simbolice la aparición de este cambio. Escríbela o compártela con tu pareja.

QUEENS
PUBLIC
LIBRARY

QPL
08/13/19 02:45:53

Thank you for your patronage. The material
is due before closing time of the day listed
below. A fine is charged for each day,
including Sundays and holidays, for each
item that is overdue.

Items checked out

Title: *Las energías del amor : como
utilizar la medicina energetica para
mantener viva tu relacion
sentimental / Donna Eden y David
Feinstein ; traduccion, Juan Carlos
Franco.*
Item: 0228594570894
Due date: 09/03/2019

1 items checked out

Una vez más, la palabra *visión* se usa de manera muy aproximada. Puedes ver imágenes, pero en su lugar podría ser una descripción con palabras, o simplemente un entendimiento. Tu visión puede ser concreta o más simbólica. Podría, por ejemplo, ser una imagen mental de ti mismo cuidando un jardín de rosas, o puede ser un ciervo corriendo por una pradera. Puede ser muy detallada o un mero atisbo de una escena distante.

Si haces los ejercicios mientras lees el libro, escoge una meta personal que sea importante para ti y construye una imagen mental de cómo será tu vida cuando se cumpla. Si te concentras en tu relación, podrías, por ejemplo, verte a ti mismo y a tu pareja en éxtasis o acabando de salir victoriosos de una prueba desafiante juntos. Juega con esta imagen. Perfecciónala hasta que sea una visión que desees perseguir con fuerza. Si no surge nada que te apasione, espera hasta que aparezca una meta que realmente importe. Matt había reconocido mucho tiempo atrás que una de las razones por las que su espíritu quedaba excluido de su persona era el ritmo que estaba llevando. La imagen que le vino a la mente fue un calendario. Su primer pensamiento fue: «¡Eh, puedo encontrar algo más inspirador que un calendario. ¿Qué tal apoyarme contra una secuoya y escuchar el viento en un viejo bosque? ¿O verme a mí mismo con Jessica subiendo a la Torre Eiffel?». Pero su mente seguía volviendo al maldito calendario, así que decidimos quedarnos con él.

Después de fijarse en una imagen, empezó a examinarla. La vida de Matt era tan estructurada que su visión tendría que adecuarse de algún modo a su compleja carrera como ingeniero informático. Como contratista independiente, siempre intentaba encontrar un equilibrio entre las necesidades de los diferentes clientes que habían llegado a confiar en él, y siempre se sentía bajo presión. El trabajo era, sin embargo, muy satisfactorio y le mantenía en su margen creativa. Pero vio que tenía que sacar más tiempo, si quería dar a su deseo de volver a despertar su pasión alguna oportunidad para cumplirse. Abordó el problema como un ingeniero informático que intentaba hacer más elegante un programa. Vio algunas rutinas de las que fácilmente podría prescindir y otros patrones limitadores de la pasión que serían más desafiantes de cambiar. También sabía con cuánta rapidez llegan nuevos proyectos cuando hay espacio, por lo que quería visualizar un nuevo ritmo, no sólo eliminar algunas responsabilidades de la lista.

¡Qué mejor símbolo para pensar en esto, en efecto, que un calendario, la misma imagen que le había estado persiguiendo! Un calendario mensual de pared vino a su mente, y tuvo un destello de cómo podría estructurar su tiempo de manera muy diferente. Interrupciones más largas, días libres, más sueño, más tiempo dedicado a la intimidad y al trabajo interior; aunque resulte obvio, podría tener un impacto sustancial en su calidad de vida. Aunque no quería exactamente planearlo al detalle hasta el punto de «a las 8:15 haré esto, y luego a las 9:00, haré lo otro», tenía la imagen de un mes y de cómo se estructuraba su tiempo, y visualizó su reestructuración para que hubiera más espacio, más tiempo de intimidad y más tiempo sagrado. Quería llegar a algo más profundo con Jessica y compartir con ella su lado más alegre. El calendario revisado se convirtió en el símbolo de su compromiso a desarrollarlo.

UNA PUNTUACIÓN DE CREDIBILIDAD

El siguiente paso es dar una puntuación de lo creíble que es la visión para ti. En una escala de cero a diez, ¿qué posibilidad le das? La puntuación inicial de Matt fue de un 2, no muy probable en absoluto que el calendario fuera a apoyar los cambios que anhelaba ver. Así es como nos impregnamos con patrones que duran toda la vida, pero esa inercia es exactamente lo que aborda esta técnica.

INVERSIONES PSICOLÓGICAS

Cualquier meta sincera hacia el cambio personal encuentra algún tipo de resistencia, o de lo contrario el cambio ya habría ocurrido. Parte de esa resistencia puede tomar la forma de una inversión psicológica, una objeción o duda interna respecto a conseguir la meta (pág. 276). Cuando Matt trataba de asimilar la visión de un calendario que proporcionara mayor pasión a su vida, inmediatamente se le ocurrieron dos objeciones internas. La primera era que había hecho resoluciones similares con anterioridad, pero que habían logrado cambiar poco. Como viste en el capítulo anterior, un modo de abordar tales inversiones psicológicas es empezar con una declaración de aceptación con la forma de: «Aunque», y luego describir brevemente el viejo patrón [mientras te frotas en los puntos dolorosos del pecho], y después formular una nueva y afirmadora elección [colocando ambas manos sobre el chakra del corazón]. El texto que Matt usó para abordar su primera inversión psicológica fue: «Aunque creo que esto va a ser otro desengaño, escojo reconocer que estoy más motivado de lo que lo he estado jamás». La otra preocupación surgió de su reconocimiento de que la vida no puede simplemente planearse como un calendario en una pared. Aparecen inevitablemente situaciones que rompen los planes. Su declaración de aceptación para esto fue: «Aunque se producirán rupturas, elijo fluir con ellas, y después volver a este nuevo ritmo».

LOS GOLPECITOS

Los golpecitos de Matt (en los mismos puntos que se muestran en la figura 6-3), al principio usaron afirmaciones que abordaban sus dudas, como «Nunca podré tener éxito con esto» y «¡Tengo demasiada responsabilidad!». Cuando los golpecitos neutralizaron la carga de Matt respecto a estos pensamientos, se dio cuenta de que el calendario que había visto tenía, en realidad, muchos espacios vacíos donde sería posible el descanso y la renovación. Más allá del sueño, había dieciséis horas cada día que estaban bajo su control. Eso le alivió, y dio golpecitos en esta comprensión, junto con el reconocimiento de cuánto podría mejorar su vida si sacaba más tiempo para la intimidad y la reflexión. Luego dio golpecitos en el hecho de incrementar su confianza en que de verdad podía tener éxito con ello, y una sensación de que este nuevo ritmo era su nueva naturaleza. Esta parte del trabajo fue relativamente compleja. Involucró una revisión completa del estilo de vida de Matt y se extendió durante varias semanas, con deberes para casa entre las sesiones, a fin de incorporar algunos de los cambios en su administración del tiempo que habían sido golpeados durante las sesiones.

SURGE UNA NUEVA VISIÓN

En el momento en que la credibilidad del nuevo y más amable calendario había subido a un 5, la imagen interna que Matt tenía del calendario cambió. Más que aparecérsele el calendario al completo, era como si lo hubiera ajustado a un solo día. Lo que luego surgió dentro de ese día era una imagen de él y Jessica agarrados de la mano, con intensa alegría en los rostros de ambos. Ésta se convirtió en la imagen para la siguiente ronda de golpecitos. No había sitio para eso en el viejo calendario, pero después de dejarle espacio, esto fue lo que su psique presentó.

Dar golpecitos en esta imagen fue ciertamente más atractivo para él que dar golpecitos en el calendario, pero la puntuación de credibilidad se quedó atascada cerca del 6. Dos asuntos que recibieron atención en ese momento fueron la fuerte autocrítica de Matt hacia sí mismo, respecto a cualquier cosa que intentaba, y las formas en que sus expectativas le impedían apreciar lo que ya estaba bien en su vida. Dio golpecitos sobre estos asuntos, y también sobre una visión de Jessica con ojos más apreciativos, encontrando oportunidades para pequeños encuentros cariñosos, y haciendo que hubiera más tiempo para la intimidad. La credibilidad había ascendido a un 9 al final de la sesión. Las frases sobre las que golpeaba en casa eran simples recordatorios, tales como «Aunque tengo miedo de que ya no sea posible, mi espíritu quiere tener más pasión». Aunque la estructura energética de Matt era más dada al cambio gradual que a las rupturas dramáticas, durante los meses siguientes, él y Jessica reconocieron que tenían más diversión el uno con el otro de la que habían tenido desde sus primeros días.

TU TURNO

Esta técnica de imagen mental se usa habitualmente después de haber abordado los obstáculos para llegar a tu meta, la razón por la que la presentamos en el contexto de la historia mucho más larga de Matt y Jessica. En otras palabras, generalmente identificaríamos y trabajaríamos de manera concienzuda escollos y emociones negativas respecto a tu meta, antes de puntuar la credibilidad respecto a una imagen de la meta tras haberse logrado. Aun así, es una técnica poderosa, y ciertamente no tiene que ser precedida por veintidós años de cambios de vida para ser efectiva. Puedes empezar con tu meta, convertirla en una visión y trabajar retrocediendo si surgen otros asuntos que necesitan abordarse antes de que la meta pueda lograrse. Si la credibilidad no aumenta, los obstáculos a menudo se revelan cuando se reflexiona sobre lo que está impidiendo aumentar la credibilidad, y se pueden trabajar de uno en uno.

Así pues, cuando tengas una meta clara, tradúcela en una visión o imagen, según se haya acordado previamente, otórgale una puntuación de cero a diez en credibilidad (un 10 si es completamente creíble), identifica y aborda cualquier inversión psicológica, y sostén la visión mientras das golpecitos, usando el protocolo básico que enseñamos en el capítulo anterior (golpecitos con afirmaciones sobre la meta, secuencia de integración, más golpecitos, nueva puntuación, siguiente ronda de golpecitos). Siempre tienes que estar preparado para ajustar la rutina cuando surjan nuevos desarrollos, como cuando la visión de Matt se transformó de un calendario a la visión de compartir un momento de alegría con Jessica.

Llegamos a la parte 3

En este capítulo has aprendido siete formas en las que los golpecitos sobre los acupuntos, combinados con frases relacionadas con tus desafíos y metas pueden usarse para fortalecer tu relación. Somos conscientes de que, aunque algunos lectores serán capaces de poner esto en marcha inmediatamente, a otros la técnica les parecerá demasiado extraña o engorrosa, o que hay tanta confusión en su relación que es difícil saber por dónde empezar. Como mínimo, esperamos que sientas que es posible identificar fuerzas dentro de ti mismo y en tu relación que pueden necesitar transformarse para que ambos podáis alcanzar mayor creatividad y felicidad, y que sea posible transformarlas. Aunque puede que a veces quieras que un practicante experto te ayude a usar estas técnicas para navegar por un territorio difícil, los golpecitos en los puntos de acupresión están siempre disponibles para mejorar las cosas en el momento, y a menudo pueden facilitar cambios en patrones de larga duración.[6]

La parte 2, «Los factores aprendidos del amor», se ha concentrado en los hábitos de pensamiento y los patrones de conducta que puedes cambiar. Empezamos explorando el modo en que las experiencias tempranas

---

6. David Feinstein, Donna Eden y Gary Craig, *The Promise of Energy Psychology,* Nueva York, Tarcher/Penguin, 2005. Nick Ortner ha escrito una estupenda introducción, para el público general, a la aplicación de golpecitos en los puntos de acupresión: *The Tapping Solution: A Revolutionary System for Stress-Free Living* (Carlsbad, CA, 2013). Cualquiera de los dos libros mejorará tu habilidad en el manejo del método.

con tus cuidadores establecen los patrones que reverberan en tus relaciones adultas. El estilo de apego que lleves a una relación puede ser más o menos seguro o inseguro, y aunque sea un producto de tu pasado, puedes hacer mucho para labrar un futuro sostenido por un apego cada vez más seguro. Las habilidades determinadas en la infancia para calmarte, manejar tus emociones y vivir con los flujos y reflujos de la intimidad son esenciales para el apego seguro, y se vuelven más refinadas y robustas a medida que madura la relación. Podéis cultivar cada una de estas habilidades, y también abordar muchos otros aspectos de vuestra relación y vuestra evolución personal, utilizando técnicas de psicología energética. La psicología energética funciona principalmente a nivel individual, incluso cuando se concentra en temas de relación. Puedes dar golpecitos en tus propios acupuntos. Ahora estás a punto de entrar en la sección final del libro: Parte 3, «Los factores del amor creados en común», donde es vuestro propio viaje compartido el que os lleva a niveles más profundos de intimidad.

Los factores del amor creados en común

El sexo es la medicina energética de la naturaleza para las parejas

Invocar la pasión

Nuestras madres no podían contarnos, y nuestros padres
no conocían, los secretos del sexo más exquisito.
—JOHN GRAY[1]

L o mejor que le ha ocurrido a nuestra vida sexual durante la última década ha sido trabajar en este capítulo. ¡Ha conllevado *tanta* diversión! Ninguno de los dos tuvimos formación como terapeuta sexual, pero hemos leído y escuchado a los mejores, y hemos probado sus métodos, además de crear nuestras propias técnicas energéticas, igual que unos niños en una tienda de golosinas después de romper su hucha. Una de las primeras charlas de radio que encontramos fue de Alison Armstrong, quien recomienda que la mayoría de las parejas, una vez se desvanezca la pasión inicial, den marcha atrás en su vida sexual.[2] Esperan hasta que *quieren* sexo antes de *decir que sí* a la propuesta. Ella recomienda, de manera picarona, lo contrario: decir «¡Sí!» antes, y muy a menudo. Lo que harán será generar el deseo. Aunque algunas parejas per-

---

1. John Gray, *Mars and Venus in the Bedroom: A Guide to Lasting Romance and Passion,* Nueva York, Harper-Torch, 2001, 7. [Hay edición en español: *Marte y Venus en el dormitorio: amor y pasión duraderos en la vida de la pareja.* Grijalbo, Barcelona, 2001].
2. Alison Armstrong, «The Secret to Great Sex . . . Even When No One's in the Mood», en *The Art of Love* (teleseminario), moderado por Arielle Ford, 2012.

manecen *apasionadamente* interesadas, cada uno en el cuerpo del compañero o compañera, año tras año, sin cultivar de manera consciente esa pasión, la mayoría no lo hace. Un artículo del *New York Times* que resumía los hallazgos de más de cien estudios científicos, concluía lo que todo el mundo sabe, excepto quienes lo están viviendo: la pasión de un nuevo amor tiene una «breve vida media».[3] El estudio Dateline, de la NBC, realizado con 27.500 personas, mostró que dos tercios informaban de falta de satisfacción con sus vidas sexuales.[4] En cuanto a nosotros, con tanta presión (y placer) procedente de nuestro trabajo y tan poco tiempo libre, nos dimos cuenta de que preferíamos dormir a disfrutar de la intimidad física, si el lector puede imaginar una elección de ese tipo, relajarnos con una buena película, o ceder a la presión de dejar pasar la posibilidad de tener tiempo para practicar sexo al volver al incesante impulso de los correos electrónicos no contestados y los proyectos no terminados. Cuando nos aproximábamos al momento de empezar a escribir este capítulo, nos preguntábamos: «¿Cómo vamos a sacar éste adelante sin sentirnos como unos completos hipócritas?». Pero sí que teníamos una ventaja sobre la mayoría de parejas. Ahora ya podíamos dejar tiempo libre para el sexo como parte de nuestra investigación para el libro. Por tanto, teníamos la parte del «sí» asumida. Y, después de haber estado juntos durante más de tres décadas, con los dos bien entrados en los sesenta y tantos años, alcanzar un entusiasta «sí» no era algo que debiéramos menospreciar, así que era realmente bueno. En el lado opuesto, convertir el sexo en una parte de las descripciones de nuestro trabajo no hizo demasiado por mejorar la intriga ni la pasión.

Decir «sí», y *después* generar el deseo que dará fuerzas para ese «sí»

Las parejas pueden aumentar la pasión del uno por el otro de muchas maneras. Las actividades que hacen que os intereséis por vuestros cuerpos –desde

---

3. Sonja Lyubomirsky, «New Love: A Short Shelf Life», *Nueva York Times*, 1 de diciembre de 2012, www.nytimes.com/2012/12/02/opinion/sunday/new-love-a-short-shelf-life.html?pagewanted=1&emc=eta1&_r=0

4. David Schnarch, *Intimacy and Desire: Awaken the Passion in Your Relationship,* Nueva York, Beaufort, 2011, xvii.

bailar hasta practicar simulacros de lucha, pasando por el masaje– pueden ser afrodisíacas. Conocer palabras especiales, o ciertas formas de tocar a tu pareja, puede servir de detonante. Armstrong habla sobre el «arranque en frío»:

> Tomas una batería que no funciona, la conectas y, de repente, «¡Brooom!». ¡Salta, comienza a rugir, llena de vida! Ésta es una información muy importante para compartir con tu pareja. «Si me tocas así, en este lugar y de esta forma, mi batería, brooom, se pone en marcha». Muchos hombres han aprendido que los pechos de algunas mujeres tienen una sensibilidad que puede producir un arranque en frío, pero no todos los pechos de las mujeres son así. En algunas mujeres es la palma de su mano… frotar la palma de su mano con un pulgar, muy lentamente, mientras la miras fijamente a los ojos… brooom, ¡arranca! En muchas mujeres sucede con ciertas palabras. Conozco a una mujer a la que, si su novio le dice: «Vaya, amorcito, no tenemos nada que hacer»… ¡brooom! ¡Arranca! Todo el mundo es diferente. En el caso de otra mujer, *cualquier cosa* que se le diga *susurrando* es todo lo que él tiene que hacer… o besarla en la parte posterior del cuello. Cada mujer tiene sus propias formas de arrancar. Y es realmente importante que su compañero sepa cuál es.[5]

Cuando David pone música romántica a bajo volumen, le quita los zapatos a Donna y masajea sus pies, suele conseguir un «brooom». Una excepción importante es lo que Armstrong llama las «horas calabaza». Son «cuando el carro de Cenicienta vuelve a convertirse en calabaza y nadie puede montarse sobre él». Hombres y mujeres tienen distintos tipos de horas calabaza: «Cuando un hombre se encuentra extremadamente concentrado en un proyecto, pedirle sexo será muy irritante para él. En lo relativo a las mujeres, si nos va a costar el sueño –nuestro sueño es muy importante para nosotras y vital para todas nuestras capacidades–, pedirnos sexo después de que nos estemos relajando y cayendo dormidas… es algo muy cruel».[6]

---

5. Armstrong, «The Secret to Great Sex . . . Even When No One's in the Mood».
6. Ibíd.

Los problemas relativos al deseo sexual
son parte de un matrimonio sano

La reducción del deseo sexual no sólo es muy común, sino que también es natural. Pero también suele estar mal vista. A la gente no le gusta admitir que la tiene, especialmente ante su pareja, y no saben qué hacer con el asunto. Si la pasión espontánea y el eufórico cóctel de sustancias químicas cerebrales que suele acompañar a un nuevo amor son intrínsecamente limitados en el tiempo, ¿cómo mantener la pasión y el deseo? Se conservan mediante el modo en que os relacionéis en todos los ámbitos, desde cómo discutís las diferencias hasta cómo os desarrolláis juntos, pasando por qué tipo de juegos practicáis. La mayoría de la gente joven no entra en el ámbito del matrimonio con la conciencia de que mantener las cosas calientes en el dormitorio depende de lo que ocurra fuera de él. David Schnarch, un psicólogo y terapeuta sexual muy respetado, tituló al primer capítulo de su libro, éxito de ventas, *Passionate Marriage*[7, 8] «Nadie está preparado para el matrimonio – El matrimonio te prepara para el matrimonio».[9] Nos enseña que estar con la misma pareja sexual durante años, y después décadas, puede seguir siendo interesante porque «lo que permite que el deseo sexual humano sea *humano* es nuestra capacidad cerebral, única entre los animales, de dar sentido al sexo».[10]

Schnarch sorprende a las parejas que afrontan problemas de deseo sexual diciéndoles: «¡Todo está sucediendo como debe ser!».[11] Considera los problemas sexuales como una parte normal y saludable de las relaciones íntimas a largo plazo, que nos impulsan a crecer y a dar el siguiente paso, uno al lado del otro, en la relación. Si los aceptamos, y no nos resistimos, los «problemas» relacionados con el deseo sexual pueden ayudarnos a encontrar un mejor equilibrio entre «dos fuerzas vitales básicas: la tendencia a la individualidad y el impulso hacia el compañerismo»[10]. Quedarte aislado en tu propia historia,

---

7. David Schnarch, *Passionate Marriage: Keeping Love and Intimacy Alive in Committed Relationships*, Nueva York, Holt, 1997, capítulo 1.

8. Matrimonio apasionado. *(N. del T.)*

9. Schnarch, *Intimacy and Desire*, 19.

10. Ibíd, 18.

11. Schnarch, *Passionate Marriage*, 55.

o tan profundamente unido a tu pareja que pierdes el contacto con tus propias verdades, son dos desequilibrios muy comunes que dificultan la vida sexual dentro de vuestra relación. Los problemas relacionados con el deseo sexual son una luz de emergencia que indica que ha llegado el momento de volver a equilibrar el impulso por la individualidad y el de mantener relaciones íntimas. Volver a lograr este equilibrio «permite aumentar la frecuencia de relaciones sexuales y reaviva el deseo y la pasión en los matrimonios que se han enfriado». Schnarch continúa recomendando que mantener un equilibrio dinámico entre estas fuerzas «es el camino hacia las relaciones sexuales más calientes y amorosas que habrás tenido con tu cónyuge en toda tu vida».[12]

→ LA DIMENSIÓN ENERGÉTICA ←

¿Qué aspecto tiene la energía sexual en los tres tipos-estados de relación que citamos a continuación?

Una nueva relación

Una sencilla aura rodea a los dos, resguardándoles en su propio mundo. Es una energía eléctrica, brillante, colorida, tangible, bella y muy viva. Incluso cuando se encuentra sola, el aura de una persona que ha iniciado una relación amorosa está llena de luz y es muy brillante, aunque no esté demasiado conectada con la tierra. Otro factor clave para entender la dinámica de un nuevo amor es que las auras personales de los dos miembros de la pareja aún no han establecido conexiones con tantos matices como las de una pareja que lleva mucho tiempo unida.

Una relación que se ha quedado estancada

Cuando están juntos, hay una energía colapsada alrededor de cada uno de ellos. Estas energías no llegan a tocar al otro cónyuge. Puede que aún exista energía alrededor de los dos, pero ya no está animada y tiene poco movimiento.

Una relación renovada

Las energías que rodean a cada miembro de la pareja están firmemente asentadas en la tierra y han establecido vínculos de un modo nunca visto en una nueva relación. Entre sus chakras se ha establecido una buena cantidad de comunicación, y forman líneas invisibles de comunicación que se sienten a un nivel emocional profundo. Sus auras se superponen –con uniones en forma de ocho–, pero las energías que los rodean contienen un nivel mayor de individualidad que en una nueva pareja.

---

12. Ibíd., 51.

Hace poco recibimos la carta de una amiga que nos decía en confianza que, aunque ella y su marido son compatibles en muchos aspectos, ya no había atracción sexual y habían pensado en separarse, a pesar del afecto mutuo entre ellos y su intenso amor por sus dos bellas hijas. Nuestra respuesta fue: «Debes saber que la ausencia de chispa en las parejas casadas que son buenos amigos es bastante habitual. Aunque alguno se haya dado cuenta —o lo ha imaginado— de que otra persona tiene una relación con su cónyuge, y que tal vez alguien haya podido hacerlo, la química de ese nuevo amor sería inevitablemente de corta duración. Comparar esa fantasía con lo que ya tienes es una forma común, pero errónea, de valorar lo que tienes. Esto no equivale a decir que el estado actual que describes sea aceptable. Hay varios factores importantes que no permitirán mantenerlo. Pero hay que decir que la situación actual no tiene por qué definir vuestro futuro como pareja». Para tomar las riendas de una relación en la que hay un compromiso, de modo completo y satisfactorio, ofrecimos dos recomendaciones automáticas: que aprendieran los procedimientos con los que las parejas a largo plazo pueden aún estimular, el uno al otro, las hormonas propicias para las relaciones sentimentales (págs. 152-155), y que se redescubran el uno al otro como seres sexuales, tal como hacemos en este capítulo.

Lo de «simplemente hazlo» no sirve

Si todo el tiempo que habéis pasado juntos ha generado una pasión que se ha ido desvaneciendo (si aún os sentís atraídos sexualmente, limitaos a pasar al siguiente capítulo), la recomendación que hemos ofrecido —que digas «sí» y después pasar a *generar* el deseo— es muy distinta al consejo más simple de una generación de terapeutas sexuales que aconsejaban «simplemente hazlo». «Generar el deseo» marca la diferencia. La vieja teoría decía que practicar sexo estimula las hormonas y la química cerebral que te inducen a desear tener más sexo. Aunque es biológicamente exacta, no tiene en cuenta que ese tipo de consejos fomentan el sexo de manera impersonal, producen una mayor separación si la ausencia de relaciones íntimas era la fuente del bajo nivel de deseo, piden al menos a un miembro de la pareja que ignore sus sentimientos, y quitan a la persona que más desea tener sexo la oportunidad de sentirse deseada.[13] Mientras tanto, hay mucho que esperar. Al entrevistar a 150 mujeres de edades comprendidas entre los 20 y los 90 años, sobre su vida sexual, Iris Krasnow descubrió que muchas del grupo de más de 70 afirmaban que tenían las mejores relaciones de toda su vida.[14]

Un reto a la hora de escribir sobre el tema del buen sexo es que uno de los principios más importantes consiste en oponerse a las expectativas, juicios e ideas *sobre* «el buen sexo». Las recetas no apoyan la espontaneidad ni la autoridad interna. Nicole Daedone, autor de *Slow Sex*,[15] cuenta una historia sobre que llevó a casa de su abuela un plato que había preparado en su clase de economía doméstica y por el que le habían puesto la máxima nota. Su abuela probó un poco y lo escupió, diciendo: «¡Has estropeado la comida por culpa de la receta!». Daedone continúa explicando que las recetas tampoco sirven para el sexo, porque las mujeres:

> queremos un sexo tranquilo y alocado; queremos un sexo culminante y queremos un sexo lento y ondulante. Queremos variedad. Queremos desniveles. Queremos un sexo que cambie de lento a rápido, de duro a exquisitamente suave. Queremos ser sorprendidas por matices y sutilezas… Queremos comunicar nuestras sensaciones y oír hablar de las vuestras.[16]

Este capítulo sería mucho más fácil de escribir si simplemente pudiéramos decir cómo «hacerlo», pero, con independencia de qué receta sigas para tener un buen sexo, estarás eliminando la espontaneidad, la variedad y la sorpresa. Conservarlas a lo largo del tiempo requiere comunicación, un fácil intercambio de comunicación entre uno y otro. «Dadnos el tiempo, espacio y permiso para probar un poco de cada posible sensación –aconseja

---

13. Schnarch, *Intimacy and Desire*, 6-8.
14. Iris Krasnow, *Sex After . . .Women Share How Intimacy Changes as Life Changes,* Nueva York, Gotham, 2014.
15. «Sexo lento». *(N. del T.)*
16. Nicole Daedone, *Slow Sex: The Art and Craft of the Female Orgasm,* Nueva York, Grand Central Life and Style, 2011, 158.

Daedone—, y para comunicar las que nos gusten».[17] A muchas mujeres se las ha entrenado sistemáticamente para que nieguen lo que desean, incluso para no comer cuando tienen hambre, y hacer posible un ambiente que las invite a expresar con palabras lo que tal vez ni siquiera hayan reconocido para sí mismas abrirá nuevos mundos para los dos.

Cuando tengáis relaciones a este nivel profundo, cada encuentro será nuevo y fresco. En principio, pensamos que este capítulo iba a describir técnicas energéticas que fueran sencillos interruptores que permitieran intensificar todo, desde el deseo sexual hasta salvajes orgasmos: toca esto, siente esto otro.

Sin embargo, a medida que profundizamos en el tema, nos dimos cuenta de que las técnicas físicas que mejoran la energía sexual son sólo la guinda del pastel. Los fundamentos que nos permiten planear juntos a cierta altura deben construirse sobre cierto sentido de la seguridad, confianza, comunicación y profundidad; todo ello alimentado por nuestra capacidad para disfrutar de las sensaciones que atraviesan nuestros propios cuerpos. Afirma Schnarch: «Las técnicas te convierten en técnico… no en amante».[18] Leímos y experimentamos con tantos libros y programas grabados en casetes que presentaban buenas técnicas, que sabemos que toda esa información está fácilmente disponible. Lo que queremos hacer es animarte a que aprendas a reconocer y a hablar sobre las energías que fluyen por tu cuerpo, además de a transmitirlas (con palabras y sin ellas), de modo que podáis navegar en armonía por las aguas de vuestras energías sexuales, y en forma de aventura erótica compartida.

Entrar en la zona sexual

Marianne Williamson nos advierte de que «cuando el sexo es simplemente un sustituto de la comunicación», no se puede salvar el espacio emocional que hay entre dos almas que desean relacionarse. Pero, cuando el sexo «aumenta la comunicación», el cuerpo «se convierte en una puerta que per-

---

17. Ibíd., 159.
18. Schnarch, *Passionate Marriage*, 160.

mite acceder a un ámbito en el que el mismo cuerpo ni siquiera puede entrar […] la unión es cosa del espíritu».[19] El acto sexual abre rutas energéticas que pueden llevarnos a estados de conciencia que transforman el campo colectivo que se abre entre nosotros. Mediante las relaciones sexuales, vuestras energías biológicas, psicológicas y espirituales compartidas tienen la oportunidad de poneros en armonía y de que cada uno se desarrolle a partir del otro. Esto permite a las energías que forman la base de vuestra relación que alcancen más armonía y profundidad, además de curar los trastornos. El sexo es, ciertamente, «la medicina energética para las parejas» de la naturaleza. A pesar de estar presente con tanta frecuencia en las relaciones a largo plazo, se ignora su potencial para el placer, la curación y la transformación.

Generar el deseo

Decir «sí» y después «generar el deseo», un consejo de Armstrong, puede cambiar esto. En cuanto a nosotros, no dejaban de surgir exigencias prácticas que se interponían en nuestro camino y que se hacían oír mejor que el susurro de las posibilidades espirituales, o incluso que las oportunidades para el placer momentáneo. Al reflexionar sobre esto, cuando emprendimos la redacción de este capítulo, se hizo evidente que, si esperásemos hasta que nuestra lista de tareas por hacer quedara vacía, nos aguardaría un futuro de celibato matrimonial. Así que empezamos a experimentar, bajo el principio rector de «sé creativo, no hagas las cosas de memoria». Utilizando lo que sabemos sobre energía y pasión, innovamos muchos bailes íntimos que nunca se repetirán ni recordarán. Uno que hicimos, y que todo apunta a que posiblemente resulte útil para este capítulo, se pensó para personas que, igual que nosotros, están tan ocupadas que tal vez necesiten algunos trucos para acabar con la inercia y comenzar su programa. Es breve y alegre, e indica a nuestra libido que debe ponerse manos a la obra. Hay unas mil clases de juegos preliminares, y éste es sólo uno de ellos. Descubrimos qué hacía que nuestros respectivos estados mentales dejasen de estar ocupados y separados para que se conectaran y estuviesen listos para más.

---

19. Marianne Williamson, *Enchanted Love: The Mystical Power of Intimate Relationships,* Nueva York, Simon and Schuster, 2001, 253-254.

PARTE 1: LIBERARSE DE LAS DISTRACCIONES

Nuestro primer paso era liberar nuestras psiques de pensamientos competitivos y responsabilidades agobiantes, con el objetivo de comenzar el negocio que teníamos entre manos. La medicina energética ofrece una excelente herramienta para pasar rápidamente de un estado mental agobiado a otro limpio. Cuando has dicho «sí», pero aún no has generado el deseo, miraos a la cara y declarad, con honradez y valor:

> — La cosa más apremiante que, en este momento, me impide
> desear alcanzar el éxtasis contigo es...

Esto es lo que liberaréis con esta técnica energética. Por ejemplo, Donna anoche: «Por fin empiezo a deshacer las maletas de este último viaje». David: «Siento mucha presión por la preparación para mi charla de mañana».

Una vez hayas reconocido lo que te distrae de querer alcanzar el éxtasis (y lo trivial que es seguramente, en comparación con satisfacer el anhelo de tu alma y la de tu pareja), podrás tomar la decisión voluntaria de tener relaciones íntimas. Sin embargo, la cosa que te distrae puede aún tener cierta influencia energética sobre ti. Para liberarte, haz la técnica de la explosión/ la cremallera/el enganche (págs. 123-125), a fin de acabar con las obligaciones y otras distracciones que te impiden concentrarte en las relaciones íntimas. Colócate de forma que no expulses estas energías hacia tu pareja.

Hacedlo una segunda vez, o más si queréis. Después miraos a la cara, dejad que vuestros ojos se encuentren y llevad vuestras manos, una sobre la otra, hacia el centro de vuestro cuerpo, hasta que lleguen a apoyarse en el centro de vuestro pecho. Desde aquí podéis tomar varias alternativas, y con la que requiera menos energía liberaos de vuestras responsabilidades cotidianas. Recomendamos que paséis directamente a la actividad denominada «jugar llevando el ritmo».

PARTE 2: JUGAR LLEVANDO EL RITMO

En este juego de movimientos compartidos, uno de vosotros guiará y el otro le seguirá, mientras los dos mantenéis contacto visual. Vuestras energías empezarán a bailar cuando os hayáis sincronizado. Es ridículamente simple, pero ofrece una base desde la cual os pondréis juguetones.

1. Poned música que os haga desear moveros. Nosotros todavía resucitamos nuestros viejos discos de *Flashdance* y *Dirty Dancing*.
2. Estableced contacto visual y de nuevo colocad vuestras manos sobre el centro de vuestro pecho. Cuando uno sienta inspiración para moverse al ritmo de la música, el otro le seguirá, manteniendo el contacto visual.
3. Seguid todo el tiempo que queráis, y después volved al centro, las manos aún sobre el pecho, manteniendo contacto visual. El otro puede entonces seguir. Continuad comenzando uno y siguiendo el otro, todas las veces que queráis.

Sin tocaros el uno al otro, podéis jugar con el movimiento, la velocidad y la forma. En resumen, estos dos breves ejercicios —liberarse de las distracciones y jugar al ritmo— pueden crear un espacio energético que *atraiga el deseo*. El siguiente paso depende de vosotros.

Piel sobre piel

Utiliza tu cuerpo para poner de manifiesto la plenitud de tu amor hacia tu pareja. Deja que cada latido de tu corazón susurre con tu anhelo, que cada dilatación de tu iris deje pasar más luz, que cada roce de tus labios suministre el néctar curativo del encuentro. Imagina... que habéis estado separados durante eones, a través de todo el tiempo y el espacio, y que os han concedido este momento para que os podáis volver a descubrir mutuamente través del contacto carnal.

—ANAIYA SOPHIA, *Sacred Sexual Union*[20]

---

20. Anaiya Sophia, *Sacred Sexual Union: The Alchemy of Love, Power, and Wisdom,* Rochester, VT: Destiny Books, 2013, 83.

El sexo invoca energías tan poderosas que muchas parejas permiten que el encuentro recaiga sobre sus cuerpos. Tu cuerpo sabe qué hacer, eso es indiscutible. Pero también puedes abrir tu conciencia a la experiencia de tu pareja, hacer incursiones mutuas a vuestras enormes regiones interiores y allanar el camino para que vuestros espíritus se conecten a niveles cada vez más profundos. Puedes comenzar en un plano muy básico y concreto, que consiste en aprender de vuestras sensaciones mutuas. Vuestras sensaciones son el lenguaje de las energías que se desplazan por vuestros cuerpos, y que conectan vuestro mundo exterior con el interior.

En términos más sencillos, tocar y ser tocado genera sensaciones. Tocar, el primer sentido que adquieres, puede decirte mucho sobre la experiencia interna de tu pareja. Gran parte de la comunicación íntima es no verbal. En un experimento en el que a los sujetos se les taparon los ojos y otras personas los tocaron, aquéllos fueron capaces de identificar el sentimiento que a la persona se le había ordenado que transmitiera —enfado, miedo, asco, amor, gratitud, simpatía, felicidad o tristeza—, en el 78 % de las ocasiones, sólo con tocarlos.[21] Tenemos las conexiones adecuadas para interpretar correctamente el tacto de nuestra pareja.

¡Un beso no es sólo un beso!

Aunque tenemos la configuración neuronal-cerebral adecuada para interpretar correctamente la forma en que nos tocan, aun así, el roce sexual puede generar malentendidos. No sólo podemos interpretar mal, o ignorar por completo, las señales de nuestra pareja, sino que también la honestidad inherente a la forma de tocar puede transmitir una información inoportuna o ambigua. Por ejemplo, Schnarch afirma que incluso los juegos preliminares conllevan mucho más de lo que parece: «Nos gusta pensar que [...] el de los juegos preliminares es el momento en que las parejas establecen conexión emocional y se transmiten mutuamente sentimientos de amor, estimulación y deseo. Sin embargo, con excesiva frecuencia, los juegos

---

21. Matthew J. Hertenstein *et al.*, «The Communication of Emotion via Touch», *Emotion* 9 (2009): 566-573.

preliminares originan desconexiones».[22] Pongamos el beso como ejemplo. Al señalar los numerosos mensajes que se pueden transmitir mediante un beso, Schnarch describe una serie de variedades de beso que pueden hacer que nuestro compañero o compañera se desconecte:

- El beso blando y sin fuerza de la pasividad y del erotismo reprimido.
- El beso impaciente de un compañero o compañera preocupado/a por cosas más importantes.
- El beso descuidado, turbio y húmedo que causa repulsión en lugar de deseo.
- El beso con la lengua rígida de quien hace el amor mecánicamente.
- El beso asfixiante que reaviva temores infantiles hacia un progenitor invasivo y agobiante.
- El beso dado a regañadientes del amante [o la amante] que quiere expresar que «no creas que me has conquistado».[23]

Besar es, por supuesto, con más frecuencia, una forma de ponerse en marcha, pero los besos que marcan el inicio de la actividad también tienen su propio vocabulario, que Schnarch describe del siguiente modo:

- El beso suave, pero eléctrico, de un amante bien conocido.
- El intenso beso lleno de pasión.
- El entrecortado y lánguido beso con el que se saborea y se huele el cuerpo de la pareja.
- El suave mordisco en el labio de alguien que te pide «sexo puro y duro».[24]

Piensa en las formas en que os besáis tú y tu pareja. ¿Sabes cómo siente tus besos tu pareja? ¿Conoce tu pareja cómo los sientes tú? Si la respuesta es «no», puede ser divertido solucionarlo.

---

22. Schnarch, *Passionate Marriage*, 191.
23. Ibíd., 191-192.
24. Ibíd., 191.

Besar a conciencia

Por supuesto, tú eres consciente de tu propia experiencia durante un beso. Cuando también eres consciente de la de tu pareja, surge una química que eleva el beso a otra dimensión. Ellen Eatough es una educadora sexual que conoce la dimensión energética de la sexualidad. Nos dimos cuenta de que su programa de audio en CD, «Four Keys to Sexual Ecstasy: Experience Soulful Connection with Spine-Tingling Sex»,[25] es uno de los mejores programas disponibles para estudiar en casa. Ella explica cómo el acto de besar es la actividad más íntima que pueden hacer dos personas. Por ejemplo, muchas prostitutas que habrán consentido y se habrán involucrado en todo tipo de actos sexuales se niegan a besar a sus clientes en la boca. Se trata de algo demasiado íntimo. Los labios y la lengua se encuentran entre las zonas más ricas en nervios y más sensibles del cuerpo. Dado que tenemos un control enorme sobre ellos, es posible una estupenda «variedad, y la variedad es lo que hace que nuestros cerebros se estimulen».

Puesto que las personas que tienen relaciones a largo plazo normalmente toman el acto de besarse como algo normal, Eatough recomienda a las parejas que presten más atención a la esencia del contacto íntimo. Puede ser algo tan simple como esto, para empezar:

1. Muestra a tu pareja cómo te gustaría que te besara.
2. Pide a tu pareja que te bese como le acabas de explicar o mostrar.
3. Di y muestra a tu pareja qué estuvo bien y qué necesita cambiar.
4. Deja que lo intente otra vez.
5. Sigue hasta que pueda besarte *exactamente* como tú querías.
6. Intercambia los papeles para que aprendas cómo quiere tu pareja que la beses.

Podéis también experimentar con nuevas formas de besaros el uno al otro. Por ejemplo, puedes explorar el interior de los labios de tu pareja con tu lengua, y después dejar que tu pareja introduzca su lengua en la parte interior de tus

---

25. Ellen Eatough, «Four Keys to Sexual Ecstasy: Experience Soulful Connection with Spine-Tingling Sex». Seminario en CD disponible en http://extatica.com.

labios. O puedes mordisquear y lamer el labio superior de tu pareja. Visualiza la energía que se mueve en tu interior y entre vosotros dos. Haz saber a tu pareja lo que te gusta. Ciertas enseñanzas antiguas dicen que existe una sutil conexión nerviosa entre el labio superior de la mujer y su clítoris. Descubre si es cierto, en caso de que en tu relación haya alguien con labio superior y clítoris.

Pide lo que quieras

Utiliza el acto de besar como forma de entrenamiento para descubrir qué es lo que da placer a tu pareja, sensual y sexualmente. Incluso parejas sanas y más o menos liberales suelen tener dificultades para comunicar lo que desean en el ámbito sexual, o para permitirse ser creativas y sobrepasar los esquemas permitidos. Entre las habilidades más importantes para conseguir tener un sexo satisfactorio en una relación a largo plazo se encuentra la capacidad de pedir lo que quieres, solicitarlo sin tener que dar explicaciones, y hacerlo sin transmitir alguna crítica que nos pueda pasar inadvertida. Tu compañero o compañera quiere darte lo que deseas. Dado que no puede leer tu pensamiento, tienes que pedírselo con palabras, sonidos, gestos o caricias. Traspasar las trabas que nos imponen la timidez, la modestia, la vergüenza, la costumbre, la autocrítica o la sensación de no merecerlo es el camino hacia una satisfacción sexual siempre en aumento.

Habla sobre tus energías

Es posible que no te salgan fácilmente las palabras al intentar describir tus sensaciones y tu energía, pero puede resultar atractivo mientras creas nuevos enfoques para tratar las relaciones íntimas. Demuestra que tienes curiosidad. Fíjate en las sensaciones de tu cuerpo y descríbelas. Puedes concentrar tu atención en procedimientos que faciliten la tarea. Por ejemplo, poned las manos sobre el pecho, vuestro chakra del corazón. Éste es el hogar de numerosas emociones. ¿Son esas sensaciones pesadas, fluidas, agitadas o tranquilas? ¿Os sentís agobiados? ¿Vacíos? ¿Notáis felicidad? ¿Tristeza? ¿Dolor? ¿Alegría?

Aún con las manos sobre el pecho, miraos a los ojos. Dejad caer las manos. Las energías de vuestros chakras del corazón se tocarán y se entrelazarán de forma natural el uno con el otro, siendo conscientes de ello, o sin serlo. Concentraos en lo que sentís en el centro de vuestro pecho, lo que sentís que sale hacia vuestro compañero o compañera, lo que sentís que os llega, y lo que sentís los dos en conjunto. Utiliza palabras que describan las sensaciones producidas por las energías que se mueven constantemente por tu cuerpo: *caliente, frío, líquido, fluido, que hace cosquillas, pulsátil, intensificador, calmante, giratorio, que se estira...* Si no encuentras las palabras adecuadas, limítate a sentir con tranquilidad lo que percibe tu conciencia, momento a momento, mientras centras tu atención en el chakra del corazón y en el espacio que hay entre vosotros.

Conoce a tu pareja íntimamente

Muchas parejas nunca exploran su anatomía mutuamente. En una nueva relación, ese tipo de exploración puede derribar las barreras de la intimidad y la propiedad. Sin embargo, las parejas estables que nunca han cruzado esa frontera y que han desarrollado una cómoda familiaridad mutua, al nivel más íntimo, han erigido una barrera innecesaria que obstaculiza la fácil comunicación sobre sus relaciones físicas. Por supuesto, compartir esa clase de intimidades puede parecer algo muy delicado, y requiere que los dos miembros de la pareja se sientan cómodos el uno con el otro, pero es una exploración que vale la pena efectuar.

Empezad con el beso consciente y el nivel de comunicación necesario. Pasad después a otras clases de contacto. (Nota de nuestro departamento de protocolo: si vas a entrar en algún sitio delicado y sagrado, asegúrate de que tus manos estén limpias y de que tengas la uñas cortas). Saber que vas a compartir y explorar tus partes más íntimas con tu pareja puede también motivarte a aprender más sobre tu propia anatomía y fisiología de la sexualidad. No puedes confiar en lo que aprendiste cuando eras joven. Y hasta fechas recientes la cultura popular tampoco era especialmente comunicativa en lo relativo a estos temas. Por ejemplo, el clítoris, la única parte del cuerpo humano que existe sólo para tener placer, no fue descrito de manera correcta por los científicos hasta 1998.[26] Dejando los prejuicios

---

26. Helen E. O'Connell, John M. Hutson, Colin R. Anderson y Robert J. Plenter, «Anatomical Relationship between Urethra and Clitoris», *Journal of Urology* 159, n.º 6 (1998): 1892-1897.

culturales a un lado, la naturaleza estuvo realmente inspirada cuando diseñó nuestra fisiología sexual, y por fin disponemos de información detallada sobre su labor.[27]

Tres tipos de energía sexual

Cuando intentamos aunar esfuerzos para exponer nuestros conocimientos sobre la sexualidad desde una perspectiva energética, descubrimos que, al menos en las tradiciones taoísta, tántrica, sufí, budista, judía, pagana, wiccana, ocultista, indoamericana y afrocaribeña, podían encontrarse enseñanzas sobre sexualidad *sagrada*. Nos sentimos especialmente atraídos por las enseñanzas taoísta y tántrica, debido a su profunda comprensión de la relación entre la sexualidad y las energías corporales en términos que nosotros ya utilizamos, como por ejemplo los meridianos y los chakras.

Los médicos taoístas sabían que una vida sexual activa es una parte esencial de la salud y la longevidad, y la estudiaron con la misma determinación que aplicaron a todos los otros aspectos de la salud. En las prácticas sexuales taoístas, el centro de atención es el modo en que la energía se mueve por los meridianos, especialmente el gobernante y el central, que corren a lo largo de la espina dorsal, hacia arriba, pasando por la parte central del torso. Las «artes de la alcoba» del taoísmo se han sistematizado con toda su belleza en un libro para occidentales llamado *The Multi-Orgasmic Couple: Sexual Secrets Every Couple Should Know.*[28, 29]

En las prácticas sexuales tántricas de la India, el centro de atención es la energía conocida como «energía kundalini», que se canaliza en sentido ascendente, desde el chakra de la base de la espina dorsal, que sube por ella atravesando cada chakra y que alcanza al final el chakra ubicado en la coronilla de la

---

27. Ruth K. Westheimer, *Sex For Dummies: Dr. Ruth's Rx for a Pleasurable Sex Life,* Hoboken, NJ, Wiley, 2007.
28. Hay edición en español: *La pareja multiorgásmica: secretos sexuales que toda pareja debería conocer: cómo potenciar enormemente el placer, la intimidad y la salud de la pareja,* Neo Person, Madrid, 2001. *(N. del T.)*
29. Mantak Chia, Maneewan Chia, Douglas Abrams y Rachel Carlton Abrams, *The Multi-Orgasmic Couple: Sexual Secrets Every Couple Should Know,* Nueva York, HarperOne, 2000.

cabeza. El libro más asequible, y a la vez más prestigioso que hemos encontrado sobre la sexualidad tántrica, tal como se ha desarrollado en Occidente, es —atreviéndonos a decir su título— *The Complet Idiot's Guide to Tantric Sex*.[30]

Aunque no es posible presentar, dentro de los límites de un capítulo, todo este cúmulo de sabiduría y técnicas para trabajar la energía sexual, ofreceremos algunas ideas y ejercicios que te permitirán conocer algo de cada uno de los sistemas. Asimismo, junto a los meridianos y la energía kundalini que puede ascender por los chakras, hay otra energía vital involucrada en la actividad sexual. Se trata de los *circuitos radiantes*. Vamos a ofrecer también una breve introducción a este sistema energético.

Los meridianos

Los meridianos —las rutas que llevan energía al interior de todos los órganos del cuerpo— son tan básicos para la actividad sexual como el torrente sanguíneo y la respiración. Los principales meridianos involucrados en la estimulación sexual son distintos en una mujer que en un varón. La energía de una mujer comienza a ascender a lo largo de la parte interior de sus muslos, hacia el interior de sus genitales, así como a bajar por su abdomen. Esta energía la llevan en sentido ascendente el meridiano del bazo, el del hígado y el del Riñón, y en sentido descendente el meridiano del estómago. El roce más ligero, en sentido ascendente, sobre la parte interna de sus muslos, o en sentido descendente, sobre su abdomen, desplaza la energía a lo largo de estos meridianos, lo cual genera una respuesta sexual. ¡Recuerda que tiene que ser igual que el roce de una pluma!

En un varón en lo mejor de su vida, el meridiano del riñón, considerado la «fuente de la vida», está siempre listo para conducir grandes cantidades de energía vital directamente a la próstata y los genitales, sin hacer caso de ninguna lógica, razón u otras distracciones. Puede desencadenarse por la seducción

---

30. Judy Kuriansky, *The Complete Idiot's Guide to Tantric Sex*, 2.ª ed., Indianapolis, IN: Alpha Books, 2004. Véase también *Tantra: The Art of Conscious Loving*, San Francisco: Mercury House, 1989, un libro menos detallado, pero con gran prestigio, escrito por los profesores de Kuriansky, Charles y Caroline Muir. [Hay edición en español: *Tantra: el arte del amor consciente*, Ediciones Oasis, Barcelona, 1991].

de una amante, una caricia erótica o una caja de cereales. Hombres y mujeres no sólo se estimulan de forma distinta en lo relativo a estas energías centrales, sino que también alcanzan el orgasmo por caminos diferentes. En las mujeres, las energías que conducen al orgasmo suelen ser lentas y no pueden separarse fácilmente de las energías vinculadas a la relación amorosa. En los varones, la estimulación que culmina en el orgasmo puede ser muy rápida y menos dependiente de las energías de la relación sentimental. Decía un famoso chiste de Billy Crystal: «Las mujeres necesitan una razón para tener sexo; los hombres sólo necesitan un lugar». Sin embargo, a medida que se desarrolla la relación sentimental, estas diferencias desaparecen porque las energías de la relación dirigen a los dos miembros de la pareja a una armonía más natural.

Dos canales energéticos, el meridiano gobernante y el meridiano central, se unen, tanto en varones como en mujeres, y forman un circuito de energía que parte de los órganos sexuales, sube por la espina dorsal hasta la cabeza, y después se dirige a la parte posterior de la lengua, al labio inferior, y baja por la parte frontal del cuerpo, de vuelta hacia los órganos sexuales. El flujo de este circuito –llamado «la órbita microcósmica» en la tradición sexual del taoísmo,[31] que contiene las reservas de energía del cerebro, el corazón, el abdomen y los genitales, puede mejorarse mediante diversos procedimientos. Obtener control sobre el flujo de la órbita microcósmica es una de las claves, en la tradición sexual del taoísmo, para progresar desde los orgasmos genitales hasta los orgasmos del cuerpo completo, y finalmente llegar a los «orgasmos del alma».[32] En un orgasmo del cuerpo completo, la energía sexual se mueve libre y totalmente por la órbita microcósmica. En un orgasmo del alma, la energía no sólo se mueve de manera libre por todo tu cuerpo, sino que se disuelven las barreras energéticas que hay entre los dos miembros de la pareja. El intercambio puede expandir y transformar profundamente tu conciencia, y llevar tu amor a niveles más profundos.

---

31. Chia *et al.*, *The Multi-Orgasmic Couple*, 68. Aunque el meridiano central suele fluir en sentido ascendente por la parte central del cuerpo, puede cambiar de dirección cuando se activa la órbita microcósmica. La tradición taoísta afirma que ésta se mueve en sentido ascendente por la espina dorsal y en sentido descendente por la parte frontal del cuerpo, pero yo (Donna) la he visto fluir también en la dirección opuesta. Parece que las circunstancias dictan la dirección de su movimiento.
32. Ibíd., 66.

La energía que fluye por la órbita microcósmica, cuando se ha activado, incluye no sólo las energías electromagnéticas que pueden detectar los instrumentos científicos, sino también la fuerza vital más sutil llamada *chi*. El *chi* es la energía vital inherente a toda la vida, si bien, al no haber instrumentos que puedan detectarla, la ciencia occidental niega su existencia. Pero *sí* hay un instrumento. Cuando estamos vivos, el *chi* fluye. Cuando estamos muertos, no fluye. ¿Es tan complicado de entender?

La circulación sin impedimentos del *chi*, junto con el equilibrio de sus polaridades energéticas (yin y yang), se considera esencial para una buena salud. Podemos influir en el flujo del *chi* de muchas maneras. Un antiguo dicho taoísta afirma: «La mente se mueve y el *chi* la sigue».[33] También es cierto lo contrario: el *chi* se mueve y la mente le sigue.

La energía electromagnética que sale de tus manos puede mover el *chi*. Para explorar la órbita microcósmica, puedes trazarla con tus manos. Estando sentado cómodamente, lleva una de las manos a la parte inferior del hueso sacro. Lentamente y con un suave toque, desplaza la mano hacia arriba, por la columna vertebral. La energía electromagnética que sale de tu mano, no su presión, mueve el *chi*. Recuerda: igual que el roce de una pluma. Cuando hayas llegado a la parte más alta de la columna, eleva la otra mano por encima del hombro y llévala hacia la columna vertebral, imaginando la energía que se mueve por el espacio que queda entre tus dos manos. Sube poco a poco esta última mano hacia la cabeza, pásala por encima, bájala hacia la frente, y llévala hacia el labio superior. Ahora lleva las dos manos a tu labio inferior y bájalas por la parte anterior del cuello, la parte central de tu cuerpo, a tus genitales, por detrás del tronco, cada una por su lado, y las dos a la base de tu columna vertebral. Acabas de trazar la órbita microcósmica.

Que haya una sensación muy marcada o no la haya depende de una serie de factores, incluyendo lo kinestésico que seas en tu estilo sensorial (capítulo 1) y la práctica que tengas en atender a tus sensaciones internas. Las sensaciones que puedes notar cuando la órbita microcósmica está activada pueden consistir en calor, hormigueo o palpitaciones. Si practicas el ejercicio de la órbita varias veces, es probable que las energías se vuelvan más vívidas en tu

---

33. Ibíd., 71.

mente, pero sólo con hacer el ejercicio activarás estas energías, lo experimentes conscientemente o no. La energía suele moverse poco a poco, especialmente al principio, por lo que tus manos deben mantener el ritmo. Una vez que seas capaz de mover conscientemente la energía por todo el circuito, al trazarlo con tus manos, podrás intentar moverlo con sólo la mente.

Varias prácticas del taoísmo comienzan con ejercicios (como el que acabamos de describir) que están diseñados para reforzar la órbita microcósmica en tu propio cuerpo. Después se procede a compartir la experiencia con el compañero o compañera. Sin ropa que moleste, un miembro de la pareja se sienta en la cama y el otro (normalmente el que pesa menos) se sienta sobre el regazo del otro, maximizando la cantidad de contacto desde la pelvis hacia arriba, sujetándose mutuamente todo lo posible, con los brazos de cada uno rodeando la espalda del otro (*véase* figura 8-1). Otra alternativa es que os sentéis en sillas, frente a frente, o con las piernas cruzadas sobre la cama o el suelo. Cada miembro de la pareja activa la órbita microcósmica en su propio cuerpo. Aunque esto puede llevar a una interacción generadora de orgasmos con todo el cuerpo, al principio debéis tomaros el tiempo necesario para que fluyan vuestras respectivas energías y para compartir la experiencia. En las variantes más avanzadas, cada uno eleva la energía por su columna vertebral y la transmite hacia la parte frontal del cuerpo de su pareja, se encuentra con ella en los genitales de su pareja y la eleva por la columna de ésta, de forma que las energías se integren y faciliten un intercambio más profundo.

Por supuesto, hay mucho más en las prácticas sexuales taoístas sobre la práctica de la conexión espiritual. Por ejemplo, el hombre aprende a tener orgasmos sin eyacular (sí, las dos cosas pueden separarse y obtenerse placer), de modo que la pareja pueda convertirse en «multiorgásmica». El libro *The Multi-Orgasmic Couple*[34] promete que aprender a tener «múltiples orgasmos con todo el cuerpo» puede abrir el camino «para armonizar vuestras necesidades sexuales y alcanzar juntos niveles más satisfactorios de intimidad y éxtasis».[35]

---

34. Hay edición en español: *La pareja multiorgásmica: secretos sexuales que toda pareja debería conocer: cómo potenciar enormemente el placer, la intimidad y la salud de la pareja,* Neo Person, Madrid, 2001. *(N. del T.)*
35. Ibíd., xiii.

FIGURA 8-1. *Unir las órbitas microcósmicas.*
Una posición alternativa consiste en mantener el equilibrio para juntar las manos,
palma con palma, en lugar de alrededor de la espalda de la pareja.

Los chakras

Mientras que el taoísmo se concentra en las vías definidas por los meridianos, las prácticas sexuales tántricas se centran en los chakras. Los siete chakras principales están situados en la pelvis (primer chakra o *raíz*), en la parte inferior del abdomen, debajo del ombligo (segundo chakra), en el plexo solar (tercer chakra), en el centro del pecho (cuarto chakra o del *corazón*), en la garganta (quinto chakra), en la frente (sexto chakra o *tercer ojo*) y en lo alto de la cabeza (séptimo chakra o de la *coronilla*). De acuerdo con la mayoría de los textos, la sexualidad se origina y se expresa mediante el segundo chakra. Pero Donna piensa de forma distinta. Considera al chakra raíz la base de la sexualidad. Hay un amplio acuerdo sobre que el chakra raíz está relacionado con la seguridad y la supervivencia. Donna, efectivamente, piensa que el miedo primario, los recuerdos traumáticos y las estrategias de supervivencia se alojan en el chakra raíz. Cuando una persona se siente relativamente segura, el chakra raíz es una fuente de estabilidad, impulso y energía vital que se mueve por el cuerpo en sentido ascendente, que alimenta a los demás chakras y los fortalece. La energía del chakra raíz baña los genitales y otros órganos sexuales, por lo que no es de sorprender que el chakra de la supervivencia esté relacionado con el sexo, el dulce incentivo de la naturaleza para las acciones que aseguran la supervivencia colectiva.

A continuación ofrecemos el posible origen de la confusión. En muchas situaciones, el chakra raíz de una mujer no genera una respuesta sexual si no hay un sentido de seguridad emocional. Debe enviarse hacia abajo, desde el segundo chakra, un informe de que se ha superado la comprobación de seguridad. El segundo chakra es el guardián de la entrada que normalmente se debe atravesar antes de que una mujer se sienta sexualmente estimulada en presencia de un compañero en potencia. Es receptivo, creativo y está repleto de sentimientos. Al segundo chakra incluso se le ha llamado el «segundo corazón». Los niños se desarrollan cuando se bañan en sus energías. Se necesita galanteo, amor, afecto, admiración –o, como mínimo, cierto sentido de seguridad emocional– para que el segundo chakra devuelva energía hacia abajo, al chakra raíz, que allane el camino para que se genere una respuesta sexual completa. Los hombres no necesitan que se desencadene este proceso de autorización de dos fases. Esta diferencia básica puede deberse a la distinta anatomía sexual de varones y mujeres.

En los varones, la actividad sexual tiene lugar fuera de sus cuerpos y, una vez que el acto ha terminado en términos biológicos, significa que todo se ha acabado ya, biológicamente hablando. Semillita plantada. ¿Qué es lo siguiente que tengo que hacer? Las mujeres, en cambio, no sólo reciben una parte de la anatomía de otra persona *dentro* de ellas mismas; cuando el acto ha terminado, se puede haber concebido un bebé, que crecerá en su cuerpo durante nueve meses y que más tarde pedirá prestado el automóvil. Teniendo en cuenta la sabiduría de las energías corporales, que evolucionaron hasta formar sistemas complejos con capacidad de tomar decisiones, parece natural que el chakra que incluye el útero (segundo chakra) tenga algo que decir sobre quién va a ayudar a elegir el vehículo que el niño va a pedir prestado. El segundo chakra evalúa el compañero en potencia en ese momento y decide enviar energía sexual al chakra raíz… o no. Por supuesto, ella puede hacer caso omiso a la sabiduría de su cuerpo, pero el sexo indiscriminado puede conllevar muchos más problemas para ella que para él. Igual que los meridianos funcionan de forma distinta en los varones que en las mujeres en lo relativo a la capacidad de respuesta sexual (el meridiano del riñón es capaz de estimular al varón al instante, pero las mujeres necesitan la energía para implicar a sus meridianos del corazón, del bazo, del hígado y del estómago, en particular), los chakras conspiran junto a los meridianos en el desarrollo de una respuesta más lenta y estudiada en las mujeres que en los varones.

La palabra *Tantra*, procedente del sánscrito antiguo, significa «expansión mediante la conciencia». Una actitud central en el Tantra es la toma de conciencia: «Presta atención a lo que haces en el intercambio entre tú y tu pareja. Tener conciencia genera cierto sentido de respeto y veneración por la experiencia, lo cual permite que os adoréis mutuamente, como si fuerais un dios y una diosa».[36] El Tantra en sí mismo es una profunda filosofía y disciplina de carácter espiritual. En su forma original se combinan muchos años de meditación, cánticos y posturas que canalizan sutiles energías con ceremonias de iniciación y purificación, con el objetivo de rendir culto y expandir la conciencia espiritual. Las prácticas sexuales tántricas que se han adoptado en Occidente «utilizan la respiración, sonidos, movimientos y símbolos para tranquilizar la mente y activar la energía sexual, a fin de transmitirla por todo el cuerpo para alcanzar ciertos estados de conciencia y el éxtasis».[37]

Muchas prácticas tántricas recuerdan a la integración que hace el taoísmo del meridiano central y el meridiano gobernante para activar la órbita microcósmica (después de todo, ambos trabajan con la misma anatomía física y energética). Estas prácticas tántricas utilizan la respiración y la mente para mover las poderosas energías kundalini que se disponen en forma de espiral en la base de la espina dorsal y que ascienden atravesando los distintos chakras. Dado que la energía kundalini va ascendiendo por los chakras, puede generar distintos niveles de despertar de la conciencia y de ideas místicas, hasta alcanzar el chakra de la coronilla, en la parte superior de la cabeza, donde puede causar profundas experiencias místicas. Se trata de una energía intrínseca que potencia la libido y que reside en el chakra raíz. Por esta

---

36. Kuriansky, *The Complete Idiot's Guide to Tantric Sex*, 5-6.
37. Ibíd., 4.

razón, Donna a veces llama al chakra raíz la «luz piloto» del sistema de los chakras. Cuando la energía kundalini asciende lentamente por los chakras, suele ir acompañada por una oleada de euforia y felicidad, además de una apertura espiritual. Sin embargo, también debemos señalar que en algunos es posible que ascienda con tanta rapidez y potencia como para asustar a una persona poco preparada, lo que da lugar a una crisis psicológica o física a la que se ha dado el nombre de «urgencia espiritual». Se ha estigmatizado y medicado, o bien hospitalizado, a una cantidad desconocida de personas, cuando este fenómeno ha ocurrido de forma espontánea e inusualmente potente. Por otro lado, se ha demostrado que las terapias que están en sintonía con esta compleja dinámica permiten que las urgencias espirituales se conviertan en buenas oportunidades para alcanzar la *emergencia espiritual*.[38]

Considerar al chakra raíz la luz piloto que puede poner en funcionamiento a los demás chakras y abrirlos a las energías espirituales es una metáfora viva para entender las prácticas tántricas elaboradas para incrementar las energías kundalini. A continuación ofrecemos una práctica tántrica básica que utiliza tanto la respiración como la imaginación. Mientras estés sentado cómodamente:

1. Sincroniza con el chakra raíz, situado en la base de tu espina dorsal. Él gira formando círculos y genera una poderosa fuerza vital. Piensa en él como en una luz piloto que enciende los chakras que tiene por encima. Con una profunda inspiración por tu nariz, lleva la energía desde tu chakra raíz hasta el centro de tu cuerpo, imaginando vívidamente que activa, uno por uno, los chakras de la parte baja de tu abdomen, plexo solar, corazón, garganta y tercer ojo, así como el de la parte superior de tu cabeza. Cuando sueltes el aire por la boca,

---

38. La Red de Emergencia Espiritual la fundaron en 1980 Christina y Stanislav Grof «en respuesta a la falta de conocimiento y respeto por el crecimiento psicoespiritual en la profesión de la salud mental». Aun reconociendo que un despertar espiritual repentino puede ser convulso e incluso traumático, ese tipo de episodios se consideran aspectos normales y que mejoran la vida del desarrollo humano, y pueden llevar a una «mayor capacidad de sabiduría, comprensión… y un sentido más profundo de seguridad personal y paz interior». En www.spiritualemergence.info hay disponibles información y referencias sobre terapeutas que han adoptado este enfoque.

envía la energía hacia tu chakra raíz, haciendo que descienda por la espina dorsal. Al inspirar, vuelve a hacer que ascienda la energía por los chakras. Continuar con este bucle genera un canal libre en tu cuerpo por el que imaginas o sientes que pasa un torrente de energía por tus chakras, «purificándolos, nutriéndolos y proporcionándoles energía».[39] Una variante que tal vez quieras probar es llevar la energía por la espina dorsal, hacia arriba, con la inspiración, y *hacia abajo*, hasta el centro del cuerpo, al espirar.

2. Una vez hayas aprendido a formar, siempre que lo desees, un bucle con las energías pasando por los chakras, tal como hemos descrito antes, puedes utilizar esta habilidad con tu pareja de alguna forma estimulante. Siéntate cómodamente frente a tu pareja, con la columna vertebral erguida y utilizando la posición de la figura 8-1, en sillas o con las piernas cruzadas sobre la cama o sobre el suelo. Haz la respiración del chakra mientras mantenéis el contacto visual y, si tu posición lo permite, con las palmas de tus manos tocando las de tu pareja. Esta práctica tiene tres variantes —llamadas la «respiración sincronizada», la «respiración recíproca» y la «respiración circulante»—, que pueden aprenderse en el orden que ofrecemos para permitir que estéis «conectados en un poderoso intercambio de amor».[40]

    a. La respiración sincronizada: haz la respiración a la vez que tu pareja. Si no os la notáis, indicad de alguna forma cuándo comenzáis la inspiración y cuándo la espiración. Una vez que llevéis el mismo ritmo, cerrad los ojos y sentid mutuamente los patrones de energía del otro.

    b. La respiración recíproca: de nuevo, respira al mismo ritmo que tu pareja, pero esta vez uno inspira mientras el otro espira.

    c. La respiración circulante: mientras hacéis la respiración recíproca, imaginad que inspiráis la respiración y la energía de vuestra pareja. Al inspirar, llevad conscientemente la energía desde el chakra raíz, en sentido ascendente, por los otros seis chakras, como ya habéis hecho. Sin embargo, al espirar, imagi-

---

39. Kuriansky, *The Complete Idiot's Guide to Tantric Sex*, 23.
40. Ibíd., 24.

nad que enviáis la energía por la espina dorsal de vuestra pareja, en sentido descendente. Con la próxima inspiración, imaginad que recogéis la energía de vuestra pareja en vuestro chakra raíz, y llevadla en sentido ascendente, pasando por todos los demás chakras, y después, otra vez al espirar, enviad la energía por la columna de vuestra pareja, en sentido descendente. Estaréis creando un bucle en vuestro interior y en el de vuestra pareja.

Este tipo de prácticas, básicas en el sexo tántrico, se aplican para crear muchas formas de conexión amorosa que pueden incluir, o no, la relación sexual o el orgasmo. Igual que las prácticas sexuales taoístas, el sexo tántrico es un camino espiritual orientado hacia el uso de la energía sexual «como un medio para alcanzar el *amor sagrado*».[41] Los sistemas sexuales tántrico y taoísta son disciplinas que enseñan a las parejas a abrir sus corazones y a manejar la energía masculina y la femenina del interior de cada miembro de la pareja, de forma que los orgasmos sean prolongados y se conviertan en fuentes de curación, éxtasis y amor sagrado. Esto no quiere decir que debas o necesites conseguir el dominio de las prácticas sexuales extremadamente disciplinadas propias del Tantra o el taoísmo para tener una vida sexual satisfactoria. No son caminos que hayamos seguido nosotros. En su lugar, nuestro objetivo era complementar nuestros instintos naturales con el conocimiento de las energías del cuerpo, y nos encanta nuestra relación sexual. No obstante, como decía Marianne Brandon después de revisar diversas prácticas y procedimientos sexuales: «Si deseas emprender, junto a tu pareja, un viaje espiritual que dure toda la vida, el Tantra puede ser lo que necesitas».[42]

Los circuitos radiantes

Los circuitos radiantes forman el sistema de energía del éxtasis. Llamados las «circulaciones extrañas» o «los vasos extraordinarios» por los médicos de la antigua China, se les dio, con gran diferencia, mucha menos importan-

---

41. Ibíd., xxi.
42. Marianne Brandon, *Monogamy: The Untold Story*, Santa Barbara, CA, Praeger, 2010, 131.

cia que a los meridianos. Donna, por el contrario, los considera un sistema muy importante que está directamente relacionado con la salud y la felicidad de una persona.[43] Además de activar el éxtasis –sexual o de cualquier otro tipo–, también promueven la curación, generan alegría y dirigen a todos los demás sistemas energéticos en una danza coordinada para conservar tu salud. Cada uno de los ocho circuitos radiantes sigue una ruta que, igual que los meridianos, puede trazarse sobre la superficie de la piel. No obstante, a diferencia de los meridianos, los circuitos radiantes pueden salirse de su ruta y dirigirse a cualquier sitio donde se necesiten o sean atraídos.

Los ocho circuitos radiantes se activan durante cualquier experiencia extática, pero uno de ellos, el flujo penetrante, desempeña una función especial en la actividad sexual. Como su nombre indica, el flujo penetrante *penetra*. Envía energía a cada célula, músculo, hueso, órgano, meridiano y chakra de tu cuerpo. Puede estar activo o latente en cualquier momento dado. Cuando está débil o bloqueado, la gente se siente deprimida o vacía interiormente, y el sexo puede percibirse como algo sin sentido. Cuando el flujo penetrante es fuerte, el sexo conllevará éxtasis porque las energías de lo más profundo de ti se lanzan por todo tu cuerpo y activan tus emociones y tu amor, con lo cual te despiertan a tus profundidades espirituales.

Estimulas tu flujo penetrante siempre que sientas alegría, gratitud o curiosidad. Disfruta de una puesta de sol; deléitate mientras estás a la orilla del mar; contempla las estrellas; valora a tu pareja. Cuanto más fuerte sea tu flujo penetrante, en mayor medida podrá la actividad sexual lanzarte a terrenos extraordinarios. Además de buscar estados mentales o emocionales que mejoren el flujo penetrante, puedes fortalecerlo como si fuera un músculo mediante algunos sencillos ejercicios físicos. Tú y tu pareja podréis haceros una idea de lo que es el flujo penetrante si uno de vosotros se tumba boca abajo y el otro coloca una mano sobre el sacro y la otra en la parte superior de la espalda. Agita suavemente el sacro durante un período de

---

43. El papel de los circuitos radiantes en la función inmune se expone en el capítulo 8 del libro de Donna, *Energy Medicine*, rev. ed., Nueva York, Tarcher/Penguin, 2008, y en el capítulo 7 de David Feinstein, Donna Eden y Gary Craig, *The Promise of Energy Psychology: Revolutionary Tools for Dramatic Personal Change*, Nueva York, Tarcher/Penguin, 2005, se ofrecen ejercicios para fortalecer los circuitos radiantes.

tiempo de tres a cinco minutos. Cuando hayas terminado, levanta las dos manos a la vez y deja que tu pareja disfrute de esa sensación cosquilleante. Estáis experimentando la activación física de vuestro flujo penetrante.

A continuación ofrecemos un ejercicio que podéis hacer vosotros mismos, y que también fortalecerá vuestro flujo penetrante (respirando de forma lenta y deliberada):

1. Tumbados boca arriba, llevad las palmas de las manos a la espalda, a la altura de la cintura, con las yemas de los dedos de las dos manos en contacto.

2. Bajad las yemas de los dedos hacia la parte inferior del sacro.

3. Lentamente, con un movimiento que lleve las manos desde la espalda hacia la parte frontal del cuerpo, subidlas hasta colocarlas por encima de los huesos de la cadera, y después bajadlas hasta ponerlas a los lados de la ingle. Deteneos en esta posición durante dos respiraciones completas y profundas.

4. Durante la inspiración siguiente, llevad lentamente las manos hacia la parte superior del cuerpo, sin tocarlo, por encima del estómago, del pecho y del cuello, hasta la parte inferior de la mandíbula.

5. Espirando lentamente, dejad que las manos se deslicen hasta tocar el chakra del corazón, colocando una sobre la otra. Dejad que descansen en esa posición mientras hacéis varias respiraciones profundas y experimentáis las sensaciones de vuestro flujo penetrante después de haber sido activado por el contacto físico.

Estos tres tipos de energía –los meridianos, los chakras y los circuitos radiantes– están siempre en funcionamiento, sin dejarse ver, pero se recargan y funcionan mediante una potente armonía natural durante el acto sexual. Esta breve introducción al papel de cada una de ellas en tu vida sexual te permitirá tener una idea de estas fuerzas invisibles y de algunas sencillas técnicas para explorar y mejorar cada una de ellas.

Antes de que vuestros cuerpos entren en contacto, vuestras energías se unen

Con una docena de revistas para mujeres en los mostradores de las cajas de los supermercados, ofreciendo consejos sobre sexo cualquier día de la semana, nos da un poco de reparo escribir estas pequeñas orientaciones, pero ciertos conceptos básicos no son evidentes para todo el mundo, y, no obstante, su conocimiento marca la diferencia. Son sólo unos breves consejos de entre cientos que podríamos mencionar, y que hemos seleccionado porque es importante que se entiendan y porque pueden ejercer una influencia inmediata en vuestras energías sexuales personales y compartidas.

No hagas que el orgasmo sea otro trabajo para ella

A medida que nuestra cultura fue dando más importancia al placer sexual de la mujer, se hizo también más hincapié en su orgasmo. Paradójicamente, esto puede constituir un enorme obstáculo para que obtenga placer. Las energías del sexo son, en el mejor de los casos, una experiencia espontánea que afecta a todo el cuerpo, y sentirse presionada por tener un orgasmo va contra sus mismos fundamentos.

Dice Alison Armstrong: «Los hombres podrían tener más sexo si dejaran a las mujeres tener menos orgasmos».[44] Puesto que los orgasmos de su pareja se han convertido en una fuente de confirmación para el varón, «él te mantendrá despierta toda la noche hasta que consigas este "valioso resultado"». Esto obliga a las mujeres a fingirlo tan sólo para poder dormir un poco». La presión que siente una mujer por tener un orgasmo convierte el sexo en un trabajo. La lección básica para el hombre es comprender que las mujeres desean sentirse valoradas, mucho más que conseguir un orgasmo. Pregunta a tu esposa qué elegiría: tener un orgasmo todas las veces que tengáis relaciones, o sentirse amada, adorada y valorada al tener relaciones.

No permitas que las revistas definan tu satisfacción con tu vida sexual

Del mismo modo que la valoración cultural del placer sexual de la mujer convirtió involuntariamente el hecho de tener un orgasmo en una expecta-

---

44. Armstrong, «The Secret to Great Sex».

tiva y en una especie de trabajo, las explicaciones que los medios de comunicación de masas hacen del «buen sexo», el «gran sexo», «hacerla gritar» y «ponerla caliente» pueden llevarnos a comparar negativamente nuestras vidas sexuales con lo que parece que hacen todos los demás, o al menos lo que se espera que hagamos. Tener expectativas irreales sobre quiénes somos y quién es tu pareja, lo que necesitamos y lo que en realidad queremos es una poderosa forma de apartar la energía y el goce de nuestra vida amorosa. La terapeuta sexual y columnista de medios de comunicación, Mary Jo Rapini, concluye un artículo titulado «5 Ways to Keep the Sparks Flying in Your Marriage»[45] con unas advertencias muy apropiadas sobre este tema:

> Del mismo modo que la belleza está en el ojo de quien la contempla, que el sexo sea satisfactorio o no es cuestión de cada pareja. Muchas parejas tienen sexo una vez al mes en la misma posición y les *encanta*. Otras sienten que les falta amor si no lo hacen todos los días… No necesitas colgarte de un candelabro[46] para ser feliz.[47]

Si tú y tu compañero, o compañera, estáis los dos satisfechos con vuestra vida sexual, y os lo transmitís mutuamente, eso basta. Cuando alguno de

---

45. «5 formas de mantener las pilas bien cargadas en tu matrimonio» sería una traducción libre adecuada del título del artículo, dado que en español no es posible el juego de palabras del inglés original. *(N. del T.)*

46. Los autores hacen referencia a una postura, propia del sexo en grupo, que en inglés se llama *swinging chandelier* («candelabro colgante»). Consiste en atar a una mujer desnuda sus dos manos y sus dos pies por la espalda, de forma que las cuatro extremidades permanezcan juntas. Después se la cuelga de una cuerda sujeta al techo (y unida a su vez a la atadura de sus cuatro extremidades), de forma que quede próxima a una cama. El resto de lo que pueden hacer con ella varios hombres o mujeres lo dejamos a la imaginación del lector. Hay una postura llamada «el candelabro» en el *Kamasutra,* pero no tiene nada que ver con lo que acabamos de describir y la mujer no está colgada de ningún sitio. En Internet hemos comprobado que en algunas páginas españolas, a la postura descrita se la llama «el candelabro italiano» en nuestro idioma. Dejando a un lado las expresiones que cada lengua tiene para designar posturas sexuales más o menos exóticas, precisamente el sentido que quieren transmitir los autores es que no es necesario hacer cosas tan complicadas como la mencionada para tener una sexualidad satisfactoria. *(N. del T.)*

47. Mary Jo Rapini, «5 Ways to Keep the Sparks Flying in Your Marriage», 2013, www.yourtango.com/experts/mary-jo-rapini/married-sex-nothing-boring-or-snoring-about-it/page/3

los dos siente que ha llegado el momento de incrementarla, darle un nuevo matiz, dedicarle más tiempo o cambiar los esquemas adoptados, entonces habrá entrado en vuestro ámbito interpersonal la necesidad de tratarlo de nuevo o de emprender alguna acción.

Hay un lugar para los «rápidos»

John Gray señala que las mujeres suelen estar abiertas al «sexo rápido» ocasional, cuando se sienten emocionalmente apoyadas en su relación y saben que, en otros momentos, experimentarán el habitual «sexo casero» sano, así como «sexo para gourmets» de vez en cuando.[48] Tus propias energías y las de tu pareja no sólo fluctúan dentro de cada uno de vosotros, sino que entran en contacto de miles de formas distintas. El sexo también va por temporadas. Es probable que pases períodos de sequía y otros momentos con una pasión mayor de lo normal. El sexo tiene muchos ritmos. Deja que las energías de ese momento influyan en tu vida sexual, en lugar de seguir con excesiva intensidad esquemas ya conocidos. Aunque los métodos familiares y habituales de tener sexo conlleven comodidad y un gran valor, no te impulsan de un modo obligatorio a conoceros mutuamente al nivel más profundo.

Toque suave; toque fuerte

Aunque las energías sexuales se desplazan de manera espontánea por todo el cuerpo, los miembros de la pareja pueden dirigir e intensificar su transcurso mediante la forma de tocar. Sin embargo, la mayoría de la gente asume que a su pareja le gusta que la toquen de la manera que a ellos mismos les gusta. Aunque esto puede ser a veces cierto, las diferencias fisiológicas entre hombres y mujeres lo hacen menos probable. Los varones tienen la piel más resistente, y las mujeres más sensible. A muchos hombres les gusta que les toquen de forma firme y profunda, mientras que a muchas mujeres les gusta que las toquen de forma más ligera. Averigua qué le gusta a tu pa-

---

48. John Gray, *Mars and Venus in the Bedroom: A Guide to Lasting Romance and Passion,* Nueva York, Harper-Torch, 2001, 245. [Hay edición en español: *Marte y Venus en el dormitorio: amor y pasión duraderos en la vida de la pareja.* Grijalbo, Barcelona, 2001].

reja. Debes saber que esto también puede variar dependiendo de la zona de la piel, el nivel de estimulación, y simplemente el estado de ánimo en ese momento. Por ello, crea algunas claves verbales y no verbales que te ayuden a *saber* si estás dando a tu pareja lo que desea, y a hacer saber a tu pareja lo que quieres sobre esta cosa tan esplendorosa que es el acto de tocar.

Despierta tu conciencia energética

Si estás en armonía con las energías que se desplazan por tu cuerpo podrás tomar conciencia de ellas. Desarrolla el hábito de percibir conscientemente tu mundo interior. Siéntate con tranquilidad y anota las sutiles sensaciones que se mueven por tu cuerpo. Si son demasiado sutiles para que puedas registrarlas, el movimiento físico activa el flujo de energía. A continuación ofrecemos tres sencillos procedimientos para facilitar la tarea de concentrarte en tus energías:

1. Sigue tu respiración conscientemente y siente cómo anima al cuerpo;
2. flexiona la espalda para estirar la columna vertebral (piensa en cómo se estira un gato) y nota cómo responden tus energías;
3. contrae el abdomen con cada inspiración y siente cómo empieza a calentarse.

¿Qué tiene esto que ver con el sexo? Cuanto más contacto tengas con las energías que se mueven por tu cuerpo, en mayor medida esa energía te guiará cuando generes, controles y liberes ondas de pasión en armonía con tu pareja.

Corregir a tu pareja en lo relativo al sexo
tal vez no sea el modo correcto de corregir

A nadie le gusta que le critiquen. Las opiniones de tu pareja sobre tu habilidad o rendimiento sexual son especialmente sensibles. Tienden a sacar lo peor de cada uno, en lugar de inducirle a rendir más. ¿Cómo transmitir, sin utilizar el golpe que constituye una crítica, que quieres algo *distinto* a lo que hacéis? Si puedes sintonizar energéticamente con tu pareja, cambia la interacción por completo. No estarás irrumpiendo en el espacio vital de otra persona, sino participando en un trabajo en equipo de alto nivel. Supongamos que quieres que tu compañero, un hombre, te acaricie de una manera determinada. Si ya habéis establecido una energía armónica entre vosotros, no resultará desagradable llevar suavemente su mano hasta el lugar donde quieres que te toquen, o bien susurrarle lo que te gustaría que hiciera. Puedes transmitir lo que te gusta con palabras, suspiros de agradecimiento o un movimiento que comunique sin lugar a dudas lo que quieres. En lo relativo a mantener una relación satisfactoria, depende en gran medida de su calidad, pero también del modo en que comunicas los detalles sobre su mecánica.

Los placeres del sexo lento

Una de las canciones que Donna considera más instructiva de todos los tiempos es «I Want a Man with a Slow Hand».[49] La clave es la sintonización. El impulso de él tal vez consista en generar más excitación. Ella necesita un encuentro en las orillas de las lentas ondas que fluyen de su chakra raíz. Tiene ese contacto. No hay prisa. No se fuerzan las ondas para que sean exactamente lo que son. Cuando ella dice: «No muevas, no muevas», en realidad quiere decir: «¡No te muevas!». No vayas más deprisa. No aumentes la presión. Limítate a creer en ella. No te muevas.

Sujetarse las manos es un juego preliminar

En más de un idioma, el término que designa las relaciones sexuales se traduce literalmente a nuestro idioma como «emprender un viaje juntos».[50] Se trata de una metáfora muy apropiada, y los juegos preliminares preparan

---

49 «I Want a Man with a Slow Hand» («Quiero un hombre que me acaricie lentamente») es una popular canción del grupo de soul The Pointer Sisters, del año 1981. Su letra ha pasado a la cultura popular para designar el deseo de una mujer de tener un compañero sentimental que no tenga prisa a la hora de tener relaciones íntimas, que sea paciente y que se preocupe por dar placer tanto como por recibirlo: «Quiero un hombre que me acaricie lentamente / Quiero un amante que me toque suavemente / Quiero alguien que pase [conmigo] algo de tiempo / No que llegue y se marche a toda prisa». De ahí el sentido de lo que dice el libro: «Una de las canciones que Donna considera la más instructiva de todos los tiempos es "I Want a Man with a Slow Hand"». Lo que se afirma en ese párrafo es una interpretación del sentido de esa canción introduciendo elementos tántricos. (N. del T.)

50. Eatough, «Four Keys to Sexual Ecstasy».

el camino emocional para ese trayecto. La terapeuta sexual Esther Perel comenta: «Los juegos preliminares comienzan cuando termina el orgasmo anterior».[51] Al hablar sobre el «mito de la espontaneidad», señala que «nos gusta creer que el sexo surge de un impulso o inclinación que es natural, espontánea, sin artificios».[52] En nuestras ocupadas vidas estamos impacientes cuando necesitamos tiempo, esfuerzo y conciencia para cultivar lo que creemos que debería ser espontáneo. Pero en una relación a largo plazo, la preparación enciende la llama del sexo con más frecuencia que la espontaneidad, y esa preparación no suele comenzar en el dormitorio. Las caricias generan oxitocina en varones y mujeres. Agarrarse las manos es un juego preliminar. Abrazarse es un juego preliminar. Las palabras amorosas es un juego preliminar. Sonreír es un juego preliminar. Hacer sin avisar una labor que suele hacer tu pareja, como lavar los platos o tirar la basura, es un juego preliminar. Mantener tus energías en sincronía con tu pareja es un juego preliminar. Estar de acuerdo en tener un tiempo y un lugar para las relaciones íntimas es un juego preliminar.

La confianza y la seguridad son juegos preliminares

La confianza y cierto sentido de la seguridad se desarrollan con la acumulación de experiencias que demuestran que los dos tenéis intenciones positivas mutuas, y que las transformáis en acciones efectivas. Una mejor cooperación, información libremente compartida, resolverse problemas mutuamente y la intimidad son requisitos previos emocionales para una buena relación sexual. Estar preparado para sentirte seguro y amado durante todo el día es un juego preliminar. Ellen Eatough señala que es necesario confiar en ti mismo y sentirte seguro con tu pareja, mientras te abres al placer, si vas a abandonar el deseo de controlar, que es «necesario en último término para el orgasmo».[53] La seguridad te permite dejarte llevar sin mie-

51. Esther Perel, «The Secret to Desire in a Long-Term Relationship», TED Talk, 14 de febrero de 2013, www.youtube.com/watch?v=sa0RUmGTCYY&noredirect=1
52. Esther Perel, *Mating in Captivity: Unlocking Erotic Intelligence,* Nueva York, HarperPerennial, 2007, 212.
53. Eatough, «Four Keys to Sexual Ecstasy».

do de que te critiquen ni de que se aprovechen de ti, ya que el orgasmo te conduce más allá de los conocidos límites de tu ego, al espacio vulnerable de la excitación incontrolada.

Mantener vuestras energías sincronizadas es un juego preliminar

Cuando tú y tu pareja os encontráis en armonía, en sincronía con los matices de la conducta del otro, vuestras ondas cerebrales comienzan a oscilar al mismo ritmo. Literalmente hablando, estaréis en la misma longitud de onda. Cuando vuestros ritmos biológicos están en sintonía, sentís intimidad incluso sin decir ni una palabra. Una conversación íntima, un contacto visual intenso y respirar al mismo ritmo, dentro o fuera del dormitorio, son tres procedimientos por los que dos personas se pueden sincronizar. ¿Por qué es esto un juego preliminar? Como advierte Eatough, si no os sincronizáis al principio, mientras hacéis el amor, «tal vez tengáis la sensación de estar extrañamente desconectados e insatisfechos, aunque hayáis tenido un buen orgasmo».[54]

Los juegos preliminares en el dormitorio

Cuando entras en el terreno de la intimidad al desnudo, los juegos preliminares se convierten en el arte de la estimulación. Hemos explicado que la fisiología de la mujer —así como sus chakras y sus meridianos— no suele producir la estimulación sexual con tanta rapidez como la del varón. Al explicar cómo la habilidad para generar y mantener en funcionamiento la energía sexual puede aplicarse a cada fase del acto sexual, desde la estimulación hasta los numerosos tipos de orgasmo posibles, Eatough indica que los juegos preliminares pueden «llenar el típico hueco que hay en los porcentajes de estimulación y hacer posible un encuentro en el justo medio erótico». Ella dice a los hombres que «las expresiones verbales de amor y las caricias suaves, que se van haciendo gradualmente más sexuales, tienen una probabilidad de estimulación mayor que tocar de manera directa los

---

54. Ibíd.

las energías del amor

órganos genitales. De hecho, tocar nuestros pechos o nuestros genitales demasiado pronto puede llevarnos a ponernos tensos inconscientemente, y entonces tendremos que realizar más esfuerzo antes de que podamos "ir al grano"».[55] Por tanto, debes comenzar los juegos preliminares de dormitorio expresando tu aprecio por ella. Contémplala bien y hazle saber lo que admiras. Tómate el tiempo que haga falta para que pueda sentir tu amor. Muévete lentamente al tocarla y besarla, comenzando por sus extremidades, tal vez tomándola por la mano o besando sus mejillas. Dirígete al centro de su cuerpo sólo cuando empiece a excitarse. Es abriendo el corazón de una mujer como sus energías sexuales comienzan a fluir.

¿Qué hacer con tu mente durante el acto sexual?

La mente puede dirigirse a millones de lugares, desde repasar cosas de la lista de tareas por hacer hasta quedar totalmente absorbida por la pasión del momento. El sexo, en el mejor de los casos, es una exquisita danza entre el control experto y la ausencia de control. Si quedas del todo absorto por la pasión del momento, déjate llevar. Si no, puedes dirigir tu mente a las numerosas opciones que resultan atractivas. Las fantasías eróticas son una elección muy habitual, pero, tal como advierte Nicole Daedone: «La fantasía es una forma de salirte de tu experiencia sexual, y no de entrar más en ella».[56] En lugar de eso, puedes concentrarte en las energías de tu cuerpo y dejar que te digan qué viene después. Si eso es demasiado sutil, puedes dedicarte a mejorar tu respiración. Ésta es una potente herramienta para hacer circular la energía sexual. Inspira lenta y profundamente por la nariz. Llena tu abdomen y tus pulmones. Suelta el aire de manera más lenta aún por la boca. Sigue respirando a este ritmo hasta que te encuentres perdido en lo que tenga lugar después. La respiración profunda no sólo hace que circule el placer, sino que también te mantiene en sintonía con tu cuerpo y facilita la labor de permanecer sincronizado con tu pareja.

---

55. Ibíd.
56. Daedone, *Slow Sex*, 47.

Heridas sexuales y su curación

La intimidad sexual está inextricablemente relacionada con la vulnerabilidad emocional. El chakra raíz —la raíz de la energía sexual— también dirige la seguridad, el peligro y las amenazas. Se cerrará al placer sexual si éste llega a asociarse con la amenaza, las críticas o el abuso. Cuando una mujer recibe a cierta parte de su pareja en el interior de su cuerpo, es el chakra raíz el que es penetrado. Ella misma se encuentra inmediatamente abierta a la posibilidad de quedar embarazada y depender de su compañero. A consecuencia de esto, si el patrón del varón es seducción-sexo-abandono, en muchas mujeres esto representa una forma de abuso. Ella está configurada neuronalmente para la seducción-sexo-relación de pareja, y cuando el resultado no es el establecimiento de una relación, puede quedar la huella duradera de una profunda sensación de traición, aunque su mente consciente pueda entenderlo por completo y acepte las reglas con las que juega el varón.

En la práctica de Donna, muchas clientas le han confesado que, mientras participaban con entusiasmo en el movimiento del amor libre, durante las décadas de los 1960 y 1970, resultaron dañadas. Animadas por la excitación y la libertad propias de aquellos tiempos, ignoraron sus instintos más profundos. Resultaron heridas con dolor, críticas hacia sí mismas y una menor capacidad para el placer sexual. Una forma más sutil de esta misma situación puede incluso tener lugar dentro del matrimonio. Si hay poca conexión emocional, tener sexo puede sentirse como una violación. En palabras de una mujer: «Nuestros juegos preliminares me dejan con la sensación de que han jugado conmigo y de que me han manipulado. Él cree que si me toca de cierta manera, me excitará. Si me besa de determinada forma, eso me excitará. Pero al estar tan alejados el uno del otro en todos los demás aspectos, no quiero que él me excite. Algunas veces, si los juegos preliminares me excitan y después tenemos sexo, siento que mi cuerpo me ha traicionado». Ella no es la única. Muchas mujeres afirman que no quieren tener sexo con alguien que ha sido para ellas un extraño emocional durante todo el día.

Los encuentros sexuales con hombres que no respetan, que son de carácter mezquino o que abusan claramente pueden producir daños a largo plazo en la capacidad de la mujer para ser libre y disfrutar del sexo, aunque más tarde consiga tener una relación con amor y profundo respeto. Muchas de las clientas de Donna se quejaban de que sus energías sexuales estaban apagadas. Su trabajo con Donna no consistía en olvidar las lecciones del pasado, sino que su objetivo era más bien revertir el daño. Se pueden volver a despertar las energías sexuales. El libro de Donna, *Medicina energética para mujeres*, ofrece varias técnicas energéticas sencillas que pueden reabrir los canales sexuales de una mujer.[57] La historia de un caso descrito en ese libro muestra cómo un terapeuta utilizó la psicología energética para ayudar a una mujer a curar las heridas de varios abusos que sufrió en su niñez. A continuación demostramos el poder del enfoque energético.

Sandy y su compañero acudieron a la consulta de uno de nuestros colegas, en busca de asesoramiento prematrimonial.[58] Entre los temas que les preocupaban estaba su relación sexual. Aunque Sandy había estado casada antes, ella misma se dio cuenta de que reaccionaba con sentimientos negativos incontrolables cuando su prometido iniciaba el juego sexual. Él quería ser paciente, amable y comprensivo, y parecía verdaderamente interesado en que el sexo fuera una experiencia compartida entre los dos. Aunque ella reconocía abiertamente que su actitud no le acarreaba ningún problema, aun así normalmente se sentía molesta y los preludios de él no la estimulaban. Solicitaron ayuda para este problema y se acordó una sesión privada con Sandy.

Cuando ella entró, el terapeuta preguntó de manera educada: «¿Hay algo de lo que puedas hablar acerca de los últimos años?». Ella inmediatamente rompió a llorar. Aparecieron manchas rojas en su piel, y sus palabras las interrumpían fuertes sollozos y jadeos en cuanto comenzó a narrar su historia: «Cuando tenía siete años, vivíamos en [un pequeño pueblo rural]. Un día, mi padrastro me llevó a dar un paseo por un camino del campo. Era verano. Subimos la ladera de una colina. Entonces nos detuvimos, me quitó toda la ropa y él se quitó la suya».

En ese momento, apenas podía respirar. El terapeuta la detuvo y le dijo que no era necesario que continuara. Le dijo que puntuara su

---

57. Donna Eden, *Energy Medicine for Women: Aligning Your Body's Energies to Boost Your Health and Vitality,* Nueva York, Tarcher/Penguin, 2008, cap. 5. [Hay edición en español: *Medicina energética para mujeres: alinea las energías de tu cuerpo para mejorar tu salud y vitalidad,* Ediciones Obelisco, Barcelona, 2012].
58. Alan Batchelder era la terapeuta.

angustia en relación con el recuerdo, que fue un 10, lógicamente. Después la guio a lo largo de la secuencia de golpecitos. La intensidad disminuyó de 10 a 6. En ese momento utilizó una declaración de aceptación, que comenzaba por «Aunque aún me siento agobiada…», seguida por otra ronda de golpecitos. Esta vez la intensidad cayó hasta 2. Después hizo otra declaración de aceptación, que comenzaba por «Aunque nunca olvide esto del todo…» y una última ronda de golpecitos.

En ese momento, Sandy respiraba tranquilamente. En su piel habían desaparecido las manchas, sus ojos estaban sin lágrimas y miraba sus manos, que reposaban sobre el regazo, flexionada. El terapeuta dijo: «Sandy, mientras estás ahora ahí sentada, vuelve a pensar en ese caluroso día en que tu padrastro te llevó a dar ese paseo por caminos rurales. Piensa en cómo ascendiste la ladera de esa montaña hasta que te detuviste. Piensa en cómo se quitó toda la ropa. Ahora, ¿qué sientes?».

Ella permaneció sentada sin moverse durante unos cinco segundos, después alzó la vista tranquilamente y dijo, sin demasiada excitación: «Bueno, todavía le odio». El terapeuta, después de decir que estaba de acuerdo con que odiarle podría ser una respuesta razonable y posiblemente útil de mantener, preguntó después: «Pero, ¿qué hay de la angustia que sentías?».

De nuevo esperó antes de contestar. En esta ocasión se rio mientras decía: «No lo sé. No puedo imaginármelo. Bueno, eso ocurrió hace veinte años. Yo era sólo una niña pequeña. No podía protegerme de la forma en que puedo hacerlo ahora. Qué sentido tiene sentirse mal por algo como eso… Nunca dejé que ese hombre me tocase de nuevo, y a mis hijos nunca les he permitido que estén cerca de él. No lo sé; simplemente parece que no me importa como lo hacía antes».

Después de esta única sesión, ya no experimentó sentimientos negativos en respuesta a los acercamientos sexuales de su pareja. En un seguimiento de dos años, ella informó de que el problema estaba «resuelto y desaparecido», y su pareja, ahora su marido, confirmó que no había indicio de las dificultades anteriores. Debemos también señalar que al final de la sesión hablaba sobre el acontecimiento traumático casi de pasada, y que lo situaba en un marco de autoafirmación: «Bueno, eso ocurrió hace veinte años. Yo era sólo una niña pequeña. No podía protegerme de la forma en que puedo hacerlo ahora». Ese tipo de cambios en torno a un recuerdo traumático que ha eliminado emocionalmente un terapeuta, mediante un enfoque energético, son muy frecuentes, y pueden darte un renovado deseo en tu vida sexual.

Programación ancestral de los hombres; programación ancestral de las mujeres

Hay un chiste muy viejo que dice que «Dios dio a los hombres dos cerebros, pero sólo suficiente sangre para que funcione uno de los dos en un momento dado», y que explica la ruptura de numerosas relaciones y la caída en desgracia de muchos políticos. Es también una fuente de tensión para las mentes de los hombres y las mujeres, e incluso de muchas buenas relaciones. Marianne Williamson describe el problema en términos evolutivos: en lo que concierne a nuestros antepasados prehistóricos, «la naturaleza necesitaba que los hombres fueran de una mujer a otra, dejándolas preñadas según pasaban a su lado, con el objetivo de propagar la especie. Y las mujeres debían establecerse con los niños, para criarlos y que pudieran crecer hasta ser adultos. Esos instintos que corrieron por nuestros organismos durante al menos unos cientos de miles de años hizo que la respuesta instintiva del varón después del sexo fuese «debo irme», mientras que la de la mujer aún tiende a ser: «Hagamos estable nuestra relación».[59]

Sea cual fuere el aporte de la evolución a los problemas de las relaciones hombre-mujer, casi la mitad de los matrimonios estadounidenses acaban en divorcio,[60] y la infidelidad es una de las razones más frecuentemente declaradas para divorciarse.[61] En un estudio, el 74 % de los varones y el 68 % de las mujeres afirmaron que tendrían una relación extramatrimonial si supieran que su pareja nunca se iba a enterar.[62] Sentirse atraído por otros es una ener-

---

59. Williamson, *Enchanted Love*, 243.
60. Basado en datos del año 2011, que comparan la tasa de matrimonios con la tasa de divorcios y anulaciones. U.S. Centers for Disease Control and Prevention, www.cdc.gov/nchs/nvss/marriage_divorce_tables.htm
61. Paul R. Amato y Denise Previti, «People's Reasons for Divorcing: Gender, Social Class, the Life Course, and Adjustment», *Journal of Family Issues* 24, n.º 5 (2003): 602-626.
62. «Infidelity Statistics», 2012, www.statisticbrain.com/infidelity-statistics

gía muy poderosa, a menudo no reconocida, en muchas relaciones. Aparece de forma distinta en los varones que en las mujeres, y puede resultar un serio problema para las parejas que se comprometen a convivir el uno con el otro, hasta el final. Esta sección que concluye el capítulo lucha contra la justificación biológica de este enigma energético.

Por qué los hombres tienen aventuras amorosas

Un estudio que entrevistó a 120 hombres jóvenes acerca de sus relaciones descubrió que el problema en torno a la fidelidad era un tema muy común. Emocionalmente, querían ser monógamos, pero sus cerebros aún deseaban sexo fuera de su relación. Después de una fase romántica de entre seis meses y dos años, a pesar del amor y la intimidad que habían llegado a compartir con su pareja, su insatisfacción crecía hasta que parecía que la relación les había situado en una «forma de reclusión sexual nacida de obligaciones sociales».[63] No querían romper con sus parejas, pero, a pesar de que los lazos emocionales se iban haciendo más profundos, había una disonancia cognitiva (en este caso, querer dos cosas que son exclusivas) cuando intentaban hacer compatible su deseo sexual con su deseo de no hacer daño a su pareja y de cumplir la obligación social que conllevaba una relación en la que se habían comprometido. Como decía el investigador de una manera muy fácil de entender, ellos «quieren algo que no quieren».[64] Empeoraba el asunto el hecho de que tuvieran miedo de hablar a sus compañeras sobre el deseo de practicar sexo con otras mujeres. Debido a las creencias culturales que identifican ese tipo de deseos con la depravación, o al menos con dejar de estar enamorado, independientemente de la fuerza de los lazos emocionales, temían que sus compañeras rompieran con ellos si eran honestos. Hacer trampa parecía menos arriesgado para la estabilidad de su relación que la honestidad, porque les ofrecía la oportunidad de tener sexo fuera de su relación a la vez que mantenían la intimidad emocional con su pareja.

---

63. Eric Anderson, *The Monogamy Gap: Men, Love, and the Reality of Cheating*, Nueva York, Oxford University Press, 2012, 4.
64. Ibíd.

Según la neuropsiquiatra Louann Brizendine, «tanto los hombres como las mujeres albergan grandes errores en torno a los instintos biológicos y sociales que impulsan a obrar al otro sexo».[65] Para empezar, un varón humano produce esperma suficiente, en un período de dos semanas, para dejar embarazadas a todas las mujeres fértiles del planeta;[66] y en los hombres, en la zona cerebral donde se genera el deseo, su área del impulso sexual es dos veces y media mayor que la de las mujeres.[67] Con antepasados varones que buscaban mujeres fértiles, seleccionadas para transmitir sus genes, los hombres modernos están preparados fisiológicamente para responder a las atractivas oportunidades, con independencia de sus valores o preferencias. En todas las culturas, los varones evolucionaron para concentrarse en características que indicasen salud y fertilidad. Pechos grandes y firmes, cintura pequeña, estómago plano, caderas amplias, piel clara y simetría facial se integraban para dar lugar a un aspecto que «indica al cerebro del varón que ella es joven, sana, y probablemente no la habrá embarazado otro hombre».[68] Su principal «circuito de detección de compañeras ya viene preconfigurado» para fijarse en las mujeres con estas características físicas, y cuando lo hace, «la secuencia "debe tener" de su cerebro» se dispara, al menos de momento.[69] Una mezcla de testosterona y dopamina de alto octanaje baña las regiones cerebrales que alimentan su deseo por la experiencia dichosa y eufórica que prometen los datos brutos que sus ojos envían a la corteza visual. La atracción es magnética. Nos guste o no, estos toscos fenómenos fisiológicos forman parte de la perspectiva masculina de la combinación físico-interpersonal-social-espiritual-energética llamada matrimonio. En términos energéticos, como hemos mostrado antes, se necesita poca provocación para que las energías del chakra raíz de un varón acudan rápidamente a su chakra del corazón y que explote «fuera de su cuerpo, como un misil que detecta el calor y que acelera su marcha hacia un extraño que se encuentre cerca» (págs. 149-150).

---

65. Louann Brizendine, *The Male Brain,* Nueva York, Random House, 2010, 5.
66. John Lloyd, John Mitchinson, James Harkin, *1,227 Quite Interesting Facts to Blow Your Socks Off,* Nueva York, Norton, 2013, 255.
67. Brizendine, *The Male Brain*, 4.
68. Ibíd.
69. Ibíd., cap. 3.

Por qué las mujeres tienen aventuras amorosas

Las suposiciones de nuestra cultura sobre la monogamia están presentes en la popular cancioncilla (a menudo atribuida incorrectamente a William James): «Hígama, hógama, la mujer es monógama; hógamo, hígamo, el hombre es polígamo».[70] Durante más de tres décadas, David ha invocado esto mismo para explicar algunas peculiaridades de su sexo, además de con el objetivo de concederse licencia para mantener cierto grado de respeto hacia sí mismo, en medio de sentimientos y deseos que él preferiría no experimentar más. En cuanto a Donna, le dio motivos para defender la tesis de que los hombres constituían un tipo inferior, lascivo e inconsciente, no preparados para amar de verdad. David quería defenderse de esta opinión, en la convicción de que, de algún modo, no le resultaba favorable, pero tenía que callarse cuando la discusión trataba sobre violadores, asaltantes y mujeriegos, como buenos ejemplos.

Por enésima vez en nuestra larga relación, discutíamos sobre el tema hígamo/hógamo, cuando David, que había estado leyendo sobre las bases biológicas de la conducta sexual de los animales y de los humanos precisa-

---

70. El poema contiene los mismos ripios en inglés que en español —«Hogamous, Higamous/Man is polygamous/Higamous, Hogamous/Woman is monagamous»—, ya que «hogamous» e «higamous» no tienen ningún significado.

Se ha atribuido a varios personajes famosos de la cultura estadounidense y, de acuerdo con lo que hemos podido leer, fue el prestigioso psicólogo Hans Eysenck quien, en su artículo «Uses and Abuses of Psychology», lo atribuyó por primera vez a su predecesor entre los grandes de la ciencia de la mente, además de influyente filósofo, William James. Según Eysenck, James lo creó durante un sueño inducido por el consumo de óxido nitroso, también conocido como «gas de la risa», que tiene propiedades psicoactivas y que fue minuciosamente estudiado por él, ya que le atribuía propiedades potenciadoras de la creación filosófica, y en el caso de este pequeño poema parece que le permitió condensar en unas pocas frases las diferencias sexuales entre varones y mujeres.

James afirmaba que el uso de óxido nitroso le permitía entender a la perfección al complejo y oscuro filósofo alemán Hegel, así como poner de manifiesto los puntos fuertes y débiles de su filosofía. Ciertamente, consumió óxido nitroso en cantidades ingentes y escribió el artículo «Subjective Effects of Nitrous Oxide». Sin embargo, no hay ninguna prueba de que fuera el autor del poemilla que nos ocupa, y en realidad no hay certeza sobre quién pudo ser su autor, tal como afirma el prestigioso portal de Internet sobre orígenes de citas, Quote Investigator (http://quoteinvestigator.com/2012/03/28/hogamous). *(N. del T.)*

mente para este capítulo, decidió adoptar una nueva táctica para intentar defenderse de la actitud de Donna, que consistía en ser «más santa que tú». Donna no era consciente de ningún deseo para dejar de ser monógama en su relación principal (a menos que la abandonaran, física o emocionalmente), y despreciaba a los hombres que no seguían la misma norma de conducta. Esto no quiere decir que no fuese consciente de que otros hombres le resultasen atractivos. Lo era, y no tenía reparos en compartir de manera abierta ese tipo de sentimientos. De hecho, recientemente había mencionado que le resultaba atractivo el matemático y cosmólogo Brian Swimme, mientras veíamos un DVD suyo, *The Universe Story*.

David dijo: «Vale, permíteme ponerte un ejemplo imaginario. Supongamos que vivimos igual que ahora, feliz el uno con el otro. Brian Swimme vive en la casa de al lado. Vive solo. Él te ha dado indicios respetuosos de que te encuentra atractiva. Yo estoy envejeciendo y puedo hacer el amor sólo ocasionalmente. También viajo mucho. ¿Seguirás siendo monógama? O bien, digamos que somos más jóvenes… Hemos tenido dos hijos con graves problemas de salud, de carácter congénito. Tú deseas tener un tercer hijo, y todo en tu interior te dice que quiere que este hijo sea sano. Pasas al lado de la casa del señor Swimme un día, mientras yo estoy trabajando. Él tiene un aspecto muy saludable y un cuerpo fuerte. Te invita a entrar. Tú te encuentras en el momento fértil de tu ciclo. ¿Seguirías siendo monógama?». Donna: «Vale, vale, ¡lo he entendido! Una mujer monógama puede volverse polígama. ¡Pero los hombres que buscan relaciones de un solo día siguen siendo imbéciles!».

Después de trabajar muchísimo con cientos de mujeres, creemos que éstas, cuando tienen una relación amorosa fuera del matrimonio, en su mayor parte se debe a que no se sienten amadas o porque buscan una reafirmación que su pareja no les proporciona. Variedad, excitación, pasión que se desvanece y venganza son otras razones que alegan las mujeres para engañar a sus maridos. Los historiales personales que incluyen abusos por parte del padre, o de otra persona, pueden también dificultar el compromiso con la otra persona. Además de estas explicaciones, que son las más evidentes, hay predisposiciones biológicas que pueden influir en las motivaciones de una mujer de ciertos modos que escapan a su conciencia. Las mujeres que se desmelenan suelen elegir a su compañero basándose en si él tiene «lo que hace falta para ser un buen protector y sostén de la familia».[71] Esto está también en nuestra programación básica. Es interesante observar que la mujer no necesariamente debe sentirse tentada a elegir al hombre superior, desde el punto de vista genético.

→ LA DIMENSIÓN ENERGÉTICA ←

Aunque todos somos únicos, a continuación ofrecemos algunas características que destacan cuando, en una fiesta, Donna comparó las energías de los hombres y de las mujeres que era evidente que querían ligar.

Hombres al acecho

Si los hombres supieran lo poco atractivas que son sus energías cuando intentan ser amables y corteses con el objetivo de seducir, probarían una táctica diferente. La energía más fuerte que emana de un hombre que intenta conquistar sin ser deseado procede de su chakra raíz y de su tercer chakra, que se encuentra en el plexo solar. La energía es agresiva, y a la vez extrañamente impersonal. Tiene cierto aire de manipulación y falta de honestidad, y un deseo de dominar y vencer a cualquier precio. Parte de lo que le hace ser tan poco atractiva es que no está profundamente conectada con él, sino que comienza en la superficie de su cuerpo y desde allí se desplaza. Su color suele estar en el rango que hay entre el amarillo intenso y el marrón. Las energías de un hombre que está verdadera y profundamente atraído por una mujer tiene unas propiedades muy distintas. Aunque pueden proceder de su chakra raíz, también salen de su chakra del corazón.

Mujeres al acecho

Suelo ver una energía receptiva, no agresiva. La energía que surge de su corazón es grande y abierta, lista para captar y acoger la energía de un pretendiente. Esta energía tiene un aire de esperanza y excitación. Sin embargo, una vez que se interesa por alguien, esta energía se hace más concentrada. Sale de *su* tercer chakra, que contiene energía estratégica, normalmente destinada a jugar con el ego del hombre. No puedo describirla de forma exacta, excepto decir que he visto a mujeres seguir esta energía en su conducta. Y, con todo lo embarazosa que debe de ser para los hombres, suele funcionar.

---

71. Ibíd., 57.

De hecho, los machos dominantes que son genéticamente superiores suelen «tener tendencia a una menor preocupación por ser padres».[72] Las mujeres solteras pueden olerlo, literalmente. Los sutiles olores corporales ofrecen a las mujeres una cantidad sorprendente de información porque sus cerebros responden a los indicios sobre si un hombre está criando algún niño y si se quedará con ella para ayudar a que su descendencia prospere. Las preferencias también cambian según el momento del mes y el estado marital. Sí, ¡los científicos estudian de verdad esas cosas! Los machos dominantes, genéticamente superiores (que es menos probable que ayuden en calidad de padres), huelen mejor a las mujeres con pareja estable que a las que no tienen pareja, sobre todo en los días del mes en que son fértiles.[73] ¿Por qué ocurre eso?

Una de las principales prioridades de la naturaleza al diseñar a las mujeres consistió en favorecer la supervivencia y el éxito de sus hijos. Una vez que se han asegurado un compañero fiable, la mujer que esté abierta a un flirteo con un hombre genéticamente superior puede mejorar la probabilidad de una descendencia genéticamente superior. Gracias a que la naturaleza ha diseñado esto de forma que los hombres no saben si el hijo de su pareja es de los dos, gracias a una pizca de engaño, ella puede pasar mejores genes a su descendencia mientras la sigue manteniendo el compañero que no sospecha nada y que suele ser más fiel. Basándonos en todo esto, no es de extrañar que buena parte de la historia humana se haya configurado por los escándalos acerca de la paternidad. Otro motivo práctico por el que una mujer puede caer en la tentación de tener aventuras amorosas, aparte de beneficios psicológicos como la aventura y la reafirmación de su atractivo, es asegurarse de que quedará preñada. Otro es que un amante clandestino puede traer regalos que beneficiarán a ella y a sus hijos, lo cual en la época de nuestros antepasados normalmente significaba comida. Su configuración genética no sólo la induce a encontrar un compañero que la ayude a criar a sus hijos, sino también a asegurarse que sus hijos tengan los mejores genes y recursos que ella pueda conseguir.

---

72. Jan Havlicek, S. Craig Roberts y Jaroslav Flegr, «Women's Preference for Dominant Male Odour: Effects of Menstrual Cycle and Relationship Status», *Biological Letters* 1, no. 3 (2005): 256-259.
73. Ibíd.

Estas fuerzas se desarrollan en tu interior de una forma única

Para tener un conocimiento sobre estas fuerzas que resulte útil, el punto de partida no consiste sólo en leer sobre su lugar en la evolución humana, como hemos dicho antes, sino también darse cuenta de cómo pueden –o no pueden– influir en ti, en este momento, en tu vida y en tu relación de pareja. No funcionan en la misma medida en todas las personas, ni consistentemente a través del tiempo. Por ejemplo, tú quizá seas un hombre cuyo interés sexual te induce a concentrarte sólo en tu pareja, o tal vez seas una mujer que puede disfrutar de muchas relaciones sexuales sin comprometerse emocionalmente.

Resulta instructiva una historia que a Brizendine le gusta contar, sobre la lagartija con manchas a los lados de su cuerpo. Los machos utilizan tres estrategias de relación con las hembras, y la táctica usada coincide con el color de su garganta. Los machos con la garganta de color naranja protegen a un grupo de hembras, y se aparean con todas ellas. Los machos con garganta amarilla se introducen en los «harenes» de los machos de garganta naranja y se aparean con sus hembras siempre que pueden. Los machos con garganta de un color azul brillante están configurados para una estrategia distinta: se aparean con sólo una hembra y la protegen muchísimo. Brizendine concluye que, desde una perspectiva biológica, se trata de tres «estrategias de apareamiento que tienen éxito en las lagartijas, y lo mismo sucede con los machos humanos. Yo llamo cariñosamente a mi marido un garganta azul».[74] Sin embargo, en los seres humanos, cuyas gargantas no están bien pintadas de un color, lo cierto es que las improntas de más de una estrategia de apareamiento seguramente resuelven el asunto a golpes, o lo han hecho al menos en algún momento de su vida. Implicar tu conciencia en esa batalla es probable que conlleve una solución beneficiosa.

¿La monogamia es más útil para el hombre, para la mujer, para ambos o para nadie?

La discusión que hemos expuesto muestra que, después de todo, «hígamo/hógamo» tal vez no sean las palabras definitivas sobre los impulsos sexuales

---

74. Brizendine, *The Male Brain*, 59.

masculino y femenino. En *The Myth of Monogamy*,[75] el biólogo evolucionista David Barash y su mujer, Judith Lipton, una psiquiatra especializada en problemas femeninos, señalan que tradicionalmente se cree que, tanto en la naturaleza como en la sociedad civilizada, «se supuso que la domesticidad monógama femenina, deseosa de tener un hogar, era tan fuerte como la tendencia masculina a aparearse con todas las compañeras que pudiera».[76] Sin embargo, el análisis del ADN y otras técnicas relacionadas han descubierto que, incluso en las relativamente pocas especies animales que se pensaba que eran monógamas, «las hembras no son monógamas con tanta fiabilidad como habíamos pensado… son aventureras sexuales en activo por derecho propio».[77] Las especies de pájaros que se habían considerado prototipos naturales de la monogamia suelen tener huevos engendrados por más de un macho en el mismo nido, a pesar de los ruegos del estilo de «dime que no es verdad».

Si aspirar a la monogamia, tal como Barash, Lipton y muchos otros científicos sociales han concluido, va «contra algunas de las tendencias evolutivas más profundamente asentadas con las que la biología ha dotado a la mayoría de las criaturas, incluido *Homo sapiens*»,[78] ¿por qué es una de las bases de nuestra cultura? No sólo el sexto mandamiento dice «No cometerás adulterio», sino que el décimo prohíbe incluso disfrutar de las fantasías. Sin embargo, esto ha demostrado que es difícil de legislar. Los antropólogos e historiadores de la familia y las costumbres sexuales han tenido que reconocer que «el triunfo de la monogamia» ha sido también el «triunfo de» la infidelidad, del engaño en el matrimonio y de la falta de honestidad.[79] El título de la sección de nuestros talleres que tratan estos temas es «¿En qué estaba pensando Dios?».

Dada la fuerza de la tendencia masculina a ligar de forma descarada y relativamente indiscriminada, la monogamia suele considerarse una especie

---

75. Hay edición en español: *El mito de la monogamia: la fidelidad y la infidelidad en los animales y en las personas,* Siglo XXI, Madrid, 2003. *(N. del T.)*

76. David Barash y Judith Eve Lipton, *The Myth of Monogamy: Fidelity and Infidelity in Animals and People,* Nueva York, Holt, 2001, 57.

77. Ibíd., 58.

78. Ibíd., 1.

79. Stefan Beyst, *The Ecstasies of Eros* (1990-1992, traducido en 2007), http://d-sites.net/english/eros00.htm#boven2.

de acuerdo que beneficia a las mujeres más que a los hombres. Sin embargo, históricamente, la monogamia en realidad protegió los intereses de los hombres más que los de las mujeres. Según Barash y Lipton, una situación en la que no haya restricciones sobre la actividad sexual masculina «es un desastre para la mayoría de los hombres».[80] La razón es que, sin este tipo de restricciones, un pequeño número de machos dominantes tiende a reinar sobre la mayoría de las hembras. Aunque las leyes modernas impidan esta tendencia, era algo tremendo en muchas sociedades preindustriales. Uno de los más bellos poemas de amor jamás escritos, *El cantar de los cantares*, se atribuye al rey Salomón. Según parece, lo escribió de acuerdo con su experiencia. El Antiguo Testamento informa de que tenía setecientas esposas y trescientas concubinas, una estrategia innovadora para no sentirse tentado a incumplir el sexto mandamiento. Entre los incas, a los cuatro oficiales políticos superiores de una región (desde el jefe menor hasta el jefe) se les asignaban siete, ocho, quince y treinta esposas, respectivamente, mientras que el emperador tenía miles de mujeres.[81] Los lectores a los que se les den bien las matemáticas podrán darse cuenta de los problemas que esto puede causar a los hombres de clase media o baja. La monogamia también garantiza la paternidad de un varón y los derechos de herencia que acarrea. Además, la monogamia permite que el padre se mantenga cerca para proteger a su descendencia de la pequeña excentricidad presente en los cerebros de los mamíferos macho de matar a los hijos de otros machos,[82] una amenaza habitual cuando se vive en el ambiente de «dientes y uñas teñidos de rojo» propio de la naturaleza.

Mientras tanto, continúan Barash y Lipton, si una mujer juega bien sus bazas, el acuerdo le permite ser preñada por hombres de genes superiores y estatus mayor que el suyo, y a la vez se asegura de que ella y su descen-

---

80. Barash and Lipton, *The Myth of Monogamy*, 134.
81. Laura Betzig, «Sex, Succession, and Stratification in the First Six Civilizations: How Powerful Men Reproduced, Passed Power on to Their Sons, and Used Power to Defend Their Wealth, Women and Children», en Lee Ellis, ed., *Social Stratification and Socioeconomic Inequality*, vol. 1, Nueva York, Praeger, 1993, 37-74.
82. Christopher Opie, Quentin D. Atkinson, Robin I. M. Dunbar y Susanne Shultz, «Male Infanticide Leads to Social Monogamy in Primates», *Proceedings of the National Academy of Sciences* 110, n.º 33 (2013): 13328-13332.

dencia quedarán a cargo de un hombre propenso a invertir mucho en una progenie que considera suya. La oxitocina es un potente impulsor para que las mujeres establezcan lazos con un compañero, pero el registro histórico, así como la biología evolucionista, señalan que tanto los hombres como las mujeres están configurados genéticamente, aunque de modo muy distinto, para las aventuras sexuales fuera de su relación principal. Cuando leemos estas conclusiones de los eruditos, nos preguntamos: «¿Qué problema hay con esta situación?». Muchos, de hecho, si quieres que tu relación te lleve a las mayores profundidades que dos personas pueden alcanzar juntas.

¿Dirigirán siempre el espectáculo los impulsos contraproducentes?

A continuación, buenas noticias. En un artículo erudito, bien documentado, titulado «¿Es el destino de la biología?», el filósofo Phil Gasper concluyó que «la clave para el éxito de nuestros antepasados fue su enorme flexibilidad y capacidad de aprender, no patrones de comportamiento insertos en sus cerebros de forma innata».[83] La inclinación masculina a difundir su semilla lejos y extensamente puede ser poderosa, pero no es un imperativo biológico. La inclinación femenina por los pretendientes que no sean su compañero puede ser poderosa, pero no es un imperativo biológico. A medida que nuestros cerebros evolucionaron y aumentaron de tamaño, los rígidos programas biológicos dejaron de ser la base de la conducta social. Estamos dotados de conexiones neuronales, lógica y memoria para poder sobrevivir más allá de los peligros inherentes a nuestros instintos biológicos. Somos capaces de conducirnos de formas que no están vinculadas a estrategias desfasadas de nuestra programación biológica innata. Aunque numerosas fuerzas biológicas y sociales conflictivas corren por nuestra mente cuando nos comprometemos «hasta que la muerte nos separe», la ventaja evolutiva del cerebro humano consiste en su enorme flexibilidad. La poligamia es cuestión de elección. La mayoría de las mujeres que conocemos se sienten menos atraídas por la búsqueda de los mejores genes que por el deseo de obtener atención, amor y afecto.

---

83. Phil Gasper, «Is Biology Destiny?», *International Socialist Review* 38 (2004), edición electrónica, http://isreview.org/issues/38/genes.shtml.

Monogamia frente a monotonía

> La monogamia, si hablamos con el corazón, es un acuerdo para iniciar una profunda comunión con otro ser humano [...] Aunque la mente mortal considera a la monogamia la fiesta del sentido de culpabilidad, la mente divina la considera la fiesta para el amor. En el ámbito de nuestras almas, no buscamos la monogamia para atarnos unos a otros, sino para liberarnos mutuamente, para crear un contexto en el que pueda surgir el nivel más profundo de seguridad que pueda surgir el nivel más profundo de crecimiento.
>
> —MARIANNE WILLIAMSON, *Enchanted Love*[84]

Nuestros años adolescentes fueron moldeados por la década de 1960. Cuando se fue desarrollando nuestra perspectiva de la vida, nos expusimos al amor libre, la liberación de la mujer, el matrimonio abierto y el impacto de los anticonceptivos en la actitud y la conducta sexual. Admitimos que habíamos tenido en cuenta muchos pretendientes durante nuestra larga y tumultuosa relación. Pero en este momento estamos plenamente convencidos, y lo hemos estado durante muchos años, de que todo intento por disfrutar de libertad y variedad mediante aventuras sexuales ajenas a nuestra relación tuvo un enorme potencial para crear dolor y distanciamiento. El daño excedió con mucho a los breves placeres e incluso las profundas conexiones sentimentales. Independientemente de cuál sea la forma en que operen en tu interior, los impulsos sexuales son poderosas fuerzas que pueden malgastarse, utilizarse de maneras que perjudiquen tu relación principal, o canalizarse mediante procedimientos que la intensifiquen y la hagan más maravillosa. Por eso es por lo que hemos aprendido a disfrutar compartiendo cualquier atracción el uno con el otro —recuerda Brian Swimme—, en lugar de intentar suprimirlas o permitirles que nos lleven en direcciones que nos alejen de la intimidad.

Nos dimos cuenta hace mucho tiempo de que, si queremos que nuestra relación de pareja resulte más cercana y más profunda, nuestra principal prioridad —incluso cuando nuestras cosas se pusieron tensas o se estancaron— debe

---

84. Williamson, *Enchanted Love*, 230-231.

ser renovar la vitalidad de nuestra propia relación. Aunque se necesite algo de desparpajo para decir que nosotros hemos descubierto lo que ya estaba ahí delante, en el sexto mandamiento, sobre las relaciones sexuales fuera del matrimonio, también estamos transmitiendo la profunda –pero elusiva– verdad que dice que la monogamia no tiene por qué equivaler a la monotonía. Mantener nuestra relación fresca y vital hace que cada uno de nosotros esté fresco y vital.

Los matrimonios que duran hasta el final de una forma que hace posible el crecimiento de cada miembro de la pareja tienden a ser interesantes y estimulantes. Sue Johnson, que fue quien desarrolló el enfoque más eficaz para asesorar a parejas que han utilizado los estudios científicos, observa que «el sexo caliente no conduce al amor seguro», sino que más bien «un ambiente de seguridad conduce a un sexo caliente», además de a un «amor duradero».[85] Las parejas cuyo amor dura mucho tiempo han desarrollado un sentido de profunda comprensión, seguridad y conexión de sus almas, todo lo cual tiene que ver con el hecho de que muchas mujeres afirmen que disfrutan más del sexo, después de años de matrimonio, que cuando estaban recién casadas.[86] Mari Jo Rapini comentaba: «Mi marido dice cosas, y me toca ahora, de una forma mucho más intensa que cuando estábamos recién casados [...] Nuestro modo de comunicación es distinto a como era antes. Yo le entiendo y él me entiende. Las parejas que han estado felizmente casadas durante mucho tiempo entienden el concepto de sentirse "más libres" con el matrimonio que cuando estaban solteros».[87] Cuando le preguntaron sobre sus numerosas oportunidades de tener aventuras amorosas, mientras hablaba sobre su matrimonio de cincuenta años con Joanne Woodward, Paul Newman contestó: «¿Por qué salir a por una hamburguesa, cuando tienes filete en casa?».[88] Canalizar tu pasión dentro de tu relación permite sacar a relucir la belleza de tu pareja y de tu relación de pareja.

85. Sue Johnson, *Love Sense: The Revolutionary New Science of Romantic Relationships*, Nueva York, Little Brown, 2013, 21.
86. Laura Berman, *The Passion Prescription: Ten Weeks to Your Best Sex — Ever!*, Nueva York, Hyperion, 2005.
87. Mary Jo Rapini, «5 Ways to Keep the Sparks Flying in Your Marriage», 2013, www.yourtango.com/experts/mary-jo-rapini/married-sex-nothing-boring-or-snoring-about-it
88. «Paul Newman», *Wikipedia*, http://en.wikipedia.org/wiki/Paul_Newman

No estamos diciendo, y ni siquiera pensando, que nuestro camino deba ser el tuyo. Si has encontrado una disposición mejor, dalo todo por ella. Conocemos acuerdos polígamos que se llevaron a cabo de una manera que pareció sagrada para los dos. Pero si quieres utilizar tu sexualidad como sacramento para la conexión espiritual más profunda disponible para ti y para tu pareja, la monogamia allana el camino que conduce hasta allí. Escribiendo sobre sexualidad sagrada, Anaiya Sophia lo afirma con vehemencia. Para entrar en «el espacio de profunda comunicación» permitido por «el penetrante proceso de la interacción sexual [...] no debe haber otro hombre o mujer cerca [...] La puerta trasera de tus intercambios sexuales debe estar firmemente cerrada para que este sacramento funcione como si fuera producto de la alquimia [...] Energéticamente, este acto sagrado sólo puede tener lugar cuando cerramos la puerta trasera y en su lugar colocamos un círculo sagrado».[89]

Llegamos al capítulo 9

Tu relación sexual es el primero de los aspectos mutuamente creados del amor que estamos tratando en esta sección final del libro. Crear una relación de pareja consciente es el paso siguiente.

89. Sophia, *Sacred Sexual Union*, 81-82.

La relación de pareja consciente

Permanecer atento durante los buenos y los malos momentos

El propósito más elevado de la intimidad
es requerir la presencia del alma que amas.
—MARIANNE WILLIAMSON[1]

La expresión «establecer una relación consciente» se repite hasta la saciedad en un buen número de libros de autoayuda para parejas, teleseminarios y descripciones de talleres, y, sin embargo, no fuimos capaces de encontrar una buena definición de lo que significa. ¿Relación *consciente*, en comparación con qué? ¿Con una relación *normal*? ¿Con relación *inconsciente*? Para introducir «conciencia»[2] en el tema que estamos tratando, podemos decir que sólo una pequeña parte de tu cerebro se dedica al pensamiento consciente. De hecho, en cualquier momento del día, mientras

---

1. Marianne Williamson, *Enchanted Love: The Mystical Power of Intimate Relationships,* Nueva York, Simon and Schuster, 2001, 28.
2. En español disponemos de dos sustantivos, «conciencia» y «consciencia», para traducir el mismo término inglés *consciousness*, dependiendo del contexto, y en cambio sólo un adjetivo: «consciente». Dado que puede utilizarse «conciencia» para todos los casos, eso es lo que haremos, a fin de no crear confusión al lector. Con ello, de paso, conseguiremos lo mismo que en inglés, expresar todas las ocurrencias con la misma palabra: tanto la conciencia moral o social, como la consciencia, el hecho de ser consciente de algo o condición opuesta a estar inconsciente. *(N. del T.)*

estás despierto, las partes de tu cerebro relacionadas con en el pensamiento consciente procesan unos cuarenta impulsos nerviosos por segundo, mientras que las áreas cerebrales vinculadas con la actividad ajena a tu conciencia procesan cuarenta *millones* de impulsos nerviosos por segundo.[3] A pesar de lo complicada que pueda parecer tu vida, sería aún peor si tuvieras que seguir conscientemente cada orden generada por tu cerebro.

Esto sugiere, sin querer ofender a nadie, que «la relación de pareja inconsciente» juega un papel mucho más importante en el trato diario con tu ser querido que la relación consciente. Afortunadamente, gran parte de ella funciona por tu bien. Por ejemplo, tal vez hayas aprendido a dejar el mando a distancia del televisor en el sitio acordado, de forma automática. Tu mente subconsciente es un almacén de las lecciones que la vida te ha enseñado, así como de tus capacidades naturales y tu sabiduría intuitiva. Junto con las innumerables acciones automatizadas tan mundanas como ponerte los zapatos, tu mente subconsciente recuerda innumerables instrucciones para acciones más complejas, y tiene acceso a fuentes trascendentes de inspiración para solucionar los desconcertantes problemas que la vida presenta y para perseguir tus aspiraciones más creativas. Aunque tu mente subconsciente sea una fuente enorme de buenos consejos, disponible las veinticuatro horas del día y los siete días de la semana, también almacena problemas pasados, creencias autolimitantes, conflictos no resueltos y estrategias de conducta disfuncionales. Por tanto, no *siempre* trabaja en tu beneficio. Dado que un gran porcentaje de nuestra actividad cognitiva la controlan programas genéticos o aprendidos, pero sin actualizar, que están almacenados en la mente subconsciente —explica Bruce Lipton—, nos sentimos impulsados, a pesar de nuestras intenciones y deseos conscientes más sinceros, «a lanzarnos a por los donuts Krispy Kreme que tenemos en el frigorífico o a caer rendidas ante el más imbécil de la fiesta, de nuevo».[4]

En este capítulo examinaremos la naturaleza de las relaciones de pareja conscientes y describiremos siete cualidades de la conciencia que puedes cultivar utilizando muchas técnicas, con el objetivo de conseguir que vues-

---

3 Bruce H. Lipton, *The Honeymoon Effect: The Science of Creating Heaven on Earth,* Carlsbad, CA, Hay House, 2013.
4. Ibíd., 74-75.

tro viaje juntos sea más enriquecedor. También identificaremos predisposiciones biológicas y patrones habituales que están desfasados y que pueden perjudicar nuestro objetivo y la consecución de la felicidad, al tiempo que recomendaremos procedimientos para superar esos problemas.

Un vistazo a las relaciones de pareja conscientes

Al intentar delimitar mejor el concepto de las relaciones conscientes, no pudimos encontrar otro recurso mejor que entrevistar a una pareja que explique sus principios en relación con su propia experiencia. De todas las parejas que conocemos, nos preguntamos quiénes creemos que realmente «predican con el ejemplo», en lo relativo a qué quieren conseguir en su relación. Una pareja me vino inmediatamente a la mente. Los dos son excelentes músicos. Les enviamos un correo electrónico para preguntar si podríamos entrevistarles para nuestro libro sobre el amor. De hecho, el día siguiente partían para una grabación en Nueva York, donde el marido, Paul Horn, iba a acompañar a su viejo amigo, Tony Bennett, que iba a tocar con Lady Gaga. Prometía ser una interesante mezcla. Nos dispusimos a organizar y grabar nuestra entrevista con ellos por Skype, inmediatamente antes de ese viaje.

Paul es un famoso flautista de jazz que, además de con Tony Bennett y ahora con Lady Gaga, ha tocado con Duke Ellington, Nat King Cole y Paul McCartney, entre otros muchos músicos. Le conocimos gracias a sus evocadores y meditativos solos de flauta, tocados dentro del Taj Mahal, la Gran Pirámide y otros lugares sagrados, que tuvieron lugar en la década de 1960. Donna conoció a Paul en 1963, durante la cura con éxito de una orca afligida y moribunda, mientras Paul tocaba para ella. Paul está casado con Ann Mortifee, una gran amiga de nosotros dos, desde que la conocimos en 1990. Ann es cantante, compositora y autora de teatro. Durante las primeras festividades del Día de la Tierra, en Vancouver, en 1970, ella cantó sus canciones a ochenta mil personas. David y Ann han trabajado juntos. Su primer proyecto fue un álbum para personas que deben afrontar la muerte, *Serenade at the Doorway*,[5] que aún se utiliza en muchos hospitales para enfermos terminales

_____

5. «Serenata en la puerta de entrada» *(N. del T.)*

las energías del amor

de todo el mundo. Ann clausuró los Juegos de la Commonwealth de 1994 con «Healing Journey», de ese mismo álbum, que fue escuchada por cientos de millones de personas de todo el mundo.

Temperamentos distintos

Ann y Paul se conocieron cuando Ann había compuesto una banda sonora para el Ballet Real de Winnipeg, en 1971, y Paul era uno de los músicos, pero no fueron pareja hasta después de haber criado a sus propias familias. Nosotros les preguntamos: «Sabemos que vosotros, igual que nosotros, tenéis temperamentos muy distintos. ¿Cómo lo conseguís?». Con su increíble talento para el teatro, Ann describió una imagen que vio en cierta ocasión en un templo de la India:

> En medio del templo había una escultura de Shiva [una de las principales deidades hindúes], y bailando alrededor de ella estaban las estatuas de las sesenta y cuatro *dakinis* [formas] de Shakti [la diosa de la energía creativa femenina]. En una de las estatuas goteaba sangre de su boca. Ella sujeta una espada con una mano y la cabeza de Shiva en la otra. En otra, es una bella virgen. En otra, es una señorita muy sexy. Y Shiva, en el medio, permanece siempre igual. Es como si dijera: «Buf, ¡mirad cómo cambia!». Y recuerdo que pensé: «Si alguna vez estoy con un hombre que me deje manifestar todas las facetas que tengo, sería maravilloso». ¡Y Paul me deja! Él no tiene expectativas sobre mí. Puede llegar un momento en que fisiológicamente necesito un buen grito, o de lo contrario explotaré. Me salen las lágrimas, lloro con fuerza, y él está allí diciéndome: «Déjalo pasar, déjalo pasar». Tal vez en algún momento diga: «Te amo» o «Estoy aquí», pero no le afecta en nada. Él no se preocupa por mí. Está simplemente allí. [Paul interrumpe: «Yo podría decir: "¡Vaya mujer! ¡Ahí está! ¡Aguanta! Déjame tomar la cámara"». Todos reímos. Ann prosigue]. Los dos simplemente reconocemos que una de mis *dakinis* se ha manifestado. Y de este modo siento que tengo un enorme permiso para ser tan extrema como soy. Ser amada como nos amamos el uno al otro ha cambiado mi fisiología. Dentro de mí algo se ha relajado, de forma que ya casi nunca llego a esos lugares emocionales extremos. Me he convertido en más equilibrada de lo

que nunca pensé que sería posible. La pequeña voz que hay en mi interior, que siempre creía que alguien me estaba criticando, lo cual sucedía habitualmente, se ha alejado por completo gracias a Paul. Y así, cualquier cosa que debo soportar pasa muy rápidamente, y desde mi mente subconsciente se genera una nueva ruta que llega hasta mi conciencia. Los antiguos esquemas tan solo desaparecen.

Compartir caminos separados

PAUL: Los dos miembros de una pareja tienen que hacer su propio trabajo, recorrer su propio camino. El camino consiste en las grandes preguntas: «¿Para qué estoy aquí?» «¿Qué es lo más importante?». Por supuesto, también es necesario tener intereses en común, pero, cuando las personas han trabajado estas grandes preguntas, o por lo menos ha comenzado bien a trabajar con ellas, entonces la relación se basará en sus caminos más profundos, no en los externos.

ANN: Los dos hemos trabajado mucho. Yo no buscaba a alguien que me complementara. No deseaba tener a nadie que me diera algo que me hiciera sentir bien o que llenara algún vacío. Me sentía satisfecha de vivir sola el resto de mi vida, si eso era lo que debía ocurrir. Paul pensaba lo mismo. Pero estaba abierta a un compañero que continuara desarrollándose a mi lado. Yo ya llegaba con una cesta llena de mi propio ego, lo mismo que Paul. Los dos hemos aguantado las alegrías y los sufrimientos del amor con otras personas, y los dos llegamos a un punto en que tuvimos que tomar la decisión de vivir solos o de crear algo verdaderamente extraordinario.

PAUL: Al haber tenido otras relaciones en nuestras vidas, solíamos decir, medio en broma: «Si va a ser divertido y rico, de acuerdo. Si no, no me interesa».

El verdadero propósito del matrimonio

Paul pasó un tiempo en la India con Maharishi Mahesh Yogi, en su *asram*, en 1967, y de nuevo en 1968, el año de la famosa estancia de los Beatles. Volvió como uno de los primeros maestros de meditación trascendental. El Maharishi dijo a Paul algo que se ha convertido en uno de los pilares de la relación de Paul y Ann: «El propósito del matrimonio es ayudarse mutuamente a alcanzar la conciencia cósmica lo más rápidamente posible». Adoptaron la frase como su lema: que su verdadero propósito al estar juntos es ayudarse mutuamente a desarrollarse para alcanzar sus potenciales por completo.

Aliados, no enemigos

ANN: Eso se ha hallado en el mismo centro de nuestra relación desde el comienzo. Cuando estamos a punto de caer en antiguos esquemas, en malentendidos, nos olvidamos del tema. Decimos: «Esto no nos sirve. Somos aliados. Yo nunca te voy a considerar mi enemigo. Tú eres mi aliado». En cualquier momento que surge una discusión, inmediatamente nos detenemos y decimos: «De acuerdo, *yo* necesito aprender algo sobre esto». No nos acusamos el uno al otro. Somos muy disciplinados en eso. Paul nunca se refiere a mí de un modo negativo. Ve cuando estoy agotada y es muy tierno conmigo, muy dulce, y todo se disipa así [chasquea los dedos]. A veces, cuando alguno tiene mucho que hacer, es fácil olvidar que hay cosas más importantes que cambiar el filtro del agua [risas]. Es muy bueno ser tan amables mutuamente. Para decir la verdad, con la amabilidad sale a relucir lo mejor de cada uno.

PAUL: O, como Maharishi solía decir: «Hablad la *dulce* verdad».

Otra maldita oportunidad para evolucionar

ANN: Tenemos puntos débiles y puntos fuertes opuestos en lo relativo a aprender. Para mí, normalmente consiste en hacer algo siguiendo un criterio. No tenerlo suficientemente claro, no estar concentrada, no utilizar mi mejor juicio. Y en cuanto a Paul, suele consistir en no ser tan tolerante o comprensivo como podría ser con otros. Sabemos esto el uno del otro. Conozco las pequeñas rarezas que tiene Paul. Él conoce las mías. Cuando surge algo que me hace reaccionar de manera negativa, siempre me pregunto: «¿Qué hay en *mí* que desencadene esta reacción de forma negativa? ¿Por qué pierdo *mi* equilibrio cuando surge esto?» Si tienes un objetivo más elevado, ya no se trata de las otras personas. Lo importante es tu propio desarrollo».

PAUL: Sí, ¡otra maldita oportunidad para evolucionar!

ANN: Y tu pareja normalmente puede ver algo dentro de ti que tú mismo no puedes. Éste es un gran don que no se debe malgastar. Ésta es la relación que puede marcar la diferencia en tu viaje hacia la autorrealización, el viaje más importante de todos. Por lo general pienso que, si puedes mantenerte consciente en una relación amorosa, podrás mantenerte consciente en cualquier lugar.

No es fácil vivir con tu gurú

ANN: Respecto mi problema con el criterio, Dios mío, es lo más difícil de aprender para mí. Me encuentro a alguien que tiene algún problema o que necesita algo. Sé que no debo implicarme. Me aconsejo no involucrarme. Pero comparte sus penas conmigo y, de repente, estoy involucrada. Pierdo toda la perspectiva. Mi corazón se lanza en su ayuda y me apresuro a ayudar. Ha sido duro aprender a poner límites y a mantenerse al margen. Ha sido duro para los dos. Pero el hecho de que Paul entienda lo difícil que es esto para mí, y que no me critique por ello, me está ayudando a superarlo y a evolucionar. Y sí que quiero evolucionar. Quiero dejar este planeta con un alto grado de conciencia, y eso es lo que nos damos mutuamente. Paul ha sido mi profesor, mi mentor, mi gurú en el aspecto de tener un criterio. Él entiende mis retos con ello. Cuando no tengo un criterio, puedo sentir esa antigua sensación, el impulso a tomar con prisa una decisión poco sensata, pero no puedo seguir escondiéndome. No puedo seguir justificándome con las antiguas excusas.

PAUL: Y Ann ha sido mi maestra en las cuestiones del amor y el perdón. Yo viví solo durante muchos años y adopté la costumbre de dar vueltas a la cuestión de qué o quién podría estar molestándome en ese momento. Ann me ha ayudado a ver que esas conversaciones conmigo mismo no me servían ni a mí, ni a ninguna otra persona. Como decía Ann: «No puedo seguir escondiéndome». No siempre es fácil vivir con tu gurú.

Asumir toda la responsabilidad

PAUL: Es tu pareja quien más puede ayudarte a crecer y saber sobre ti mismo. En lugar de sentirte irritado o de ponerte a la defensiva cuando surge algo, juntos descubrimos cómo utilizar la situación como una oportunidad para evolucionar.

ANN: Asumo el cien por cien de la responsabilidad de cómo lo estamos haciendo. No el 50% Si no lo estamos haciendo bien, entonces soy por completo personalmente responsable de ello, en lugar de la poco productiva necesidad de pasarle la responsabilidad a él, ese «ojo por ojo» que suelen hacer las parejas.

PAUL [ALEGREMENTE]: ¡Es una oportunidad para crecer veinticuatro horas al día!

ANN: No se trata de que él «aprenda» de mí. Si hay algo que tiene que aprender, es cosa suya. Si él no ve algo que yo ofrezco como útil, tengo que aceptarlo. En consecuencia, puesto que siempre estoy trabajando conmigo misma, si me siento agitada y molesta, no tiene nada que ver con él. Estoy agitada. Estoy molesta. Es mi sistema nervioso que se está colapsando. ¿Cómo trabajo con eso? A veces podría decir: «Lo estoy perdiendo aquí. Tengo un enfado que me está afectando de verdad. Necesito tiempo para resolver esto». O podría decir: «¿Me rascas la espalda?». Y él está allí mismo, deseoso de ayudar.

PAUL: Tenemos un respeto mutuo básico por nuestras inteligencias y por lo que cada uno ha aprendido durante su vida. Dado que no nos criticamos en este ámbito, simplemente trabajamos juntos para ayudarnos el uno al otro. No competimos entre nosotros. Puedo considerar a Ann mi profesora, lo cual ella es de muchas maneras, y eso no reduce en absoluto mi sentido del yo.

Cultivar las grandes virtudes

ANN: Tenemos una conciencia que lo recubre todo y que nos señala que mediante nuestra relación estamos cultivando las grandes virtudes. Esta aspiración te ayudará a entender por qué las grandes virtudes siempre necesitan mucho tiempo para cultivarse y para que florezcan. La paciencia es muy difícil. ¡Se necesita mucha paciencia para cultivar la paciencia! No es fácil permitirte a ti mismo, o a tu pareja, crecer al ritmo que tú o ella necesita hacerlo. La aceptación es otra gran virtud. Aceptar los pequeños defectos de tu pareja y las cosas que conllevan. No esperar que haga las cosas de la forma que te gustaría que las hiciera. Rendirse es otra. Rendirse ante quien es realmente la otra persona. No desear que fuera un poco más así o de otra manera, sino rendirse de verdad ante la persona que de verdad es tu pareja. Amar y apreciarla como es, no como quieres que sea. Perdonar es otra gran virtud. Limítate a perdonar. Perdona todo. Vete a un país donde ni siquiera necesites perdonar nada porque allí no hubo ningún juicio. Esto a veces se denomina «conciencia de testigo». Cultivar estas grandes virtudes es para nosotros una motivación central en nuestra relación».

Perderlo

ANN: Tengo muchas tareas en marcha, y a veces me agobio. Lo que ha marcado la diferencia es la estabilidad de Paul. A él no le afecta mi agobio. De hecho, lo que he descubierto en el tiempo que llevamos juntos, y en realidad estoy asombrada por ello, es que ya no pierdo el control. En absoluto. ¿Verdad? [preguntando a Paul, que confirma con un «no»]. No. Creo que no. Todavía me pongo nerviosa. Me agobio. Pero nunca lo descargo con Paul. Nunca, nunca, nunca. Siempre que siento alguna molestia emocional, me pongo alerta inmediatamente. Sé que mi cuerpo me está comunicando que mi campo de energía se ha alterado, y busco la verdad que aún no conozco. ¿Qué hago cuando me niego a aceptar algo? Me sumerjo en la cuestión porque hay algo que debo entender. Esto me ayuda a aceptar la vida tal como es. A ser ecuánime, independientemente de lo que esté ocurriendo. A vivir en el presente, y no en el pasado o en el futuro. Lo que nos ayuda es que nosotros también somos como espejos el uno del otro. Cuando nos miramos, lo que destaca en nosotros es toda nuestra aceptación, amor y conciencia. Nos vemos en nuestro máximo esplendor, y al mismo tiempo somos testigos de nuestros puntos débiles. Esto resulta muy liberador. Gracias a Dios, tengo un compañero que me desea éxito, que quiere que evolucione y que me ayuda.

Cuando no se puede consolar a tu pareja

ANN: He dado a Paul el poder de consolarme. Agradezco su ayuda porque estamos muy pendientes el uno del otro. Si hay alguna alteración en el campo de energía, nos damos cuenta de inmediato, pero tenemos mucho cuidado con cómo lo hacemos. Nunca nos decimos palabras duras. Digo esto realmente con extrañeza, puesto que sé cómo me ha ido en otras circunstancia [ríe].

PAUL: Yo también.

ANN: Si uno de nosotros se enfada, el otro, nada más darse cuenta dice: «¿Qué tal una taza de té?». O «¿Por qué no nos sentamos durante cinco minutos y meditamos?». Si es Paul el que me lo dice, yo seguramente diré: «¿MEDITAR? ¿En este momento? ¡Debes estar bromeando!». Y él contestará: «Vamos, sé que te sentirás mucho mejor». Y yo voy… [hace ruidos de protesta]. Después digo: «De acuerdo». Después, finalmente me siento y lo más seguro es que surja un «¡Aaaah!». El intento de hacerlo todo, que genera ansiedad, se desvanece.

Conocer el lado oscuro

PAUL: Nos tenemos muchísimo respeto el uno por el otro.

ANN: Pero el respeto puede ser engañoso. Con la gente que hay por ahí, por la calle, normalmente es fácil ser respetuoso. Pero con tu pareja, el lado oscuro puede aparecer con excesiva rapidez. Eso está bien, es lo que cada miembro de la pareja hace por el otro. Esto te permite tener una buena idea de lo que a veces está bajo la superficie y no es visible, dirigiéndolo todo. Sin embargo, ¡respetarlo! ¡Aceptarlo! ¡Recibirlo con agrado! Eso no es tan fácil. Pero se puede hacer. Si te recuerdas a ti mismo: «Ésta es una oportunidad para ver en la oscuridad, y tengo un testigo que me ama, que está conmigo, que es mi aliado», entonces todo cambia.

El don de las limitaciones

PAUL: Envejecer ayuda. La gente tiene miedo de envejecer, pero hay que saber valorar cada fase de la vida. Envejecer conlleva grandes beneficios. Tienes más sabiduría. Las hormonas no te controlan tanto.

ANN: Paul tiene ochenta y tres años. El tiempo que nos queda para estar juntos es muy limitado, y lo sabemos. Tener limitaciones es una verdadera bendición porque no subestimamos el tiempo que pasamos juntos. Somos conscientes de que pronto va a terminar. Me hace darme cuenta de lo precioso y fugaz que es el tiempo. Todos los días me pregunto si amo a Paul todo lo que lo haría si supiera que éste iba a ser nuestro último día juntos sobre la Tierra. ¿Estoy de verdad aquí, realmente presente, aprovechando al máximo esta relación mientras la tengo, esta vida mientras la tengo? En este mundo todo es finito, y estoy aprendiendo lo bueno de las limitaciones. Estamos construyendo los aspectos eternos de nuestra relación. Ésta no se concentra demasiado en el mundo externo cotidiano, sino en construir unos poderosos fundamentos espirituales internos entre nosotros, conforme vivimos momento a momento en este asombroso planeta.

Prácticas

PAUL: Es importante tener durante el día un momento tranquilo, en el que te mantengas en silencio y compartas el hecho de valorar el don de la vida. Es tan simple como eso. Y tu valoración se extiende a tu pareja: «He encontrado a alguien a quien amo de verdad, que es mi mejor amigo, y consigo estar junto a mi mejor amigo todos los días». Así lo hacemos. Comenzamos el día con tiempo que nos dedicamos mutuamente el uno al otro. Tal vez leamos juntos. Charlamos juntos. Meditamos juntos. La meditación es nuestra práctica. La meditación calma mucho el sistema nervioso. Nos tranquiliza y nos conecta a un ámbito de silencio, que es la fuente del potencial de creación. Maharishi no me dio una respuesta. Me dio una técnica mediante la cual pudiese conseguir las respuestas yo mismo.

→ LA DIMENSIÓN ENERGÉTICA ←

La relación consciente en acción

Cuando una pareja tiene vínculos de unión y es consciente de los procedimientos con los que mantienen sus vínculos, las energías que hay entre ellos tienen un aspecto sólido y altamente organizado. Tienen un aspecto optimista, sano, vivo, y con un fluir fácil y suave, con muchas figuras en forma de ocho que conectan a los dos. La energía parece que tiene un propósito, tiene buenos fundamentos y está bien sintonizada con el momento presente, y no está atrapada en el pasado u orientada hacia el futuro. No hay paradas ni arranques bruscos. No se ve la incertidumbre que hay cuando la crítica está presente en el campo de energía. La energía de cada miembro de la pareja irradia no sólo al otro, sino también como si recibiera a toda la vida con los brazos abiertos.

Una relación paralizada en acción

Las personas que no pueden «ver» la energía sí que pueden registrar el campo de energía cuando una relación está estancada, es superficial y se ha quedado paralizada: ya no hay desarrollo en común, ya no hay conciencia mutua de las necesidades o experiencias interiores del otro. Las personas que interactúan con la pareja suelen sentirse vagamente incómodas, como si la energía que hay en la sala las dejara desarmadas. Todavía puede haber un aura rodeando a la pareja, pero normalmente se habrá vuelto gris y se habrá convertido más en una trampa que en un ambiente positivo. De hecho, las energías se sienten atrapadas, lentas y turbias en su movimiento, y con pocos patrones entrelazados. Cuando la pareja no se encuentra en fase de desarrollo, hay una fuerza que impide a los dos miembros ser libres y tener energía. Sin embargo, yo (Donna) normalmente he visto cómo, cuando uno de los miembros de la pareja se libera de esta energía, cambia toda la relación; por lo general a mejor, si el otro miembro puede adaptarse al cambio. Si no, el que se liberó suele tener que afrontar algunas decisiones difíciles.

ANN: También con bastante frecuencia, elegimos una tarde, nos vestimos elegantemente, encendemos todas las velas, nos sentamos juntos y nos decimos el uno al otro, de muchas maneras, lo que nos amamos y apreciamos. Nos damos las gracias de manera mutua. Es como una oración de gratitud. Cosas como ésa mantienen nuestro amor vivo, puro y real. Dios sabe que ése es el lugar en el que deseo estar durante nuestros últimos momentos juntos. Así que nos decimos mutuamente que nos amamos unas cincuenta veces al día.

PAUL [RIENDO]: Tal vez sesenta. El otro día estuvimos pensando sobre eso, en cuántas veces nos decimos espontáneamente «te amo». Nos mantiene en conexión. Hemos vivido juntos, bajo el mismo techo —mañana, tarde y noche— durante muchos años. Podría ser fácil menospreciarnos el uno al otro. Simplemente no lo hacemos.

Toda pareja debe encontrar sus propios procedimientos para que cada uno de los miembros apoye la evolución del otro, para convertir sus diferencias en fuerza y mantener su relación fresca y vital. Aun así, merece la pena repasar de vez en cuando las reflexiones de Paul y Ann sobre su desarrollo como pareja. Ofrecen inspiración y sabias enseñanzas sobre las interacciones cotidianas que construyen la intimidad, así como formas más conscientes de relacionarse.

Siete propiedades de la relación de pareja consciente

Del mismo modo que las confidencias sin tapujos de Paul y Ann te invitan a reflexionar sobre las posibilidades de las relaciones de pareja conscientes, nosotros también hemos expresado nuestros propios pensamientos, como pareja y como profesionales que trabajamos con parejas. Hemos identificado siete propiedades que caracterizan nuestra propia relación, cuando nuestra conciencia se encuentra al máximo. Al expresarlas por escrito también hemos reafirmado nuestra intención de cultivarlas aún más. La energía viene después de la intención. Estas siete intenciones se afirman aquí de una manera que también te permite aplicarlas a tu relación de pareja. Las propiedades de la conciencia que promueven una relación más rica se pueden cultivar mediante:

… la intención de introducir los enormes recursos de nuestros subconscientes en nuestra relación. Incluso en nuestros momentos más oscuros, si hemos estado abiertos a la posibilidad de que surja un entendimiento nuevo y más profundo –en lugar de encerrarnos en la inmovilidad o la desesperanza–, suele florecer algo fresco y que aporta cosas. Más que un estado mental que tienes que esforzarte por conseguir, esta apertura gradual a partes cada vez más profundas de tu ser es una parte natural, aunque inconsistente, de la evolución personal. Espérala, dale la bienvenida, cultívala, relájate gracias a ella.

… la intención de introducir en la conciencia impulsos, motivaciones y creencias no reconocidos anteriormente. Cuando nos encontramos atrapados en esquemas contraproducentes, nuestra obligación es buscar a mayor profundidad, y con valentía mirar fijamente al lugar de donde proceden. Bajo tu personalidad y tus justificaciones, existe todo un universo de fuerzas y debilidades sin nombre que se revelan en tus tendencias inconscientes y tus conductas automáticas. Crear junto con tu pareja un entorno donde sea seguro compartir tus mecanismos más profundos permite sacarlos a la conciencia. Reconocerlos y aceptarlos a veces puede parecer abrumador, pero en última instancia hará que tú y tu relación seáis más fuertes, no más débiles.

… la intención de tratar estos conflictos internos y enseñanzas desfasadas que han estado funcionando bajo nuestra conciencia. No sólo nos comprometemos a reconocer las fuentes internas de conflicto o mal funcionamiento recurriendo a nuestros historiales como personas o simplemente a nuestra falta de sabiduría, sino que nos decidimos a utilizar esa información para nuestra evolución. Cuando los conflictos internos y las enseñanzas desfasadas salen a la luz, se hacen menos onerosos y se pueden resolver o transformar de forma creativa o activa. La medicina energética y la psicología energética te

ofrecen herramientas especialmente útiles. Aceptar y trabajar tus puntos débiles también permite desarrollar confianza e intimidad con tu pareja.

... *la intención de mantener nuestra atención centrada en lo que es beneficioso y da fuerzas.* Nos comprometemos a reconocer los puntos fuertes de nuestro interior y los recursos que hay en torno a nosotros, incluso cuando nos sintamos perdidos, críticos o inseguros. Tú y tu relación florecerán cuando tus puntos fuertes personales y los de tu relación se registren y se reconozcan, mucho más que cuando te concentres en tus limitaciones. Se puede promover la tendencia a dar más importancia a lo que está bien, y no a lo que está mal, como explicaremos más adelante, en este capítulo.

... *la intención de procesar el pasado y visualizar el futuro de modos que saquen a relucir lo mejor de cada uno de nosotros y de nuestra relación.* Nos comprometemos a considerar nuestros propios requerimientos para el cambio y el crecimiento, y los de nuestra pareja, como oportunidades, y no como lastres. La relación es un reto que hay que aceptar por completo y apreciar lo que es. La relación es *también* un reto para transformar activamente lo que es en lo que puede ser. Las ideas que tengas acerca de lo que es posible y deseable se convertirán en los mapas que te guiarán en el futuro.

... *la intención de poner sobre la mesa los temas difíciles de una forma amable y constructiva.* Nos comprometemos a procesar nuestros sentimientos negativos de un modo que nos permita tratarnos mutuamente con amabilidad. Las investigaciones sobre las características del éxito matrimonial han mostrado una y otra vez que lo importante no es el número de discusiones que tengan las parejas —todas tienen asuntos en los que chocan—, sino más bien el modo en que resuelven sus diferencias. En concreto, la propiedad que consiste en la *capacidad de respuesta emocional* mutua de los miembros de una pareja es lo que predice la longevidad de un matrimonio. Registra el modo en que tus acciones influyen en los sentimientos de tu pareja y utiliza ese conocimiento para tratarla como un rey o como una reina.

> *... la intención de seguir siendo mutuamente receptivos a la belleza en evolución del otro.* Nos comprometemos a utilizar el poder de nuestras mentes e imaginaciones para vernos mutuamente de forma distinta, y con valoración y respeto profundos hacia el camino que ha tomado nuestra pareja y hacia sus retos. Cuando seas interiormente testigo de las luchas del otro y del intento de la persona por llevar a cabo en el mundo aquello que es bello y valioso en su interior, el amor se irá renovando siempre.

Aunque las buenas intenciones hayan recibido una mala crítica —ya conoces los caminos que están llenos de ellas—, puedes utilizar tu conocimiento de las energías corporales para conseguir que estas siete declaraciones sean más que simples tópicos. Hacer una ronda de golpecitos de psicología energética (capítulo 6), mientras declaráis conscientemente una de las intenciones, a la vez que dais golpecitos en cada punto, ayuda a que arraiguen las palabras y su significado en tu sistema energético. Una forma incluso más simple de incorporar el sentido de una declaración en tu sistema nervioso es pronunciar las palabras en voz alta, como una aserción, mientras haces lenta y conscientemente una cremallera (pág. 124). Elige una propiedad de la lista anterior que te gustaría desarrollar especialmente, modifica la primera o la segunda frase de la descripción a tu gusto, y repítela mientras das golpecitos o haces la cremallera todos los días de la semana. Te darás cuenta de su función expansiva en tu actitud mental. Si surge alguna objeción interna para incorporar la propiedad (por ejemplo, «estoy demasiado enfadado para querer hablar sobre estos difíciles temas de un modo amable»), da a la objeción interna una puntuación de cero a diez y utiliza el protocolo de la psicología energética para reducir esa intensidad a cero. Esto tal vez no resuelva por completo tu enfado u otra emoción, pero permitirá comenzar a asimilar la aserción. La relación de pareja consciente está al alcance de tu mano.

Una relación decente frente a tu yo salvaje

Establecer una relación consciente no es un *producto*, sino más bien un *proceso* del día a día. Requiere la voluntad de apartar las ideas adolescentes del amor como un elixir mágico, y de adoptar una perspectiva mucho más compleja, desafiante y gratificante en último término. En un estupendo libro, *Undefended Love*,[6] Jett Psaris y Marlena Lyons crearon un conocido problema: «Muchas personas han absorbido parte de la creencia cultural en que si encontramos la pareja adecuada y nos amamos lo suficiente, el resultado será la relación apasionada, y a la vez segura, que siempre hemos deseado. Cuando no logramos esto, como suele suceder, creemos que algo va mal en la relación, en nosotros o en nuestra pareja».[7] Psaris y Lyons crearon una idea con mucha fuerza: nuestro deseo de tener un amor profundo y de expresar los aspectos más profundos y salvajes de nosotros mismos entran en conflicto. La forma en que tú y tu pareja os adaptáis con éxito a las exigencias de una relación puede, paradójicamente, impedir que os conozcáis el uno al otro en profundidad y que apoyéis la belleza pura que hay dentro de vosotros. En las relaciones conscientes, por el contrario, la forma y las reglas no se ajustan a una disciplina y cambian continuamente. Esto es necesario para una de las paradojas interpersonales más irritantes de la naturaleza: los ajustes y acuerdos que efectuamos para que nuestra relación funcione con más fluidez suelen requerir que reprimamos nuestra naturaleza más profunda y salvaje. ¿Cómo resuelves la tensión entre lo requerido por tu relación y el núcleo básico de tu ser? Este proyecto conlleva construir una relación de pareja en la que tu ego más profundo y desordenado está influyendo continuamente en la relación. Las soluciones que hemos ideado para mantener nuestras relaciones en paz y organizadas evitan los encuentros del uno con el otro que permiten mantener las relaciones pacíficas y decentes, así que, «en lugar de ayudarnos a encontrar procedimientos para derribar las barreras que hay entre nosotros, cerrar acuerdos las deja intactas».[8]

---

6. «Amor indefenso» *(N. del T.)*
7. Jett Psaris y Marlena S. Lyons, *Undefended Love,* Oakland, CA, New Harbinger, 2000, 9-10.
8. Ibíd., 98.

Los compromisos y los acuerdos son, por supuesto, necesarios para que una relación funcione. Construyen un ambiente de seguridad y apoyo dentro del cual puede florecer la relación. Lo difícil consiste en no ceñirse con excesiva firmeza a estos acuerdos, para que el viaje del ego no se vea frenado por el espíritu práctico de la relación. En el proceso, las dos partes ganan. Una manera de apoyar la relación y las partes más auténticas de cada uno de vosotros consiste en permanecer alerta para detectar cuándo se rompe un acuerdo. Utilízalo como oportunidad para mejorar tu evolución personal y llevar la relación a un nivel más profundo de compromiso. En lugar de apresurarte a tapar el agujero de la relación con nuevas promesas o con un acuerdo revisado, o bien intentar cubrir compulsivamente las necesidades emocionales del otro, tómate el tiempo necesario para descubrir y respetar los impulsos de cada miembro de la pareja que han generado la ruptura del acuerdo existente hasta ese momento. Cavar bajo la superficie de esta forma puede causar algún problema a corto plazo, e incluso que os encontréis temporalmente pisando suelo inestable, pero es un camino hacia un compromiso más profundo que os abrirá a los enormes recursos que hay en el interior de cada uno de vosotros.

Hábitos de pensamiento que socavan las relaciones conscientes

Los hábitos de pensamiento que mantienen nuestra atención en funcionamiento por rutas fijas, aunque nos limiten o nos dañen, son la antítesis de las relaciones de pareja conscientes. Ron Siegel, psicólogo de la Escuela Médica de Harvard, describe cinco «mecanismos neurobiológicos que nos traen la desdicha».[9] Éstos se remontan a las difíciles vidas a las que nuestros antepasados sobrevivieron, hace millones de años. Simplemente conocer las tendencias evolutivas que se han vuelto contraproducentes es un paso hacia la liberación respecto de su control, así que vamos a verlas a continuación.

---

9. Ronald D. Siegel, «West Meets East: Creating a New Wisdom Tradition», *Psychotherapy Networker* 35, n.º 5 (2011): 20-27.

Concentrarse en lo que está mal

Nuestros antepasados estaban al tanto de los peligros. Anticipar qué pudo ir mal fue una estrategia de supervivencia eficaz. Permanecer alerta por si había un león cerca tenía más valor para la supervivencia que encontrar las bayas más sabrosas. Nosotros, como descendencia lejana de los supervivientes, aún estamos configurados para dar más importancia y atención a los problemas que a los placeres. Como dice en broma Siegel: «Desarrollamos mentes que son como el velcro para los malos pensamientos y como el teflón para los buenos».[10] Dicho en pocas palabras, estamos programados para concentrarnos de forma obsesiva y dolorosa en lo que está mal.

Sistema de estimulación ante el estrés atascado en la posición de encendido

Para configurar la propensión a concentrarse en lo que está mal, nuestra corteza cerebral altamente desarrollada hace que la respuesta lucha/huida/inmovilidad ante una amenaza —que es tan extremadamente eficaz en plena naturaleza, para mamíferos con vidas y cerebros menos complejos que los nuestros— sea un problema para nosotros. Otras criaturas olvidan el peligro cuando éste ha pasado, pero nosotros continuamos pensando en él de forma obsesiva. Nuestros sistemas de estimulación se quedan atascados en la posición de encendido, a la vez que nos obsesionamos por «lo que nos fue mal en el pasado y lo que podría ir mal en el futuro, y en cada ocasión experimentamos emociones dolorosas».[11] Llegamos al extremo de convertir problemas que ya hemos superado de manera eficaz en una preocupación por todo lo que tendremos que afrontar en el futuro.

---

10. Ibíd., 24.
11. Ibíd., 24.

Comparaciones en las que está implicado nuestro ego

Otro vestigio de nuestra evolución que convierte en problemática la dotación psicológica que hemos heredado es nuestra predisposición a compararnos con otros. Los antepasados de posición más elevada conseguían emparejarse con personas más sanas y con mejores genes, y este hecho histórico es lo que alimenta nuestra compulsión a «llenar de modo constante nuestra mente a base de comparaciones con otros».[12] Siempre podremos encontrar a alguien con quien compararnos negativamente, y nos sentimos impulsados a hacerlo, aunque eso perjudique nuestro sentido personal del bienestar.

Evitar lo desagradable

Gran parte de nuestro sufrimiento psicológico, según algunos expertos en salud mental, consiste, de manera paradójica, en nuestros esfuerzos por

---

12. Ibíd., 25.

evitar experiencias desagradables a costa de no emprender acciones que son necesarias. Desde el no afrontamiento de tareas difíciles o de problemas en nuestras relaciones, hasta el abuso de drogas y una confianza excesiva en los medios de comunicación que aturden la mente, el problema –indica Siegel– «es que muchas cosas que nos hacen sentir mejor a corto plazo nos harán sentir mucho peor a largo plazo».[13] Una de nuestras estrategias más instintivas para evitar el sufrimiento suele ser contraproducente. Incluso el dolor físico, cuando se recibe con total conciencia y aceptación, modifica su aspecto más externo y se hace más fácil de soportar.

Un futuro configurado por el conocimiento de lo que puede ir mal

Estamos diseñados para anticiparnos a hambrunas, guerras y otras amenazas a nuestro bienestar y nuestra misma existencia. Para empeorar nuestra propensión a preocuparnos y al malestar generado por nosotros mismos, a diferencia de los demás seres, sabemos que vamos a morir. Sabemos que, independientemente de lo bien que vivamos, nos encaminamos hacia la enfermedad y el lento deterioro, o bien hacia una terrible muerte repentina.

Estas predisposiciones psicológicas, cuyas raíces suelen deberse más a los recovecos de nuestra compleja herencia evolutiva que a nuestra crianza, no sólo perjudican nuestra capacidad de disfrutar y de autorrealizarnos, sino que socavan nuestra capacidad de formar relaciones sanas y seguras. Una aproximación eficaz a la felicidad interpersonal es incompatible con:

1. dar más importancia a lo que va mal que a lo que va bien en tu pareja y en tu relación,
2. mantener ideas o expectativas sobre tu pareja o sobre tu relación que te induzcan a ponerte en modo de alerta ante una amenaza,
3. comparar a tu pareja o a tu relación de forma negativa respecto a otras,

---

13. Ronald D. Siegel, *The Mindfulness Solution: Everyday Practices for Everyday Problems,* Nueva York, Guilford Press, 2010, 38.

4. no tratar los asuntos difíciles de tu relación, y
5. gastar tus energías y tu buena disposición preocupándote por algo que ninguno de los dos podéis controlar.

Nuestra capacidad para cambiar lo que no funciona

La razón de la alegre exposición anterior sobre nuestra tendencia innata a hacernos desdichados, y a que suceda lo mismo con nuestras relaciones, es que darnos cuenta de que tenemos un problema es el primer paso para encontrar procedimientos si deseamos superarlo, y también podemos recomendar más cosas, aparte del simple reconocimiento. Volvamos al tema expuesto en el capítulo anterior: la cuestión sobre si estamos —o no— destinados a imitar las tendencias sexuales de nuestros antepasados. La respuesta fue que no. Y lo mismo sucede con todos estos hábitos de pensamiento innatos. Las claves para nuestro éxito como especie son nuestra flexibilidad y nuestra habilidad para aprender —basadas en nuestra lógica, nuestra memoria y nuestra enorme red neuronal—, y no en rígidos programas biológicos ya preconfigurados en nuestros cerebros. Los estudiosos del cerebro utilizan el término «neuroplasticidad autodirigida» para describir la habilidad intrínseca de nuestro cerebro para cambiarse a sí mismo, a partir de lo que hacemos con nuestra mente.[14] Es un concepto que nos otorga mucho poder. Aunque las partes de nuestro cerebro que nos inducen a actuar como reptiles luchan contra las partes que son «en comprensión semejantes a un dios» (*Hamlet*), la evolución nos dio la capacidad para entrar en combate y compensar los vestigios disfuncionales de nuestro pasado prehistórico.

Concienciación

Siegel postula la concienciación como procedimiento para superar las predisposiciones psicológicas perjudiciales, y nosotros añadiremos una idea de

---

14. Jeffrey M. Schwartz y Sharon Begley, *The Mind and the Brain: Neuroplasticity and the Power of Mental Force*, Nueva York: HarperCollins, 2002.

la psicología energética como una forma adicional de reemplazar esos hábitos contraproducentes por esquemas de pensamiento, sentimientos y conductas más adaptativos. Las investigaciones han demostrado que la concienciación influye en la expresión genética, al proporcionar beneficios directos para la salud tan específicos como la reducción de actividad en los genes que causan inflamación.[15] Psicológicamente, conlleva cambios neurológicos beneficiosos que conducen a una mejor regulación de las emociones, una perspectiva superior, una mejor memoria, más bienestar y un sentido del ego más fluido.[16]

Aunque la concienciación consiste en muchas cosas, es también una técnica energética, un enfoque altamente sofisticado que genera nuevos hábitos energéticos en el cerebro. Centrar tu atención causa variaciones en tus energías que, a su vez, generan cambios en tu neuroquímica. Los patrones por los que fluyen tus energías son el primer proceso en el que influye la concienciación. La práctica configura tus energías mediante procedimientos que se corresponden con la experiencia de paz interior, y establece hábitos energéticos que serán beneficiosos para ti y para tu relación. Gracias a ese cambio energético, es menos probable que el estrés desencadene una respuesta de amenaza, que la conducta de tu pareja te ponga en modo lucha/huida/inmovilidad, y la parte racional de tu cerebro tendrá más influencia sobre los centros cerebrales primitivos.

En el núcleo de la concienciación se encuentran el conocimiento y la aceptación de tus experiencias interiores, momento a momento. La concienciación es el arte de reconocer y aceptar lo que hay. Gracias a este conocimiento, nuestra respuesta a lo que presenta la vida se suaviza, natural y orgánicamente. Al recibir tus pensamientos y emociones con curiosidad y aceptación, y no aferrándose a ellos o reaccionando contra ellos, llegarás a entender cómo aparecen cada cierto tiempo y después se desvanecen. Al practicar la concienciación, explica Siegel, «empezamos a considerar nuestros pensamientos como secreciones de la mente, que emanan y pasan como

15. Perla Kaliman *et al.*, «Rapid Changes in Histone Deacetylases and Inf lammatory Gene Expression in Expert Meditators», *Psychoneuroendocrinology*, 40 (2014): 96-107.
16. Christopher K. Germer y Ronald D. Siegel, *Mindfulness and Psychotherapy*, 2.ª ed., Nueva York, Guilford Press, 2013.

nubes que se mueven por un enorme cielo. Dejamos de creer en ellos como ya lo hicimos antes. Eso, a su vez, reduce su fuerza y nuestra reactividad emocional ante ellos».[17] El slogan que la gente llevaba en sus camisetas, «No creas todo lo que piensas», da en el clavo. Siegel explica cómo la concienciación combate los hábitos de pensamiento perjudiciales que se remontan a nuestros antepasados, al ayudarnos a «ver más claramente los hábitos de nuestras mentes que originan un sufrimiento innecesario, y que ofrecen una forma de cambiarlos».[18] En la página web de Siegel, www.mindfulness-solution.com, hay disponible una introducción al tema, junto con instrucciones gratis, en formato de audio, para realizar diversas prácticas.[19]

La psicología energética

La psicología energética también comienza reconociendo *lo que hay* (la puntuación SUD, pág. 257), pero después pasa a utilizar los golpecitos en los acupuntos para enviar señales al cerebro que cambian rápidamente nuestra respuesta emocional a los pensamientos y recuerdos que nos crean problemas. Aunque cambiar tu conciencia conlleva una modificación en tus energías, todo cambio en tus energías hace lo propio con tu conciencia. Cada una de las cinco predisposiciones psicológicas perjudiciales que hemos explicado se expresa a continuación en términos relevantes tanto para el individuo como para la relación. A cada una le sigue después una frase que resume la forma en que la concienciación podría cambiar el patrón y una declaración de aceptación de la psicología energética y una frase mnemotécnica que puede utilizarse, junto con la estimulación en los acupuntos, para cambiar los hábitos profundos de pensamiento y emoción.

---

17. Siegel, «West Meets East», 25.
18. Siegel, *The Mindfulness Solution*, vii.
19. Te sugerimos que comiences con el básico «Breath Awareness Meditation», y que después experimentes con otros. «Stepping into Fear» te enseñará a afrontar tus ansiedades directamente, y no a evitarlas. Una potente meditación (y tal vez tremenda por la cantidad de intimidad que puede inducir) para parejas lleva el sencillo título de «Breathing Together» [«Respirando juntos»].

I. DAR MÁS IMPORTANCIA A LO QUE VA MAL —Y NO A LO QUE VA BIEN—

EN TI, EN TU PAREJA O EN TU RELACIÓN

Concienciación: reconocer profundamente cómo tu psique produce de forma automática pensamientos que se concentran en lo que está mal supone un fuerte reto a la autoridad de esos pensamientos.

Estimulación de acupuntos: masajea los puntos del meridiano central (pág. 263) mientras dices: «*Aunque sigo centrando mi atención en* [nombra el pensamiento]...». Después coloca tus manos sobre el chakra del corazón mientras dices: «*Me quiero y me acepto profundamente*». Después haz una ronda de golpecitos (*véase* figura 6-3), expresando el pensamiento cuando llegues a cada acupunto. [Ésta y las cuatro instrucciones de estimulación de acupuntos siguientes, puedes limitarte a hacerlas tal como están escritas o, para tratar con mayor profundidad los temas relacionados, hazlas en el marco de todo el protocolo de psicología energética que presentamos en el capítulo 6, y empieza otorgando una puntuación SUD de cero a diez para las molestias que sientes cuando haces consciente el pensamiento o hábito perjudicial].

2. MANTENER IDEAS Y EXPECTATIVAS SOBRE TI MISMO, TU PAREJA O TU RELACIÓN, QUE

DEJEN TU SISTEMA DE ESTIMULACIÓN ANTE EL ESTRÉS EN POSICIÓN DE ENCENDIDO

Concienciación: aceptar cualesquiera pensamientos o emociones que tu psique produzca, sin aferrarse a ellos, reduce su poder para evocar incesantemente la respuesta de estrés.

Estimulación de acupuntos: usa los procedimientos físicos descritos en el punto anterior, mientras declaras: «*Aunque esté ansioso cuando piense en* [describe la situación], *me quiero y me acepto profundamente*». Luego una ronda de golpecitos y describe la situación al llegar a cada acupunto.

3. COMPARARTE NEGATIVAMENTE A TI MISMO, A TU PAREJA O A TU RELACIÓN CON OTROS

Concienciación: ser conscientes de nuestras críticas a nosotros mismos, sin identificarnos con ellas, es una forma de equilibrar nuestra preocupación por nuestros egos culturalmente reforzada, nuestro estatus y el valor de mercado de nuestras cualidades personales.

Estimulación de acupuntos: utiliza los procedimientos físicos descritos en el punto 1, mientras declaras: «*Aunque me critique* [o a *mi pareja* o a *mi relación*] por [describir], *me quiero y me acepto a mí mismo profundamente*». Haz después una ronda de golpecitos, nombrando de forma breve la crítica cuando llegues a cada acupunto.

4. EVITAR LO QUE ES DESAGRADABLE

Concienciación: tener presente y aceptar experiencialmente todo pensamiento y toda emoción, sea agradable o desagradable, prepara tu sistema nervioso para afrontar cualquier cosa que la vida nos traiga con ecuanimidad, y para tratar con ello de manera eficaz.

Estimulación de acupuntos: utiliza los procedimientos físicos descritos en el punto 1, mientras declaras: «*Aunque evito* [describir], *me quiero y me acepto profundamente*». Haz después una ronda de golpecitos, nombrando lo que evitas cuando llegues a cada acupunto.

5. GASTAR TUS ENERGÍAS Y TU BUENA DISPOSICIÓN PREOCUPÁNDOTE POR ALGO QUE NINGUNO DE LOS DOS PUEDE CONTROLAR

Concienciación: experimentar tus pensamientos y sentimientos como eventos pasajeros, mientras mantienes una actitud de curiosidad y abierta por cómo ellos, igual que tu respiración, se elevan y caen, es una buena forma de prepararse para las transiciones, grandes o pequeñas.[20]

Estimulación de acupuntos: utiliza los procedimientos físicos descritos en el punto 1, mientras declaras: «*Aunque me preocupo por* [describir], *me quiero y me acepto profundamente*». Haz después una ronda de golpecitos, nombrando brevemente lo que evitas cuando llegues a cada acupunto.

Tanto las técnicas de la concienciación como las de la psicología energética pueden ayudarnos a derribar la confianza en las apariencias que supone

---

20. David Feinstein, «The Psychological and Spiritual Challenges Inherent in Dying Well», en I. A. Serlin, *Whole Person Healthcare*, vol. 2: *Psychology, Spirituality, Health*, Westport, CN, Praeger, 2007, 235-262.

creer que nuestros pensamientos reflexivos y nuestras emociones son la única realidad válida existente. Esto nos permite comprometer nuestras vidas, momento a momento, en niveles más profundos y auténticos. Aunque las energías de tu cuerpo están, hasta un grado bastante alto, dirigidas por hábitos, tú puedes cambiar su flujo de acuerdo con tu voluntad. Cuando lo hagas —en realidad, cuando hagas cualquier cosa que se encuentre fuera de tu repertorio habitual, aunque sólo sea una vez—, será más fácil volver a hacerlo otra vez. Ésa es la rapidez con que tus energías y tu cerebro pueden empezar a establecer nuevos hábitos y nuevas rutas neuronales.

Una relación de pareja consciente conlleva decir la verdad microscópica

La relación de pareja consciente es tanto un trabajo interno como una creación compartida. Cultivar una relación que puede servir como recipiente creativo para los sentimientos y perspectivas de carácter conflictivo y variable, y que caracterizan la vida interna de todas las personas, es una aventura en curso. El desarrollo psicológico consiste, por completo, en una serie de cosmovisiones, así como en preferencias y estrategias relacionadas que se van relevando. ¿Cómo ha cambiado tu idea del matrimonio desde que eras más joven? Tus opiniones sobre vocaciones, destinos y objetivos, y de tus métodos para llevar a cabo todo eso, se encuentran en proceso de evolución continua, a medida que pasas de una fase de tu vida a la siguiente (y conforme cambia la cultura que te rodea). Sin embargo, este proceso no se desarrolla de una forma nítida y ordenada, y tú y tu pareja sois, el uno del otro, los testigos más cercanos en esta caótica parte de tu evolución personal. Aceptar completamente esta dimensión de las relaciones de pareja conscientes requiere una profunda aceptación, así como una honestidad radical.

Honestidad radical

Una relación a largo plazo que pueda incluir las pasiones, creencias y deseos —libremente expresados y del todo respetados— de dos personas constituye un punto de referencia evolutivo. En su obra clásica, *Conscious Lo-*

ving, Gay y Kathlyn Hendricks definen las habilidades esenciales para una relación consciente como la capacidad y el compromiso para decirse mutuamente la «verdad microscópica».[21] Explican que la mayoría de la gente aprende a ocultar o distorsionar la verdad de la experiencia interior de su niñez. Es tarea de los progenitores y de la cultura dirigir las motivaciones y conducta de un niño –que son moldeables– hacia ciertos ideales preconcebidos, y es tarea del niño jugar a que trabaja. Ciertos sentimientos (y las conductas que emanan de los mismos) son aceptables en la familia, la escuela y la sociedad, y pueden expresarse libremente; otros sentimientos conducen al ridículo, la vergüenza o el castigo, y se ocultan. ¿Te sucedió a ti eso? Le ocurre a la mayoría de la gente, y llega hasta nuestras relaciones como adultos. Donna captó el mensaje de que no tenía que causar problemas, y aprendió a desestimar rápidamente, o incluso a no reconocer, sentimientos dentro de ella misma que pudieran causar problemas a otros. David aprendió a definirse por sus logros y a convertir todos los impulsos por jugar en esa tendencia hacia el logro, antes de que pudieran desviarle y permitirle divertirse de verdad. Estos mensajes quedan inscritos con tanta fuerza que muchas personas –explican los Hendricks– «simplemente no se conocen con la suficiente profundidad como para decir la verdad a un nivel significativo».[22]

Aunque decir la verdad puede parecer parte evidente de las relaciones de pareja conscientes, decir la «verdad microscópica» es una habilidad que requiere práctica no sólo para declarar lo que tu pareja tal vez no quiera escuchar, sino también para reconocer precisamente cuál es tu verdad más profunda. Más que una amplia postura filosófica, ésta es una tarea propia del momento a momento. Los Hendricks definen la verdad, en el sentido de *verdad microscópica*, como «eso que no se puede discutir de ningún modo».[23] Y la única cosa que no se puede discutir de ningún modo es tu experiencia. David podría darse cuenta de que su querida se encuentra en medio de un caos total, mientras prepara las maletas para un viaje, y comentar, con

---

21. Gay Hendricks y Kathlyn Hendricks, *Conscious Loving: The Journey to Co-Commitment,* Nueva York, Bantam, 1990, 111-118.

22. Ibíd., 112.

23. Ibíd., 112.

el objetivo de ayudar: «Donna, después de todos estos años, siguen siendo totalmente desordenada». Sin embargo, esto *no* es la verdad microscópica.

Si él pudiera ver, dentro de su cabeza, cuántos factores está ella considerando y equilibrando para intentar averiguar lo que necesita para otra gira de conferencias de un mes de duración, con dos docenas de presentaciones sobre el escenario, él tal vez se daría cuenta de que, incluso para alguien tan obsesivamente ordenado como él mismo, la tarea puede ser todo un reto. Por tanto, lo que dijo no sólo no es una verdad nacida de la comprensión, sino que ni siquiera es verdad a un nivel superficial. La verdad microscópica, por otro lado, informa sólo sobre tu experiencia, no sobre tus juicios o interpretaciones. Así que David podía haber dicho: «Me siento incómodo cuando veo tus ropas, accesorios y papeles encima de la cama, la mesa de la cocina y todas las sillas de casa». O bien, siendo más profundo, pudo decir: «Cuando te veo esforzándote para hacer las maletas, la parte de mí a la que le gusta tener todo limpio y organizado se pone nerviosa». Decirle a ella que es totalmente desordenada no aporta información que Donna pueda utilizar para otra cosa que no sea sentirse mal consigo misma. Por otra parte, la verdad microscópica que consiste en que la parte ordenada de David se ve amenazada en medio del desorden allana el camino para que Donna diga: «¡Bueno, no te quedes sentado complaciéndote en tu superioridad cerebral, idiota! ¡Ayúdame a hacer las maletas!».

La verdad microscópica, la descripción de tu experiencia interior, puede ser una información objetiva de algo que ha ocurrido. Por ejemplo, como marido, podrías decir a tu esposa, en relación con vuestro hijo: «He oído cómo Billy te insultaba». Tal vez estuvieras describiendo tus sensaciones: «Mi cuello se puso tenso cuando oí que Billy te insultaba, y mi corazón empezó a latir deprisa». Quizás estarías haciendo referencia a tus sentimientos: «Estoy enfadado con Billy y protegiéndote a ti». Es posible que describieras una imagen, pensamiento o deseo: «Quiero castigar a Billy lo que queda de semana». Tal vez representaras una anticipación o un conflicto interno: «Me temo que no vas a estar de acuerdo conmigo con lo de castigar a Billy». Conforme desarrollas tu habilidad para decir la verdad microscópica a tu pareja, tal vez consideres sorprendente todo lo que puedes comunicar limitándote a la verdad de tu experiencia inmediata, y en qué medida este recurso permite que lo que dices sea más claro y eficaz.

Al desarrollar este recurso, ten también en cuenta en qué no consiste la comunicación microscópica. No incluye recurrir a críticas, justificaciones, explicaciones de relaciones causa-efecto, ni una pizca de superioridad moral, que estén disfrazadas, como por ejemplo en: «Quiero castigar a Billy lo que queda de semana porque tú no has logrado enseñarle ni un poco de respeto». Tampoco tiene nada que ver con el mundo exterior. En lugar de eso, es «la verdad más profunda y más sutil que puedes ver y sentir dentro de ti mismo».[24] Dices la verdad por un objetivo, y sólo por uno: *comunicar tu experiencia interna*. Decir la verdad en honor a la verdad y no justificar o manipular es lo que hacen las parejas que mantienen relaciones conscientes. A nivel energético, los Hendricks explican: «Esconder la verdad bloquea energía a un nivel fundamental, a nivel celular». Decir la verdad microscópica «libera energía que ha quedado atrapada, [lo cual genera el] sentimiento claro y elevado, que es su recompensa» por decir la verdad a los niveles más profundos de los que eres capaz.[25]

Una de las mejores cosas de decir la verdad microscópica es que transmitir tu experiencia interna, en lugar de caer en la tentación de emitir críticas, produce empatía en tu pareja, y no una respuesta defensiva. Sin embargo, hay algunos temas en los que se necesita una sensibilidad adicional.

→ LA DIMENSIÓN ENERGÉTICA ←

Decir la verdad microscópica

Cuando aparece tensión, las energías se bloquean dentro de cada miembro de la pareja y en el flujo entre los dos. Se activa el triple calentador (pág. 219). Cuando empiezas a decir la verdad microscópica, sigue habiendo bloqueos y el triple calentador puede volverse más activo aún. Pero, cuando el proceso te permite tener un contacto más profundo con tu propia verdad y tu pareja capta tu intención, los bloqueos empiezan a derrumbarse, la energía se vuelve transparente y el triple calentador deja de incordiar. La seguridad está en el aire y se hace posible una conexión profunda, lo cual permite tratar eficazmente la fuente original del problema.

---

24. Ibíd., 115.
25. Ibíd., 118.

«¿PAREZCO GORDA?»

Estas dos palabras pueden generar terror incluso en el corazón del hombre más fuerte, y respuestas como «¿Parezco estúpido?» no tienden a hacer que la conversación tenga un carácter positivo. En cambio, si esos hombres dijeran la verdad microscópica, podrían comenzar con algo tan claro como: «Me siento nervioso cuando oigo esa pregunta». Hasta ahora has dicho tu verdad interior y ella está interesada, pero recelosa, y posiblemente esperando lo peor. Aunque es evidente que no te has librado del peligro, estarás allanando el camino para un intercambio que os permita encontraros cada vez más cerca, en lugar de donde podríais haber llegado. El paso siguiente incluye adónde dirigir tu conciencia. Tu primera frase surgió, de forma honesta y abierta, de tu previsión de consecuencias negativas y de la sensación de que no había ninguna respuesta adecuada. Si hubieras continuado por ese camino negativo, probablemente tus previsiones negativas –anticipadas de manera automática– se habrían cumplido.

El acto de concienciación que se necesita en este momento consiste en apelar a tu empatía y a tu amor, y hablar por boca de esa «dulce verdad» (pág. 396). No es tu enemigo preparado para causar estragos en tu vida después de que digas la respuesta incorrecta. Se trata de la compañera de tu vida en un momento en que se siente vulnerable. Aquí es donde David podría utilizar la meditación breve, práctica y centrada en el corazón: «Fíjate en la respiración; relaja el abdomen; abre el corazón» (pág. 97). La verdad microscópica que emerge de esta toma de conciencia puede ser algo como: «Me afecta que te preocupes por tu aspecto en este momento». No estás transmitiendo un juicio, sino que estás reafirmando tu alianza de colaboración. Supongamos que la situación consiste en que se está preparando para una reunión importante, se ha probado un vestido que quiere ponerse, y tú crees realmente que no le favorece demasiado. Lo siguiente que digas podría consistir en seguir confirmando tu alianza de colaboración («Ya sabes que no me gustaría hacer daño en nada»), y al mismo tiempo podría contestar a la pregunta inicial («pero no creo que sea un vestido apropiado para ti»). Es también una oportunidad para seguir comprometido de forma constructiva en la delicadeza propia de haber pasado por un posible período de ruptura: «Me gustaría que sintieras que consigues tener el mejor aspecto posible para esta reunión. ¿Qué tal si volvemos a tu armario y elegimos algo que te permita tener un aspecto estupendo?».

El peso es un tema especialmente delicado.[26] Las investigaciones con parejas en las que un miembro es obeso y el otro no (parejas «de peso mixto») ha descubierto que estos matrimonios tienen discusiones de mayor entidad que las parejas «de peso similar».[27] Sin embargo, esta discusión en potencia llegó a buen término cuando el miembro de la pareja de «peso saludable» mostró apoyo, y no crítica, irritación o burla. Con tu alianza colaborativa como base, tu compañera puede sentir, y saber en lo más profundo, que estáis en el mismo equipo, estimulando el bienestar de tu pareja por todos los medios. Además del peso, otro tema delicado es el de los defectos permanentes. Aprender a amar las imperfecciones físicas, o las rarezas de carácter, de tu pareja forma parte del hecho de aprender a amarla, y puede ser tan difícil como aprender a aceptar tus propios defectos. Puedes conseguir las dos cosas. Aunque el procedimiento de los golpecitos de la psicología energética puede ayudarte a superar algunas dificultades relacionadas con los defectos de tu pareja y los tuyos propios, decir la verdad microscópica puede ayudar a desarrollar tu alianza colaborativa, con el objetivo de proporcionarte una base más fuerte para tratar incluso los problemas más delicados de tu relación.

Debemos hacer algunas advertencias, más allá de los temas relacionados con el peso y los defectos permanentes. A pesar de que consideres muy poderoso y constructivo decir la verdad microscópica, esto no significa que debas expresar cualquier idea que se te ocurra, especialmente si puede hacer daño a tu pareja. Las siete cualidades de la relación de pareja consciente (págs. 404-407) ofrecen una guía para procesar tus experiencias internas, de modo que apoyen tu relación. Cada individuo y cada pareja deben encontrar su propia forma de tratar los temas que sean especialmente sensibles.

---

26. Mary Jo Rapini, «Guys, Some Things Are Better Left Unsaid», blog de experto, www.yourtango.com

27. Tricia J. Burke *et al.*, «'You're Going to Eat That?': Relationship Processes and Conflict among Mixed-Weight Couples», *Journal of Social and Personal Relationships* 29, n.º 8 (2012): 1109-1130.

Cultivar vuestra curiosidad mutua

Cuando David estaba en el instituto, empezó a conducir y a tener citas con chicas aproximadamente al mismo tiempo. Una de sus pesadillas era hacer el viaje de una hora de duración hasta Los Ángeles para ver una película, y descubrir que la radio no funcionaba después de quedarse sin tema de conversación. Desde entonces ha aprendido que no es tan difícil cruzar la barrera del silencio cultivando su curiosidad por lo que le sucede a Donna. «¿Cuáles fueron para ti las mejores partes de la conferencia?». «¿Qué pensaste cuando Joan te dijo que abandonaba?». «Es el cumpleaños de tu padre. ¿Qué recuerdas de él?». «¿Echas de menos a Tiernan?». Estas formas de comenzar una conversación pueden generar intercambios de opiniones que llegan a niveles cada vez más profundos. Si tu compañía valora las invitaciones para hablar, entonces sigue haciendo preguntas: «Me sorprende que te sientas de ese modo. Cuéntame más sobre ello». «Me pregunto cómo debes sentirte con eso».

Es fácil empezar a dar por supuesto que conoces suficientemente bien a tu pareja. No obstante, las parejas con éxito tienen un interés activo y constante por aprender más el uno del otro sobre la historia, las preferencias, los amigos, los problemas, las aspiraciones, las actividades, los daños, los triunfos y los sueños. Esto puede parecer una propiedad evidente de las relaciones de pareja conscientes, pero tener a alguien que exprese una verdadera curiosidad por ti es un regalo del alma. Una relación de pareja en curso se mantiene viva cuando estáis añadiendo constantemente más detalles al conocimiento que tenéis el uno del otro. Con cada nuevo descubrimiento, vuestros lazos se hacen más profundos. La relación de pareja consciente es una aventura momento a momento, pero es mucho más que eso. Cada uno de vosotros se convierte en una fuente de información sobre el otro, lo cual profundiza vuestra relación. Ten curiosidad por tu pareja y continúa siempre con esa curiosidad.

Y por último, «no generes un lazo de amor»

«Deja que haya distancias en vuestra unión, y deja que los vientos de los cielos dancen entre vosotros», aconseja Kahlil Gibran en *The*

Prophet: «No generes un lazo de amor».[28] Nosotros, Donna y David, somos los dos muy propensos a la independencia. Puesto que ésta es la parte más fácil para nosotros en el baile de relaciones dependencia/independencia/interdependencia, le hemos dado menos importancia de lo que tal vez le tendríamos que haber dado. Conservar la autonomía y la libertad, independientemente de lo próximas que estén, es esencial para que los dos miembros de la pareja, y la propia relación, estén llenos de vitalidad a lo largo de los años.

Energéticamente, esto significa que, además de las palabras, los abrazos y el contacto íntimo que permitan a las energías construir, con el paso del tiempo, una fuerza tangible y duradera entre vosotros, hay también lugar para tus propios sentidos de la conexión con los demás, con el universo y con el camino de tu alma. El pasaje de Gibran sobre el matrimonio termina así: «El roble y el ciprés no crecen el uno a la sombra del otro».

Psicológicamente, conservar tu libertad y tu individualidad, dentro de la relación más íntima posible, significa muchas cosas, desde seguir la llamada de tu corazón hasta tomarte el tiempo necesario para la reflexión y la renovación personales. Puede comenzar con consideraciones bastante mundanas. En entrevistas interculturales, con parejas de más de veinte países distintos, Esther Perel preguntó a la gente qué sucedía cuando sentían la máxima atracción hacia su pareja. Las respuestas fueron bastante homogéneas, en el sentido de que no era cuando estaban extremadamente juntos, sino cuando había cierto grado de distancia. Por ejemplo, la gente sentía un fuerte deseo cuando su pareja se había ido, cuando la observaban con otras personas, o en un entorno en que estuviese radiante y llena de confianza, como por ejemplo cuando daba algún tipo de representación. La gente se sentía también más atraída por su pareja cuando había alguna novedad, como por ejemplo cuando mostraba alguna faceta desconocida, o cuando ambos comenzaban a contarse chistes, lo cual solía reflejarse en sus risas.[29] De nuevo, integrar en tu relación las partes de ti

---

28. Kahlil Gibran, *The Prophet,* Boston, Oneworld, 2008, 23. [Hay edición en español: *El profeta: palabras de sabiduría y de luz*, Ediciones Obelisco, Barcelona, 2014].
29. Esther Perel, «The Secret to Desire in a Long-Term Relationship», TED Talk, 14 de febrero de 2013, www.youtube.com/watch?v=sa0RUmGTCYY&noredirect=1

mismo que has desarrollado con independencia hace que la relación sea más rica.

En esencia, la autonomía saludable de una relación íntima nace del desarrollo de un sentido del ego bien fundamentado, que poco a poco sustituye a otro, basado en lo que ves reflejado en los demás. El *sentido reflejado* del ser queda definido por otros, comienza en la infancia, y posteriormente lo define tu pareja. David Schnarch explica que un sentido *sólido* del ego «se desarrolla a base de enfrentarte contigo mismo, de retarte a ti mismo para hacer lo que es correcto y ganándote tu propio autorrespeto. Se desarrolla a partir de tu interior, en lugar de internalizando lo que hay a tu alrededor».[30] Vivir desde una identidad integral requiere el autorreflejo y un nivel de madurez que se gana de un modo duro. No es algo que venga dado por la edad, y sin un buen sentido del ego en los dos miembros de la pareja, los matrimonios suelen quedarse estancados y ser rígidos. Para que un matrimonio siga siendo apasionado —sexualmente y en cualquier otro aspecto—, un ingrediente esencial es que cada uno de los miembros haga un viaje desde un sentido reflejado del ego hacia otro que conserve su propia «forma» psicológica, con independencia de lo física y emocionalmente cercanos que estéis el uno del otro.

Llegamos al capítulo 10

Las relaciones de pareja conscientes incluyen el uso de tus capacidades mentales y emocionales para mantener tu relación fresca y vital, día tras día. La relación de pareja espiritual te ofrece el conocimiento de los ámbitos eternos del alma y el espíritu. El capítulo 10 trata sobre en qué podría consistir este hecho.

---

30. David Schnarch, *Intimacy and Desire: Awaken the Passion in Your Relationship,* Nueva York, Beaufort, 2009, 47.

La invocación de lo posible

Tu relación en desarrollo es un viaje espiritual

Hemos entrado en un nuevo tipo de relación de pareja espiritual,
en la que el universo nos pide que creemos toda una
nueva forma de relación y de posibilidad.
—JEAN HOUSTON

Ahora que comenzamos a escribir este capítulo, después de más de tres décadas y media de relación, nos encontramos sentados en nuestra casa, que se construyó en 1896, mirando los travesaños del tejado a través de una ventana. Donna dice que, siempre que se pone en este sitio, por un momento se siente inclinada a pensar en las personas que construyeron esos travesaños, sintiendo dónde deben encontrarse sus almas en este momento, y que después piensa en los destinos de todas las otras personas que pueden haber estado sentadas en este mismo sitio y que han centrado su mirada en esos mismos travesaños. Esto la lleva al ámbito donde la imaginación se encuentra con el espíritu y su alma se eleva. David mira los travesaños y se pregunta cuánto tiempo pasará antes de que haya que pintarlos de nuevo. Todas las parejas tienen áreas en las que las tendencias y aptitudes de un miembro son diferentes a las del otro. Está bien que David se encargue del mantenimiento, y Donna de lo espiritual.

A pesar de estos roles claramente definidos, las relaciones a largo plazo generan una química que cambia a cada miembro de la pareja. Donna sabe ahora aplicar lubricante a una bisagra que chirría, y David puede mirar fijamente un cristal de cuarzo y perderse en todas las formas mediante las que aquél refleja los patrones del universo. Conforme te involucras en profundidad con otra persona, el campo de energía que se estableció cuando conectasteis emocionalmente por primera vez adopta una textura, un matiz y una complejidad crecientes. Esta matriz de energía no sólo os expande a vosotros, sino que también puede ser un puente en el invisible mundo del espíritu que rodea vuestra relación. Los temas que se encuentran más lejos de lo que nos dicen los sentidos que las energías que ha tratado hasta ahora este libro son difíciles de expresar con palabras, y no obstante los esquivos ámbitos del alma y el espíritu están siempre involucrados cuando nace la relación de pareja a largo plazo más profunda y amorosa posible.

Aunque estuvimos pensando en cómo comenzar el capítulo, David tuvo un sueño. Parecía bastante mundano. Ambos estábamos en el sueño y teníamos una lista de tareas que debíamos completar. Teníamos tiempo de sobras para hacerlo. Pero seguimos realizando otras actividades, hasta que de repente nos dimos cuenta de que nos quedaba sólo media hora para terminar lo que requeriría mucho más que eso. El significado del sueño parecía evidente. Tenemos una fecha límite para terminar este capítulo de conclusión y enviarlo junto con todo el manuscrito, y ese plazo límite se acerca con celeridad. Por el camino se han ido realizando otros proyectos, y David se despertó con su motivación redoblada para concentrarse en completar el capítulo. Pero, en el breve trayecto desde el dormitorio hasta el ordenador, se dio cuenta de que el sueño tenía un mensaje más profundo que tan sólo sobre simples fechas límites y distracciones.

David acababa de cumplir sesenta y siete, y las exigencias de su vida exterior le estaban apartando continuamente de la riqueza de su vida interior. Esto no era nada nuevo. Durante años, si no décadas, se había estado prometiendo a sí mismo y a Donna que pronto cambiaría sus prioridades hacia una existencia en la que el alma estuviese más presente. Ahora que estaba a punto de embarcarse en la redacción de un capítulo para decir a los demás cómo hacer esto, el sueño le instaba a tener en cuenta sus propios fallos conforme el reloj avanzaba. No estaba siguiendo el aviso de su sabiduría más profunda.

El sueño, a su propio modo metafórico, había expuesto perfectamente el tema y los retos de este capítulo. De este modo, muchos de nosotros vivimos nuestras vidas intentando siempre buscar la gran plenitud espiritual dentro de nosotros y de nuestra relación –siempre un poco después– cuando estemos mejor preparados, cuando tengamos tiempo o cuando las condiciones sean adecuadas. Sin embargo, si no empiezas ahora... bueno, mañana está siempre a un día de distancia. Después de reflexionar sobre estos significados profundos del sueño, David se dio cuenta de que también le hacía saber que una manera de introducir el tema de los ámbitos eternos del alma y del espíritu es hablar sobre los sueños. Aunque algunos de los que leáis esto os mostraréis muy escépticos con ideas como la de un espíritu inmortal, los sueños son una experiencia conocida (aunque misteriosa) para la mayoría de las personas.

De algún modo, en los sueños, «el *cerebro durmiente promedio* se hace muy creativo [así que] el soñador sin experiencia ni formación previas se convierte en un escritor de guiones, actor, director, diseñador de trajes y conjuntos, constructor de decorados, experto en iluminación, y otras muchas cosas para producir un sueño complejo».[1] Incluso «los neurocientíficos que insisten en que la mente es lo mismo que el cerebro normalmente reconocerán que el cerebro consciente tiene muchas limitaciones en su capacidad creativa», y que los sueños exceden con mucho esas limitaciones.[2]

Las personas que trabajan de manera sistemática con sus sueños saben que, con gran frecuencia, los sueños proporcionarán una solución o una perspectiva más útil a los problemas de la vida de lo que la mente puede alcanzar. Los sueños te dejan echar un vistazo tras una esquina, la cual muestra que hay mucho más en tu psique que aquello con lo que te identificas durante tus típicas horas de vigilia. Hay también mucho más sobre tu relación de lo que podría parecer. Ése es el tema de este capítulo.

Un viaje espiritual compartido

Aproximadamente en el momento en que comenzamos a concebir el capítulo, salíamos hacia el Instituto Omega, al norte del estado de Nueva York, para impartir unos talleres sobre medicina energética y psicología energética.

---

1. J. Denosky, *Mystical and Visionary Out of Body Experience: Travel in the Spiritual Worlds*, 2012, www.spiritualtravel.org
2. Ibíd.

Nos había gustado mucho la forma en que nuestra entrevista con Ann y Paul dio forma al capítulo 9, y nos preguntábamos si adoptar, o no, un enfoque parecido para abrir este capítulo. Como si la sincronicidad se adueñara de nosotros, también estaban impartiendo clase en Omega, al mismo tiempo, Alberto Villoldo y Marcela Lobos, una inspiradora pareja que conocíamos desde hacía mucho tiempo, dos de las voces con más fundamento y más eficaces entre las que llevan la sabiduría chamánica antigua al mundo occidental. Les habíamos conocido el año pasado, cuando fueron conferenciantes invitados en nuestra primera convención anual sobre el enfoque de Donna a la medicina energética. Causaron una profunda impresión en nuestra comunidad, y fue un placer verlos de nuevo. Cuando hablamos con ellos, supimos que eran exactamente la pareja que buscábamos. Aunque sugeriremos que todas las parejas, se den cuenta o no, se encuentran en un viaje espiritual compartido, Alberto y Marcela son muy conscientes de ello. Se basan en antiguas técnicas de iluminación, como las ceremonias chamánicas y ciertas búsquedas de la revelación en la creación habitual de «espacio sagrado» para ellos mismos y su relación. Ellos, muy amablemente, nos permitieron entrevistarlos sobre su relación personal como viaje espiritual.

Desde el inicio de la entrevista, quedó claro que los conceptos convencionales son demasiado limitados para permitir un entendimiento preciso sobre el modo en que Alberto y Marcela experimentan su relación de pareja. Por ejemplo, describieron su boda como un acontecimiento que tuvo no sólo las características conocidas de la familia y cosas así, sino como establecimiento de un contrato para estar juntos no sólo durante esta vida, a modo de un «matrimonio de dos almas». Se comprometieron a un viaje que está más allá del cuerpo físico, «el cual nos lleva a la conversación sobre dónde quieren vivir cuando abandonen este cuerpo». No es sólo «hasta que la muerte nos separe», para Alberto y Marcela. «Aunque el cuerpo físico cambia y muere, estamos mutuamente conectados a nuestras respectivas esencias, por lo que hacemos prácticas que nos ayudarán a encontrarnos en el otro lado». La práctica que consideramos la más notable consiste en que ellos han cultivado el arte de los «sueños lúcidos», y a veces son capaces de encontrar al otro y de entrar en sus sueños. Durante los sueños lúcidos, la gente es consciente de que están soñando y pueden ejercer cierto grado de control sobre la experiencia, examinando o dirigiendo la forma en que se desarrolla el sueño. Esto está bien documentado, y es una habilidad que mucha gente tiene de modo natural o que ha desarrollado. Entrar en los sueños lúcidos del otro lleva el acto de los sueños lúcidos a una nueva dimensión. ¡Por las mañanas, cuando describen sus aventuras en compañía, por la noche, se dan cuenta de que sus historias coinciden!

Teníamos curiosidad por su contrato, «el matrimonio de nuestras almas». ¿Significa que son ahora, y para siempre después, compañeros del alma, que viajan juntos al otro lado y que vuelven a reencarnarse de nuevo en este mundo, al haber firmado un contrato perpetuo, para toda la eternidad? Éste fue el primer tema en el que fue evidente que los conceptos convencionales no son adecuados para entender la relación de pareja espiritual entre Alberto y Marcela. La increíble respuesta fue que «en el ámbito invisible, que es espiritualmente incluso más real que el ámbito visible, *no existe el tiempo*. Por tanto, es un contrato escrito en la *atemporalidad*. No es hasta mañana, hasta que mueras, hasta que te aburras. No es para siempre. Simplemente significa que está *establecido en la atemporalidad*. Y compartimos prácticas espirituales de forma que pasamos gran parte de nuestras vidas juntos en ese ámbito atemporal, invisible y propio de los sueños. Dado que hacemos esto conscientemente, podemos ver que este mundo físico es en realidad el sueño que soñamos juntos. Es muy real siguiendo la hora del reloj. Pero entonces cerramos los ojos y entramos en la infinitud, en el tiempo sin reloj. Allí es donde reside la esencia que nos vemos mutuamente, el uno al otro, y allí es donde nos encontramos el uno al otro». ¿Tienes problemas con estos conceptos? Tanto el chamanismo como la física cuántica —elige— llegan a la misma conclusión antiintuitiva de que el tiempo es una ilusión.

Conforme prosiguió la conversación, discutimos dos de sus compromisos centrales: (1) dedicación al desarrollo espiritual mutuo y (2) dedicación a ayudar. «Vivimos en los dos mundos, en el del tiempo que marca el reloj y en el del tiempo sin reloj. Y así, nos vemos por la mañana, y nuestro estado de ánimo puede ser «Námaste, saludo a tu divina esencia. ¡Y estoy enfadado contigo!». Nuestras vidas tienen esta manifestación dual. Lo que no es negociable es que nuestra relación nunca se pone sobre la mesa. Nunca se convierte en un artículo de negociación. Esto se debe a que no sólo consiste en cubrir las necesidades emocionales del otro; consiste también en promover el crecimiento espiritual mutuo». Mientras hablaban de la forma en que mantienen su relación como un compromiso «para estar al servicio de la vida, del mundo», hicieron una observación interesante. Dijeron que es como si hubiera «algo que entiende que Alberto y Marcela juntos son mucho más que Alberto y Marcela por separado, y es como si el universo conspirase para apoyar nuestro servicio al mundo. Las oportunidades que tenemos en nuestro camino son notablemente armoniosas. Las sincronicidades tienen lugar de formas asombrosas cuando se está en sintonía a un nivel profundo y comprometidos con el acto de ayudar».

La mayor parte de nuestra charla se centró en las prácticas espirituales compartidas de Alberto y Marcela. Una que está fácilmente disponible para cualquier pareja es que suelen dedicar algún tiempo a compartir y reflexionar sobre sus sueños. Esto les ha hecho volver al espacio sagrado en presencia del otro. Debido a la profundidad de sus conocimientos sobre chamanismos y otras tradiciones espirituales, sería demasiado simplista y engañoso intentar expresar aquí, en un par de páginas, la calidad de sus prácticas compartidas. Por ejemplo, decir que meditan y rezan juntos es fácil de asimilar, pero sus oraciones son más que eso. Son ceremonias espontáneas de gratitud y bendición, compuestas por prácticas tradicionales que utilizan elementos como el fuego y la tierra, y que honran las cuatro direcciones de la Tierra. Estas prácticas mantienen su conciencia a la orilla de la mayor historia espiritual, que para ellos es la historia real de su relación.

¿Son relaciones de pareja espirituales todas las relaciones a largo plazo?

Alberto y Marcela están en sintonía con una verdad que no ven muchas personas que se han educado en la cultura tecnológica occidental. La vida diaria es parte de una historia de un tamaño mayor de lo que nuestros sentidos pueden detectar. A nivel interpersonal, cuando construyes una vida con otra persona, vuestras energías se combinan para formar un nuevo campo que es propio de vuestra relación. Éste incluye los patrones más profundos, inherentes a cada una de vuestras historias personales, y los combina en una aventura compartida en la que influyen fuerzas que normalmente trascienden vuestro conocimiento consciente. Echar un vistazo a esta historia interpersonal de mayor tamaño, y más allá de ella, permite arrojar luz sobre la historia terrenal de tus experiencias cotidianas. Utilizar este enfoque nos ha permitido varias veces seguir por buen camino cuando toda nuestra relación podía haber descarrilado.

Cuando Donna vio a David por primera vez, antes de que él ni siquiera la hubiese visto, ella escuchó lo que, sin lugar a dudas, eran palabras que indicaban un profundo e intenso amor, incluyendo —y ella lo recuerda, palabra por palabra— «este hombre pasará el resto de su vida contigo». Que David tardara unos siete años de tumultuosa relación que a veces abandonaba y otras retomaba, además de la lógica tensión, en entender por completo que «podía salir algo de todo aquello», dice mucho sobre la interacción entre el ámbito terrenal y las fuerzas que hay más allá de él (por no hablar de lo que revela sobre la dinámica entre nosotros). El ámbito de los sentidos es la realidad que se nos pone delante cada día. Reconocer las fuerzas invisibles que influyen en esa realidad requiere un tipo diferente de percepción y conciencia, que se pueden cultivar, como veremos más adelante, en este mismo capítulo. Cuando las cultives en colaboración con tu pareja, tu relación podrá entrar en territorios que tu mente racional nunca podría concebir.

Cuerpo y alma

El mundo familiar de tu cuerpo físico está conectado con el etéreo y misterioso ámbito de tu alma mediante capas de energía invisible. Algunas de estas energías se han cartografiado científicamente (por ejemplo, se han identificado rutas neuronales que se activan electroquímicamente durante un momento de inspiración), mientras que otras siguen siendo tan insondables como las fuerzas que diseñaron la misma creación del universo. Un notable hecho histórico es que la ciencia, la filosofía y la religión no han podido ofrecer una explicación coherente de la relación entre *cuerpo* y *alma*, o incluso entre *cuerpo* y *mente*. ¿Mediante qué mecanismo puede un alma o mente etéreas mover un objeto físico (el problema «mente-cuerpo»[3])? ¿Cómo puede un cerebro

---

3. Anthony Dardis, *Mental Causation: The Mind-Body Problem*, Nueva York, Columbia University Press, 2008.

físico generar experiencia subjetiva (el «problema *duro* de la conciencia»)[4]? Pueden darse respuestas a estas cuestiones a partir de un mayor conocimiento de las energías, dispuestas en numerosas capas, que conectan el cuerpo y el alma, pero seguirán existiendo misterios más profundos sobre el alma y el espíritu.

Alma y espíritu

¿Qué podemos saber sobre los órdenes invisibles del alma y el espíritu? Nuestros antepasados más antiguos necesitaban una palabra para describir la fuerza animada o principio vital que observaban en todos los seres vivos. La palabra del castellano *espíritu* procede del término latino *spiritus*, que hacía referencia al movimiento del aire: los misterios del viento sobre la tierra y de la respiración por el interior del cuerpo. El ámbito de lo etéreo no se expresaba mediante metáforas concretas como el viento o la respiración, sino de una forma que invite a la mente a considerar las *fuentes* del viento de la Tierra y del aliento del cuerpo. La palabra *espíritu* ha llegado a designar la fuerza animada de todas las criaturas vivientes y, cuando se escribe en mayúsculas, se refiere a la energía inteligente y omnipresente de la Creación. Independientemente de que piensas en un ser como Dios, en las fuerzas naturales que iniciaron el proceso en el Big Bang, un poder invisible que no se puede imaginar o el principio rector subyacente al diseño de todo lo que podemos ver, algo ocurre más allá de lo que nuestros ojos pueden ver. Nos referiremos a *ese algo*, la fuerza responsable de las leyes coherentes y del orden del universo, como el Espíritu.

El alma, en cambio, es la manifestación del Espíritu a nivel *personal*. En esta interpretación, ampliamente compartida por las tradiciones místicas de todo el mundo, tu identidad consciente no es sino una pequeña parte de todo lo que eres. Tu alma no es sólo la esencia sapiente, observante, experimentante y viviente que ve a través de tus ojos y registra tus pensamientos. Con su conexión directa con el Espíritu, la fuerza creativa subyacente del

---

4. David J. Chalmers, *The Character of Consciousness,* Nueva York, Oxford University Press, 2010.

universo es mucho más que lo que tu mente puede comprender. Los sabios espirituales tenían un estudio ya iniciado sobre la enormidad del cielo nocturno como metáfora de la grandeza interior.[5] Consiste en un ejercicio iluminador. Aunque tu personalidad refleja tu alma, también se formó por tu genética, tu crianza y tus circunstancias. Es la coraza exterior y limitada de tu esencia, y en realidad puede tener poco parecido con tu alma, que se encuentra en el núcleo de tu ser. Sin embargo, conforme maduramos y ganamos sabiduría, los caminos del alma se hacen más prominentes y discernibles en nuestras vidas diarias. No obstante, Espíritu y alma son los misterios vitales insondables de nuestra existencia. Cualquier intento —como por ejemplo éste— de expresarlos con palabras consiste simplemente en señalar, más que en describir.

¿Almas gemelas?

Al reflexionar sobre el Espíritu y el alma surgen dos cuestiones que han intrigado a la humanidad a lo largo de la historia: lo que hay después de la vida y el destino. ¿Hay almas gemelas que han viajado juntas en vidas anteriores, y que de algún modo están destinadas a continuar su viaje conjunto durante esta vida? Lo que escuchó Donna en su interior —«Este hombre pasará el resto de su vida contigo»—, ¿nos convirtió en *almas gemelas*? ¿Fue el cumplimiento de la promesa de que «alguna noche encantada, verás a un extraño… pasar por una sala llena de gente?». La literatura popular sobre almas gemelas sugiere que «tu alma gemela hace que te sientas completamente entero, inmaculado e intacto, como si no faltase ninguna pieza del rompecabezas», lo cual está acentuado por reminiscencias de vidas pasadas en común, un profundo entendimiento mutuo sin necesidad de palabras, una fácil aceptación mutua de los defectos y un fiable sentimiento de confianza mutua cuando está presente el otro.[6] Debemos confesar que así no fue como nos ocurrió a nosotros (ni a ninguna otra persona que conozca-

---

5. Thomas Moore, *Soul Mates: Honoring the Mysteries of Love and Relationship*, Nueva York, HarperPerennial, 1994.
6. Carmen Harra, «The 10 Elements of a Soulmate», Huffington Post, 17 de julio de 2013, www.huffingtonpost.com/dr-carmen-harra/elements-of-a-soulmate_b_3595992.html

mos, de hecho). En realidad, nosotros nos sorprendemos de los primeros años que pasamos juntos y de cómo parecía que teníamos que luchar por cada pequeño elemento de compatibilidad.

→ LA DIMENSIÓN ENERGÉTICA ←

Espíritu («E» mayúscula)

Utilizamos el término *Espíritu* para designar la energía primordial del universo, la Fuente inaprensible y eterna de todo lo que existe. Aunque no pueda entenderse, se puede experimentar, y se ha experimentado a menudo, en la comprensión mística directa, como una fuerza trascendente que dirige el universo y todo lo que hay en su interior.

Alma

Llamamos «alma» a una manifestación de esta energía primordial. El alma *registra* la experiencia y evoluciona *con* ella. Esta evolución se define por la conciencia en expansión. El alma se ubica en un continuum de energías que hay entre el ámbito inaprensible del Espíritu y la energía más tangible que conoces como espíritu *personal*.

espíritu («e» minúscula)

Del modo que el Espíritu, con «E» mayúscula, genera tu alma, tu alma genera tu espíritu, y tu espíritu anima tu cuerpo (los economistas podrían llamar a esto el «efecto de filtración» de la energía universal). Yo (Donna) experimento el *alma* como una energía suave y profunda que es muy estable, ya que evoluciona muy lentamente. Concibo el *espíritu* como la energía dinámica que procede del profundo interior de una persona que interactúa con el mundo. Es profundamente inteligente y valiente, y cumple las órdenes de tu alma mientras recorres tu camino por este mundo material, la energía más densa de las conocidas. Tu espíritu está en continua interacción con las energías físicas de tu cuerpo —las del espectro electromagnético, así como las dimensiones más sutiles de tu aura, meridianos, chakras y circuitos radiantes—, y necesita su apoyo para prosperar. Un modo de entender la diferencia entre el espíritu y las otras energías del cuerpo es que éste abandona el cuerpo después de la muerte, mientras que el aura, los chakras, los meridianos y las energías electromagnéticas se desvanecen poco a poco. El espíritu de un niño pequeño es relativamente puro, pero las dificultades de la vida lo transforman. Una forma de medir tu éxito es saber el grado en que has mantenido o recuperado la fuerza natural de tu espíritu.

No obstante, sí parece que existe una característica predestinada en nuestra relación de pareja. En cierta ocasión, después de haber roto nuestra unión, vivíamos a cientos de kilómetros el uno del otro, y Donna acababa de librarse de un doloroso proceso de duelo por nuestra relación. Por fin se sentía libre en su corazón para dar la bienvenida a cualquier cosa que llegara después a su vida. Pasó algún tiempo en una montaña, en Oregón, disfrutando del lugar. Cuando bajaba de la montaña en su vehículo, alegre y triunfante, escuchó la misma voz que había oído la noche en que nos conocimos, tan clara como si saliera de la radio de su automóvil, que decía: «A pesar de las apariencias, te casarás con el hombre». Al haber terminado poco antes la lucha de haber expulsado «al hombre» de su vida, se puso furiosa y comenzó a discutir. Vivía en Ashland, Oregón, y David aún estaba en San Diego, donde nos habíamos conocido. No era probable que fuéramos a encontrarnos de ningún modo. Todo había acabado, y ella confirmó este hecho, mental, pero enfáticamente. «Pasarás el verano en San Diego», dijo la voz. «¡Eso es ridículo!», contestó la mente de Donna. «Además, ¿cómo podría mantener a las niñas y a mí misma?». Impertérrita, la voz contestó: «¡Habrá trabajo!». Esa semana, Donna recibió por correo ofertas para dar siete charlas distintas en San Diego, durante el verano siguiente. Mientras tanto, uno de sus amigos más íntimos de San Diego la llamó y dijo: «Me gustaría pasar el verano en Ashland. ¿Te gustaría volver a San Diego una temporada? Podríamos intercambiar nuestras casas».

Así que Donna llamó a David para informarle de que iba a pasar el verano en San Diego. Educadamente, le dijo que quería que supiera esto directamente por ella misma, y no por los rumores, y quería asegurarle que no regresaba para volver a estar con él de ningún modo. Pasaron semanas después de que Donna regresase a San Diego, sin que los dos se vieran. David ya tenía otra relación. Entonces, el 21 de junio de 1981, en San Diego, cuatro años después del día que nos habíamos conocido, David entró en una gasolinera. Cuando salió del vehículo, Donna Eden estaba echando gasolina a su propio vehículo. Cuando nuestros ojos se encontraron, hubo una electricidad que los dos aún recordamos. David prácticamente gritó a Donna: «¡No! No podemos hacer esto. Estoy casi casado». Sin embargo, sus protestas no eran nada contra las energías que les obligaban a acercarse magnéticamente, uno hacia otro. Después de media hora de charla, nuestra relación estaba restablecida de manera firme e irrevocable. Cuando David llegó a casa, la mujer con quien había empezado a vivir estaba haciendo las maletas. Ella dijo proféticamente: «No sé lo que está pasando, pero creo que necesitas espacio». Por casualidad, cuando David había entrado en la gasolinera, él volvía de visitar a sus padres. Cuando se marchaba, su padre dijo: «Tengo un libro para ti. Es uno que aportó mucho a mis ideas sobre salud en la década de 1940, y acabo de encontrar un ejemplar repetido que debo haber comprado en algún lugar, a lo largo de los años». El nombre del libro era *Back to Eden*.[7]

Antes de todo eso, mientras intentaba hacer compatible la profunda conexión que sentíamos con lo tremendamente difícil que iba a ser estar juntos, David llevó los datos de nuestros nacimientos a un astrólogo. En resumen, el astrólogo le dijo que buscara a otra persona; no había manera de que esa relación pudiera prosperar. Al sentirse bastante idiota por recurrir a algo tan poco científico como la astrología,[8] al menos quiso saber si había acuerdo entre distintos astrólogos. Llevó la misma información a otros dos astrólogos, quienes llegaron prácticamente a las mismas conclusiones. Donna ya estaba viviendo en Ashland en esa época, y David decidió hacer una última visita para asegurarse de que era realmente inviable. Mientras tanto, Donna se había hecho amiga de una mujer, Kate Maloney, que tenía fama en su ciudad por ser una astróloga con grandes dotes y con un enorme trasfondo espiritual, y Donna acordó que fuéramos a su consulta. Sin embargo, el día acordado, Kate llamó a Donna y le dijo que había estado enferma y que no había sido posible hacer la carta astral conjunta. David regresaba a San Diego el día siguiente, así que nunca fuimos a esa consulta. Aunque nuestra temporada juntos en Ashland en realidad había sido bastante intensa, David decidió que nuestra historia había estado repleta de tantas peleas, además de los presagios negativos de los tres astrólogos, que simplemente no era el camino adecuado que él debía elegir y se marchó a Ashland. Puso término a nuestra relación con una llamada telefónica que fue angustiosa para los dos.

---

7. En español, «De vuelta al Edén», al paraíso. Pero también el hecho de volver a estar con Eden, el apellido de Donna. *(N. del T.)*
8. Para leer una explicación científicamente equilibrada de las relaciones entre los alineamientos planetarios, la psique humana y los acontecimientos que ocurren en el mundo, véase Richard Tarnas, *Cosmos and Psyche: Intimations of a New World View*, Nueva York, Viking, 2006.

Unos días después, Kate llamó a Donna y le dijo que había terminado la carta. Donna le comentó que era demasiado tarde. Ella no quería saber todo lo que sentía que estaba bien en torno a la relación, ahora que ya había terminado. La mañana siguiente, Kate volvió a llamar y dijo que acababa de tener un sueño que creía que le indicaba que Donna debía acudir para leerle el futuro. Donna siguió sin estar interesada. Un par de días después, Kate llamó otra vez y dijo que sus «guías» estaban en su maleta para llevar la información a Donna. Ésta seguía sin estar interesada. En esos días, tuvimos una conversación telefónica para atar algunos cabos sueltos, y Donna mencionó los insistentes intentos de la astróloga por compartir su interpretación de nuestra carta astral conjunta. David, creyendo que esa lectura confirmaría las conclusiones sorprendentemente similares de los otros tres astrólogos, y que eso facilitaría que Donna dejara nuestra relación, la animó a que concertara la cita. Cuando Donna entró, Kate describió una profunda armonía que era más importante que las incompatibilidades superficiales, que eran los temas sobre los que informaron los otros tres astrólogos. Aunque Kate también vio en qué cosas se habían concentrado los otros, pensó que había una historia más profunda. Dijo: «No tendréis hijos juntos (aún teníamos treinta y tantos en aquel entonces), pero tu familia será la "familia del hombre"». Aunque no teníamos la sensación de que fuéramos a trabajar juntos en alguna ocasión, el viaje compartido que hemos tenido ha conllevado ofrecer servicios curativos no sólo a las personas a las que habríamos visto si hubiésemos proseguido nuestro trabajo de forma independiente. Casi mil profesionales de la sanación energética que han realizado nuestro programa de cualificación de dos años ofrecen sesiones a muchos miles de personas en cualquier momento determinado y dan cientos de clases por todo el mundo. Nosotros no teníamos más ambición que extendernos más allá de nuestras propias experiencias individuales, y sin embargo ofrecer curación a «la familia del hombre» se ha convertido desde entonces en el objetivo que define nuestras vidas.

¿Significa esto que estábamos destinados a estar juntos para llevar a cabo esta tarea? Varias veces ha parecido que el universo se ha tomado demasiadas molestias para mantenernos juntos o reunirnos, como por ejemplo al llevar a Donna a San Diego el verano de 1981, para evitar que David se casara seguramente con otra. Siempre hemos considerado la aparición del libro *Back to Eden* un detalle especialmente agradable por parte del universo. Pero la mayor parte del tiempo, nuestras vidas son como las de todos los demás. No hay luces intermitentes en el cielo que nos indiquen nuestro destino como pareja. Aún nos enfadamos y no captamos las señales el uno del otro, con maneras que pueden ser incómodas o incluso dolorosas. Por tanto, ¿somos almas gemelas con un claro destino juntos, o sólo una pareja cualquiera que avanza, poco a poco, por su propio camino?

Tenemos la sensación de que hay algo de ambas cosas. Después de largas carreras ayudando a la gente a vivir mediante una mejor sintonía con sus capacidades más elevadas –lo que Abraham Lincoln llamaba «los mejores ángeles de nuestra naturaleza–, creemos que el destino humano está determinado por tres factores esenciales: elección, destino y azar. Las elecciones que haces cada día son las formas más importantes en que configuras tu futuro. Donde es más evidente el papel del destino en lo que llegas a ser es en tu herencia genética. Tu altura, aptitudes naturales y propensión a determinadas enfermedades –aunque pueden estar mediadas por tus decisiones y tus circunstancias– están, en un grado considerable, determinadas por el destino. El destino es también el que elige a tu familia y las condiciones que dan forma a tu identidad y tu personalidad. Más allá de la simple herencia genética, la familia y la cultura de origen, el concepto de destino también conlleva que otras circunstancias de tu vida estén del mismo modo predestinadas. ¿Cómo puede funcionar eso? Igual que la estructura de un cuerpo en proceso de maduración está implícita en las energías que rodean al embrión, como demostró de manera convincente que Harold Burr, cada uno de nosotros lleva una energía que puede influir en eventos clave de formas predeterminadas. Incluso hechos que parece que ocurren por azar pueden estar dirigidos por la mano invisible del destino. Sin embargo, algunas cosas parece que son producto del puro azar, como cuando hay personas heridas en un terremoto u otra catástrofe masiva. Por el lado positivo y creativo, el universo utiliza el destino, en forma de mutaciones genéticas aleatorias, como motor de la evolución y la expansión.

Creemos que los tres factores –elección, destino y azar– intervienen en las vidas de todas las personas. Sea cual fuere la combinación de elección, destino y azar que tengas, tu relación es un viaje de vuestras almas, una reunión de las fuentes más profundas de vuestro ser. Como afirma el dicho, «nosotros no somos seres humanos que tienen una experiencia espiritual, sino más bien seres espirituales que tienen una experiencia humana».[9] En este sentido, la

---

9. Normalmente atribuido al gran místico, el jesuita Pierre Teilhard de Chardin.

expresión *almas gemelas* es útil como un constante recordatorio de que entre vosotros hay algo más de lo evidente y lo superficial. La expresión no es útil, por el contrario, si la usas para decir que, con el objetivo de que tu relación sea espiritualmente válida, de algún modo tiene que encarnar las cualidades de la sencillez y el sentido del destino mencionados antes. Ese concepto no proporciona un conjunto realista de baremos con los que medir vuestra relación. Cuando vivís juntos, vuestras almas están creando mutuamente una nueva historia sobre la Tierra, influida por otras historias más antiguas que os impulsan a avanzar. La elección no tiene que ver con que vuestra relación sea un viaje de vuestras almas, sino con el grado en que permites que esa dimensión de tu relación de pareja la promueva en tu conciencia y con total atención.

Los caminos del alma

¿Por qué es importante para tu relación que conozcas los mundos invisibles del Espíritu y del alma? Thomas Moore, autor de los libros éxito de ventas de la lista del *New York Times*, *Care of the Soul* y *Soul Mates*, no simplifica en exceso, ni glorifica, este tema. El matrimonio, al que denomina el «entrelazamiento conjunto de muchas facetas del alma distintas», está «repleto de sentimientos paradójicos, grandes fantasías, profunda desesperación, benditas revelaciones y amargas luchas; todo ello signos de la presencia activa del alma».[10] Tampoco limita su enfoque a los aspectos psicológico y romántico del amor:

> El matrimonio tiene menos que ver con la intención consciente y con la voluntad que con niveles más profundos del alma. Para conocer mejor el matrimonio y sus problemas, tenemos que cavar más hondo que la conocida investigación terapéutica sobre las influencias parentales, los traumas infantiles y las ilusiones del amor romántico. El alma siempre llega a profundidades mayores de lo que esperamos, especialmente en el matrimonio, que en gran medida pone los cimientos para temas de comunicación e incluso de relación interpersonal, con lo que toca áreas de absoluta importancia para una vida significativa y llena de sentimiento.[11]

---

10. Moore, *Soul Mates*, 45.
11. Ibíd., 46.

Al alma le encanta estar en relación con otras almas mediante relaciones de pareja íntimas, familia, amistades y comunidad. Las relaciones nos transportan al ámbito de lo sagrado porque encontramos «infinitas y misteriosas profundidades» en nosotros mismos y el uno con el otro.[12]

El tema predominante que impregna el escrito de Moore es que los caminos del alma son muy diferentes, y a menudo opuestos, a los de la mente. Decía la penetrante observación de Blaise Pascal: «El corazón tiene razones que la razón no conoce». El alma no queda cautivada por ideales y aspiraciones. No está interesada en hacer la vida predecible y ordenada. No consiste en una búsqueda para encontrar las estructuras que permitirán que tu carrera progrese de manera más eficaz o que mantendrán tu matrimonio puro y en orden. No se dedica a buscar la perfección. En lugar de eso, el alma es salvaje e impredecible, trasciende el conocimiento racional. Es un «misterio», y no «un rompecabezas que se pueda resolver».[13] El instrumento del alma no es la mente ni el cuerpo, sino la imaginación; y el amor es su más profunda expresión.

→ LA DIMENSIÓN ENERGÉTICA ←

Las energías del amor

El amor ha tenido buena prensa: «Dios es amor». «El amor es la máxima expresión del espíritu humano». «El amor es la cúspide de la evolución». Pero, dejando a un lado la poesía, ¿cuál es exactamente la energía del amor? Al pedirle que describa el amor energéticamente, Donna dijo: «Hay muchos tipos de amor, y cada uno tiene su propia energía. Permíteme intentar encontrar algunos aspectos en común. ¿Qué comparten, por ejemplo, el amor romántico y el amor de un abuelo por su nieto? Una energía radiante se extiende desde el chakra del corazón y, mediante un movimiento ondulante, busca activamente el aura del amante o del nieto. La energía que emana de los ojos tiene para mí el mismo aspecto que tendría una bella música, si pudieras ver los sonidos. Cuando observo con atención el amor maduro, es una fuerza tan real como la de la gravedad. Impulsa a dos almas para unirlas con un amor increíble, o incluso a toda una familia o una comunidad.

---

12. Ibíd., viii.
13. Ibíd., xi.

El alma dirige tu atención al núcleo de un tema, viendo justo a través de cómo el intelecto afronta la situación. En lugar de ser distante o ascética, el alma está orientada a la vida y al compromiso con el mundo: le encanta involucrarse en «lugares, ideas, tiempos, figuras y períodos históricos, cosas, palabras, sonidos y configuraciones».[14] Al mismo tiempo, el alma requiere «frecuentes excursiones al encantamiento [igual que] el cuerpo necesita comida y la mente precisa pensamiento».[15] El encantamiento es «un dominio del alma»[16] que nos permite conectar íntimamente con el mundo y con otras personas, con una valoración directa de lo sagrado en cada aspecto de la vida. El alma «necesita vivir en un mundo que incluya tanto hechos como sagrada imaginación».[17] Vivir una vida con más alma consiste en apreciar los caminos del alma y comenzar a resolver sus conflictos con los procedimientos de la mente, empezando por reconocer y respetar el valor que hay en cada uno.

Abrirse a los caminos del alma

En las culturas de todo el mundo y a lo largo de toda la historia, el encantamiento se cultiva para el individuo y para la comunidad mediante festivales, rituales, ceremonias y celebraciones. Prácticas que hablan al alma y a sus misteriosas profundidades nos conducen a «visiones trascendentes, experiencias que expanden el corazón y estrechan los límites de la creencia y el entendimiento».[18] Por supuesto, nadie se puede encontrar siempre en un estado de arrebato, «pero sí que tenemos oportunidades frecuentes, incluso diarias, para entrar» en niveles de experiencia que nos elevan.[19] Estas «oportunidades diarias» por lo general tienen dos propiedades compartidas: un sentido del goce o el deleite y ver con nuevos ojos lo que resulta

---

14. Ibíd., 3.
15. Thomas Moore, *The Re-Enchantment of Everyday Life*, Nueva York, HarperPerennial, 1996, ix. [Hay edición en español: *El placer de cada día*, Ediciones B, Barcelona, 1997].
16. Ibíd., 11.
17. Ibíd., x.
18. Ibíd.
19. Ibíd.

familiar. La naturaleza te refuerza a fin de que te tomes el tiempo necesario para permitir que el ámbito del alma entre en contacto con tu conciencia. Incluso en medio de grandes sufrimientos, comentó Epicuro, filósofo de la antigua Grecia, una pizca de placer permite que un orden más profundo se revele a sí mismo y nos sustente.[20] Una dulce sensación de alegría puede acompañar a algo tan simple como captar de forma diferente el arbusto de lavanda que ves todos los días por la ventana. Descubrir por primera vez algo que siempre ha estado en el mismo sitio o, por otro lado, encontrarte con tu pareja y con tu mundo a un nuevo nivel suele ser agradable y puede resultar excitante. En nuestra labor de curación, podemos vernos transportados fácilmente a un espacio elevado. Conocida en los círculos clínicos como «resonancia psicoterapéutica»[21] o la «experiencia de integración»,[22] muchos curanderos informan sobre una fugaz fusión del límite que existe entre ellos mismos y algún cliente que, gracias a su intensidad, desborda con su empatía y compenetración, incluso la comprensión no verbal inmediata de los sentimientos, y las sensaciones físicas de los demás. Las parejas también pueden acceder a este espacio, el uno junto con el otro.

Entrar en espacio sagrado

Aunque esta resonancia tiene lugar espontáneamente, puedes invocar la experiencia dedicando tiempo protegido y dirigiendo tu atención de modos concretos, como por ejemplo los que describimos brevemente. Cuanto más requieras la presencia de lo sagrado en la vida cotidiana, más familiar y habitual será el hecho de acceder a espacios sagrados. Dado que encontrarse en esa zona nutrirá lo más profundo, empezarás a buscar oportunidades habituales, y las encontrarás en la naturaleza, las personas, las conductas y los acontecimientos, así como en una mayor atención a las sincronicidades, las coincidencias significativas que revelarán la existencia de un plan de mayor entidad.

---

20. Citado en Moore, *The Re-Enchantment of Everyday Life*, xviii.
21. Virginia A. Larson, «An Exploration of Psychotherapeutic Resonance», *Psychotherapy* 24 (1987): 321-324.
22. Molly Merrill Sterling y James F. T. Bugental, «The Meld Experience in Psychotherapy Supervision», *Journal of Humanistic Psychology* 33, no. 2 (1993): 38-48.

Recuerda el consejo del capítulo 8 sobre el mantenimiento de la pasión sexual en tu relación: «*Primero* di "sí", y *después* genera el deseo». Tú también puedes decir «sí» en primer lugar, para que entréis juntos en terreno sagrado, y posteriormente trazar el camino. A continuación, ofrecemos diversos procedimientos estructurados con los que puedes utilizar tu voluntad y tu intención para crear caminos que os llevarán a los dos al mundo espiritual.

Excursiones compartidas por vuestras almas
Más fácil de lo que podrías pensar

Buena calidad de música, poesía, teatro, literatura, textos sagrados, pintura, coreografías y valoración de la naturaleza que habla al alma. También pueden ser puertas de entrada, compartidas con tu pareja, en el ámbito del alma. Puede ser tan simple como ver juntos un DVD de una película inspiradora o profundamente conmovedora. Aunque hay muchas maneras de ver una película, incluso el entretenimiento «pasivo» puede ser activo y sentimental. Nos sentamos los dos juntos, con los cuerpos en contacto, de una u otra forma, dejamos translucir nuestras emociones y respondemos a la experiencia del otro. Después también tendremos cierto tiempo para compartir y reflexionar sobre nuestros sentimientos, o incluso podemos hacerlo durante la película, pulsando el botón de «pausa». El arte y la naturaleza ofrecen puertas de acceso por las que podéis entrar juntos para alimentar el alma, y suelen estar al alcance de todos. Unirse en la expresión creativa, como hemos tenido el privilegio de hacer en nuestra elaboración de libros y nuestra docencia en común, puede añadir una nueva dimensión al viaje compartido de vuestras almas, pero cualquier cosa que mantenga vuestras energías fluyendo de nuevas maneras puede fortalecer la conexión de vuestras almas. Sacar a nuestro nieto de cinco años a visitar el zoo, la playa o el parque está entre nuestros métodos favoritos para acceder al mundo de la imaginación y el alma.

Las energías se mezclan en las sombras, así como en la luz

Además de utilizar el arte y la naturaleza como puertas de acceso para entrar en contacto juntos con los dominios del alma y el Espíritu, os encontráis cada uno en la vida del otro como catalizadores mutuos del crecimiento y la evolución. Vuestras discordias son tan vitales para vuestra relación como vuestra armonía. Cuando presionáis la coraza externa de la personalidad del otro puede resultar doloroso, podéis causar grietas, pero a veces es gracias a esas grietas por lo que tu alma puede encontrar el corazón de tu pareja. El dolor que os causáis el uno al otro, y la manera en que tratáis ese dolor, son procedimientos por los que vuestras almas entran en contacto y se entrelazan. Sé consciente de que esos momentos difíciles forman parte de la química de vuestras almas y de vuestro viaje común, igual que los buenos momentos. El poeta John O'Donohue ofrece bonitos consejos para los tiempos difíciles, aunque no resulte tan fácil darles la bienvenida ni aceptarlos:

POR EL AMOR, EN UN MOMENTO CONFLICTIVO[23]

Cuando la ternura que hay entre vosotros se endurezca
y nunca más os pertenezcáis el uno al otro,
que las profundidades que habéis alcanzado os retengan.
Cuando no se pueda decir, ni escuchar, ninguna palabra sincera,
y os reflejéis el uno al otro en el texto del dolor,
cuando incluso el silencio se haya vuelto crudo y desgarrado,
que oigáis de nuevo el eco de vuestra primera música.
Cuando el tejido del cariño empiece a desenredarse
y el odio comience a quemar el suelo que hay entre vosotros,
antes de que este clima de dolor invite
a la negra semilla de la amargura a echar raíces,
que vuestras almas lleguen a besarse.
Ha llegado el momento en que uno de vosotros sea amable,
que permita una gentileza más allá del pensamiento y el dolor,
extended los brazos con manos firmes
para tomar el cáliz de vuestro amor,
y llevadlo con cuidado por esta desolación sin eco
hasta que esta peregrinación invernal os lleve
hacia la puerta de entrada a la primavera.

---

23. John O'Donohue, *To Bless the Space between Us,* Nueva York, Doubleday, 2008, 32.

→ LA DIMENSIÓN ENERGÉTICA ←

Cuando vuestras energías se mezclan en una actividad creativa

Cuando tenéis una relación mutua de carácter creativo, las energías de vuestras auras se superponen. En la zona de superposición, se crea temporalmente una nueva energía con propiedades esenciales, procedentes de vuestras auras. Esta energía, de hecho, puede crecer y convertirse en un campo de energía distinto que os rodee a los dos, a la vez que os mantiene sincronizados y con un carácter creativo. Dentro de este campo, los chakras específicos de uno pueden también dirigirse hacia el otro, enceneros la chispa mutuamente y mejorar la creatividad en el área o tema dirigidos por ese chakra. Además, a veces los dos podéis veros catapultados hacia otra frecuencia que es muy distinta de la energía de cualquiera de los dos por separado. Esta frecuencia puede formar parte del «campo de transformación» del tema sobre el que indagáis mutuamente, ya sea la valentía vista en una película, los logros crecientes del potencial humano, vistos en un evento deportivo, o la inspiradora labor que impregna la naturaleza. Todas estas energías combinadas disuelven las fronteras hasta que vuestras almas se reconozcan mutuamente en un encuentro puro que cambie a las dos químicamente.

Cuando vuestras energías se mezclan en una actividad que genera tensión

Cuando existe un distanciamiento con la persona que amas, una energía urgente y abrumadora se dispara como una bala, a menudo intentando arreglar ciegamente lo que de repente sentimos que está mal. A continuación pueden surgir esquemas arraigados como culpar o autoculparse, criticar o tener pena de uno mismo, agredir o retirarse, avergonzarse o deprimirse. Sin embargo, el impulso más profundo es que se te vea al lado de tu pareja, al nivel del alma, y que volváis a conectar a ese nivel. No obstante, incluso en medio de la estabilidad propia de respuestas poco hábiles, como echar la culpa al otro o el desprecio de sí mismo, el encuentro mutuo hace más grande y poderoso el campo que os rodea. Pero, a diferencia del campo que hace posible la creatividad, este campo puede sentirse como una servidumbre. Una fuerza externa penetra en este campo y te mantiene dentro del conflicto con una intensidad increíble, pero por un propósito sagrado. Este propósito es abrirse camino y alcanzar el alma de tu pareja. Cuando logres abrirte camino y volver a conectar (en eso consistía el pacto, presentado en el capítulo 3), los lazos de vuestras almas se harán más intensos con alegría, alivio, seguridad y un sentido de haber llegado a casa.

Un ritual diario

Cuando, en 1999, decidimos abandonar nuestras cómodas prácticas en Ashland, Oregón, para embarcarnos en una vida de viajes y clases, David prometió a Donna que él le ofrecería a ella un equilibrio energético cada mañana. El equilibrio energético se ha convertido en un ritual diario que los dos esperamos con deseo. Aunque las técnicas energéticas que utilizamos varían un tanto de día en día, normalmente incluyen muchos de los métodos básicos presentados en el capítulo 3.

A continuación ofrecemos un ejemplo de esta mañana. Tenemos una mesa de masaje permanentemente instalada en nuestro dormitorio (lo que obliga a tener las cosas un tanto amontonadas, pero vale la pena, sin duda; cuando estamos de viaje utilizamos la cama de la habitación del hotel, donde se puede trabajar, pero es menos cómoda para quien aplica el equilibrio). Esta mañana, Donna fue la primera en recibirlo, tumbándose boca abajo con la cabeza colgando por encima del borde de la tabla, mientras David dirigía todo el peso de su cuerpo hacia sus pulgares para darle una descarga espinal (pág. 132). Después hizo el tirón de hombro cruzado (pág. 126) sobre la espalda de ella, pero en lugar de detenerse en sus caderas, prosiguió el tirón hacia abajo, hasta la pierna y después el pie. Después, lo mismo con la otra pierna y el otro pie. Esto suele llevar energía al interior de los pies, que puede quedar atrapada allí, por lo que cada pie recibió un masaje rápido, pero firme, y acabó apartando las energías de sus pies, y finalmente fueron eliminadas de cada uno de los dedos. Donna estaba ya casi en estado de éxtasis, que se aceleró con un meticuloso rascado en su espalda. Los sonidos que salían de la boca de Donna en este momento eran muy reforzantes, pero por último David retrocedió, lo que indicó que había llegado la hora de que ella se diera la vuelta.

Ahora con Donna tumbada boca arriba, David comenzó con los cuatro golpecitos (pág. 121), aunque en esta ocasión él masajeó los puntos, en lugar de golpear sobre ellos. Después se puso delante, al lado de su cabeza, colocó sus dedos corazón en la marca del centro de su cuello, donde se une con la base del cráneo (conocido en medicina energética como el punto de poder), oprimió y se inclinó hacia atrás para tirar del punto hacia él mismo, estirando el cuello de ella y abriendo la conexión entre la cabeza y el cuerpo durante aproximadamente medio minuto. Después desplazó sus dedos corazón hacia los lados, aproximadamente dos centímetros cada uno (éstos se conocen como los puntos eléctricos), oprimió y de nuevo se inclinó hacia atrás para tirar de los puntos hacia él, durante aproximadamente medio minuto. A continuación, hizo un estiramiento de la coronilla (pág. 126) y lo finalizó con la sujeción de cabeza liberadora del estrés (pág. 127). Después hizo otro tirón de hombro cruzado, esta vez por encima de la parte frontal del cuerpo de Donna, y de nuevo hasta sus piernas y pies, y siguió con un breve masaje de pies.

Después dio un flujo de cinturón, uno de los favoritos de Donna. Poniéndose de pie al lado de ella, colocó sus manos detrás de la espalda de ella, sobre el lado de su cuerpo que estaba más alejado de él, y empezó a tirar hacia su propio cuerpo mediante presión, con las manos rodeando su cintura, y después hacia arriba y por encima de su estómago, una mano cada vez. Cuando cada mano terminaba el movimiento, la volvía a llevar bajo la espalda de ella y repetía el tirón, de forma que en veinte o treinta segundos hacía el movimiento una docena de veces, y finalizaba de nuevo llevando las energías hacia abajo, a sus piernas y a sus pies, desde donde salían al exterior. Después se colocó en el otro lado. Puesto que el meridiano del bazo es un punto débil de Donna, David trazó su recorrido (con una mano en la parte interior de cada pie, en el dedo gordo, subió poco a poco por el interior de cada pierna, con las palmas de sus manos, extendiéndolas por las caderas, ascendiendo por los lados de su caja torácica, y después hacia abajo, hasta la parte inferior de su caja torácica).

Esta costumbre se ha convertido en algo habitual para Donna, aunque el orden puede variar y tal vez pida —o David se sienta inspirado a utilizar— otras técnicas. No obstante, en un momento determinado, David preguntará: «¿Qué más necesita este cuerpo?». Esta mañana Donna le pidió que la «botase». Sentía algo de tensión en la espalda. Es una técnica que permite que las energías pasen por toda su espalda. David pone sus manos bajo la espalda de Donna, una mano alrededor de cada lado, coloca sus dedos corazón bajo puntos simétricos junto a la espina dorsal, y que presionara arriba y abajo de modo que Donna literalmente bota sobre la mesa. Hizo esto en tres o cuatro puntos distintos, observándola para comprobar los puntos que sentía mejor. Por último, después de algo menos de diez minutos con este pequeño tratamiento energético, lo finalizamos como solemos hacerlo, con David haciendo una cremallera a Donna (pág. 124), seguida de un enganche (pág. 125). En este último introducimos un elemento más verbal en nuestro pequeño ritual diario. David se dirigió a Donna para tratar tres temas de los que hablamos cada mañana:

> «*Di algunas palabras de valoración*» [declaraciones de gratitud sobre lo que es correcto y bueno sobre tu vida, tu pareja o vuestra vida juntos].
>
> «*Desea lo mejor para este día*» [encuentra palabras para adornar tus mejores intenciones en torno al día que está por venir, y a elementos específicos suyos que podrían constituir un desafío o que podrían tener mucho potencial].
>
> «*Sintoniza con tu guía interior*» [escucha tu sabiduría interna para el día que está a punto de comenzar y exprésala en forma de palabras]

Aunque los tres puntos suelen tratarse en uno o dos minutos, sirven para preparar el día que vamos a tener los dos. No sólo salimos de este ritual con nuestras energías fluyendo correctamente y en equilibrio, sino que quedamos conectados y alineados cuando nos separamos para acudir a las tareas de ese día concreto. Este ritual se ha convertido en algo habitual. Pocas veces nos lo saltamos, ya que, cuando lo hacemos, lo echamos de menos. Las actividades diarias que promueven la unión en un plano superior, cuando se cultivan, siempre se desean. Como sabes por nuestros vistazos íntimos a las vidas de Ann y Paul, y de Marcela y Alberto, los rituales para llevarse mutuamente a un espacio compartido que sea sagrado pueden tomar muchas formas, pero las parejas que dedican tiempo y disciplina a crearlos y ponerlos en práctica reciben su recompensa. Te animamos a que diseñes un ritual diario que mejore vuestra relación y en el que dediquéis un tiempo para enriqueceros con él.

Conectar con tu pareja es un modelo para conectar con el Espíritu

Ann Mortifee (pág. 393) es conocida por escribir canciones y funciones de teatro que conducen al público a lo más profundo del mundo de la imaginación espiritual. Cuando le preguntamos algunas técnicas que puedan ayudar, a quienes lean este capítulo, a acceder más fácilmente a un espacio sagrado, situó la cuestión en un contexto más amplio:

> Cuanto más nos identifiquemos con el mundo del Espíritu, en mayor medida podrá él hablarnos a nosotros. Es igual que cualquier relación. Si amas a alguien, cuanto más le digas que le quieres, más tiempo pasarás con él, más pensarás en él, más te comunicarás con él, y él más se dará cuenta de que tú estás ahí, cerca de él. Creo que ocurre lo mismo en tu relación con el Espíritu. Cuantas más expresiones de amor por el Espíritu pronuncies, por el mundo que no se ve, por la esencia espiritual que te da la vida, mejor te comunicarás con él y en mayor medida sabrá de tu existencia. Por eso, mi vida diaria es una conversación de acá para allá conmigo misma y con lo que no puedo ver.

Del mismo modo que mantener una comunicación verbal rica y activa con tu pareja es esencial para tu relación, conversar con las fuerzas naturales que subyacen al diseño de todo lo que puedes ver permite que tu relación con esas fuerzas sea más consciente y palpable. Esta sintonía espiritual puede ser más básica y menos presuntuosa de lo que tal vez creas. Es tanto una actitud como una acción. Ann considera que el mundo natural es una poderosa puerta de acceso al mundo del Espíritu, y está siempre atenta a las oportunidades para entrar por esa puerta. Por ejemplo, tal vez pase cerca de un árbol, y literalmente se detenga y diga, con un respeto completo y sincero: «Veo que estás ahí. ¡Mira lo bello que eres! ¡Mira lo que ha creado el Espíritu!». ¿De verdad dice Ann cosas como ésa en voz alta? Sí, nosotros la hemos oído. Y sus declaraciones también han servido para inducir a nuestra conciencia a entrar en el ámbito del Espíritu. Tu relación de pareja puede ser otra puerta de acceso al interior del Espíritu. Por ejemplo, algunas acciones necesarias para nutrir tu relación con tu pareja pueden servir también como metáforas para permanecer conectado con el Espíritu. En capítulos anteriores hemos examinado tres prácticas para mantener viva tu relación de pareja:

1. Mantenerte en sintonía contigo mismo para *darte cuenta* de lo que te agrada de tu pareja y de tu relación, y de forma habitual *expresar eso en forma de palabras* (gratitud y aprecio, pág. 103).

2. Buscar las frecuencias de energía más altas que justifiquen las interpretaciones más nobles y fortalecedoras para cualquier cosa que ofrezca la vida (elevar la frecuencia, pág. 108).

3. Permanecer emocional y significativamente conectado durante todo el día (pág. 111).

Fortalecer tu relación mediante estos consejos prácticos y pensando en tu pareja sirve como entrenamiento para usarlos en el fortalecimiento de tu relación con las fuerzas invisibles que abarcan la vida en su totalidad. El hecho de añadir oraciones e invocaciones compartidas a estas acciones prácticas permite aumentar su fuerza.

Oraciones e invocaciones compartidas

Basándote en los tres principios mencionados para cultivar el amor consciente con tu pareja —expresando gratitud por la vida que has recibido, sintonizándoos con las frecuencias más elevadas dentro de lo posible y manteniéndoos significativamente conectados con las majestuosas fuerzas del universo—, vuestra relación se eleva. Gracias a este tercer principio, el hecho de manteneros en relación con majestuosas fuerzas espirituales, el lenguaje y la imaginación proporcionan poderosos puentes de conexión. Tomando forma de oración e invocación, esas fuerzas pueden alinear vuestras energías para conectaros con el mundo espiritual. Aunque suelen ir acompañadas de prácticas y doctrinas religiosas, no es necesario tener creencias ni tradiciones especiales para que la oración y la invocación sean significativas y potentes en la tarea de introducir el espíritu en la vida diaria.

En su libro *Illuminata: A Return to Prayer*,[24] Marianne Williamson habla de la oración como una forma de «concentrar nuestros ojos», liberar drásticamente nuestras orientaciones, liberarnos «de las trampas de las energías inferiores» y sintonizar «nuestras energías internas con la verdad».[25] Su libro ofrece oraciones para todos los aspectos de la vida, desde la soledad hasta el afrontamiento de la pérdida y la muerte, pasando por el amor y la curación.

---

24. «Iluminada: Volver a rezar». No hay edición en español. *(N. del T.)*

25. Marianne Williamson, *Illuminata: A Return to Prayer,* Nueva York, Riverhead, 1994, 65-70.

Rezar una sencilla oración antes de comer, o pronunciar una inspiradora invocación como parte de una ceremonia de boda, dota de una energía superior al evento que está a punto de celebrarse. Eleva tu sensibilidad hasta dimensiones que tus sentidos no perciben. A continuación ofrecemos algunas de las invocaciones que hemos utilizado en los últimos meses, y que después hemos transcrito para elaborar este capítulo. Cuando las leas de modo atento y consciente, advierte cómo se modifican las energías de tu cuerpo.

PARA UN NUEVO DÍA:
   Nueva mañana, te saludo con mis ojos abiertos y mi corazón entusiasta.
   Pido a este día oportunidades de amar, de prosperar y de curar a quien necesite sanación.
   Pido ayuda para que lo más puro de mi interior pueda ponerse de manifiesto.
   Que este día me sea amable a mí y a todas las criaturas de este magnífico planeta.

PARA EL COMPAÑERO (O LA COMPAÑERA) DE TU VIDA:
   Eres la persona con quien decidí recorrer y compartir mi vida.
   Que mi amor por ti resplandezca en *mi corazón* para que yo siempre esté en armonía con tu Espíritu.
   Que mi amor por ti resplandezca en *tu corazón*, y que te ofrezca placer y fuerza.
   Que mi amor sirva para curar tus heridas e incertidumbres.
   Ya que cada uno contempla lo que de sagrado hay en el otro, que acompañemos nuestro amor con una alegría que irradie a todas las demás personas de este planeta.

PARA UN NACIMIENTO:
   Este niño que llega al mundo este día
   está rodeado de amor, de asombro, de esperanza.
   Que crezcas en el seno de la paz y con todo el esplendor de tu salud
   y que florezcas en forma de un ser de amor, fuerza y buenos actos en el mundo.

Aunque nosotros preferimos preparar nuestras propias invocaciones en el mismo momento,[26] hay disponibles numerosos libros, como por ejemplo *Illuminata*. El libro *To Bless the Space between Us*[27] (el poema «For Love in a Time of Conflict» lo hemos extraído de él), de John O'Donohue, contiene bellas invocaciones para prácticamente todos los aspectos de una vida en común, y Rumi y Gibran están entre los autores consagrados que son favoritos de muchas personas. En cuanto a nosotros, nuestro ritual diario, descrito antes, finaliza con frases de gratitud, y adorna de forma consciente las bendiciones que cada uno pronuncia para el otro, para el día que comienza. Más allá de eso, no somos especialmente consistentes en nuestro uso de invocaciones, pero cuando las inventamos son muy significativas. Las comidas son un momento habitual para las invocaciones que manifiestan nuestra gratitud y nuestras intenciones relacionadas con cómo podríamos utilizar el alimento que estamos a punto de recibir. Otra ocasión son los momentos en que estamos a punto de emprender alguna actividad creativa. Docenas de minioraciones han imbuido la redacción de este libro, a veces para pedir sabiduría, claridad, concentración y humor; en otras ocasiones, para pedir que tú, querido lector, recibas una guía que proporcione a tu relación mayor facilidad, profundidad, curación y alegría. A menudo, antes de una presentación, pedimos influir en profundidad en el público y de forma que mejore su espíritu, bienestar y control de sus energías. Más recientemente, hemos empezado a incluir ayudantes en nuestras clases, para que la invocación adopte las características de un ritual colectivo. Acompañar una invocación con golpecitos sobre los puntos de psicología energética es apropiado en algunos momentos y puede conceder más poder a las palabras.

Por último, concluimos esta sección sobre el uso de las palabras para invocar mutuamente nuestros espíritus al compartir en la intimidad, con las promesas de Donna durante nuestra boda, en 1984:

---

26. Un bonito libro que ofrece información sobre esto es el de Gregg Braden: *Secrets of the Lost Mode of Prayer*, Carlsbad, CA, Hay House, 2006.

27. «Bendecir el espacio que hay entre nosotros». No hay edición en español. *(N. del T.)*

Me uno a ti, David, para hacer lo más elevado en nuestro modo peculiar de ayudar a elevar la vibración del planeta, a fin de ayudar a restaurar las conexiones rotas y participar en la curación de la Tierra. Me entrego a ti en este magnífico espacio de amor, y sé que la increíble fuerza de nuestro vínculo, David, es sólo comparable a su increíble fragilidad. Por ello, te doy mi palabra de que haré todo lo posible para que sea verdad lo que digo, con todo mi amor. Te amaré bien, y me sintonizo contigo en la intención de compartir mi alegría y mi amor eternamente. Prometo cantar, festejar, bailar, desarrollarme y amar contigo, en la enfermedad y en la salud, en los momentos buenos y en los malos [...] Por todo lo más sagrado, David, por esta sagrada Tierra en la que vivimos, en el nombre del goce del espíritu y de la alegría de la Tierra, te doy mi mano, mi corazón, mi alma y mi hogar.

Prácticas de concienciación

Como hemos explicado en el capítulo anterior, centrar habitualmente tu atención en el momento presente ha demostrado que tiene numerosos beneficios muy poderosos para la psique y para la salud. También permite cambiar tu perspectiva de formas claramente espirituales. Jon Kabat-Zinn, quien ha hecho que la ciencia y la medicina occidentales se interesen por las prácticas de concienciación desde la década de 1970, reflexiona: «Tal vez, en última instancia, lo espiritual simplemente conlleve experimentar de forma directa la totalidad y la interconexión, considerando que la individualidad y la totalidad están relacionadas, que nada está separado o es extraño. Si estás de acuerdo con esto, entonces todo se vuelve espiritual en su sentido más profundo».[28] Basándonos en sus beneficios para la salud, la psique y el espíritu a la hora de recomendarla, te preguntarás por qué la

---

28. Jon Kabat-Zinn, *Wherever You Go, There You Are,* Nueva York, Hyperion, 1994, 265-266. [Hay edición en español: *Mindfulness en la vida cotidiana: donde quiera que vayas, ahí estás.* Ediciones Paidós, Barcelona, 2009].

práctica de la concienciación no se ha convertido en el «elixir universal» de nuestra cultura, pero, como defensores que somos de este método, debemos admitir que no ha sido así.[29] Un número muy elevado de potenciales practicantes de la meditación han luchado con este problema durante siglos. Simplemente es difícil interrumpir la inercia de la vida diaria para introducir prácticas que conllevan tiempo y esfuerzo, y cuyos beneficios pueden ser sutiles y de ningún modo inmediatos. Sin embargo, la ciencia en la actualidad respalda la fe en el valor de la meditación, hasta el extremo de que un número creciente de personas encuentra procedimientos para incluir esta disciplina en sus vidas.

David ha descubierto dos trucos que para él marcan la diferencia. Configura su ordenador para que emita un sonido cada hora. Al oírlo, eleva sus ojos hasta la ventana que hay a la izquierda de su lugar de trabajo, los deja descansar sobre un magnífico eucalipto, hace dos respiraciones muy profundas (con una pausa entre cada ciclo completo de espiración y la inspiración siguiente), y se queda absorto en el eucalipto o en sus alrededores. Después vuelve a la tarea que estuviera haciendo cuando oyó el sonido. Aunque parezca simple –y lo es–, le aporta un breve, pero importante, momento de concienciación durante una breve interrupción de su trabajo.

Una segunda práctica se basa en el hecho de que David practica la natación casi todos los días. Tenemos acceso a una piscina cercana al sitio donde vivimos y, siempre que es posible durante nuestros viajes, nos alojamos en hoteles que tienen piscinas. Cada día, un componente de la práctica de la natación por parte de David consiste en prestar atención consciente a la experiencia física de nadar (utiliza unas gafas de bucear y un tubo para poder permanecer en un espacio de meditación), tras lo cual tienen lugar invocaciones más estructuradas, realizadas en silencio, pero en un estado de plena conciencia. La concienciación no tiene por qué incluir permanecer sentado, estático, en la postura del loto. Puede ser así, pero la práctica de la concienciación puede incluir diversas actividades, desde meditaciones mientras se camina hasta ceremonias tomando el té. Combinarlas con algo que ya haces aumenta la probabilidad de incluir de forma habitual la concienciación en tu vida.

---

29. Ronald Siegel, «West Meets East: Creating a New Wisdom Tradition», *Psychotherapy Networker* 35, n.º 5 (2011): 20-27.

En cuanto a Donna, la concienciación es otro tema. Su actitud habitual es encontrarse totalmente inmersa en el aquí y ahora. Reservar un período de tiempo para poder hacer algo es un reto para ella. La espiritualidad, en lugar de ser una estructura mental que ella busque, es el lugar donde vive. Su estado más natural es la apreciación y un sentido de unidad con la vida en su totalidad. Las prácticas de concienciación le parecen redundantes. En su lugar, se siente emplazada a salir del aquí y ahora, de forma que pueda responder a las exigencias prácticas de la vida cotidiana. Colaborar en la fundación y dirección de una organización ha sido para ella una gran ayuda en lo relativo a salir de su estado de meditación.

Guías, musas y medicina sagrada

Cuando Donna escuchó, al echar el primer vistazo al perfil de David, que él iba a pasar el resto de su vida con ella, no era una voz que le resultase desconocida. Ella ha recibido guía procedente de fuerzas que, desde su niñez, le parecen externas. Además de oírlas, a veces también veía figuras, que después pensó que eran los seres que la guiaban. Tenían un aspecto muy alto, medio humano y medio de otro mundo. Además de la orientación que ofrecen, ella se siente profundamente querida y ayudada por ellos. Por lo general, sus consejos llegaban de manera inesperada, pero han demostrado que son bastante precisos. De vez en cuando, en los momentos en que debía afrontar un problema muy complicado, les pedía ayuda. Desde la primera época en que estuvimos juntos, las historias sobre esos «guías» han sido muy interesantes para David. Él había leído sobre ese tipo de cosas, incluso había consultado una vez a un vidente, pero nunca había sentido que tenía acceso directo a la información procedente del otro lado. Al ser el más ordenado de los dos, empezó a programar tiempo libre para que Donna pudiera acceder a los estados alterados de conciencia desde los cuales podría oír de manera más fiable los consejos orientadores, y hemos pasado muchas horas bendecidos por su presencia y sabiduría. Durante décadas, estas sesiones fueron los encuentros más cercanos de David con lo que él consideraba el mundo del Espíritu.

David anhelaba tener un acceso más directo a estas otras dimensiones. Su padre le había introducido a las tradiciones místicas, las cuales le ofrecieron los fundamentos para conocer la posibilidad del ámbito espiritual, pero su primer encuentro directo fue –vamos a atrevernos a decirlo– gracias a drogas. Demasiado conservador para experimentar con estimulantes, depresores y psicodélicos, como solían hacer los chicos en la década de 1960, David reservó su virginidad en lo relativo al consumo de drogas para cuando estaba dando clase en la Escuela de Medicina de la Universidad Johns Hopkins. Un equipo de investigación había recibido una beca del NIMH[30] para administrar LSD a profesionales del ámbito de la salud mental, proporcionándoles prácticas reales para experimentar estados alterados de conciencia. David se ofreció voluntario. Conoció a Dios, además de a las fuerzas del mal, con unas dosis tan abrumadoras que pasó los años siguientes intentando volver a meter el genio dentro de la botella. El enfoque más equilibrado de Donna era mucho más atractivo. Sin embargo, la proximidad de David a Donna no conllevaba para él procedimientos que le dieran un mejor acceso al mundo del Espíritu. Una segunda oportunidad para una sorprendente experiencia de modificación de la conciencia le llegó unos años después de conocer a Donna.

El primer libro de David, *Personal Mythology*,[31] lo escribió en colaboración con Stanley Krippner, uno de los más originales psicólogos del país. Además de una prestigiosa carrera académica que incluía docenas de impresionantes condecoraciones, como por ejemplo el Distinguido Galardón para las Contribuciones de la Asociación Psicológica Americana, por colaborar en el progreso de la psicología a escala internacional, Stanley era amigo, y a veces terapeuta no oficial, de los miembros del grupo musical Grateful Dead. Tenía una invitación permanente para acceder a la zona entre bastidores, en cualquier momento en que pudiera asistir a un concierto. Nosotros estábamos haciendo una presentación en una conferencia en la Universidad de California en Los Ángeles, y los Grateful Dead tocaron cerca de Long Beach la noche anterior.

David continúa:

> Stanley me invitó a ir con él. Cuando estaba sentado entre
> bastidores con uno de los miembros de la banda, me die-
> ron un pequeño trozo de seta, inmediatamente antes de

---

30. National Institute of Mental Health = «Instituto Nacional para la Salud Mental». *(N. del T.)*
31. «Mitología personal». No hay edición en español. *(N. del T.)*

que comenzase el concierto. Yo no tenía mucha información sobre setas, pero el trozo parecía demasiado pequeño. ¿Qué podría hacerme? Tampoco me había parado demasiado a oír la música de los Grateful Dead. Una hora después, los Grateful Dead eran, según la estimación que hice en ese momento, los mayores sabios del ámbito cultural, que nos mostraban dónde nos habíamos apartado del camino como individuos y como sociedad, y ellos estaban allí, sobre el escenario, enseñándonos a todos nosotros a volver al camino que conduce al amor, la paz y la autorrealización. ¡Dios mío! ¡Eran los chamanes de la era moderna! Profundamente estimulado, y tal vez un poco trastornado por esta experiencia, al día siguiente, en la universidad, pregunté a Stanley si podía inaugurar la presentación de dos horas. En lugar de mi habitual introducción formal y académica al tema, me puse de pie sobre una mesa, delante de la sala llena de gente, y dije con voz encendida: «¡Durante las próximas dos horas, dejadme ser vuestro chamán! ¡Acompañadnos en este viaje y vuestra vida cambiará para siempre!». Después me dispuse, con una pasión recién descubierta, a ayudar a la gente a indagar en sus profundidades míticas. Stanley no se perdió nada de lo que dije. Estuvo conmigo todo el tiempo, dejando nuestro plan habitual a un lado y haciendo todo lo posible por crear una novedosa experiencia para todos los que estaban en la sala. Fue simplemente un gran momento de inspiración. Aquella noche, Stanley recibió una llamada en la habitación del hotel, que le hizo Jeremy Tarcher, en aquel momento el editor con mejor olfato de todo el país, en el mundillo de los libros de ciencia vanguardista y de desarrollo personal. Él y su mujer habían asistido a nuestra presentación y se habían sentido transformados por ella. Preguntó si podíamos reunirnos con él mientras estuviéramos aún en Los Ángeles. Cuando lo hicimos, dijo: «¡Chicos, no sabéis lo que tenéis! ¡Esto es verdaderamente profundo! ¡Quiero publicar vuestro libro!». Lo hizo, y el libro se convirtió inmediatamente en un éxito de ventas en su género, y después recibió el Galardón al Mejor Libro de Psicología/Salud Mental de la revista *USA Book News*, junto con innumerables invitaciones para dar charlas y cursillos. Sin embargo, escribir el libro desde el estado de conciencia que nos permitió firmar el contrato durante nuestra charla en la Universidad de California demostró que era problemático. Jeremy quedó muy decepcionado con el primer borrador, que consideró seco, académico y enrevesado. Quería que lo agilizáramos hasta dar con la esencia del camino que habíamos mostrado en nuestra presentación, que consistía en que nuestras vidas pueden transformarse trabajando a nivel mítico. Como principal autor, muchas de las tareas de revisión recayeron sobre mí, y me esforcé, sin éxito, en hacer lo que nos había aconsejado. Después de haber ordenado al personal de su editorial que leyera cinco borradores rechazados, Jeremy finalmente encargó la tarea a Connie Zweig, su mejor redactora. Ella nos ofreció unos consejos excelentes, pero seguí sin poder lograr que el sexto borrador alcanzase un nivel que la convenciese a ella y a Jeremy de que el libro ofrecía la promesa de la que hablamos durante nuestra presentación en la Universidad de California, desde la que ya habían transcurrido dos años. Por fin caí en la cuenta de que la diferencia entre mi conciencia, tal como reflejaba en el manuscrito todos los días, y el estado de conciencia que me había permitido hacer esa famosa presentación podía resumirse en una sola palabra. Drogas. Nunca antes había intentado escribir colocado con marihuana, pero fue una experiencia sorprendente. Aunque requirió una fuerte disciplina y bastantes horas de revisión posterior con mis facultades cognitivas intactas, en el momento en que Connie leyó el séptimo y último borrador, dijo: «¡Estoy sorprendida! ¡Es como si esto lo hubiese escrito una persona mucho más desarrollada espiritualmente!». En pleno proceso, también descubrí que podía reunirme a nivel espiritual con Donna de un modo más completo y profundo cuando contaba con la ayuda del cannabis. No sería honesto escribir este capítulo sin admitir lo que he descrito. Descubrí que había lugar para un uso bien fundamentado de las sustancias psicoactivas en mi propia apertura espiritual. Llegué a entender totalmente por qué los pueblos indígenas de todas las épocas y de todo el mundo habían utilizado plantas sagradas para lograr una apertura más profunda hacia el espíritu. La existencia de guías o musas no es un concepto ajeno a escritores y artistas, y la marihuana parecía abrirme el camino hacia ellas. Más estimulante para mí es que, con el paso del tiempo, empecé a tener acceso a estas mismas musas, especialmente a primera hora de la mañana, sin consumir sustancias. En realidad, es mucho más fácil escribir con el cerebro sin alterar. Aunque mi experiencia no es como la de Donna, y mis musas o guías parece que son entidades con existencia exterior a mí, la experiencia subjetiva es que, cuando están ahí, lo sé porque mi pensamiento es mucho más claro y creativo que cuando sólo dependo de mí mismo. Lo que no puedo saber es si este acceso habría tenido lugar como parte de mi desarrollo personal, sin que las plantas sagradas me hubiesen ayudado a modo de experiencia iniciática. Lo que sí puedo decir es que entrar en el ámbito del Espíritu y hacerlo con Donna es una de las experiencias recurrentes más bonitas de mi vida.

Compartir tus sueños

Dice un dicho del Talmud que un sueño no examinado es como una carta que nos envía Dios y que dejamos sin abrir. Aunque no todos los sueños sean una excursión al mundo del Espíritu, algunos tienen evidentes propiedades numinosas. Dar vueltas a ese tipo de sueños eleva tu conciencia, y compartirlos con tu pareja eleva tu relación. Sin embargo, la interpretación de los sueños es un tema engañoso. Se suelen interpretar los sueños desde la posición privilegiada de nuestra mente consciente, o de acuerdo con las limitadas intenciones de nuestro ego y nuestra personalidad. Estas lentes pueden oscurecer el mensaje espiritual más profundo del sueño. Por ello, en lugar de limitar nuestra exploración a los significados superficiales del sueño, o de consultar «diccionarios de sueños», u otras guías superficiales para interpretar los sueños, recomendamos un enfoque más abierto. Carl Jung lo dijo con palabras muy sencillas: «Si meditamos sobre un sueño con tiempo y profundidad suficientes, si lo llevamos junto con nosotros y le damos vueltas y más vueltas, casi siempre extraemos algo de él».[32]

Diversas técnicas para dar a un sueño «vueltas y más vueltas» son bastante dinámicas. Nuestra favorita consiste en representar varios elementos del sueño. Los sueños incluyen personajes, actividades, ambientes, objetos, sensaciones y emociones. Identifica algunos que destaquen, en tu opinión, que tengan algún sentido o que te sorprendan especialmente. Incluso los sueños que parece que no tienen ningún sentido pueden contener tesoros no esperados cuando los exploramos. Describe el sueño a tu pareja, desde el punto de vista de ese elemento del sueño. «De acuerdo, ahora yo soy el puma y...». Después elegimos otro elemento: «De acuerdo, ahora yo soy la tristeza de David...». Al describir el sueño, también puedes explicar detalladamente el elemento que estás examinando. Permite que tenga palabras para expresarse a sí mismo durante diversas partes del sueño. Tal vez puedas permitir que surja un diálogo entre ese elemento y otro del mismo sueño. Puedes hacer una representación completa adoptando posturas físicas que reflejen los elementos del sueño en el diálogo. Cuando juegues con tus sueños de esta manera, sus significados más profundos empezarán a desarrollarse. Las sesiones de golpecitos energéticos también pueden ayudarte a entenderlos.[33] Por ejemplo, si algún sueño fue especialmente perturbador

---

32. Carl G. Jung, «The Practice of Psychotherapy», en R. F. C. Hull, trans., *The Collected Works of Carl G. Jung, Volume 16*, 2.ª ed., Princeton, NJ, Princeton University Press, 1996, 42.

33. Robert Hoss y Lynn Hoss, *Dream To Freedom: A Handbook for Integrating Dreamwork and Energy Psychology*, Santa Rosa, CA, Energy Psychology Press, 2013.

y lo reproduces en tu mente mientras te dan golpecitos para neutralizar las molestias, es probable que aparezcan mensajes ocultos.

«Compartir tus sueños» tiene otro significado, además de examinar junto con tu pareja los sueños que tienes por la noche. ¿Cómo os apoyáis mutuamente en los sueños del corazón? Ayuda a tu pareja a que exprese el sentido más elevado de su vocación y de los objetivos de su vida, y busca métodos con los que puedas involucrarte para que esos profundos y preciosos sueños puedan hacerse realidad. Además de todo esto, «compartir tus sueños» tiene otro significado más. ¿De qué maneras generáis vosotros dos en el mundo una fuerza que conlleve un objetivo compartido? Criar hijos juntos es el objetivo compartido natural y arquetípico de las parejas, pero puedes utilizar este arquetipo también para otros objetivos. Alberto y Marcela reconocían que su compromiso «de estar al servicio de la vida, del mundo» les ayudó a darse cuenta de por qué son mucho más como pareja que como individuos separados. Parece que esto atrajo fuerzas espirituales de mayor entidad «como si el universo conspirase para apoyar nuestra labor de servicio por el mundo». Nuestra experiencia también ha sido algo parecido. Manifestar vuestros sueños como pareja es una bendición de la que hay que disfrutar.

Sabbat

El cuarto mandamiento comienza así: «Recuerda el día *Sabbat*, para mantener su carácter sagrado. Seis días trabajarás, y harás todo tu trabajo, pero el séptimo día es el *Sabbat* del Señor, tu Dios» (Éxodo 20). Sea cual fuere tu orientación religiosa, la orden de mantener un día «sagrado» cada semana merece un detallado examen. Con el Sabbat, explica el rabino Abraham Heschel, «aprendemos a consagrar santuarios que emergen del magnífico arroyo que constituye un año».[34] Estos santuarios existen en el tiempo, no en el espacio. En lugar de erigir monumentos físicos, comenta Heschel,

---

34. Abraham Joshua Heschel, *The Sabbath,* Nueva York, Farrar, Straus and Giroux, 1951, 8. [Hay edición en español: *El «Shabbat»: su significado para el hombre de hoy*, Desclée de Brouwer, Bilbao, 1989].

«los Sabbats son nuestras grandes catedrales».[35] La santificación constante del mismo período de tiempo es un reto espiritual central. En lugar de un simple «interludio» en la semana, el Sabbat se considera «la cúspide de la existencia».[36] Heschel compara el Sabbat con «un palacio en el tiempo, una dimensión en la que el ser humano se encuentra como en casa junto con lo divino [...] una ventana en la eternidad».[37] ¿Qué reto puede ser más valioso que crear un período de tiempo santificado cada semana, en el que el tiempo, tal como se mide en el mundo ordinario, se detiene y la vida queda imbuida por lo sagrado?

El Sabbat también nos recuerda la necesidad de descansar. «En seis días, el Señor creó el cielo y la Tierra, y el séptimo día descansó y recuperó fuerzas» (Éxodo 31:17). Wayne Muller, pastor y graduado por la Escuela de Teología de Harvard, da importancia a la dimensión de «descansar y recuperar fuerzas» del Sabbat en su libro *Sabbath: Restoring the Sacred Rhythm of Rest*:[38] «En nuestros cuerpos, el corazón descansa perceptiblemente después de cada latido con que nos da la vida; los pulmones descansan entre la espiración y la inspiración. Hemos perdido este ritmo esencial [...] Puesto que no descansamos, nos desviamos de nuestro camino [...] damos de lado a la nutrición que tanto nos ayudaría. Nos perdemos la tranquilidad que nos proporcionaría sabiduría. Nos perdemos la alegría y el amor nacidos del deleite sin esfuerzo».[39] El descanso del Sabbat no consiste tan sólo en recuperarte para el siguiente ciclo de trabajo. «Respetar el Sabbat –comenta Heschel– es celebrar la coronación de un día en la maravilla espiritual del tiempo».[40] Con el Sabbat, se evocan emociones de alegría y deleite como puertas de entrada en el reino de los cielos.

Si tu tradición religiosa o espiritual te ofrece experiencias que te llevan a la comunión periódica y apasionada con las dimensiones sagradas de la vida, te está resultando útil. Muchas personas que no son alentadas por este

---

35. Ibíd.
36. Ibíd., 14.
37. Ibíd., 15-16.
38. «Sabbat: Recuperar el sagrado ritmo del descanso». No hay edición en español. *(N. del T.)*
39. Wayne Muller, *Sabbath: Restoring the Sacred Rhythm of Rest,* Nueva York, Bantam, 1999, 1.
40. Heschel, *The Sabbath*, 18.

tipo de prácticas sienten un hambre espiritual, pero no saben cómo satisfacerla. Cualquiera de las prácticas descritas en este capítulo puede utilizarse durante momentos que reserves para alimentar tu naturaleza superior y abrir tu conciencia al ámbito del Espíritu. Crear períodos de tiempo de carácter cíclico, dedicados a este propósito –crear un Sabbat para ti mismo, tu pareja y tu relación– permite llevar las experiencias individuales a un nivel superior. El Sabbat proporciona un contexto para utilizar esas prácticas en vistas a una mejor comunión con tu propia esencia espiritual, y para percibir mejor el dios o la diosa que hay en tu pareja.

Heschel piensa que el Sabbat «no es una fecha, sino un ambiente».[41] Este ambiente se caracteriza por «tranquilidad, serenidad, paz y reposo».[42] El reposo es la liberación del trabajo, la tensión o la responsabilidad. Al explicar por qué el Sabbat del judaísmo ortodoxo puede parecer más una lista de prohibiciones respecto de los actos mundanos que un pronunciamiento sobre el esplendor del día, Heschel utiliza una analogía. Del mismo modo que el misterio de Dios no podrá nunca captarse con palabras, nuestros rituales y otras prácticas humanas nunca podrán replicar el espíritu del Sabbat. ¿Qué mejor método hay, pregunta, para abrirnos a «la gloria en presencia de la eternidad» que «el silencio de abstenerse» de los «actos ruidosos» de nuestros asuntos cotidianos?[43] Nuestras palabras y pensamientos ordinarios tienden a oscurecer y a distraernos del mundo espiritual.

Conforme se desarrollaron las tradiciones para respetar el Sabbat, se fueron haciendo más importantes las leyes para abstenerse de las actividades habituales de cada uno.[44] No sólo se detiene el trabajo, sino que uno no habla «de la misma forma en que se habla los días laborales. Debería evitarse incluso pensar en los negocios o el trabajo».[45] Heschel admite que, a medida que se desarrollaron las reglas del Sabbat, «no siempre se logró compaginar la ley con el amor y la disciplina con el deleite»,[46] y las prác-

---

41. Ibíd., 21.
42. Ibíd., 23.
43. Ibíd., 3.
44. Ibíd., 15.
45. Ibíd., 14.
46. Ibíd., 17.

ticas más estrictas pueden parecer opresivas. Pero, tal como nosotros mismos (Donna y David) hemos aprendido (porque hemos tenido errores con mucha frecuencia), imponer una férrea disciplina para obtener porciones sustanciales de tiempo sagrado a partir de nuestras ocupadas vidas puede ser exactamente lo que necesitamos para los viajes habituales autoiniciados, cuyo destino son los ámbitos más elevados que están siempre disponibles si sabemos abrir la puerta.

Para concluir

Las energías del amor te ha llevado en un viaje por las dimensiones bioquímica, psicológica, social y espiritual del amor, siempre con la mirada puesta en el papel vital que juegan las energías del cuerpo de cada uno. El capítulo 1 comenzó mostrándote que las diferencias más importantes a la hora de organizar la información y manejar las discusiones se basan en los estilos energéticos ante el estrés, que son innatos y subyacentes a muchas de nuestras diferencias psicológicas. Continuamos examinando las técnicas energéticas que pueden cambiar el rumbo de esas discusiones que pueden ser devastadoras para las energías de tu relación de pareja. Hemos aprendido técnicas energéticas para sanar antiguas heridas emocionales, desactivar detonantes, tratar resentimientos, resolver diferencias y cultivar habilidades para un establecimiento de vínculos con éxito. Hemos visto cómo el sexo es la de la naturaleza para las parejas, y cómo, al permanecer en sintonía con tus propias energías y con las de tu pareja, puedes mantener viva tu relación sexual. Hemos sentido el interior de las energías, dispuestas en numerosas capas, que conectan el cuerpo y el alma, y que permiten el desarrollo de un amor más profundo a partir de las relaciones de pareja conscientes y de la promoción de tu relación como viaje espiritual. Para nosotros dos, aprender estas lecciones ha sido un viaje muy emocionante, y te agradecemos que nos hayas permitido tener el privilegio de compartirlas contigo. Que las energías del amor te sonrían todos los días de tu vida.

Índice analítico

las energías del amor

Lipton, Bruce 392
Lipton, Judith 385
Lobos, Marcela 430
LSD 458
lucha entre el sexo masculino y el femenino 14
lucha o huida 120, 222
Lyons, Marlena 408

M

Maharishi Mahesh Yogi 395
malentendidos 55, 85, 240, 348, 396
Maloney, Kate 438
manejo de conflictos 65, 66, 67, 69, 99, 114, 116, 119, 166, 178, 190, 235, 243, 276, 277, 278, 323, 392, 405, 443, 485, 488
marcha cruzada 121, 131, 132, 171
matrimonio 13, 27, 28, 29, 30, 53, 67, 68, 115, 144, 161, 190, 211, 230, 233, 236, 237, 243, 247, 291, 294, 307, 314, 323, 324, 327, 328, 340, 367, 374, 379, 381, 385, 388, 389, 395, 396, 407, 418, 425, 426, 430, 431, 441, 442, 488
McCartney, Paul 393
medicina energética (Eden) 5, 12, 13, 24, 32, 112, 119, 132, 135, 145, 172, 224, 318, 337, 339, 341, 343, 345, 346, 347, 349, 351, 353, 355, 357, 359, 361, 363, 365, 367, 369, 371, 373, 375, 377, 379, 381, 383, 385, 387, 389, 405, 429, 430, 448, 466, 488
meditación 97, 99, 154, 228, 287, 360, 396, 402, 415, 422, 456, 457
meditación trascendental 396
memoria 162, 163, 236, 274, 315, 345, 387, 413, 414
memorizar 262
menopausia 166
meridiano central 124, 255, 263, 264, 309, 355, 360, 416
meridiano del riñón 121, 122, 354, 360
meridiano gobernante 355, 360
meridianos 22, 62, 120, 126, 133, 218, 221, 245, 353, 354, 358, 360, 364, 365, 372, 436
método de las elecciones 279, 280, 303
miedo 109, 110, 112, 115, 162, 184, 185, 202, 206, 207, 226, 231, 232, 233, 241, 250, 273, 274, 275, 304, 305, 306, 308, 318, 319, 332, 348, 358, 371, 378, 401
mirada fija 218
momentos culminantes, entre los recuerdos 259
monogamia 153, 380, 384, 385, 386, 388, 389, 390
Monogamia frente a monotonía 388
monos Rhesus 202
Moore, Thomas 435, 441, 442, 443, 444
Mortifee, Ann 393, 450
movimiento del amor libre 374
mujeres 14, 25, 26, 28, 30, 64, 99, 133, 148, 150, 154, 161, 162, 163, 164, 165, 167, 168, 169, 170, 171, 173, 174, 178, 179, 325, 326, 339, 343, 344, 355, 359, 360, 365, 366, 367, 368, 371, 374, 375, 377, 378, 379, 380, 381, 382, 383, 386, 387, 389, 486, 488
Muller, Wayne 464

N

naturaleza 13, 14, 20, 27, 30, 33, 54, 56, 115, 116, 148, 149, 150, 152, 153, 154, 157, 158, 160, 165, 174, 178, 183, 184, 186, 194, 200, 201, 207, 212, 213, 214, 234, 240, 247, 274, 285, 287, 331, 337, 339, 341, 343, 345, 347, 349, 351, 353, 355, 357, 359, 361, 363, 365, 367, 369, 371, 373, 375, 377, 379, 381, 383, 385, 386, 387, 389, 392, 408, 410, 411, 440, 444, 445, 447, 465, 466, 488
NBC 338
neuroplasticidad autodirigida 413
Newman, Paul 389
New York Times 338
niñez 11, 23, 24, 32, 39, 137, 375, 419, 457

Índice

Manual para conseguir el equilibrio energético del cuerpo para una excelente salud, alegría y vitalidad. Descubre cómo incrementar tu vitalidad y resistencia, fortalecer el sistema inmunológico, aliviar dolores y afecciones comunes, como catarros y dolores de cabeza causados por la tensión, mejorar el rendimiento de la mente y la memoria, mejorar tu salud general a través de practicar una rutina diaria de energía, proteger y curar el cuerpo antes de someterse a una intervención quirúrgica. Las investigaciones contenidas en este libro se basan en el trabajo de la autora con miles de pacientes y estudiantes a lo largo de las últimas décadas. Se trata de una guía práctica que describe numerosos ejercicios a seguir, paso a paso, con el fin de conseguir un cuerpo más sano, una mente más lúcida y un espíritu más feliz. Aquí podrás encontrar consejos prácticos de medicina energética relacionados con la acupuntura, los chakras, el aura, el tapping-EFT, etc.

Alinea las energías de tu cuerpo para mejorar tu salud y vitalidad Donna Eden, tras el éxito del libro *Medicina energética* que la consagró en el mundo de las terapias energéticas, centra en este nuevo escrito sus conocimientos y sabiduría en el cuidado de la mujer. La salud hormonal es esencial para el bienestar de la mujer y en este libro se muestra cómo las mujeres pueden tener el control de sus hormonas mediante la alineación de las energías. La medicina energética ofrece los tratamientos adecuados para un gran número de problemas de salud: desde el síndrome premenstrual hasta la menopausia, pasando por las cardiopatías o la depresión. «Un libro increíble, asombrosamente informativo y emotivo, que revela el misterio de las energías femeninas. Donna Eden es una maestra extraordinaria. ¡Aprende de ella!».

El pequeño libro de la medicina energética es una guía de fácil uso que permite poner en práctica las enseñanzas de la mundialmente conocida Donna Eden, pionera de la medicina energética. En este libro, su autora, con más de tres décadas de experiencia en el campo de la sanación, ofrece a los lectores una sencilla introducción a los ejercicios que constituyen el centro de la medicina energética; y lo hace acompañada de su hija pequeña, Dondi Dahlin. Mediante una rutina diaria de cinco minutos, uno puede reestablecer el flujo natural energético del organismo y sentirse más feliz, más atento, con menos ansiedad y más rejuvenecido.